2017年度国家社科基金重大项目
"秦汉时期的国家构建、民族认同与社会整合研究"丛书
总主编　李禹阶

第六卷

# 礼法之宜：汉代国家法的法理构建与制度整合

汪荣　秦涛　著

齐鲁书社
·济南·

## 图书在版编目（CIP）数据

礼法之宜：汉代国家法的法理构建与制度整合 / 汪荣，秦涛著. -- 济南：齐鲁书社，2025.1. -- (秦汉时期的国家构建、民族认同与社会整合研究 / 李禹阶总主编). -- ISBN 978-7-5333-5065-9

Ⅰ.D929.34

中国国家版本馆CIP数据核字第2024H033T7号

选题策划　傅光中
责任编辑　马安钰　王亚茹
装帧设计　亓旭欣

"秦汉时期的国家构建、民族认同与社会整合研究"丛书
李禹阶　总主编

礼法之宜：汉代国家法的法理构建与制度整合
LIFA ZHI YI HANDAI GUOJIA FA DE FALI GOUJIAN YU ZHIDU ZHENGHE
汪荣　秦涛　著

| | |
|---|---|
| 主管单位 | 山东出版传媒股份有限公司 |
| 出版发行 | 齐鲁书社 |
| 社　　址 | 济南市市中区舜耕路517号 |
| 邮　　编 | 250003 |
| 网　　址 | www.qlss.com.cn |
| 电子邮箱 | qilupress@126.com |
| 营销中心 | （0531）82098521　82098519　82098517 |
| 印　　刷 | 山东新华印务有限公司 |
| 开　　本 | 720mm×1020mm　1/16 |
| 印　　张 | 24.25 |
| 插　　页 | 10 |
| 字　　数 | 392千 |
| 版　　次 | 2025年1月第1版 |
| 印　　次 | 2025年1月第1次印刷 |
| 标准书号 | ISBN 978-7-5333-5065-9 |
| 定　　价 | 158.00元 |

# 撰稿情况说明

本丛书系2017年度国家社科基金重大项目(17ZDA180),2023年获得国家出版基金资助,项目负责人李禹阶为丛书总主编。项目子课题负责人汪荣(广州航海学院、广州交通大学[筹])为本卷负责人,负责本卷的统稿工作。按章节先后排序,本卷著者依次为:

汪荣(广州航海学院、广州交通大学[筹]):第一章、第二章、第三章、第四章、第五章、第九章。

秦涛(西南政法大学):绪论、第六章、第七章、第八章。

张家山汉简
（西汉，湖北江陵张家山汉墓出土）

《塞上烽火品约》简册
（汉代，甘肃简牍博物馆藏）

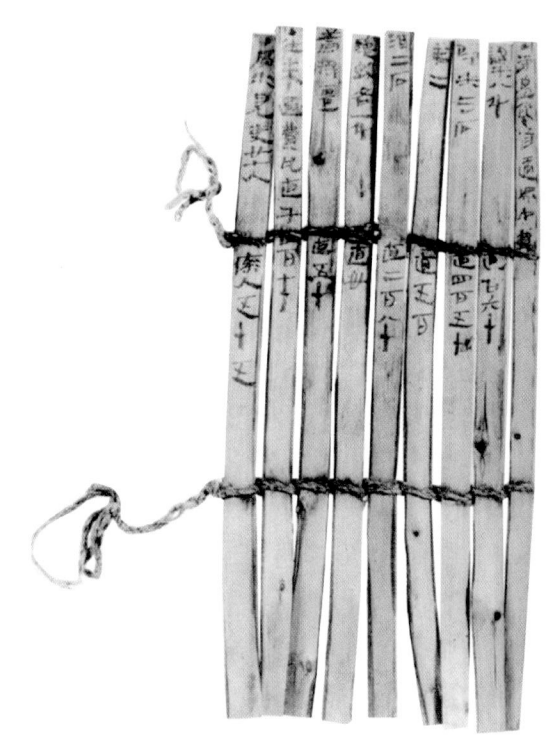

居延汉简
（汉代，甘肃简牍博物馆藏）

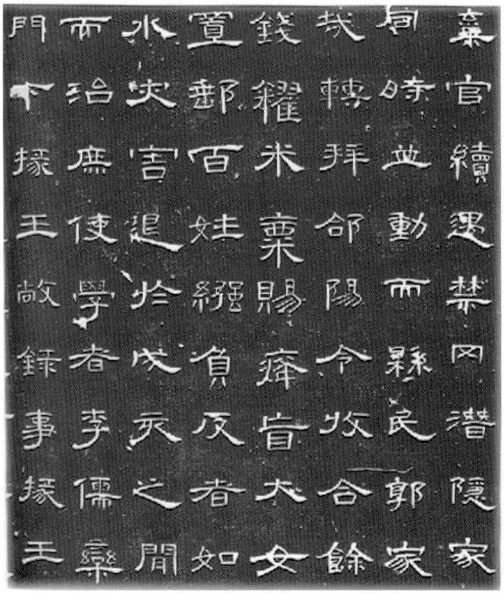

曹全碑局部
（汉代，中国国家图书馆藏）

武威王杖诏令册
（西汉，武威市博物馆藏）

武威仪礼简
（汉代，甘肃省博物馆藏）

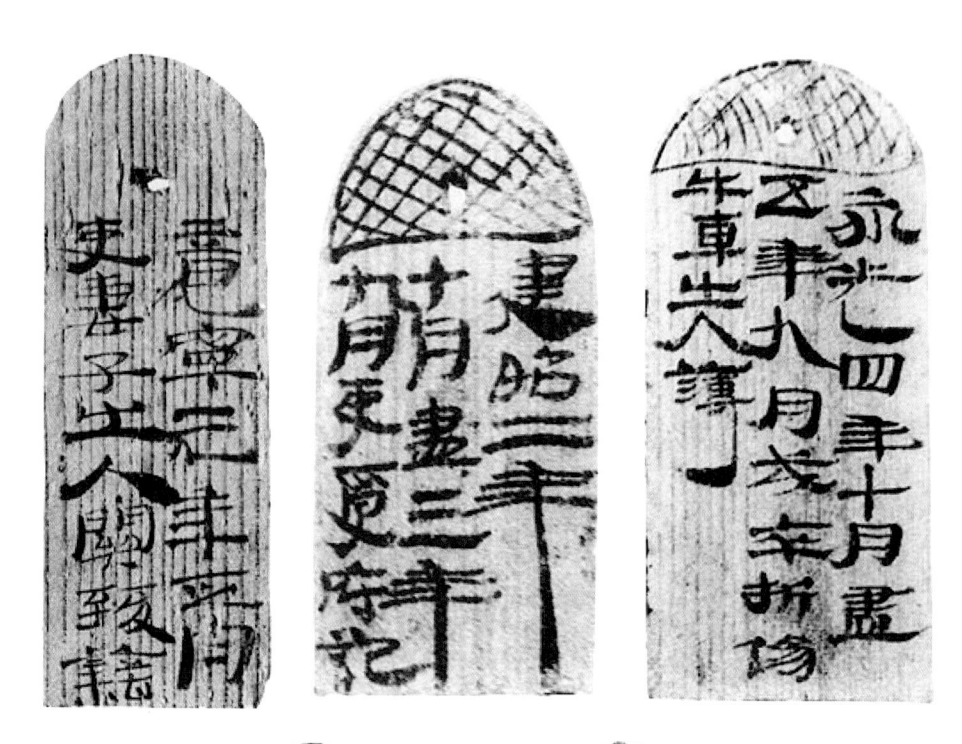

居延汉简
（汉代，甘肃简牍博物馆藏）

绥德画像石
（汉代，陕西绥德汉画像石馆藏）

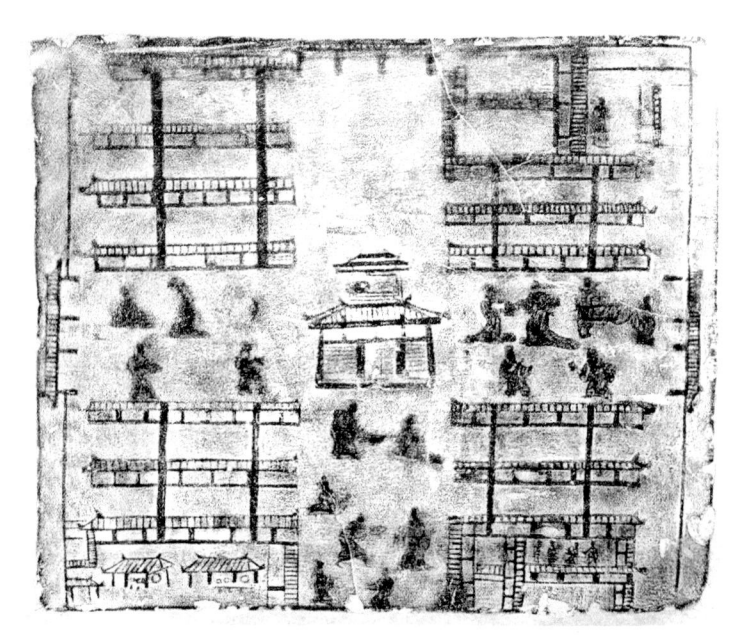

市井画像砖
（汉代，陕西绥德汉画像石馆藏）

绥德画像石
（汉代，陕西绥德汉画像石馆藏）

启母阙
（汉代，河南省登封市）

舂米画像砖
（东汉，中国国家博物馆藏）

宴饮观舞壁画
（东汉，河南省密县打虎亭2号汉墓出土）

五星出东方利中国织锦
（汉代，新疆维吾尔自治区博物馆藏）

皇后之玺
（西汉，陕西历史博物馆藏）

马王堆汉墓帛书
（西汉，湖南长沙马王堆汉墓出土）

鎏金铜马
（西汉，茂陵博物馆藏）

错金银鸠杖
（汉代，西安博物院藏）

四神纹玉铺首
（汉代，茂陵博物馆藏）

纳贡铜贮贝器
（东汉，中国国家博物馆藏）

七层连阁式彩绘陶楼
（汉代，河南博物院藏）

汉景帝阳陵宦官俑
（西汉，汉景帝阳陵博物院藏）

汉代刑具
（西汉，汉景帝阳陵博物院藏）

# 总　序

秦汉是古代中国自夏商周三代以来天翻地覆的时代。秦汉统一国家的建立，是中国统一王朝国家与汉民族形成的新起点，是由宗法分封制国家政体和以"诸夏"为标志的早期华夏民族向统一的君主集权制国家和统一的汉民族转化的枢纽期。它使统一的王朝国家和汉民族在产生、发展的进程中，进入到一种新的国家建构与民族认同的自觉状态，一种对各区域社会的政治、经济、文化、宗教状况的整合，因此具有划时代的里程碑意义。

但是，这种国家构建与民族认同、社会整合的历程并不是直线发展的，而是经历了一个曲折往复的过程。秦汉亘古未有之变局，实质是以新的国家大一统政治、经济、文化、法律的力量对过去分散的区域社会进行全面融汇、整合的重构。它对长期处于宗法血缘等级尊卑制中的关东六国社会的贵族及民众，有一个身份变化、族群认同的转换问题，也存在一个战国以来华夷交错的各区域不同族群、民族向统一的汉民族转型的问题。它使秦汉时代的国家在对各个区域（如秦统一后的关东六国）的民族融合与社会整合中，出现了具有诸多新因素的政治与社会形态。而这种新的政治与社会形态，是在国家、族群、地方社会的矛盾、冲突、博弈，以及作用力与反作用力中展开的。也正是这种矛盾、冲突与博弈，使中国古代国家、民族与社会不断走向新的阶段，并使国家、民族、文化的认同不断趋于一致。

一

从历史唯物主义观点看，世界文明史上的任何一种文明形态，包括政治制度、思想文化、治理模式、社会整合、民族融合等，都不是某个单一要素或单项因果作用的结果，而是若干要素通过合力作用，并以一定形式联系而构成的具有某种新功能的有机整体的演进。在这种动态的系统演进中，各要素之间相互联系，相互制约，相互作用，并产生出某种单个要素在孤立状态下所不能产生出的新要素及其内涵、特征。正是这种新的系统功能性特点，促进了整个社会组织的发展。而在这种社会组织发展中，系统内各要素的博弈、冲突、互补、平衡亦是其最基本的运动状态和特征。它告诉我们，任何政治国家与社会组织，包括民族共同体的建构，都不是平面的或线性的孤立发展的结果，而是呈现着多因素、多线条并相互融通的发展态势。因此，在探讨、分析中国古代的政治国家或社会组织的演进时，我们应该注意这种国家制度、社会结构、民族融合的多要素的合力及其相互间的作用。

从先秦至秦汉时期，中国古代的国家、民族、社会的演变，实际上经历了两大阶段，即通过春秋战国的历史进程，而形成与西周封建制不同的战国时代的新型国家体制，也就是由西周时代的王权与治权分离的政治体制向王权与治权相互合一的君主集权的官僚政治体制的转换。正是这种转换建构着大一统的秦汉帝制国家的政治制度，亦在东亚内大陆形成了一种全新的，具有国家、民族、文化上三位一体的同一性特征的统一王朝。其后，庞大的秦王朝虽然历经二世即轰然坍塌，但是其兴灭忽焉的历史教训，使西汉王朝在国家体制建构中，既注重对秦代君主集权的官僚体制的扬弃，又根据古代中国关东、关西，黄河、长江流域等不同地域的生态环境、风土人情，而通过采用周代宗法礼仪制度，重新构建着新兴的"汉家制度"。实际上，从国家制度、民族关系、社会整合、文化认同等各方面看，秦汉之际都发生了一种巨大的转变。这种否定之否定的转变，奠定了此后数千年中国古代国家、民族、文化的基本格局。

本书即以先秦、秦汉时期的演变历程为主线，以秦汉时代的国家建构、民族认同、社会整合的问题意识为出发点，从纵向与横向两个方面阐释几者之间错综复杂、既对立又统一的关系，由此把握几者在结构、功能、要素等方面的动态演变及其内在原因。应该看到，从西周经春秋、战国而至秦汉，通过王朝权力转移而逐渐诞生出一种新的社会形态，这种新社会形态则对此后几千年的中国古代社会起着重要作用。自平王东迁，昔日赫赫的西周王朝就失去了对"天下"诸侯的号召力，它使周代标志等级分层的礼乐秩序迅速瓦解，一种新型国家体制则在这种"礼崩乐坏"中萌芽、发展。严格来说，这种新型国家体制的产生，既是一种历史和时势的偶然，同时也蕴含着历史与逻辑的必然。从历史与时势的偶然性看，西周"王畿—分封"的政治体制的崩坏，导致了传统的宗法血缘"亲""尊"制度内的上下陵替。它形成了一个诸侯无统、会盟不信的时代。这个时代使各诸侯国之间，不得不在竞争、冲突、博弈的态势下，为了保持自己的利益而重构一种新型的列国之间互惠、平衡的内外秩序，由此塑造了后西周时代各诸侯国之间一种新的国家间的关系。同时，由于西周王室权力的削弱，导致了从王室至大小诸侯的礼仪秩序的瓦解。它使过去以宗法血缘尊卑等级秩序来规范天下诸侯、公卿、封君、贵戚的外在束缚力量消失，由此触发了各诸侯国内部公室、卿族、大夫、陪臣等阶层间的权力斗争。正是在这种大小相侵的阶层斗争中，新起的权贵大权在握，形成了上下僭替、权臣执政的局面，并最终导致三家分晋、田氏代齐等国家权力的更替。这种权力的更替、转移，虽然是出自统治阶级的贪欲与权力欲，但是它也代表了当时统治阶级中适应社会历史发展的一股新兴力量。正是这种权力转移，产生了对古代中国几千年历史进程影响甚大的国家体制与政治制度，即夺权卿族鉴于权臣当国的史鉴，为了不重蹈覆辙，而产生了对本国旧贵、封君的遏制欲望，并为此而建立了具有抑制意义的系统性政治、军事制度和措施。这种主观欲望与客观的制度、举措，使这些新兴诸侯国逐渐告别旧的封建体制，而形成一种新型的以国君集权为核心的官僚体制以及相应的制度范式。这种新型国家体制与制度范式的出现，为战国时代以"国家本位"为中心的政治体制建构奠定了基础。

## 二

从历史与逻辑的必然性看，春秋战国时期新型国家体制的产生，既与东亚内大陆的地理生态环境有关，也是中国文明与国家发展的必由之路。东亚内大陆的生态环境，依山带水，西、北至草原、大漠，东及大海，南连百越，西南至滇黔，形成一个相对封闭的广袤区域。在这个广阔地域内，有黄河、长江、淮河、珠江等大河流域相互联系。尤其在中原地区，虽然山川相连，但是在山水相间中又有着开阔的盆地，而各山脉及盆地间有大河或其支流蜿蜒其中，"使这些山间盆地既相对独立，又能通过河流与外界交往，十分便利于古人类的生活"①。这种地理形势既使该地区成为联结黄河、江淮等流域和北方区域的四通八达的文化长廊，同时其深厚的黄土堆积层和河流冲积层也为古代中国的农耕社会提供了适宜耕作的沃土。而在这广袤的大地上，当距今 5000—4000 年时，在史前"满天星斗"似的区域文化向以中原为中心的多元一体的夏、商、周广域王权国家演进时，作为一个政治文化与制度范式的"中国"，便成为最具吸引力的政治社会形态。实际上，早期"中国"概念的流行，正得益于当时中原王朝这种制度及文化的先进性，以及容纳天下万邦"有容乃大"的特征。故在古人眼中，早期中国第一王朝"夏"即有着大、中心、华美的典型文化特征。《尚书·武成》孔安国云："冕服采章曰华，大国曰夏。"《正义》引《释诂》："夏，大也……夏，谓中国也。"② 王念孙《读书杂志》："雅读为夏，夏谓中国也。"故夏之朝代、族群得名，有同一地域（"中"国）、同一心理（"大"邦）、同一文化（"雅"）的意义。③ 因此，"早期中国"应是一个政治文化与制度范式的观念，而非单纯的地理概念。它之所以被推崇，是由于内蕴着一种政治机制、礼仪文化及价值理念。它通过由启发

---

① 张海：《中原核心区文明起源研究》，上海：上海古籍出版社，2021 年，第 15 页。
② 孔安国传，孔颖达疏：《尚书正义》，李学勤主编：《十三经注疏》，北京：北京大学出版社，2000 年，第 346 页。
③ 王念孙：《读书杂志》，南京：江苏古籍出版社，1985 年，第 647 页。

端的"夏"国家,逐步形成由商及周、从"中土""土中"向四方延伸的"家"—"国"—"天下"的分封式的方国(诸侯国)制度与文化理念。这种制度结构及礼乐文明,既是早期华夏民族、国家、文化的核心组成部分,又成为区别"夷夏"界限的标志。而在周人看来,这种中原王朝的制度范式与文化特色正是其时最具大国文采和生命力的政治社会象征,故武王有"惟我文考,若日月之照临,光于四方,显于西土。惟我有周,诞受多方"①的说法。从某种角度看,这种国家形态显然适应了古代中国广袤大地上具有"同质化"趋向的小农经济与宗法血缘制度。它在古代中国独特的生态与人文环境中,以一种内在的、连续的向心力不断地将王畿周边的方国、小邦联结起来,形成山川同贯、文化相系的广域王权国家。它解决了"同质化"小农经济生产方式所渴望的强大国家政权的护佑问题,故其具有趋向中心的统一性与连续性特征。正是这种国家体制,在西周王朝的礼仪制度失序后,迅速进行了华夏界域内新的政治秩序的重构。这种重构既是在春秋时期的血火交融、刀光剑影中进行,也是在政治理性的利益权衡考量中形成的新的国家关系与政治文化。故春秋二百四十二年,"诸侯无统,会盟不信,征伐屡兴,戎、狄、荆楚交炽……然实开大夫执政之渐,嗣后晋六卿、齐陈氏、鲁三家、宋华向、卫孙宁交政,中国政出大夫,而春秋遂夷为战国矣"②。正是在春秋时代的政治风云中,西周时期的"多邦"逐渐演化为战国时代的十余国,呈现出一种统一趋势。战国是一个兼并战争激烈的时代。它不仅加速了春秋时期萌芽的以"国家本位"为中心的新型国家体制的发展,同时也呈现出由"多"趋"一"的大一统的势头。秦的大一统君主集权的官僚体制的建立,意味着一个新兴时代的开端。它既是在东亚这片古老土地上政治体建构逐渐趋一的必然,也为统治这片广袤的土地提供了一套政治文化与制度范式。可以说,秦王朝的大一统,正是顺应了古代中国的生态、人文环境以及小农生产方式而形成的

---

① 孔安国传,孔颖达疏:《尚书正义》,李学勤主编:《十三经注疏》,北京:北京大学出版社,2000年,第333页。
② 顾栋高辑,吴树平、李解民点校:《春秋大事表》,北京:中华书局,1993年,第32页。

国家体制和社会结构。

所以,从春秋战国的时代演变看,它不仅是一种国家体制、政治制度的变革,更重要的还是通过这种统一性政治国家的建构,以政治力量推动了古代中国各区域的族群融合、民族会聚、社会整合及文化认同。这既是由历史与逻辑的必然性所致,也是历史与时势的各种因素相互作用、共同合力的结果。如果我们再对此进行深入分析,就可以看出,当后西周时代陡然失去"周制"内含的政治等级与礼仪秩序的时候,失去"天子"权威制约的各大小诸侯国,内则"征伐屡兴",外则戎、狄、蛮、夷侵扰"交炽",使春秋时期成为中国先秦史上十分特殊的时期。这种特殊性表现在政治、民族、文化三方面的互动:其一是后西周时代"礼制"失序,各诸侯国内的公室、卿族、大夫、陪臣等上下阶层的权力斗争,导致西周旧的封君、贵族制向新型官僚体制转化;其二是西周时期各封国乃至边缘区域的华夏族群,亦在这种地缘性国家的建构中,在大小诸侯国的相兼互并中,不断由分散的诸夏向统一的华夏民族形态演进;其三则是在春秋时期的新文化思潮中,开创了一种华夏礼乐文化的新形态、"霸主"政治演绎下的新文化格局。这里尤其要提及的是,春秋时诸侯之间的会盟、礼聘等,通过改革、扬弃西周传统宗法文化,重塑着一种新的国家交往的外交规则和礼仪秩序。更加重要的是,这种新文化风潮通过扬弃西周宗法文化,使周代宗法文化中强调尊卑、等级的刻板而形式化的祭祀、赐命、冠婚、朝觐、迎宾、丧葬等文化形式转为具有文情性、雅致性的诗、礼的朝、觐、聘、享等文化形式,并以优雅的贵族风格形塑了以《诗》、《书》、礼仪等为主的贵族与士阶层的修养和气质,具备"极优美、极高尚、极细腻雅致"① 的华夏文化气质。这种文化气质在各诸侯国内外激烈的斗争中,在旧贵身份下移、士阶层兴起的时代浪潮中,使过去由贵族阶层所垄断的《诗》、《书》、礼仪逐渐普及化,使昔日的周代礼仪文化包括贵族习用的"六艺"教育下至民间,普及士人,开创了一种具有趋同性的新文化格局。

---

① 钱穆:《国史大纲》,北京:商务印书馆,1996年,第68页。

所以，对春秋战国时代的国家建构、民族认同、社会整合等各方面演进历程的理性认知，既对我们深入认识秦汉时代的大一统原因有着重要价值，也提供了我们进一步认知中国古代的国家、民族、社会、文化等发展的前提与基础。秦王朝的大一统，既是对春秋战国时代政治、经济、文化、民族关系的总结，也是中国统一的王朝国家和汉民族形成的起点。秦王朝在短短十余年中所做的关于维护统一的诸多措施，例如书同文、车同轨、统一度量衡、修建直道、筑长城以拒外敌、凿灵渠以通水系等，都是这种强化国家统一、民族认同、社会整合的举措。但是，秦王朝毕竟诞生于战国时代的列国兼并战争中，它所建构的国家体制、思想文化、郡县制与编户齐民制度，都带有战争时代军事体制的痕迹，可以说承载着战争时代的时势与惯性。尤其是秦国的二十等军功爵制度，经过上百年战争的洗礼，对强化秦国的战争机器及维持民众的"农战"热情有着异乎寻常的重要作用。但是势随时变，当国家承平，在"居马上得之，宁可以马上治之乎"[①] 的时代转型中，秦王朝并没认识到这种时势演变的特征，仍然为南征北伐，修建宫殿、陵墓等进行着庞大的民众动员，使渴望统一的人民依然不能享受大一统带来的安居乐业的益处。正是民众对其的深深失望，注定了它兴灭忽焉的命运。

## 三

秦汉相续，既是一次王朝的更替，更是一种国家政治体制、思想文化的更新与转型。清人赵翼指出："盖秦、汉间为天地一大变局。"[②] 其所谓"变"，不仅在于汉初布衣将相之局及对秦亡教训的借鉴，更在于时势相异，使西汉统治者不得不在继承秦的基本政治体制的基础上，杂以"周文"而进行大范围的改革、更化。正如熊十力先生所谓："汉以后二千余年之局，实自汉人开之。凡论社会、政治，与文化及学术者，皆不可不着

---

① 司马迁：《史记》卷九十七，北京：中华书局，1982年，第2699页。
② 赵翼著，王树民校证：《廿二史札记校证》，北京：中华书局，1984年，第36页。

重汉代也。"① 它开创了一种崭新的"汉家制度"。而这种制度的建构，却是"秦制"与"周制"的有机结合。"汉家制度"的开创并非一帆风顺，而是通过汉代上层统治集团中的冲突、博弈、互融而达成平衡的结果，并在统治者的权力欲与客观政治时势的交汇互融中达到一种新的境界。"汉家制度"适应了中国古代的大一统局面，使汉代的国家、民族、社会、文化逐渐趋于稳定，走向一致性认同，由此奠定了其后两千多年帝制时代的基本政治格局。

其实，周、秦制度的结合，解决了中国古代社会的一个重要问题，即权力的分离问题。从西周到秦汉，古代中国呈现了两次权力的分离现象。第一次是西周王朝分封制中表现的王权与治权的分离。西周分封制虽然适合了其时的政治大势，但是因为这种上下权力的分割，从一开始就蕴含着地方"邦""国"对中央王朝的离心力，而随着时势变化，最终使西周王朝逐渐走向分崩离析。而秦所建构的君主集权的官僚政治体制，虽然能够克服西周国家体制中呈现的政治离心力问题，却带来了在剥削阶级的私有制社会中国家体制通常内蕴的第二个分离趋势，即皇权与行政权、支配权的分离。由于秦代官僚体制科层结构的刚性特点及所带来的僵化性、脆弱性，尤其是作为国家各级政治、经济权力代理者的各级官吏，由于所有权与受益权的分离，极易出现滥行职权、以权谋私、权力寻租现象。严格来说，自商鞅变法后建立的秦国的官僚体制，尽管破除了封闭的世卿世禄封君制，任用流官作为各级官吏，对于加强社会上下阶层的流动，提高吏、民的作战、务农的积极性有着重要意义，可是由于秦国与西周分封制在所有权上的差异，秦国官僚、吏员仅仅是官僚系统中享受俸禄的权力行使者、代理者，他们尽管有着冲破阶层隔阂而不断上升的自我价值实现感，但是又缺乏西周各级贵族、封君在封地中"权"与"利"相结合的获得感、满足感。这正如韩非所谓："故君臣异心。君以计畜臣，臣以计事君。君臣之交，计也。害身而利国，臣弗为也；害国而利臣，君不为也。臣之

---

① 熊十力：《读经示要》，萧萐父主编：《熊十力全集》第三卷，武汉：湖北教育出版社，2001年，第766页。

情，害身无利；君之情，害国无亲。君臣也者，以计合者也。"① 故其履行职权的责任心、主动性往往与他们的信仰、道德的素质相关。这就使帝国官僚体制必须注重意识形态领域的建构，注重伦理道德的建设，注重对尚"德"、贤能之士的选拔。刘邦君臣正是看到了这个问题，故汉初政治制度的改革中心，是以大力发展伦理道德为内涵的尚"德"崇"礼"为主的，通过儒家对西周礼制的改造及其教化机制，而提升活跃在这种科层机制中官僚、士人的为"天下"理念并达到至"公"的"圣贤"境界。正是这第二个分离，直接导致了汉代思想意识形态领域的改革：一方面通过汉"以孝治天下"而在思想意识形态领域倡导儒家的"仁义""礼制"。特别在基层社会中，为了克服大一统国家对乡里社会的直接控制所导致的资源不足的矛盾，它必须通过重建乡里社会的宗法制度，利用血缘宗法这个中介来实行对乡里基层社会的间接控制，由此导致汉代的国家—社会的二元化趋向；另一方面，通过汉代选官制度的改革，建立以"孝""廉"为内涵的察举、荐举制度推选官员，由此转变秦代"以法为教""以吏为师"的选官制度。这种重视"仁政"、"德治"和"选贤与能"的思想，是一种为了克服流官体制的弊病而进行的系统性、制度性改革，是试图通过道德、伦理的力量来克服剥削阶级社会中的人性之"恶"，通过儒家教化与"治国平天下"的理念，使在这种科层机制中的官僚、士人能够饱含"平天下"的理念而达到"至公"的境界，故它并不是单纯的权宜之计，更不是可有可无的帝王心血来潮之举。汉文帝时期，青年谋士贾谊所谓"变化因时""攻守异术"，正蕴含着对秦汉之际"武"（秦制）、"文"（礼文）转换的深刻思想。所以，西汉初期"汉承秦制"与"汉家法周"，其制度建构虽以秦制为基础，但是许多重要制度来自由儒家学者所改造的周代礼制，由此形成法儒交融的"汉家制度"。这种政治体制重构了汉代国家的治理机制与意识形态，并奠定了我国两千年帝制时代的政治制度基础。

汉代国家对思想意识形态的改造，使历史又走了一个否定之否定的轮

---

① 王先慎撰，钟哲点校：《韩非子集解》卷第五，北京：中华书局，1998年，第128页。

回。传统的"周文"经过儒家学者的改造而重新回到国家上层政治生活中。汉初刘邦、惠、吕时期,鉴于秦亡教训,对于各种政治思想及学术争论抱持比较开放的态度,这就给一直寻求实现自己政治抱负的儒家士人以极大的鼓舞,形成一股儒家的复兴潮流。而儒家学者也深知秦制弊端,故通过对儒家思想的改革、倡扬,即通过汉初颇具热情的"立典"(立"经典")与"建制"(建"礼制"),而希望获得在王朝里的正统性与合法性。汉武帝时采用公孙弘、董仲舒之议,"罢黜百家,表章六经"就是其结果。值得注意的是,汉帝国除了借助思想文化的"德""礼"建构,还积极通过"天人合一""天人感应"等理论,构筑帝国所需的思想意识,实现对民众的思想统治。《左传》云"国之大事,在祀与戎",汉代亦是这样。统治者充分利用自史前便有的祭祀与天文相结合的对小农社会农耕产业有着重要作用的公共服务功能,通过对天文、历法的告溯颁历,而获得王朝的正统性与合法性。汉文帝时贾谊提倡的"悉更秦之法",改正朔,易服色,法制度,定官名,兴礼乐,革故鼎新,以及从西汉至新莽、东汉统治者对明堂、辟雍与灵台的重视①,都是帝制王朝试图获得"君权神授"的天眷与王朝合法性的政治手段。同时,地大物博的古代中国,由于各地特色的不同,民间诸神亦成为乡里社会的信仰对象。在秦统一前,山川阻隔,言语不通,阻碍着不同地域的文化交流,也使各区域的民间诸神信仰呈现出各自的特点。秦统一后,秦始皇巡游海滨甚至泛舟于海上,迷信方士,追求长生不死,均与燕、齐神仙信仰密不可分。然而,政治权力以维护国家一统及君主权威为己任,追求治理手段的简洁、高效与多样化,必然会通过对地方文化与民间诸神信仰的整合,来塑造、推广更符合统治需要的秦汉文化。例如汉代民间信仰的两大主题:宇宙论、生死观。各地不同的信仰群体而衍生出相异的信仰行为,各地大都以宇宙论、生死观为中轴,辅之以时间和空间问题,由此形成对人的自我价值的思考。这些问题

---

① 在汉代文献之中,明堂、辟雍与灵台也被称为"三雍"或者"三宫",如《汉书·终军传》说:"建三宫之文质,章厥职之所宜,封禅之君无闻焉。"颜师古注引服虔曰:"三宫,明堂、辟雍、灵台也。"郑氏曰:"于三宫班政教,有文质者也。"

虽然来自汉代"天道"的基本维度，但是从时间和空间的层面对宇宙、生死问题进行解构，使这些问题乃至汉代民间信仰从整体上都带上了"天人合一"的属性，最终达到对"君权神授"的皇权合法化。所以，摆脱肉身—升仙等思想的发展，不仅是一种宇宙论、生死观的价值信念，也是对"天人"关系以及在"天"庇护下的皇权合法性的延伸。中国古代并非没有本土的信仰，只是这种精神信念被分解，并融入到国家政治与社会民众的世俗性的日常中去。它与儒学的"天人合一""天人感应"学说一起，相互渗透、相互作用，构成了中国本土的文化特色。

自秦转汉，古代基层乡里社会及民众生活亦发生了重要变化。这种变化的实质正如前述，它是在秦汉相继中产生的国家—社会的二元关系，并在这种关系裂变中形成的新因素。秦时商鞅变法以"分异令"强行将民间自然形成的"家"拆分成以父母和未成年子女为主构成的核心小家庭，其目的在于增加国家的"户赋"收入，强化对乡里社会成员的管理、控制，由此以国家力量直接进入到基层乡里民众的公、私生活中。但是当实现大一统时，这种在小农经济上建构的国家—社会的一体化整合方式所存在的显明的政治、经济资源的不足，使汉代统治者希望通过对"周制"的仿效，利用乡里社会既有的宗法资源作为联系中介，来重新构建国家与社会的二元格局。故从西汉起，由秦代的"长序"为先改变为"齿序"与"长序"并重的局面，并使它们成为推动乡里社会整合的两种力量。这种社会整合方式对克服秦政弊病固然有效，但是它又面临另一个问题，即在社会经济发展中，过去实行的分户析产的"小家"制度必然会向"大家"（大家庭、家族）发展、演变，由此破坏承担国家赋税、力役、军役的小农经济基础。尤其是西汉中期以后，社会上的工商业者开始深刻认识到权力对保护财富的重要性，逐渐产生进入官僚系统的强烈愿望，部分商人开始积极与政府合作进入官僚体系，使其政治、经济实力不断膨胀，而导致"大家"（大家庭、家族）的加速发展。这种情况最终导致汉初的"小家"向"豪富大家"的加速蜕变，致使基层社会中编户齐民群体发生了分化，引起从西汉中后期至东汉一代"豪民"向"豪族"的变迁。尤其是东汉察举、征辟的选官制度，以及经学成为重要的政治、文化资源，大批以明经入仕而形成的文化世代传承的经学世家，通过婚姻及师生僚属等关系，在权力资源与文化资源的交互循环中形成世代官宦、累世重权的社会关系网络，使汉代"大家"最终走上士族化的道路，并成为东汉政权分崩离析的催化因素。

秦汉时期的政权建构及其交替，亦使先秦诸夏族群在政治力量的推动和中原先进文化的吸附下，不断形成新的、更大的民族国家，也由此产生了以"诸夏"为标志的早期华夏民族向统一的汉民族的转化。战国时代的诸夏尽管同服、同制、同文、同种，但是齐、秦、魏、楚等列国的"国人"意识使彼此隔阂，虽然同处于一种政治、文化、礼乐制度中，但它毕竟是一种加持了列国认同的"诸夏"意识，是一种诸夏—华夏的"二重认同模式"。但是，从战国至秦代的统一趋势，使东西列国之间占主导地位的"秦人"与"非秦人"的族群区分得到弥合，原来以姬周为核心而展开的"夷夏之辨"的圈层型族群认同格局，被以"秦人"为核心的"华夏"统一的民族认同所取代。直至汉代，齐秦文化的交融，楚汉风俗的聚汇，在民族、文化的认同意义上进一步发展，促进了汉民族的互融、互化、互汇的局面。所以，随着西汉政治、文化的推进，武帝时的政治一统、文化一统、民族一统，形成其后几千年来的中华民族多元一体的格局。直到汉末，"华夏化"浪潮汹涌澎湃，尽管由于汉帝国政治体的盈缩带来了各民族之间复杂交错的情形，但族属和文化意义上的"汉人"已经成为带有开放包容性的稳固的民族共同体，它使华夏一体的国家、民族认同意识更加凸显。

## 四

从全球史角度看，周秦汉时期正是世界文明发展与繁荣的时期。在此期间，人类早期的几个文明（古希腊文明、古波斯文明、古代印度文明和古代中国文明）不约而同地出现了一个辉煌的文化繁荣时期。德国的卡尔·雅斯贝斯将公元前800年到公元前200年的历史时段称为"轴心时代"。在这个历史时期，中国、印度与希腊等几大地区先后建立起世界历史中既向多元性开放又能维系普遍历史构思的新的思想文化尺度。"这个时代产生了直至今天仍是我们思考范围的基本范畴,创立了人类仍赖以存活的世界宗教之源端。无论在何种意义上,人类都已迈出了走向普遍性的步伐。"① 这个时代发生的文化精神的变革,使世界各早期文明逐渐确立起不同的宗教—伦理价值系统,并且在其后又都实现了文明形态的自我更新,产生了对德性和理性的尊崇与肯定,对人类自身力量和智慧的自信等。正是在这种时代进步中,古希腊、古中国、古印度等文明共同形成并确认了一些重要的人类普遍原则。在轴心时代之后,东方与西方都进入了一个重要的统一时期,例如在欧亚大陆上先后诞生了强盛一时的罗马帝国、帕提亚帝国、贵霜帝国、汉帝国等。所以,从世界史的视野来看,秦汉国家的发展,正处于世界文明由"轴心时代"向其后的帝国时代发展的一个重要历史阶段。但是,这个时代的中国走出了自己独特的历史演进道路。通过周秦、秦汉的两次国家体制与社会结构的裂变,既使传统中国开创了新的历史进程,又通过全国大一统和民族大融合而导致文明形态的自我更新。

因此,由周至汉,中华文明的递嬗,通过否定之否定的螺旋式上升,而进入到一个新的发展阶段,并具有重要的世界意义。它使世界文明的发展、演变更具有多样性、互鉴性。尤其是在思想文化方面,春秋战国时代以儒家、道家等为代表的文化学派,使中国传统社会的伦理精神得以确立,并培育了一种专注于道德修养和经世致用的现实精神,它不仅对于中国古代思想史,而且对于整个世界文明,都具有颇具东方特征的重要意义。而在政治体制上,春秋战国时期的阶级、阶层的大动荡、大分化,使得远在西隅的秦国迅速崛起,通过商鞅变法而建构了较为完备的君主集权的官僚政体。这种新型国家体制是对周代分封制的否定,从某种角度看,它有效地克服了西周分封制的离心力,使传统中国进入到一种政治一统、民族融合、社会整合的状态。自秦转汉,汉帝国通过"汉承秦制"与"汉

---

① 卡尔·雅斯贝斯著,魏楚雄、俞新天译:《历史的起源与目标》,北京:华夏出版社,1989年,第9页。

家法周"的改革、"更化",建构起新的儒法相融的"汉家制度"。由于汉代国家体制适应了传统中国的小生产者渴望强大国家保护的要求,适应了民族格局中多元一体的现实状况,适应了传统中国广袤大地中不同文化区域的风土、人情、习俗的多样性与共融性,故它的儒法相融的政治体制蕴含着内在的统一性、连续性、包容性的特质与力量,并成为其后二千多年中国历代王朝效法的制度范式。所以,当其后腐朽的罗马帝国为四面八方涌入的其他民族所淹没,截断了国家与民族的历史发展进程时,中国则在不断发展,并加快着华夏民族与国家的一体化进程。这说明中国内部有着十分强大的自我调节和应付挑战的机制。

世界历史上不乏一个民族长久地分为多个国家的情形。但是在中国,人们往往将国家作为民族的象征,以民族作为国家的基石,甚至将国家、民族的双重统一看作完成自身生命价值的崇高目标取向。在这里要注意的是,由于国家在民族安全性上所承担的义务和职责,它也被作为华夏(汉)民族价值观的重要组成部分,国家认同甚至常常被作为民族价值观的核心、根本问题来看待。"长驱蹈匈奴,左顾凌鲜卑。弃身锋刃端,性命安可怀","捐躯赴国难,视死忽如归"。[①] "英雄未肯死前休,风起云飞不自由。杀我混同江外去,岂无曹翰守幽州。"[②] 民族危难就是国难,在解决民族的危机中,国家认同常常会达成空前一致,并成为人们愿为之赴汤蹈火的生命价值取向。因此,尽管中国古代历史上的分与合常相伴而行,但分总是暂时的,合则是长久的。每一次"分"往往为其后更大的"合"奠定基础,导致更为强大的统一国家和民族共同体的出现。而在这种由冲突向融合转化的必然性背后,一个最为重要的原因就在于我们民族意识中所积淀下来的深层价值结构,即国家认同、民族认同、文化认同的同一性。所以,从全球史的意义看,秦汉国家构筑的民族、国家、文化的三位一体认同,使中华文明有着极强的生命力。正是在这种"分久必合,合久

---

① 曹植:《白马篇》,傅亚庶注译:《三曹诗文全集译注》,长春:吉林文史出版社,1997年,第671页。

② 文天祥:《纪事》,《文天祥全集》,北京:中国书店,1985年,第315页。

必分"的历史进程中，华夏（汉）民族始终保持了国家的统一、民族的团结、文化的连绵不断，由此铸就了一个具有悠久文化传统的久经考验的民族，也造就了一个人口众多、幅员辽阔的泱泱大国。这种情形，正是与秦汉国家的制度构建、民族认同、社会整合分不开的。

以上是本丛书讨论的一些基本问题，也是本丛书的作者对春秋战国暨秦汉递嬗时期政治、经济、文化、社会、民族等问题的探索、研究的心得。事实上，对春秋战国暨秦汉国家、社会、民族之递嬗所形成的剧烈变化，诸多通史著作都已进行了富于特色的研究。本丛书则是在前代学者研究的基础上，通过历史时序与问题意识的结合，特别是通过对问题的阐释、解读而揭示出先秦秦汉时期历史与逻辑演进的因应关系，以更深入地了解、认识中国古代诸多历史问题的本质特征。本丛书的作者群体，既有秦汉史领域的资深学者，也有本世纪成长起来的青年学人。值得欣喜的是，这些经过严格学术训练，颇具学识的一代青年学人，朝气蓬勃，勇于创新，富有探索精神，对先秦秦汉时期的诸多历史问题有自己的独到见解，由此为本丛书的内容增添了生气。

本丛书系2017年度国家社科基金重大项目（17ZDA180），2023年获得国家出版基金项目资助。丛书由总主编李禹阶教授进行指导思想、写作目标、各卷内容的总体设计，并对丛书各卷进行最后的通稿。本丛书共分为六卷，依据时序和内容，分别为：《秦的国家建构、民族认同和社会整合》（第一卷）；《秦汉国家演进与华夏民族认同》（第二卷）；《西汉王朝的国家建构与社会整合》（第三卷）；《秦汉国家的思想、信仰与皇权政治》（第四卷）；《汉代国家视域下的社会阶层演变》（第五卷）；《礼法之宜：汉代国家法的法理构建与制度整合》（第六卷）。各卷分别由李禹阶、尤佳、徐卫民、刘力、崔向东、汪荣负责具体章节设计、统稿与修改等工作。尤其需要说明的是，在丛书撰写中，得到了王子今、卜宪群、孙家洲、吕宗力、杨振红、李振宏、臧知非、晋文、王彦辉、晁天义、邬文玲等教授、研究员的关心、支持，他们对其中的诸多内容提出了颇具建设性的意见与建议，在此特别要对他们予以衷心感谢。丛书的出版，特别得力于齐鲁书社原总编辑傅光中先生的慧眼识珠，辛勤努力，并对丛书内容提供了十分中肯、宝贵的建议；丛书各卷的编辑老师严谨认真，一丝不苟，为丛书的高质量面世提供了保证。没有齐鲁书社诸位老师的辛勤劳动，本丛书的出版是不可能的。在此亦对以上各位编辑、朋友的帮助表示衷心感谢。

李禹阶<br>
2024 年 5 月 12 日

## 绪 论

众所周知，汉代的法律制度是"汉承秦制"。其实，汉代法制的表象是"汉承秦制"，但真相是对秦王朝法律制度的深度变革。

汉代的法制，何以异于秦制？若就制度论制度，我们很难得到妥当的答案。瞿同祖先生曾提出"法律儒家化"的命题："秦、汉法律为法家系统，不包含儒家礼的成分在内。儒家以礼入法的企图在汉代已开始。虽因受条文的拘束，只能在解释法律及应用经义决狱方面努力，但儒家化运动的成为风气、日益根深蒂固，实胚胎酝酿于此时。"① 早期的法律史研究，多在此框架下精耕细作，寻找出法家系统的秦汉律一点一滴被儒家化的例证，如亲亲相隐、春秋决狱云云。但是这一视角，容易将秦汉法律嬗变的复杂情状简化为一二学术流派的此消彼长。汉武尊儒之前，"汉兴七十年"迥异于秦制的治理局面，无法用"法律儒家化"的命题给予合理解释。汉武帝之后，儒家化的条文十分有限，仅仅从制度层面观察，可谓"汉因于秦制，所损益可知也"。近百年来地不爱宝，秦汉法律遗简屡见出土。从睡虎地秦律到张家山汉律，秦汉法律的因袭沿革程度较传世文献给我们留下的印象更甚。甚至有人据此认为秦汉法制并无本质区别，秦法的失败主要是汉人"历史书写"归恶所致。

---

① 瞿同祖：《中国法律之儒家化》，《中国法律与中国社会·附录》，北京：中华书局，1981年，第345页。

制度史研究如果执着于因革损益之际，法律史评论如果纠缠于此胶彼漆之间，就无法看到秦汉法制变革的真相。因此，我们尝试跳出制度史，从国家统治与社会基础的广阔视野、经学义理与议事以制的礼法维度，作一新的考察。

其实，中国古代"法"的价值、理论与实践，与中国古代文明的独特道路一样，与世界其他古老文明具有不同特征。从夏、商至西周，古代中国就一直以世俗性的"礼""礼制"作为稳定与维护社会秩序的工具。究其根源，中国早期的"礼"由"俗"而来。早在原始社会，其习惯法所维系的"俗"大都与巫术或神祇信仰有关，故"礼"有从"巫""俗"而生的特点。这使它既成为联结神祇与世俗的中介，具有形而上的"神性"内涵，又成为以血缘氏族为基础的早期政治体或国家区分尊卑等级的制度与仪式。它使"礼制"演化为一种具有形而上的神圣意识和形而下的世俗性特征的法权形态，并塑造出维护血缘亲尊的政治文化及其相应的层级体制。西周灭殷，以"小邦"治理着广袤的土地，故它采取了"以礼经国"的制度与文化形式，将法律、道德、教化均归于礼，使"礼"既成为一种伦理规范，也具备法律规范的属性。所谓"礼之所去，刑之所取，失礼则入刑"①，恰恰说明了中国古代"法"与"礼"的内在的密切联系，"所以当我们用现时代'法'的视野考察中国古代社会时，无'法'之名，却有'法'之实的'礼'理所当然地要被纳入研究的范围中"②。

从西周至秦汉，中国古代国家、民族、社会的演变实际上经历了两大阶段，即通过春秋战国的历史进程而形成与西周封建制不同的战国时代的新型国家体制，也就是由西周时代的王权与治权相分离的政治体制向王权与治权合一的君主集权的官僚政治体制的转型。这种转型建构了大一统的秦汉王朝的制度特征，亦在东亚大陆形成了一种新的文明特质。从这种文明的内在要素看，它具有与世界其他古老文明政（世俗权力）、教（宗教权力）分离相异的国家、民族、文化上的同一性。而在法律制度上，尽管

---

① 范晔撰，李贤等注：《后汉书》卷四十六，北京：中华书局，1965年，第1554页。
② 马小红：《礼与法：法的历史连接》，北京：北京大学出版社，2004年，第66页。

秦王朝厉行法家思想及相应的制度体系，但是它仍然与当时其他古老文明的法律制度有着重要区别。

以文明发展的视角看，从秦到汉，又是一个在政治制度与思想文化等领域转化剧烈的时代。一般而言，一个王朝的社会基础的广度，规定着它的国家法律基本精神与治理策略，也决定了它的盛衰兴亡。秦王朝统治的社会基础相当狭隘。秦灭六国，是嬴秦对山东六国的军事征服。秦对新占领地的统治，近似周初的扩张殖民，即秦为了巩固对新地的统治，多以秦人担任各地守令，强行推广苛法酷刑。秦末蒯彻游说范阳县令的话，便是证明："足下为令十余年矣，杀人之父，孤人之子，断人之足，黥人之首，甚众。慈父孝子所以不敢事刃于公之腹者，畏秦法也。"① 在推行秦法的过程中，秦人否认六国旧法、风俗的合法性，主张"黔首改化，远迩同度"②，无论远近区域，均应移风易俗，遵守同一法度。睡虎地秦简中记载南郡守所颁《语书》云："古者，民各有乡俗，其所利及好恶不同，或不便于民，害于邦。是以圣王作为法度，以矫端民心，去其邪僻，除其恶俗。"③ 可是，在当时新占领的楚地出现了这样的情况："今法律令已具矣，而吏民莫用，乡俗淫泆之民不止，是即废主之明法也。"民众仍然袭用过去的"乡俗"，而不肯遵行新颁的"法律令"。为此，秦人出身的南郡守不得不再三申明不遵行律法的刑事责任。由此来看，秦朝统治的社会基础是以秦人为主。至于新占领地的黔首的民意，是不在他们的考虑之内的。用旧史学的话来评价，秦朝"开国规模"不广，无久存之理。

较之秦朝，汉朝立国可谓"规摹弘远"。刘邦本与项羽一样，是六国楚人的代表。但项羽统治立足的社会基础非常狭隘，"其所任爱，非诸项即妻之昆弟"，以旧楚人尤其是项氏宗亲为主。他对待秦人的态度是以暴易暴，以复仇者的姿态自居。所以楚怀王君臣讨论入关人选时说："项羽

---

① 班固：《汉书》卷四十五，北京：中华书局，1962年，第2159页。
② 司马迁：《史记》卷六，北京：中华书局，1982年，第250页。
③ 睡虎地秦墓竹简整理小组编：《睡虎地秦墓竹简》，北京：文物出版社，1978年，第15页。以"秦法"与"楚俗"为代表的山东旧俗的冲突，参见陈苏镇：《〈春秋〉与"汉道"：两汉政治与政治文化研究》，北京：中华书局，2011年，第28—37页。

为人慓悍祸贼，尝攻襄城，襄城无噍类，所过无不残灭。……不如更遣长者扶义而西，告谕秦父兄。秦父兄苦其主久矣，今诚得长者往，毋侵暴，宜可下。项羽不可遣，独沛公素宽大长者。"① 刘邦入关中，约法三章之余，"吏民皆按堵如故"②。他摆脱了狭隘的国别观念，争取到了秦人的支持。换言之，刘邦立国的社会基础远远广于项楚和嬴秦，真正以"天下共主"自居。③ 在这样的情况下，汉朝统治者一方面"捃摭秦法，取其宜于时者，作律九章"④，另一方面也承认各地风俗的合法性。汉初施行郡国并行制，在故秦之地施行郡县制，推行因袭秦律的汉法；在故六国之地（尤其是距离统治中心较远的燕、赵、齐、楚地）施行封建制，允许诸侯王因俗用法。例如曹参在齐国为相，"尽召长老诸生，问所以安集百姓，如齐故俗"，最后采用了"治道贵清静而民自定"⑤ 的方针，收缩国家法的触角，发挥社会组织的自治功能。

至汉武帝时代，国家统治的社会基础再一次扩大。经过汉兴七十年，中央的军功受益阶层逐渐僵化为一个保守封闭的小圈子，而地方社会的元气正蓬勃不可遏制。汉武帝拔擢贤良、尊崇儒术，不再拘用逐级积功循资的功臣子弟和文法吏，而破格越次将董仲舒、公孙弘、东方朔、庄助、朱买臣一类东方人士纳入统治高层。尊崇儒术、儒生的真正含义，是通过儒家学者改造周代的宗法礼制，构建新的"汉家制度"。儒家"法先王"的法学运思模式，实际上正是通过对三代之"礼"的改造，试图为汉代社会建立一种符合其国家、社会特色的律法。这种"礼法合一"，既扬弃了秦代君主集权官僚体制的诸般弊病，又根据古代中国关东与关西、黄河与长江流域等不同地域以血缘宗法制为基础的世态、人情，奠定了此后数百年的"汉家"格局。正是通过汉代国家政治力量的推动，齐鲁经学"东学西

---

① 班固：《汉书》卷一上，北京：中华书局，1962年，第16-17页。
② 班固：《汉书》卷一上，北京：中华书局，1962年，第23页。
③ 汉朝立国社会基础的扩张过程，可参见李开元：《汉帝国的建立与刘邦集团：军功受益阶层研究》，北京：生活·读书·新知三联书店，2000年，第119-179页。
④ 班固：《汉书》卷二十三，北京：中华书局，1962年，第1096页。
⑤ 班固：《汉书》卷三十九，北京：中华书局，1962年，第2018页。

渐"，源源不断影响着汉律，使之终于成为兼用秦法、周礼，并行霸道、王道的"汉家制度"。而经过优化的汉律，也终于可以越崤函而东，"西法东渐"，合法合理地成为天下共同遵行的统一法则。秦始皇在百年之前通过强力未能做到的事情，终于在汉兴百年之后初见成效。所谓"法律儒家化"，所谓汉武帝打击诸侯国、加强中央集权，均应当在这个大气候之下来理解。

简而言之，汉初"清静无为"的治理策略使秦法宽松化，汉代中后期"法律儒家化"的基本精神使秦法伦理化。这是秦汉法律史变迁的宏观理解。具体而言，功夫在法外，汉代法律的伦理化与宽松化，是通过法律之义理、法律之施行来实现的。论其大端，即以经学礼法观进行法理构建，以会议制度进行制度整合。故从汉代起，经学"礼法"思想成为国家法律的指导思想和内在精神。

经学礼法观，从秦朝时的非法观念转变为高于律令的法理，以及与汉制并行的高级法律的渊源。秦朝本来也设有掌握经学、礼仪的职官。秦始皇三十三年，博士淳于越提议局部恢复封建制，经丞相李斯等会议后颁布"焚书令"。这意味着《诗》《书》之类经义彻底丧失作为会议理据的正当性。"以古非今"成为非法的观念。此后秦朝的一切盛大典礼，都只"是仪也，非礼也"，不具有真正的礼法意义。儒学即便有厕身之所，也只是粉饰君主专制的工具而已。汉初，经学、礼法已经具备补律令之不足的法律渊源地位。《汉书·高帝纪》将"叔孙通制礼仪，陆贾造《新语》"与"萧何次律令，韩信申军法，张苍定章程"并列，都具有立法的意义。叔孙通所制即礼法，而陆贾称说的自然以《诗》《书》经义为主。至"孔子为汉制法"观念确立、汉武帝尊崇儒术以后，经学礼法观更是一跃成为汉代的官方哲学，成为高于律令的法理。"经典"与"汉制"并列，成为汉代会议称引的两大法律渊源。

会议制度，从秦朝时的决策咨询机制转变为整合各方利益、谋求法律个案正义的平台。秦朝统一之后，言论空间日益缩小，会议制度一步步沦为君主决策的咨询机制，名存实亡。汉代则每逢大事，君主、诸侯王、列侯、宗室、官僚、学者、吏民大议，这实际上是允许各方势力进行意见与利益的整合。汉代立法每出于会议，即往往是利益整合的结果。汉代的司法决事，往往将简易案件交由法司遵照律令裁断，疑难案件则逐级提交至君主，召开中央级别的会议个案个裁，引入律令之外的经义、礼法、故事等法律渊源，谋求个案的正义。春秋决狱就是典型的例证。会议制度中"议事以制"的精神，对国家律令起到软化的作用，在经学礼法观确立之后，甚至起到纠错的作用。

最后解释一下本卷的题名与布局。

孔子曾比较"道之以政，齐之以刑"与"道之以德，齐之以礼"两种治理模式。如果说秦朝比较执着于"刑律之齐"的形式法治，那么汉代就更倾向于"礼法之宜"的实质法治。《释名》云："谊，宜也。裁制事物，使合宜也。"① 本卷上编考察的"经义礼法观"，就是汉人从义理层面追求"礼法之宜"。《文心雕龙》云："议之言宜，审事宜也。"② 本卷下编考察的"会议制度"，就是汉人从实践层面追求"礼法之宜"。学界对秦汉法律已有丰硕的研究成果。本卷略人之所详，转而尝试从经义、会议两条外缘路径切入法制，或许可以为学界提供一点别样的视角，更期待方家不吝赐正！

---

① 王先谦撰集：《释名疏证补》，上海：上海古籍出版社，2022年，第170页。
② 刘勰著，范文澜注：《文心雕龙注》，北京：人民文学出版社，1958年，第437页。

# 目　录

总　序 ······································································ 李禹阶　1

绪　论 ··············································································· 1

## 上编　汉代经学礼法观与汉代法律

引　言 ··············································································· 3

### 第一章　汉代今文经学中的礼法思想 ·············································· 10
第一节　西汉前期儒家经学礼法观的形成与发展 ···························· 10
第二节　公羊学中的礼法思想 ······················································ 17
第三节　穀梁学中的礼法思想 ······················································ 38

### 第二章　汉代古文经学中的法律思想 ·············································· 93
第一节　古文经学的重礼轻刑思想 ··············································· 94
第二节　古文经学限制或反对复仇的思想 ······································ 99
第三节　今古文经学礼法观的分歧与影响 ···································· 103

### 第三章　经学礼法观与汉代立法 ··················································· 116
第一节　经学礼法观与诏令、条教 ············································· 117

第二节　经学礼法观与法律解释 …………………………… 126
第三节　经义与法律形式 …………………………………… 137

## 第四章　经学礼法观与汉代法律制度 ……………………… 150

第一节　经义与刑法制度 …………………………………… 150
第二节　经学刑德观的阴阳五行化与汉代刑罚的制度化 …… 160
第三节　违背与滥用经术的法律惩罚 ……………………… 171

## 第五章　经学礼法观与汉代司法 …………………………… 186

第一节　经学礼法观与汉代司法制度 ……………………… 186
第二节　经学礼法观与汉代法律实践 ……………………… 191

# 下编　会议制度：汉代国家法的制度实践

## 第六章　汉代会议制度的起源与原理 ……………………… 211

第一节　会议制度的经典依据及起源 ……………………… 212
第二节　汉代会议制度的构造与层级 ……………………… 219
第三节　汉代中央会议的内外朝与人员结构 ……………… 226
第四节　汉代中央会议的三种类型 ………………………… 234

## 第七章　汉代会议引据的法律渊源 ………………………… 243

第一节　汉代的法律渊源 …………………………………… 244
第二节　汉代会议引据的"经典"法源 …………………… 252
第三节　汉代会议引据的"汉制"法源 …………………… 260

## 第八章　汉代会议的立法、司法功能 ……………………… 263

第一节　汉代立法程序新探 ………………………………… 263
第二节　汉代会议立法的成果 ……………………………… 286
第三节　汉代司法过程中的"议" ………………………… 294

**第九章　综论：经律和合与汉代社会** ………………………… 310
　第一节　经律和合与汉代法律的伦理化 ………………………… 311
　第二节　经律和合与汉代地方社会 ……………………………… 321

**参考文献** ……………………………………………………………… 341

# 上编

# 汉代经学礼法观与汉代法律

# 引　言

中华民族自古以来以礼仪之邦而著称于世，礼仪文化作为中华文明的核心内容充分体现了中华民族的生存智慧。礼既是规定天人关系、人伦关系、统治秩序的法规，也是约制生活方式、伦理道德、思想情趣的规矩，它带有强制化、规范化、普遍化、世俗化的特点，渗透到中国传统社会生活的诸多方面。关于礼的起源，目前学界说法不一。《说文解字》曰："礼，履也，所以事神致福也。"[①] 一般认为，礼起源于原始宗教，是由原始宗教的祭祀礼仪发展而来的，它既体现了对上天的尊敬，也体现了人间的尊卑与等级秩序。而后，祭祀之中的一些程序和仪式逐渐演化为礼的最初规范。在国家的出现与发展过程中，礼渐渐由单纯的习俗仪式发展为开放性的行为规范，约束着人们的婚姻、亲续、血统、君臣等社会关系。礼被确定为一种治国模式开始于西周，确切地说是始于周公。其在继承"夏礼""殷礼"的基础上，将散乱的礼进行编排、补充和更定，使之制度化、系统化和规范化。它的基本精神是序贵贱、别尊卑，在区分等级差别的前提下纳天下于一统，在宗法血缘基础上促进大一统王朝的长治久安。一般认为法的产生与礼、刑的起源有密切关系。春秋以前，"法"字并不鲜见，法并不完全是法律义，它是礼的补充物，并没有独立出来，是礼的附属存在物，其内涵与"刑"相同。而"刑"起源于氏族部落战争的习惯法，

---

① 许慎撰，段玉裁注：《说文解字注》，上海：上海古籍出版社，1981年，第2页。

诉执法是这种习惯法的特点并逐渐制度化。"法"除了意指"刑",亦指常循之法式,也可说就是"礼"或"礼法"。《尔雅·释诂上》云:"法,常也。"疏曰:"皆谓常礼法也。"① 礼、法有着共同的来源,都来源于上古的习俗。

春秋战国时期是中国传统思想文化奠基的一个重要时期,也是社会变革比较集中的历史时期。在思想方面,这个时期出现了儒、道、墨、法、阴阳等各种学说,史称"百家争鸣"。各家学说都形成了独立的学派,并先后运用于社会实践,形成了自己的社会治理思想体系,有的被当时的诸侯国采用,用于变法改革和政治建设。

儒家思想由春秋时期孔子所创建。"儒"的原始意义是有知识、习经艺者的通称②,在春秋之前已经广泛存在。"儒,柔也,术士之称。"③ 葛兆光先生认为"儒"起源于殷周时期参与礼仪操持的巫祝一类的文化人。在西周时期,儒是政府官吏的一种,是管理教化的学官。周人崇尚礼制教化,因而儒担任各贵族的相礼工作。春秋时期,孔子在创办私学的同时,将夏商周时期的典籍加以整理,编订教材,在继承传统文化的同时发展了自己的思想,尤其是他建立了以"仁"为核心的思想理论体系,使儒家在春秋时期成为一个思想学派,孔子则成为这个学派的创始人。

儒家学说从春秋时期创立,到秦始皇统一六国并确立法家学说的中心地位时,已经经历了三百多年的发展。其间从孔子到孟子,再到荀子,儒家思想在思想内容、思维方式、人生观和价值观上日臻完善。儒家礼法思想主要继承了西周的礼治思想,并针对春秋时期的社会特点做出了修改,以"君君、臣臣、父父、子子"为主要内容,倡导严格的等级秩序。在治国方面,儒家宣称的法并非完全等同于法律中的"法",但儒家推崇的德礼之治成为中国帝制时代法律的主要原则。

---

① 郭璞注,邢昺疏:《尔雅注疏》,李学勤主编:《十三经注疏》,北京:北京大学出版社,2000年,第17页。
② 李光灿、张国华总主编:《中国法律思想通史》(一),太原:山西人民出版社,2001年,第231页。
③ 许慎撰,段玉裁注:《说文解字注》,上海:上海古籍出版社,1981年,第366页。

"仁""礼"思想是孔子法律思想的核心,也是儒家法思想的重要内容。孔子一生致力于倡"仁"复"礼"。李泽厚先生曾指出:"孔子讲'仁'是为了释'礼',与维护'礼'直接相关。"① 在仁学中,仁与礼的关系是一个重要的问题。孔子创立儒家学说以礼为基础,在此之上提出了仁。相对于礼,仁在儒家学说中占有更加重要的位置,仁的精髓通过礼来体现,以仁为主、以礼为用则成了孔子思想的主要结构。仁学中包含着如何治理人的内容,这使其具有了法律层面上的意义。孔子用仁来对旧礼中不把人当人的部分进行了改造,对旧朝非人道的法律制度进行了批判,最著名的例子就是孔子反对人殉:"孔子谓为刍灵者善,谓为俑者不仁,不殆于用人乎哉?"②

此外,孔子还提出"道之以政,齐之以刑,民免而无耻。道之以德,齐之以礼,有耻且格"③ 的主张,认为用道德和礼仪去约束人们的行为规范,是属于发自内心的,而不像严刑律法那样是表面现象。这是孔子对德刑关系的叙述。孔子并非只讲道德、礼法而完全反对刑罚,而是认为使百姓知道礼法、提高道德水平可以培养他们的羞耻感,使他们自觉地不去犯罪。他反对统治者迷信刑罚,主张重德轻刑。他说"不教而杀谓之虐,不戒视成谓之暴,慢令致期谓之贼"④,可见,孔子反对的是"不教而杀"。孔子"重德轻刑"的思想和西周时期"明德慎罚"的观点很相似,到汉代时儒家又发展出了"德主刑辅"的思想。孔子"重德轻刑"的思想是其仁学体系的固有内容,也是仁学人道主义和民本主义的体现。⑤ 孔子的

---

① 李泽厚:《中国古代思想史论》,北京:生活·读书·新知三联书店,2008年,第11页。
② 郑玄注,孔颖达疏:《礼记正义》,李学勤主编:《十三经注疏》,北京:北京大学出版社,2000年,第323页。
③ 何晏注,邢昺疏:《论语注疏》,李学勤主编:《十三经注疏》,北京:北京大学出版社,2000年,第16页。
④ 何晏注,邢昺疏:《论语注疏》,李学勤主编:《十三经注疏》,北京:北京大学出版社,2000年,第307页。
⑤ 李光灿、张国华总主编:《中国法律思想通史》(一),太原:山西人民出版社,2001年,第277页。

这种思维,在中国古代史上也是一种较为人道的法律思想主张,是当时大部分统治者无法实施和实现的。

孟子是继孔子之后儒家思想的又一大师。我们知道,仁学由孔子创立,在政治上强调"德"。孟子则将孔子的"仁"和"德"结合起来,发展出一个具有完整体系的政治法律学说——仁政。仁政是孟子思想学说的特点所在,也是其思想精髓。孟子的法律思想也建立在其仁政学说的基础之上。面对春秋战国时期诸侯割据、战争不断的形势,孟子提出了"民为贵,社稷次之,君为轻"①的民本思想理论,"民"是孟子仁政学说的核心,相对于社稷和国君,民更为重要,民为国家之根本,民心向背是政权是否稳固的根基,得民心者得天下。孟子在论君道、论治国的时候无不体现出民贵君轻的思想,仁政学说是孟子民本主义法律思想的一个重要体现。

与孔子一样,孟子也提倡以德服人,他认为实行仁政和严刑峻法是对立的。但是,孟子还认识到,二者不是简单的对立,法律是有其存在的必要的,因为仁政需要靠法律加以维系。孔孟思想以礼治和宗法伦理道德论为基础,其法律思想也基于这种道德之上。孟子认为仁义和孝悌是法的根本价值指向。孟子指出,孝悌和仁义在实质上是相同的,孝悌有着两方面的内容,其中孝是处理父子间关系的原则,悌是处理兄弟间关系的原则,孝悌的本质就是仁义。孟子说:"为人臣者,怀仁义以事其君;为人子者,怀仁义以事其父;为人弟者,怀仁义以事其兄:是君臣、父子、兄弟去利怀仁义以相接也,然而不王者,未之有也。"②在孟子看来,孝悌的重要性绝对不低于仁义,孝悌也已经成为法律价值的标准,一旦孝悌出现问题,建立在家庭血缘关系基础上的宗法制很有可能会土崩瓦解,因此维护孝悌仅仅靠道德是行不通的,必须要以强有力的法律作为其后盾。和仁义一样,孝悌也成为区分犯罪、定刑量罚的重要依据。

和孔子相似,对于刑罚的运用,孟子也提倡"省刑慎罚"。孟子认为,

---

① 赵岐注,孙奭疏:《孟子注疏》,李学勤主编:《十三经注疏》,北京:北京大学出版社,2000年,第456页。

② 赵岐注,孙奭疏:《孟子注疏》,李学勤主编:《十三经注疏》,北京:北京大学出版社,2000年,第383页。

下层出现盗贼的原因是上层阶级中出现了问题，也就是说，虽然破坏社会秩序的行为直接来自下层社会，但是导致这种情况出现的根源是上层阶级的暴虐："上无礼，下无学，贼民兴，丧无日矣。"① 从这里可以看出，孟子的社会控制思想不是着眼于一味依靠刑罚来惩罚下层百姓的犯罪行为，而是主张通过对上层社会的矫正来达到消除犯罪的目的。显然，孟子的儒家礼法思想进一步为儒家的社会控制思想贯注了为政以礼、为政以德、亲亲仁民的伦理情怀，这对中国政治法律思想中，政治与法律的伦理化、伦理的政治与法律化有着重要的意义。

荀子是战国时期儒家的代表人物。荀子将法纳入自己的礼学体系，构建了以"隆礼重法"为核心的礼法思想和治国方略。荀子的社会控制思想为中国几千年的封建法律制度提供了理论指导和基本模式。荀子认为"礼"是维护社会秩序的基本手段，"礼也者，贵者敬焉，老者孝焉，长者弟焉，幼者慈焉，贱者惠焉"②。荀子想以设定社会关系中各种人的义务的方式，来维护当时的社会等级秩序，提出"国无礼则不正"③、"人无礼不生，事无礼不成，国家无礼不宁"④。可是，荀子虽隆礼义，但也重法。法字在《荀子》一书中出现的频率高达170余次，仅次于礼字。"法者，治之端也。"⑤ 但其意图并不是探究具体法规条文的制定，而是引法入礼。在他看来，礼可以扬善，却不可以惩恶，当不遵礼义教化的人扰乱社会秩序时，法的惩罚性就凸显出来。⑥ 礼和法同宗同源，都是社会矛盾的产物，都是为了防止和惩罚人们之间相互侵害的行为，维护正常的生产生活而建

---

① 赵岐注，孙奭疏：《孟子注疏》，李学勤主编：《十三经注疏》，北京：北京大学出版社，2000年，220-221页。

② 王先谦撰，沈啸寰、王星贤点校：《荀子集解》卷第十九，北京：中华书局，1988年，第490页。

③ 王先谦撰，沈啸寰、王星贤点校：《荀子集解》卷第七，北京：中华书局，1988年，第209页。

④ 王先谦撰，沈啸寰、王星贤点校：《荀子集解》卷第十九，北京：中华书局，1988年，第495页。

⑤ 王先谦撰，沈啸寰、王星贤点校：《荀子集解》卷第八，北京：中华书局，1988年，第230页。

⑥ 安小兰译注：《荀子》，北京：中华书局，2007年，第186-189页。

立的强制性社会规范。荀子的法律思想来源于他的人性论。荀子认为，人的本性是恶，其根据是人有情欲，"性之好、恶、喜、怒、哀、乐谓之情"①，"性者，天之就也；情者，性之质也；欲者，情之应也"②。和同样主张性恶论的法家不同，荀子认为虽然人性本恶，但通过后天的教化可以使之为善；而法家则认为人性不可改，只能通过严刑来约束和控制，使之不敢作恶。这也体现了荀子思想作为儒家思想的代表和法家思想有着本质的区别。

荀子认为，人生来就有欲望，人们为了满足自己的欲望而发生争夺甚至引发战争，从而造成天下大乱。圣人为了改变这一局面，创建了礼制，对资源进行重新分配，以解决供求关系的不平衡，使有限的资源得到相对合理的配置。因此，礼之所以能够稳定社会秩序，主要就在于"分"。"分"这一学说的引入成为荀子对礼制乃至对于儒家学说的一种创新。"《礼》者，法之大分，类之纲纪也，故学至乎《礼》而止矣。夫是之谓道德之极。"③ 荀子通过"分"，对儒家礼法观念进行了更进一步的分析。他认为，国家的法律制度应该建立在礼和法两个基础上，缺一不可，不能建立一个没有法律基础的礼制，也不能建立一个缺少礼制引导的法律，违背礼就是违法，而违法也是违背礼。对于礼法关系，荀子奉行"隆礼重法"的原则。荀子认为对人进行后天教化是有局限的，有些人无法教化，剩下的人即使可以进行教化也无法保证他在任何情况下都不作恶，因此必须借助法律的强制性加以约束，法律的存在是必不可少的。荀子将法加入礼中，给予了礼以法的强制性，因此荀子常常从法的方面对礼做出解释。例如荀子说："治之经，礼与刑，君子以修百姓宁。明德慎罚，国家既治四海平。"④ 荀子认为，礼、法的本质在于它们的等差性。在古代中国的历史条件下，维护等

---

① 王先谦撰，沈啸寰、王星贤点校：《荀子集解》卷第十六，北京：中华书局，1988年，第412页。
② 王先谦撰，沈啸寰、王星贤点校：《荀子集解》卷第十六，北京：中华书局，1988年，第428页。
③ 王先谦撰，沈啸寰、王星贤点校：《荀子集解》卷第一，北京：中华书局，1988年，第12页。
④ 王先谦撰，沈啸寰、王星贤点校：《荀子集解》卷第十八，北京：中华书局，1988年，第461页。

级差异是儒、法两家的价值追求和终极目标。儒家的礼和法家的法，就其实质来说都是为了维护社会等级秩序。礼的等级性本质表现为"礼者，贵贱有等，长幼有差，贫富轻重皆有称者也"①。而法的等级性本质则表现在"国法禁拾遗，恶民之串以无分得也。有夫分义则容天下而治，无分义则一妻一妾而乱"②。总之，礼和法的本质是一样的，都是通过规定不同等级的权利和义务来维护等级关系。

荀子还认为，礼和法在国家治理中发挥作用的方向是一致的，它们都是维护社会等级秩序必不可少的手段。他在《荀子·王霸》篇中说："国无礼则不正。礼之所以正国也，譬之犹衡之于轻重也，犹绳墨之于曲直也，犹规矩之于方圆也。"③ 礼是衡量所有人的行为准则，是人结成社会群体的必要条件，因此每个人都应当自觉地接受礼义规范的约束，履行自己应尽的义务。同时，荀子对法治的作用作了充分肯定。荀子说："君法明，论有常，表仪既设民知方。进退有律，莫得贵贱孰私王?"④ 荀子认为，君主要想有效地治理国家，必须制定并且公布明确的法令，使人们有所遵循。只有将礼义道德和赏庆刑罚结合起来，才能够实现"合大众、美国家"的目的。荀子通过对实行礼、法具体效果的分析，提出"隆礼重法"的社会控制思想，改造了"礼"的内容，赋予其"法"的精神，创造性地把礼治和法治结合，把看似矛盾的两种社会控制思想协调统一起来，辩证地分析了两种思想的一致性，并以当时社会上盛行的宗法制度为根基，以礼制为基础，以法律为依靠，构建以道德教化为主要手段的儒家法律思想的初步脉络。自此以后，中华法文化逐渐走上了以礼为主、礼法结合的法律道德化、道德法律化道路。

---

① 王先谦撰，沈啸寰、王星贤点校：《荀子集解》卷第六，北京：中华书局，1988年，第178页。
② 王先谦撰，沈啸寰、王星贤点校：《荀子集解》卷第十九，北京：中华书局，1988年，第518页。
③ 王先谦撰，沈啸寰、王星贤点校：《荀子集解》卷第七，北京：中华书局，1988年，第209-210页。
④ 王先谦撰，沈啸寰、王星贤点校：《荀子集解》卷第十八，北京：中华书局，1988年，第469页。

# 第一章
# 汉代今文经学中的礼法思想

## 第一节 西汉前期儒家经学礼法观的形成与发展

如前所述，先秦时期荀子的礼法融合实际上就是"引礼入法"和"援法入礼"，这种观念也影响到汉代。其实，在儒家礼法观中，礼法不是简单的结合，而是有高低、有轻重，用今天的话来说，就是礼法并用、礼高法低、德主刑辅。

儒家礼法文化和法家法律文化是两种不同派别的法律文化。由于两种法律文化具有不同的特征，俞荣根先生据此将法律思想文化划分为三个层次，即价值层次、原则层次、具体主张层次。① 笔者则根据此说来阐释儒家和法家两种法律文化的不同。儒家礼法文化在价值层次上以"人性善""仁""礼义"为根本标准和本原；法家法律文化在价值层次上以"人性恶"为根本标准和价值准则。汉代的儒家礼法文化融合，是在儒家礼法文化与法家法律文化两种法律文化思想传播、碰撞、整合的发展历程中，通过历史的优胜劣汰，以及政治家、思想家对儒家礼法文化和法家法律文化

---

① 俞荣根：《儒家法思想通论》（修订本），北京：商务印书馆，2018年，第150-152页。

进行取舍、规划、重组、调试，一步步走向融合的。

战国时期，儒家的礼治和法家的法治主张尽管亦有着内在的通融，但是其对立性是主要的。到了汉代，经过儒家学者的不断努力，儒家礼法结合思想已经形成。这对中国传统文化的发展来说具有极为重要的意义。从武帝时期开始，汉代儒家逐渐使礼法相结合，即把礼的内容和原则运用到法律之中，以礼入法，开始了法律的儒家化历程。礼法融合是汉代法律文化的主要特征，同时，汉代的儒家礼法融合为中国传统法律文化的发展奠定了基调，并逐渐贯穿中国传统法律文化发展的始终。

西汉初年，君臣曾对汉代建制问题进行比较深入的讨论。在这场讨论中，陆贾《新语》体现的道法相兼的治理思想为刘邦君臣所称道。陆贾是汉兴以来对现实政治有清醒认识的政论家，也是汉初第一位以先秦儒学为主线，将先秦法家、道家、阴阳家思想汇聚为一体的思想家。当其之时，汉以布衣将相之局取天下，袭秦制，建立了大一统君主专制政体。但西汉定天下后如何治天下，则是当时急需解决的问题。鉴于秦二世而亡的教训，陆贾极力主张在治政大务上废秦弊端，采用新的治世方法。在当时皇权与治权已不可分割的大一统君主政治下，陆贾只能顺势而为。因此，他一方面继承了秦王朝所实行的法家强调尊卑上下的等级思想，主张皇权与治权相结合的君主集权的一体化治政方式；另一方面，他又援儒学"礼""义"于"秦制"的官僚政治中，在继承秦制基础上辅之以"仁政""无为"的儒家和道家思想，以此来改造秦"以吏为师""以法为教"的治政理念。在陆贾的思想中，将法家以"法"治世的治国策略与儒家"仁""礼"、道家"无为而治"的思想加以融通，就成为其政治制度建设的基本构架。

陆贾认为，"秦始皇设刑罚，为车裂之诛……事逾烦天下逾乱，法逾滋而天下逾炽，兵马益设而敌人逾多。秦非不欲治也，然失之者，乃举措太众、刑罚太极故也"[①]。由此，陆贾十分重视"礼"在治国安天下中的作用。同时，陆贾敏锐地看到秦的君主专制官僚政体必将在汉朝延续的现

---

① 王利器：《新语校注》，北京：中华书局，1986年，第62页。

实，故极力主张尊君屈臣，举天下为一。他以管仲之例说："正其国如制天下，尊其君而屈诸侯，权行于海内，化流于诸夏，失道者诛，秉义者显，举一事而天下从，出一政而诸侯靡。故圣人执一政以绳百姓，持一概以等万民，所以同一治而明一统也。"① 这里强烈表现了他对君主专制主义官僚政治的期望，即内明等级，持一统；外化夷狄，天下从。这实际上是天下归于一、法度归于一的"大一统"思想。陆贾秉承先秦法家思想，将皇权与治权的高度统一作为国家建设的方略。他认为："故管仲相桓公，讪节事君，专心一意……尊其君而屈诸侯，权行于海内，化流于诸夏……故圣人执一政以绳百姓，持一概以等万民，所以同一治而明一统也。"② 古概意为量。屈原《九章·怀沙》中曰："同糅玉石兮，一概而相量。"洪兴祖注曰："概，平斗斛木。"③ 陆贾"执一政以绳百姓，持一概以等万民"，说明他强调治天下同于一规、一矩，以等高低上下，以绳庶民万政。这正是法家倡导的君主专制国家皇权与治权一致的政治文化精神。但是陆贾并没有一概附会刘邦旨意，而是在汉代制度建构上有着清醒认识。鉴于秦二世而亡的教训，他在所著《新语》中，提出了以"无为"之"道"弥补秦制的理论："道莫大于无为，行莫大于谨敬。"④ 陆贾以历史上舜、周公为例，极力论述"三代"圣人的"无为"理政举措。在他看来，"夫形重者则心烦，事众者则身劳……是以君子之为治也，块然若无事，寂然若无声，官府若无吏，亭落若无民，间里不讼于巷，老幼不愁于庭……"⑤。陆贾"道""法"结合的思想，既迎合了君主专制政治的不可逆趋势，也暗合了黄老的法家别派理念，即他们都主张君主集权制度和"法治"的统一性与"法""度"的相关性。因此，在这个问题上陆贾的思想与黄老学说有异曲同工之妙。由于陆贾的思想在诸多方面暗合黄老学

---

① 王利器：《新语校注》，北京：中华书局，1986年，第132页。
② 王利器：《新语校注》，北京：中华书局，1986年，第132页。
③ 洪兴祖撰，白化文等点校：《楚辞补注》，北京：中华书局，1983年，第143页。
④ 王利器：《新语校注》，北京：中华书局，1986年，第59页。
⑤ 王利器：《新语校注》，北京：中华书局，1986年，第118页。

说的精神，故被一些学者称为"新道家"。①但从陆贾思想的整体看，他仍然是以儒家"礼制"与法家"律治"互为补充，并融入"道"之"无为"理念，这就为汉代"帝业"制度的构建铺垫了理论基石。陆贾通过倡导仁义治国来推行儒家思想，鉴于天下初定，并没有直接提倡礼。在陆贾的思想中，礼、法虽可并行但并不等同，礼为统治思想之本，法为统治思想之辅，治国安邦，在于尚礼轻法，"故设刑者不厌轻，为德者不厌重"②。陆贾的礼法思想，是时代发展的产物，是对当时封建国家统治在意识形态取向上的回应。一方面，统治者警戒秦亡之弊，并逐渐认识到儒家礼的价值，陆贾以此为出发点，强调礼法合流，礼体法用。另一方面，陆贾作为汉朝帝制时代早期强调礼法兼容兼施的政论家之一，其思想对董仲舒开创礼法融合的儒家伦理法体系起到了奠基作用。

陆贾之后，儒学礼法文化从政治边缘到政治中心，在礼法复兴和融合的转变过程中又出现得力干将贾谊。贾谊是在反思秦王朝短命的教训中形成其礼法兼融思想的。在金春峰先生看来，"贾谊思想的基本出发点是分清本末，主张文、武刑德两手并用。认为权势法制和仁义德教都是为政治目的服务的手段，两者不可偏废"③。由于贾谊的思想基于儒家思想和战国末期以来的思想大融合，所以其思想中的礼与法在封建统治中都是必不可缺的，但是礼为主为体，法为辅为用。贾谊眼光犀利，对当时汉朝出现的问题分析透彻、一针见血，其分析法家思想时，取其长之深谋远虑、赏罚纲纪，弃其短之刻薄寡恩、天下苦之。由于贾谊宗于儒学，故其思想充满儒家礼的仁义，不止以利益为计。徐复观先生认为："贾谊的政治思想，是以礼为体、以法为用；以礼建立人与人的合理关系，以法去掉实现礼的障碍，并发挥以礼为政、以礼为教的效能。"④

贾谊极为重视儒家之礼治，认为礼为治国之本。"礼者，所以固国家，

---

① 参见熊铁基：《秦汉新道家略论稿》，上海：上海人民出版社，1984年，第77-78页。
② 王利器：《新语校注》，北京：中华书局，1986年，第117页。
③ 金春峰：《汉代思想史》，北京：中国社会科学出版社，1987年，第101页。
④ 徐复观：《两汉思想史》（二），北京：九州出版社，2014年，第137页。

定社稷，使君无失其民者也。主主臣臣，礼之正也；威德在君，礼之分也；尊卑、大小、强弱有位，礼之数也。"① 贾谊通过礼把社会各阶级与礼治联系起来，使社会出现"君仁臣忠，父慈子孝，兄爱弟敬，夫和妻柔，姑慈妇听"②的和谐局面。贾谊虽然极为重礼，但是也不忽略法，并且深得法家之精髓，刑罚惩恶，"建法以习之，设官以牧之"③，"缘法循理谓之轨"④。贾谊提倡"礼法结合"的治国方略，并在总结秦亡的教训中指出了申韩刑名法术的不足，也揭示了黄老学说消极无为的弱点。贾谊强调礼在治国中的作用，他说："礼者，所以固国家，定社稷，使君无失其民者也。主主臣臣，礼之正也；威德在君，礼之分也；尊卑、大小、强弱有位，礼之数也。"也就是说，礼使社会变得君臣有别、尊卑有序。为了在国家的各个方面突出礼的作用，他又说："道德仁义，非礼不成；教训正俗，非礼不备；分争辩讼，非礼不决；君臣、上下、父子、兄弟，非礼不定；宦学事师，非礼不亲；班朝治军，莅官行法，非礼威严不行；祷祠祭祀，供给鬼神，非礼不诚不庄。是以君子恭敬、撙节、退让以明礼。"⑤ 与此同时，贾谊并没有忽视法的作用。他认为法度是人民遵照规则办事的保障，同样使社会秩序得到维护。"仁义恩厚者，此人主之芒刃也；权势法制，此人主之斤斧也。"⑥ 贾谊的礼法观是以礼为主的礼法结合论，他认为，虽然礼与法都是统治者的治国手段，但二者是有主次的。礼重在道德仁义的教化，"夫礼者禁于将然之前"，起着预防犯罪的作用，是治国之本。法在于惩罚，"法者禁于已然之后"，可以起到威慑犯罪的作用。"若夫庆赏以劝善，刑罚以惩恶，先王执此之政，坚如金石，行此之令，信如

---

① 贾谊撰，彭昊、赵勖校点：《贾谊集》，长沙：岳麓书社，2010年，第64页。
② 贾谊撰，彭昊、赵勖校点：《贾谊集》，长沙：岳麓书社，2010年，第65页。
③ 贾谊撰，彭昊、赵勖校点：《贾谊集》，长沙：岳麓书社，2010年，第17页。
④ 贾谊撰，彭昊、赵勖校点：《贾谊集》，长沙：岳麓书社，2010年，第92页。
⑤ 贾谊撰，阎振益、钟夏校注：《新书校注》卷第六，北京：中华书局，2000年，第214页。
⑥ 贾谊撰，阎振益、钟夏校注：《新书校注》卷第二，北京：中华书局，2000年，第71页。

四时,据此之公,无私如天地耳,岂顾不用哉?"①贾谊明确表明了统治者的取舍立场,礼是国家长治久安的重要保障,法也是国家政治生活中的重要环节,但是只有儒家礼法文化才是维护国家稳定的正确价值取向。受贾谊儒家礼法文化的影响,汉文帝很重视慎刑慎杀。据《史记》载:"十二月,上曰:'法者,治之正也,所以禁暴而率善人也。今犯法已论,而使毋罪之父母妻子同产坐之,及为收帑,朕甚不取。其议之。'有司皆曰:'民不能自治,故为法以禁之。相坐坐收,所以累其心,使重犯法,所从来远矣。如故便。'上曰:'朕闻法正则民悫,罪当则民从。且夫牧民而导之善者,吏也。其既不能导,又以不正之法罪之,是反害于民为暴者也。何以禁之?朕未见其便,其孰计之。'有司皆曰:'陛下加大惠,德甚盛,非臣等所及也。请奉诏书,除收帑诸相坐律令。'"②贾谊的儒家礼法文化对西汉政权的政治稳定和政治制度建设起到了巨大的作用,虽然贾谊没有彻底改变儒家礼法文化政治边缘化的状况,但是西汉中央政府之文治思想,已由贾谊发其端。贾谊虽以洛阳少年为绛、灌功臣所抑,但他的主张,一一为汉廷所采用。纵然贾谊的伟大政治抱负在其生前没有完全实现,但是他的思想理论逐步为后来的西汉统治者所接受。西汉中期的汉武帝在政治实践中也对其思想多有吸收,"孝武初立,举贾生之孙二人至郡守"③。贾谊为后来的董仲舒集西汉儒家礼法文化之大成创造了条件,为儒家礼法文化从政治边缘化走向政治中心提供了坚实的理论基础。

由于西汉儒家学者的积极进取,汉廷统治者开始有意识地启用儒家学者,希望他们用儒家礼法文化的力量,为实现汉家长治久安的统治提供行之有效的可利用的理论。在儒家礼法文化从政治边缘向政治中心转移的过程中,汉代公羊学大师董仲舒居功甚伟。《汉书》记载:"(汉武帝)制曰:朕获承至尊休德,传之亡穷,而施之罔极,任大而守重,是以夙夜不皇康宁,永惟万事之统,犹惧有阙。故广延四方之豪俊,郡国诸侯公选贤

---

① 班固:《汉书》卷四十八,北京:中华书局,1962年,第2252页。
② 司马迁:《史记》卷十,北京:中华书局,1982年,第418-419页。
③ 班固:《汉书》卷四十八,北京:中华书局,1962年,第2265页。

良修洁博习之士，欲闻大道之要，至论之极。今子大夫褒然为举首，朕甚嘉之。……伊欲风流而令行，刑轻而奸改，百姓和乐，政事宣昭，何修何饬而膏露降，百谷登，德润四海，泽臻草木，三光全，寒暑平，受天之祜，享鬼神之灵，德泽洋溢，施虖方外，延及群生？子大夫明先圣之业，习俗化之变，终始之序，讲闻高谊之日久矣，其明以谕朕。科别其条，勿猥勿并，取之于术，慎其所出。乃其不正不直，不忠不极，枉于执事，书之不泄，兴于朕躬，毋悼后害。子大夫其尽心，靡有所隐，朕将亲览焉。"①

在武帝策问诸士子中，董仲舒以天道阴阳来阐述德刑关系，他说："天地之常，一阴一阳。阳者天之德也，阴者天之刑也。"② 又说："天道之大者在阴阳。阳为德，阴为刑；刑主杀而德主生。"③ 不论是陆贾还是贾谊，他们虽然也从天道角度来阐述德刑关系，但没有董仲舒这么直接地认为德、刑都是"天"之意志的直接体现。德、刑既然都源自"天"，那么，德、刑就势必都为王道所用。这样一来，德与刑就成了相辅相成、缺一不可的关系了。虽然董仲舒不排斥刑罚，但他还是主张以德治天下的。他说："天数右阳而不右阴，务德而不务刑。"④ 又说："刑者德之辅，阴者阳之助也。"⑤ 很清楚地表明了德主刑辅、德刑缺一不可的观点。这使汉代儒家把礼的内容和原则逐渐运用到法律之中，就是以礼入法，就是法律的儒家化。这既是礼法融合、儒法并用的体现，也是德礼之本与刑罚之用的结合。礼法融合是汉代法律文化的主要特征，同时，汉代的儒家礼法融合又为中国传统法律文化的发展奠定了基调。汉代形成并得到实施的儒家礼法融合贯穿整个中国传统法律文化发展的始终。

总体来说，汉代儒家礼法文化的融合标志着帝制时代政治统治理论的

---

① 班固：《汉书》卷五十六，北京：中华书局，1962年，第2495-2498页。
② 苏舆撰，钟哲点校：《春秋繁露义证》卷第十二，北京：中华书局，1992年，第341页。
③ 班固：《汉书》卷五十六，北京：中华书局，1962年，第2502页。
④ 苏舆撰，钟哲点校：《春秋繁露义证》卷第十一，北京：中华书局，1992年，第328页。
⑤ 苏舆撰，钟哲点校：《春秋繁露义证》卷第十一，北京：中华书局，1992年，第336页。

成熟，儒家礼法文化成为中国传统社会政治统治的法律文化模式，自此以后直到清末，儒家礼法融合形成的"德礼为政教之本，刑罚为政教之用"的德主刑辅的主体性社会控制与社会整合模式及其统治思想，一直贯穿并支配着中国传统社会政治统治的始终。

## 第二节　公羊学中的礼法思想

汉代是中国封建正统法律思想形成的重要时期，作为汉代封建意识形态核心内容的经学，对汉代法律思想产生了极为深远的影响。汉初，在汉武帝采纳了董仲舒的建议"罢黜百家"、尊崇儒术之后，儒家今文经学派不断吸收道家、阴阳五行家及殷周以来的天命神权等各种政治法律思想因素并加以整合，开始形成封建正统的法律思想。他们在礼法观上，主张"以人随君，以君随天"的尊君卑臣理论，强调树立法有差等的原则，并以经义决狱，引经入律，将儒家的经典原则和精神贯穿法律之中，形成了"律章句"。同时，他们以阴阳刑德与德刑时令说相结合，形成了"阳为德，阴为刑"的阴阳刑德理论和德刑时令说。

汉代儒家经学上承孔孟，近取荀子，兼采阴阳五行及道、法之学，为中国正统法律思想理论奠定了基础。当然，在儒家经学内部，也存在不同学派的冲突、博弈，形成了今文经学、古文经学等学派。今文经学的法思想在西汉社会中基本上是封建官方政治法律思想的主流，古文经学的法思想在东汉社会政治法律思想发展中占有重要地位。同时，在今文经学内部，存在着公羊学、穀梁学等学术派别之间的法思想的分歧。这些冲突与分歧，同汉代政治、法律及社会变迁均有着极为密切的联系，并由此影响了汉代法律思想的发展与走向。

### 一、公羊学派经权观中的礼法结合、刑德互变思想

公羊学是中国儒家传统中具有独特性质的儒学，也是汉代经学中一种势力强大的学说，在汉代今文经学中，公羊学独领风骚，形成了独树一帜的学术传统，这使公羊学在性质上区别于其他的传统儒学。目前，学术界

对春秋公羊学的基本思想的研究，多从历史哲学角度展开。学术界对公羊学思想的研究主要集中于以下问题：（1）君权神授说；（2）阴阳五行、天人感应说；（3）授命以符；（4）治国以义；（5）三纲说等。可以说，学术界对公羊学思想的研究，"泛泛研究比较多，但对其根本思想的概括则不够。这个问题亟需搞清楚"①。而这其中，对其法律思想的研究，法史学界除了对春秋决狱和董仲舒的法律思想多有涉及，对整个公羊学派的法律思想方面的研究则较为少见。而对春秋决狱的研究，也只是对其现象的研究居多。有学者指出：公羊学是区别于心性儒学的政治儒学，公羊学的焦虑是制度性的焦虑，公羊学的实践目标不在于成己成德，而在于改制立法。② 由此可见，公羊学所关心的问题主要在国家政治、法律方面，公羊学家研究公羊学的目的在于以学论政、以匡时弊、为汉制法。因此，在公羊学中具有丰富的法律思想。然而遗憾的是，迄今为止，对公羊学派的法律思想的研究仍不多见。笔者认为，汉代公羊学及公羊学家们的法律思想主要体现在以下几个方面：第一，经权观中的礼法结合、刑德互变思想；第二，大一统中的王权至上、法自君出思想；第三，三统中的制礼与变法思想；第四，刑德法天思想。

在《春秋》中，经权关系是与常变关系相对应的关系。对此，公羊学大师董仲舒曾说"《春秋》之道，固有常有变，变用于变，常用于常，各止其科，非相妨也"③，就是通常不变的意思。常变关系相当于我们现在所说的一般和特殊的关系，较类似于原则性和灵活性的关系，《礼记·中庸》中说"凡为天下国家有九经"，这里的"经"就是一般原则。治理国家有九项重大原则，"经正则庶民兴"。赵岐注云："经，常也。"④ 孟子曰："夫道二，常之谓经，变之谓权。怀其常道而挟其变权，乃得为贤。"⑤ 这

---

① 孙景坛：《董仲舒的"〈春秋〉公羊学"与西汉政权的覆亡》，《中共南京市委党校南京市行政学院学报》，2006年第3期。
② 蒋庆：《公羊学引论》，沈阳：辽宁教育出版社，1995年，第1—6页。
③ 苏舆撰，钟哲点校：《春秋繁露义证》卷第二，北京：中华书局，1992年，第53页。
④ 赵岐注，孙奭疏：《孟子注疏》，李学勤主编：《十三经注疏》，北京：北京大学出版社，2000年，第478页。
⑤ 韩婴撰，许维遹校释：《韩诗外传集释》卷二，北京：中华书局，1980年，第34页。

都说明汉人将经与常看成同一概念。"权"本义指秤锤。在《广雅·释器》中有"锤谓之权"①。其实，在先秦孔孟时代，经与权、常与变就被上升为哲学范畴。孔子是坚守"经"的，他说："尔爱其羊，我爱其礼。"② 在利与礼的冲突中，孔子毫不犹豫地选择了礼。同时，孔子认为"可与立，未可与权"③，孔子又十分重视"权"。之后，孟子对孔子的经权观念作了进一步发展。孟子与淳于髡的一段著名的对话便说明了权是礼的一种变易形式，权超越于礼，但又不能离开礼。淳于髡曰："男女授受不亲，礼与？"孟子曰："礼也。"曰："嫂溺，则援之以手乎？"曰："嫂溺不援，是豺狼也。男女授受不亲，礼也。嫂溺援之以手者，权也。"④ 这些经权观念为后来的公羊学及公羊学者所继承和发展，并被推广到政治法律和社会生活之中。

"权者何？权者反于经，然后有善者也。"⑤ "权也者，反常者也。"⑥ 由此可见，权与经的关系，相当于变与常的关系。有学者指出："汉代人对经权关系已经有了比较明确一致的见解，即经是指一般性、原则性，而权指随机应变的灵活性。"⑦ 故公羊家主张守经志道，不能违背孔子所立的大经大法和儒家所共同认可的基本原则。同时根据具体情况变通行权。所以，后世有人因公羊家主张经权常变说而讥公羊家尚权诈近法家。其实，公羊家的经权说"本孔子思想，产生于公羊家政治实践的需要，是公羊家理想主义与现实主义相结合的产物"⑧。孔子最关心的事不在天道而在人

---

① 王念孙著，张其昀点校：《广雅疏证》卷第八，北京：中华书局，2019年，第607页。
② 何晏注，邢昺疏：《论语注疏》，李学勤主编：《十三经注疏》，北京：北京大学出版社，2000年，第42页。
③ 何晏注，邢昺疏：《论语注疏》，李学勤主编：《十三经注疏》，北京：北京大学出版社，2000年，第137页。
④ 赵岐注，孙奭疏：《孟子注疏》，李学勤主编：《十三经注疏》，北京：北京大学出版社，2000年，第241页。
⑤ 公羊寿传，何休解诂，徐彦疏：《春秋公羊传注疏》，李学勤主编：《十三经注疏》，北京：北京大学出版社，2000年，第115页。
⑥ 范晔撰，李贤等注：《后汉书》卷三十三，北京：中华书局，1965年，第1158页。
⑦ 周桂钿：《董学探微》，北京：北京师范大学出版社，1989年，第282页。
⑧ 蒋庆：《公羊学引论》，沈阳：辽宁教育出版社，1995年，第232页。

事，在孔子看来，"经是常道，是不变之理，是礼义王法；权是变通，是对经的灵活运用，是最高的政治艺术"①。孔子之后，公羊家的思想并不是"迂远而阔于事情"的纯粹形而上学的抽象理论，而是闻斯行之的实践学说。汉代公羊家经权观中的礼法结合、刑德互变思想正是这一智慧的反映。

首先，汉代公羊家认为，现实社会万分复杂，在不违背儒家经学基本原则的前提下，在变化莫测的政治实践中，变通的手法是接通思想与现实的不二法门。在礼法关系上，公羊家依据《春秋》中所立的"义法"，不承认不具有现实必要性的行为有其合理性与合法性，而在特定情况下，又承认其必要性。在《春秋》中经与权须臾不离，形成了公羊家经权思想的一大特色。比如：

僖公十四年春，《春秋》曰："诸侯城缘陵。"《传》曰："孰城之？城杞也。曷为城杞？灭也。孰灭之，盖徐、莒胁之。曷为不言徐、莒胁之？为桓公讳也。曷为为桓公讳？上无天子，下无方伯，天下诸侯有相灭亡者，桓公不能救，则桓公耻之也。然则孰城之？桓公城之。曷为不言桓公城之？不与诸侯专封也。曷为不与？实与而文不与。文曷为不与？诸侯之义，不得专封也。诸侯之义不得专封，则其曰实与之何？上无天子，下无方伯，天下诸侯有相灭亡者，力能救之，则救之可也。"②

这里，按照《春秋》所立"义法"的要求，《春秋》不承认桓公城杞行为的合法性，这就是经。因桓公在春秋乱世中重新建立已灭亡的杞国，体现了大国辅助小国的道义性与历史中兴灭继绝的公正性，《春秋》实与之，这就是权。

公羊家董仲舒认为，在特殊情况下，违反常经的一般原则，实施灵活性的权变，只要最后结果符合"礼""义""正"，以仁义为更高标准，就是可以为之的。而且董仲舒也认为，礼也有常变、经权的关系："《春秋》

---

① 蒋庆：《公羊学引论》，沈阳：辽宁教育出版社，1995年，第233页。
② 公羊寿传，何休解诂，徐彦疏：《春秋公羊传注疏》，李学勤主编：《十三经注疏》，北京：北京大学出版社，2000年，第266—267页。

有经礼,有变礼。为如安性平心者,经礼也。至有于性,虽不安,于心,虽不平,于道,无以易之,此变礼也。"① 因此,这就需要在当时的特殊情况下,做到"经礼"与"变礼"的结合。怎样做到经礼和变礼的结合呢?这实际上就是要求"安性平心",符合人性。性是制礼的根据,礼是治道的根本。而在此过程中,强调符合人性,并不意味着提倡个性解放,而是强调尊重人的本性。如果确有违礼,则"出礼入刑"。

公羊家认为,有经便有权,在天人关系中也存在经权关系。而在阴阳刑德关系中,阴阳与刑德关系就是经权关系。"是故天以阴为权,以阳为经。阳出而南,阴出而北。经用于盛,权用于末。以此见天之显经隐权,前德而后刑也……先经而后权,贵阳而贱阴也。"② 公羊学者认为:"阳为德,阴为刑。刑反德而顺于德,亦权之类也……以此见天之显经隐权,前德而后刑也。"③ 公羊家还从天道运行的基本法则出发,将经、权的必然性和普遍性与政治、法律上的德、刑关系相比附,把阴、阳与经权、常变作了一一对应,认为从阴气运行可以推出权变的法则,从阳气运行可以推出经常的法则,提出了"天以阴为权,以阳为经"的理论观点。在天人关系中,"天之生有大经"④。在自然界中,春生、夏长、秋收、冬藏是天的"大经","春气生而百物皆出,夏气养而百物皆长,秋气杀而百物皆死,冬气收而百物皆藏"⑤。圣人在政治法律实践中要效法"天",实行"德礼政刑"合一,同时要做到"赏以春夏,刑以秋冬","阴之行,春居东方,秋居西方,夏居空右,冬居空左,夏居空下,冬居空上,此阴之常处也。

---

① 苏舆撰,钟哲点校:《春秋繁露义证》卷第三,北京:中华书局,1992年,第74页。
② 苏舆撰,钟哲点校:《春秋繁露义证》卷第十一,北京:中华书局,1992年,第327页。
③ 苏舆撰,钟哲点校:《春秋繁露义证》卷第十一,北京:中华书局,1992年,第326-327页。
④ 苏舆撰,钟哲点校:《春秋繁露义证》卷第十七,北京:中华书局,1992年,第464页。
⑤ 苏舆撰,钟哲点校:《春秋繁露义证》卷第十六,北京:中华书局,1992年,第446页。

阳之行，春居上，冬居下，此阳之常处也。阴终岁四移，而阳常居实，非亲阳而疏阴，任德而远刑与？天之志，常置阴空处，稍取之以为助。故刑者德之辅，阴者阳之助也，阳者岁之主也"①。先秦时期荀子以前，儒家主张"以德去刑"，法家主张以刑去刑，荀子则主张"德刑并用"，公羊学者则进一步明确提出德主刑辅的刑德关系。"阴阳二物，终岁各壹出。壹其出，远近同度而不同意。阳之出也，常县于前而任事；阴之出也，常县于后而守空处。此见天之亲阳而疏阴，任德而不任刑也。……天出阳，为暖以生之；地出阴，为清以成之。不暖不生，不清不成。然而计其多少之分，则暖暑居百而清寒居一。德教之与刑罚犹此也。故圣人多其爱而少其严，厚其德而简其刑，以此配天。"②"圣人副天之所行以为政，故以庆副暖而当春，以赏副暑而当夏，以罚副清而当秋，以刑副寒而当冬。……庆赏罚刑与春夏秋冬，以类相应也，如合符。故曰王者配天……王有四政，四征若四时，通类也，天人所同有也。"③公羊学者认为，在天人关系中应是"人副天数"，人要效法"天"。在礼法关系上，应做到德刑合时令、德刑相济。圣人法天行政，就应该像天那样"大德小刑"。如果为政而任刑，那就是"逆天非王道也"。

公羊学者的这种经权理论的价值就在于：首先，它结束了先秦以来儒法之间"以德去刑"和"以刑去刑"的截然对立，用经权理论把二者纳入"天道""阴阳""五行"之中，使之达到和谐统一。其次，它仍然偏重儒家的"德治"，并把它置于"天道"之首位。同时，肯定了法家刑罚的作用，把它置于"德治"的辅助地位，并使之披上了神秘的外衣。公羊学者的经权理论将刑德结合起来，使之成为汉代正统法律思想的重要支柱，并支配着汉代的法律实践。但在经权关系上，"春生"是经，"秋杀"

---

① 苏舆撰，钟哲点校：《春秋繁露义证》卷第十一，北京：中华书局，1992年，第336页。

② 苏舆撰，钟哲点校：《春秋繁露义证》卷第十二，北京：中华书局，1992年，第351-352页。

③ 苏舆撰，钟哲点校：《春秋繁露义证》卷第十三，北京：中华书局，1992年，第353页。

也是经。"天非以春生人，以秋杀人也。当生者曰生，当死者曰死，非杀物之义待四时也。"① "留德而待春夏，留刑而待秋冬"，一定要到春夏季节才给人民施德，一定要留着罪人到秋冬才给予刑罚。这样做，虽有"顺四时之名，实逆于天地之经"②。在实行刑德方面，如果"久留当行之理，而必待四时也。此之谓壅，非其中也"③。所以公羊学者认为，应该实施刑罚的，不及时实施却要等待季节的到来，这叫作"壅"，不是合适的办法。虽然这种办法看似严格遵守大经大法办事，实则是违背常经的。这是犯了教条主义的错误。

我们知道，在中国法制史上一般认为秋冬行刑是汉代司法的一个突出特点。④ 秋冬行刑源出于《礼记·月令》的记载："（季秋之月）乃趣狱刑，毋留有罪。"⑤ 其成书大约也在西汉时期。应该说公羊学者从天人关系角度对秋冬行刑进行了理论上的论证。但是，我们从汉代公羊学者天人关系中的阴阳刑德上看，他们所认为的"阳为德，阴为刑；刑主杀而德主生"也只是问题的一个方面。今文经学者认为"庆赏罚刑与春夏秋冬，以类相应也"并不是一成不变的，这恰如公羊学者所言："天有四时，王有四政。""庆赏罚刑，当其处不可不发，若暖暑清寒，当其时不可不出也。"⑥ 虽然公羊学者董仲舒对秋冬行刑作了一些说明阐释，但他更强调"人副天数"。为政重在既要了解儒家经典的实质，又要能灵活运用经典去处理合乎时宜的情况。所以我们对"秋冬行刑"制度在古代法制史中的运

---

① 苏舆撰，钟哲点校：《春秋繁露义证》卷第十七，北京：中华书局，1992年，第464页。
② 苏舆撰，钟哲点校：《春秋繁露义证》卷第十七，北京：中华书局，1992年，第463页。
③ 苏舆撰，钟哲点校：《春秋繁露义证》卷第十七，北京：中华书局，1992年，第465页。
④ 参见朱勇主编：《中国法制史》（第二版），北京：法律出版社，2006年，第104页。
⑤ 郑玄注，孔颖达疏：《礼记正义》，李学勤主编：《十三经注疏》，北京：北京大学出版社，2000年，第631页。
⑥ 苏舆撰，钟哲点校：《春秋繁露义证》卷第十三，北京：中华书局，1992年，第353页。

作并不是一成不变的情况，也就容易理解了。当然，公羊家的经权思想，是有非常严格的限制的。他们认为："行权必须有道、必须在可以然之域、必须出于仁心不忍与国家利益才被认可。"① 这与西方近代自马基雅维利推崇权术以来产生的新的权变思想所认为的"只要目的正确，就可不择手段"有所不同，公羊学是政治性儒学，是与政治紧密结合又包含礼法的经学。

所以公羊家特别强调"权"，他们努力将权运用到汉代的政治、法律之中，用以改变承秦而来的严酷政治现实。在汉代公羊家中，公孙弘、董仲舒最为典型。史载，公孙弘本贫贱，由白衣而成为天子丞相。在他当政期间，常外儒内法，开"以经术润饰吏事"之先河。此后的许多公羊学者都采纳了公孙弘的做法，于是在汉廷兴起了一股经义决狱之风。经义决狱实际上就是公羊家权变思想的反映。经义决狱，主要就是在司法实践中以儒家《春秋》等经典中的原则与精神作为判案根据的法律活动。经士们通过运用公羊学的权变思想，把儒家艰深的义理运用于法律实践之中，目的就在于促进经学的发展，改变先秦儒学"迂远而阔于事情"的理论及与实践相脱节的情况，确立经学的"经世致用性"。同时，将儒家伦理贯注于法律实践之中，改变承秦而来的苛法。众所周知，虽然西汉中期社会的发展为公羊学的传播提供了条件，但此时公羊学在立法中尚未占有一席之地。故有学者认为，经义决狱的主要原因是汉代主要法典集中制定于汉初和汉武帝尊崇儒术之前，其中秦法家的痕迹非常明显，已经不适用于汉代中期儒家经学思想作为统治思想后的社会政治、法律形势，而这些基本法典作为祖宗成法又不可在短时间内加以改变。② 其实，早在西汉前期，儒士为了使儒学从边缘走向政治中心，就已经开始改变原始儒学"迂远而阔于事情"的情况，开始了经学"经世致用"的历程。因此，经义决狱是公羊学者为了促使公羊学思想进入汉代政治、法律之中，以改变承秦而来的苛法而采取的一种经世致用的权变方式，目的是促进经学的发展及其地位

---

① 蒋庆：《公羊学引论》，沈阳：辽宁教育出版社，1995年，第246页。
② 朱勇主编：《中国法制史》（第二版），北京：法律出版社，2006年，第102页。

的提高。其开创者是西汉前期的公羊学者，公羊大师董仲舒是集大成者。史载"故胶西相董仲舒老病致仕，朝廷每有政议，数遣廷尉张汤亲至陋巷，问其得失。于是作《春秋决狱》二百三十二事，动以经对，言之详矣"①。其后，公羊学者吕步舒、眭弘、贡禹等也紧随其后，掀起了经义决狱的热潮。所以有学者指出："考西汉以来，《春秋》学以《公羊》为最盛。凡朝廷决大疑，人臣有献替，必引《春秋》为断，而所遵者，《公羊》家言也。"②汉代公羊学者开始以《春秋》中的"微言大义"作为判断罪之有无、罪之轻重的依据，罪之轻重、有无，"志善而违于法者免，志恶而合于法者诛"③。公羊学者的权变思想，主要在于用儒家经义解读案例，对当时承秦而来的法家之刑罚进行改造，以此来缓和社会矛盾，稳定统治秩序。以《春秋》儒家经典作为汉代法律断案之依据，是公羊家的一种权变思想的反映。通过对公羊家权变思想的分析，我们不难看出公羊家引儒家之礼入法律的良苦用心。当然，公羊家经义决狱的权变思想，在一定程度上也起到了矫正法律严酷性的现实作用。武帝之后，亲亲仁恩在汉律中时有体现，并由此对中国传统法律思想产生深远影响。

正是因为公羊家发扬其经权思想，努力在现实生活中落实儒家法思想的原则和理想，竭力转化承秦而来的严酷汉律，才使礼不断融合到汉律中。公羊家通过对《春秋》微言大义的阐发，为汉代及后世的法制确立了许多重要的原则，如"君亲无将，将而必诛焉"④。这些法制原则不仅成为后世封建法律法典中许多重要罪名的理论依据，而且使中国传统的法律思想不断融入礼法文化之中。故有学者认为："用孔子为汉制定的大经大法来转化汉承秦弊所遗留的严酷政治现实，如汉儒所谓'以经术缘饰吏事''以经义决狱''通经致用'即是明证。由于汉儒能够较好地用公羊家的

---

① 范晔撰，李贤等注：《后汉书》卷四十八，北京：中华书局，1965年，第1612页。
② 唐晏著，吴东民点校：《两汉三国学案》卷八，北京：中华书局，1986年，第443—444页。
③ 王利器校注：《盐铁论校注》卷第十，北京：中华书局，1992年，第567页。
④ 公羊寿传，何休解诂，徐彦疏：《春秋公羊传注疏》，李学勤主编：《十三经注疏》，北京：北京大学出版社，2000年，第545页。

经权学说来指导其政治实践活动,儒家思想在有汉一代得到了大体落实,建立了一套以礼乐刑政为基本架构的大一统制度,其影响一直延续两千年。"① 由此可见,公羊学权变理论中的礼法结合、刑德互变思想对中国政治法律制度的深远影响。

## 二、公羊学派大一统中的王权至上、法自君出思想

《春秋》经中开宗明义说:"元年春,王正月。"《公羊传》在隐公元年正月中曰:"何言乎王正月?大一统也。"这说明自春秋战国以来,诸侯割据,战争频繁,统一已成为人们的迫切愿望。春秋战国时代及秦汉之际,是天下无王的时代,那时天下缺乏合法一统的政治秩序,结果必然是列强争雄,混战不已。在这种混乱的时代,人们渴望建立合理的新政治,实现大一统。汉时的大一统说就是公羊家在贯通天人的基础上建立合法政治法律秩序的学说。《公羊传》对"春,王正月"作了解释,首先提出"大一统"的观点。公羊学者利用这种说法大做文章,发挥其"微言大义"作用:"《春秋》大一统者,天地之常经,古今之通谊也。"② 他们把大一统看作宇宙间普遍的原则,无所不在,无时不有。公羊家董仲舒在解释大一统时说:"置王于春正之间,非曰上奉天施而下正人,然后可以为王也云尔。"③ 这就是说,王介于天人之间,人统一于天,必先统一于王。何谓"大一统"?汉代经学者王吉曰:"《春秋》所以大一统者,六合同风,九州共贯也。"④ 徐彦曰:"王者受命制正月以统天下,令万物无不一一皆奉之以为始,故言大一统也。"⑤

春秋战国时代是中国思想的大创造时代,各种思想体系都可以从诸子思想中找到它的萌芽状态。思想一统是先秦时期百家争鸣后的共同愿望。

---

① 蒋庆:《公羊学引论》,沈阳:辽宁教育出版社,1995年,第248页。
② 班固:《汉书》卷五十六,北京:中华书局,1962年,第2523页。
③ 苏舆撰,钟哲点校:《春秋繁露义证》卷第二,北京:中华书局,1992年,第62页。
④ 班固:《汉书》卷七十二,北京:中华书局,1962年,第3063页。
⑤ 公羊寿传,何休解诂,徐彦疏:《春秋公羊传注疏》,李学勤主编:《十三经注疏》,北京:北京大学出版社,2000年,第12页。

先秦百家都想以自己的思想统一天下之思想，但后期难以实现。这在战国末期的《吕氏春秋》中也有反映。《吕氏春秋》中说："一则治，异则乱；一则安，异则危。"① 后来的秦王朝采纳了法家的法治主张，实行以吏为师、以法为教的政策。"焚文书而酷刑法，先诈力而后仁义，以暴虐为天下始。""蒙罪者众，刑僇相望于道，而天下苦之"②，使秦政二世而亡。后来西汉的司马谈在《论六家要旨》中指出："尝窃观阴阳之术，大祥而众忌讳，使人拘而多所畏；然其序四时之大顺，不可失也。儒者博而寡要，劳而少功，是以其事难尽从；然其序君臣父子之礼，列夫妇长幼之别，不可易也。"③ 这说明在治理天下的过程中，各家之学说都有其重要性，又有其局限性。对于儒家来说，尤其注重君臣之礼、夫妇之别等伦理与等级秩序。公羊学者从《春秋》中也悟出了这一要求"各正其位"的大经大法。

于是，公羊学者认为，"《春秋》之法，以人随君，以君随天"，故"屈民而伸君，屈君而伸天，《春秋》之大义也"④。公羊学者在解释《春秋》"春，王正月"时说："《春秋》之文，求王道之端，得之于正。正次王，王次春。春者，天之所为也；正者，王之所为也。其意曰，上承天之所为，而下以正其所为，正王道之端云尔。"⑤ 公羊学者明确指出君主是承天运以行政事，任何政治行为都是上天安排的，因此，君权神授。"天子受命于天，诸侯受命于天子，子受命于父，臣妾受命于君，妻受命于夫"⑥，从而把封建等级制度神圣化。在这种等级制度中，君权至高无上，

---

① 许维遹撰，梁运华整理：《吕氏春秋集释》卷第十七，北京：中华书局，2009 年，第 468 页。
② 贾谊撰，阎振益、钟夏校注：《新书校注》卷第一，北京：中华书局，2000 年，第 14-15 页。
③ 司马迁：《史记》卷一百三十，北京：中华书局，1982 年，第 3289 页。
④ 苏舆撰，钟哲点校：《春秋繁露义证》卷第一，北京：中华书局，1992 年，第 31-32 页。
⑤ 班固：《汉书》卷五十六，北京：中华书局，1962 年，第 2501-2502 页。
⑥ 苏舆撰，钟哲点校：《春秋繁露义证》卷第十五，北京：中华书局，1992 年，第 412 页。

不受任何人的制约。

公羊学派有其独特的法理论色彩——好权变,其在儒家各学派中近于法家。三世进化法就是其典型的理论,主要有两种内涵:第一,公羊学派的三世进化法具有很强的变革性,在董仲舒时期大讲"改制",提倡"大一统",引领法思想潮流,不为先王之法而为后王立法。第二,公羊学派的三世进化法具有很强的灵活性,逐渐形成一套"三世进化法说"的历史学说理论。《春秋公羊传》所讲"所见异辞,所闻异辞,所传闻异辞"是其雏形。董仲舒借此大加发挥,把春秋鲁国十二位国君划分为"所见世""所闻世""所传闻世"三部分,以此来表明春秋时期二百四十二年不是不可分割的,而是可以按照一定标准划分为不同的阶段。公羊学派的"三世说",分别是"据乱世""升平世""太平世"。① 从汉代起,公羊学派就对人类历史社会发展运动的规律性中的法思想进行了极具想象力和创新性的深入探索。根据公羊学派的阐述,从"据乱世"进入相对安宁稳定的"升平世",再到"太平世",人类历史社会发展运动的法思想的演进,也由严刑峻法发展到宽和仁厚,这是一条完美的、理想的人类社会法治思想进化的轨道。在这套法思想理论中,透露出人类社会法思想的发展是有规律的,这是一种可贵的思想萌芽。并且"三世说"虽然在本质上脱离不了历史局限性——循环论,但是由"据乱世""升平世""太平世"可以看出,其中还存在着一个不断"向前"发展的趋势,其实就是"三世进化法"的思想。东汉今文经学家何休注《春秋公羊传》,成《春秋公羊解诂》一书。在该书中,何休注重结合《礼记》中《礼运》篇关于大同、小康的社会描述,把笼统的三世进化法发展成具有一定系统性的三世进化法思想学说,论证了人类社会法律思想是进化的,随时代的发展而进行变革是历史进步要求的普遍法则。"所见者,谓昭、定、哀,己与父时事也;所闻者,谓文、宣、成、襄,王父时事也;所传闻者,谓隐、桓、庄、闵、僖,高祖曾祖时事也。……于所传闻之世,见治起于衰乱之中,用心尚麤觕,故内其国而外诸夏……于所闻之世,见治升平,内诸夏而外夷

---

① 皮锡瑞著,周予同注释:《经学历史》,北京:中华书局,1959年,第105页。

狄……至所见之世,著治大平,夷狄进至于爵,天下远近小大若一……所以三世者,礼为父母三年,为祖父母期,为曾祖父母齐衰三月,立爱自亲始,故《春秋》据哀录隐,上治祖祢。"① 依照何休的阐释,春秋二百四十二年的法律时期,经过了所传闻的据乱世法制衰乱、所闻的升平世法制宽和和所见的太平世法制和谐三个阶段,这是何休的三世进化法论。

公羊学作为今文经学的中坚,曾在中国思想领域和政治法律领域扮演十分重要的角色。三世进化法是中国传统社会历史学说三世说的重要组成部分,其认为人类社会法律思想是沿着据乱世、升平世、太平世顺次进化的过程。此说虽源于古代,却是直到近代才被康有为系统化,成为维新思想的理论基础。"公羊学说的源头,在于《春秋》之'义';而《公羊传》对《春秋》大义的解释,便构成了公羊学说的核心。"② 公羊学派的认识与孔子对《春秋》重义的认识是相通的,都认为周王朝时政治秩序陷于崩坏,需要重整纲纪,匡正君臣上下关系,明是非,别善恶,使社会恢复到"礼乐征伐自天子出"的天下有道的局面;并进而得出礼法不能由诸侯自专,应从上至下,树立严格的等级秩序,保证君主的最高权威。如僖公二十八年(前632)的践土之盟,实际上是晋文公召周天子赴会,《春秋》却讳之曰:"天王狩于河阳。"《公羊传》于此维护周天子的尊严,反对以臣召君的做法。"公朝于王所。曷为不言公如京师?天子在是也。天子在是,则曷为不言天子在是?不与致天子也。"③《公羊传》对这一做法作了严肃的批评,要求全部臣民绝对服从于王权。《公羊传》开宗明义提出"大一统"说,强调统一的王权具有绝对的权威,强调全中国范围的统一具有至高无上的意义。

其实,早在先秦荀子时就传大一统之义。荀子曾明确指出"法先王,

---

① 公羊寿传,何休解诂,徐彦疏:《春秋公羊传注疏》,李学勤主编:《十三经注疏》,北京:北京大学出版社,2000年,第31-32页。
② 陈其泰:《今文公羊学说的独具风格和历史命运》,《北京大学学报》(哲学社会科学版),1997年第6期。
③ 公羊寿传,何休解诂,徐彦疏:《春秋公羊传注疏》,李学勤主编:《十三经注疏》,北京:北京大学出版社,2000年,第302页。

统礼义，一制度"①，则"近者不隐其能，远者不疾其劳……夫是之谓人师，是王者之法也"②。若行之，则"圣王在上，分义行乎下，则士大夫无流淫之行，百吏官人无怠慢之事，众庶百姓无奸怪之俗，无盗贼之罪，莫敢犯大上之禁"③。此后董仲舒、何休等公羊学者则继续发挥"大一统"学说，董仲舒在《天人三策》中明确提出《春秋》大一统。我们从董仲舒的对策中可以看出，他主张："《春秋》大一统者，天地之常经，古今之通谊也。今师异道，人异论，百家殊方，指意不同，是以上亡以持一统；法制数变，下不知所守。臣愚以为诸不在六艺之科孔子之术者，皆绝其道，勿使并进。邪辟之说灭息，然后统纪可一而法度可明，民知所从矣。"④ 他又认为："《春秋》曰'王正月'，《传》曰：'王者孰谓？谓文王也。曷为先言王而后言正月？王正月也。'何以谓之王正月？曰：王者必受命而后王。王者必改正朔，易服色，制礼乐，一统于天下。"⑤ 天子受命于天，受命之君，天意所予，天子父母事天，而子孙畜万民。因而，天子的地位在人间至高无上。

所以只要天下统一于王，王权至上，王风共贯，王化普被，政教礼法、山川草木无不一一系于王，则天下纷争、王者不尊、诸侯割据、法令不一的局面就会消失。故东汉公羊学者何休认为："统者，始也，总系之辞。夫王者，始受命改制，布政施教于天下，自公侯至于庶人，自山川至于草木昆虫，莫不一一系于正月，故云政教之始。"⑥ "故《春秋》以元之气，正天之端；以天之端，正王之政；以王之政，正诸侯之即位；以诸侯

---

① 王先谦撰，沈啸寰、王星贤点校：《荀子集解》卷第四，北京：中华书局，1988年，第140页。
② 王先谦撰，沈啸寰、王星贤点校：《荀子集解》卷第五，北京：中华书局，1988年，第161页。
③ 王先谦撰，沈啸寰、王星贤点校：《荀子集解》卷第十七，北京：中华书局，1988年，第450页。
④ 班固：《汉书》卷五十六，北京：中华书局，1962年，第2523页。
⑤ 苏舆撰，钟哲点校：《春秋繁露义证》卷第七，北京：中华书局，1992年，第184-185页。
⑥ 公羊寿传，何休解诂，徐彦疏：《春秋公羊传注疏》，李学勤主编：《十三经注疏》，北京：北京大学出版社，2000年，第11-12页。

之即位，正竟内之治。……政不由王出，则不得为政，故先言王，而后言正月也。王者不承天以制号令，则无法，故先言春，而后言王。"又："曷为先言王而后言正月？"何休注曰："以上系于王，知王者受命，布政施教所制月也。"① 王者通过定正月，重立元之始，将王道政治、法律布施于天下。这就明确提出了大一统中的王权至上、法自君出的思想。所以今人黄朴民先生说："以往公羊学者之论'大一统'，是'天人之学'，一统于天人，要改正朔、易服色以应天。而何休他阐述发挥大一统，在肯定天人关系的同时，更把目光投放在'政教'问题方面。"② 由此可见，公羊学以阐释《春秋》的"微言大义"对孔子的大一统思想进行了诸多完善与发挥，并使大一统思想中呈现出王权至上、法自君出的思想，使大一统思想成为一个完整的思想体系，在汉代成为显学。

### 三、公羊学派的刑德法天思想

汉代公羊学派除了在论述大一统权变思想、三统说等理论观点时阐发法律思想，还明确提出了刑德效法于天的法律思想，这实际上是公羊学天人感应思想的反映。自近代以来，"学人多认为《春秋》虽记灾异，但未明应验之事，故《春秋》本无天人感应思想，天人感应思想为后儒（董何诸公羊家）附会而成"③。近现代学者王引之、陈柱、徐复观等先生均持此说。蒋庆先生则认为："《春秋》无天人感应之说极不应理，宣十五年已明载《春秋》有天人感应思想，《论语》中亦有明证，孔子于《春秋》中灾异必书有借天意告诫人君深意，否则何必不厌繁琐，巨细不遗？"④ 笔者以为，天人感应思想起源较早，在商周时确已存在。虽然孔子不语怪力乱神，但在《春秋》一书中对鲁之二百四十二年间事也是凡遇灾异必书，这是有其深刻用意的。同时，在商周时期的《诗经》《尚书》中明确存在着

---

① 公羊寿传，何休解诂，徐彦疏：《春秋公羊传注疏》，李学勤主编：《十三经注疏》，北京：北京大学出版社，2000年，第10页。
② 黄朴民：《何休评传》，南京：南京大学出版社，1998年，第109页。
③ 蒋庆：《公羊学引论》，沈阳：辽宁教育出版社，1995年，第208-209页。
④ 蒋庆：《公羊学引论》，沈阳：辽宁教育出版社，1995年，第209页。

"天罚""天讨"的思想,这实际上就是上古时期天人感应思想的体现。在《春秋》中确实存在天人感应的思想。例如僖公十五年秋:"己卯,晦,震夷伯之庙。"《传》曰:"晦者何?冥也。震之者何?雷电击夷伯之庙者也。夷伯者,曷为者也?季氏之孚也(季氏信任之臣)。季氏之孚则微者,其称夷伯何?大之也。曷为大之?天戒之,故大之也。何以书?记异也。"① 这里的"天戒之,故大之也"应是天人感应的内容。由此可知,天人感应说非公羊家附会而成,而是本于《春秋》之思想。当然,到后来,天人感应思想经董仲舒、何休等公羊家进一步发挥和阐发,就被不断发扬光大了。故班固在《汉书·五行志》中说:"周道敝,孔子述《春秋》。则《乾》《坤》之阴阳,效《洪范》之咎征,天人之道粲然著矣。"② 天人感应说中的内容涉及政治、法律、社会生活等诸多方面。在法律思想方面,公羊学派的天人感应思想主要表现为刑德法天思想。

汉代公羊学派把刑德起源归因于神,即天。董仲舒认为,天和人一样是有意志的,是万物的最高主宰、百神的长官,为至高无上的神。他说:"天者万物之祖,万物非天不生。"③ "天者,百神之君也,王者之所最尊也。"④ 宇宙万物与人类社会都是天有目的、有意识加以创造和安排的,"为人者天也"⑤,"人副天数"⑥。公羊学者认为,人的形体和精神都与天相应,人体有小骨节三百六十六,跟一年日数相副;人有大骨节十二,跟一年月数相副;没有数的,按类也相副。天和人是同一类的,"以类合之,

---

① 公羊寿传,何休解诂,徐彦疏:《春秋公羊传注疏》,李学勤主编:《十三经注疏》,北京:北京大学出版社,2000年,第270—271页。
② 班固:《汉书》卷二十七上,北京:中华书局,1962年,第1316页。
③ 苏舆撰,钟哲点校:《春秋繁露义证》卷第十五,北京:中华书局,1992年,第410页。
④ 苏舆撰,钟哲点校:《春秋繁露义证》卷第十五,北京:中华书局,1992年,第402页。
⑤ 苏舆撰,钟哲点校:《春秋繁露义证》卷第十一,北京:中华书局,1992年,第318页。
⑥ 苏舆撰,钟哲点校:《春秋繁露义证》卷第十三,北京:中华书局,1992年,第354页。

天人一也"①。正是基于这一思想，董仲舒认为"道之大原出于天"②，"王者承天意以从事"③，"仁义制度之数，尽取之天"④。人间享有最高权力的君主是上天派来的代理人，整个封建社会的政治、法律和人伦秩序都是上承"天意"的结果。董仲舒说："天以天下予尧舜，尧舜受命于天而王天下"⑤，"受命之君，天意之所予也。故号为天子者，宜视天如父，事天以孝道也"⑥。既然政治权力、法律制度都是天安排的，封建统治者就是代表天来治理国家、治理人民及进行赏罚的。"天道之大者在阴阳。阳为德，阴为刑；刑主杀而德主生"⑦，所以统治者在治理国家时要任德不任刑。

公羊家刑德法天的思想是建立在天子受命于天的理论基础之上的。公羊家认为天子受命于天，故须尽人子之道，敬天、尊天，其治天下，也应法天地，法自然，承天意以从事，即以天道为君道，成治道，为刑德，立法令。"王道之三纲，可求于天"⑧，"为人君者，其法取象于天"⑨。圣人治理国家应该"同诸天地，荡诸四海，变易习俗"⑩。为什么刑德要取法于天呢？公羊学者认为："王者唯天之施，施其时而成之，法其命而循之诸人，法其数而以起事，治其道而以出法，治其志而归之于仁。"⑪ 这就要求

---

① 苏舆撰，钟哲点校：《春秋繁露义证》卷第十二，北京：中华书局，1992年，第341页。
② 班固：《汉书》卷五十六，北京：中华书局，1962年，第2518-2519页。
③ 班固：《汉书》卷二十二，北京：中华书局，1962年，第1031页。
④ 苏舆撰，钟哲点校：《春秋繁露义证》卷第十二，北京：中华书局，1992年，第351页。
⑤ 苏舆撰，钟哲点校：《春秋繁露义证》卷第七，北京：中华书局，1992年，第219页。
⑥ 苏舆撰，钟哲点校：《春秋繁露义证》卷第十，北京：中华书局，1992年，第286页。
⑦ 班固：《汉书》卷五十六，北京：中华书局，1962年，第2502页。
⑧ 苏舆撰，钟哲点校：《春秋繁露义证》卷第十二，北京：中华书局，1992年，第351页。
⑨ 苏舆撰，钟哲点校：《春秋繁露义证》卷第十七，北京：中华书局，1992年，第458页。
⑩ 苏舆撰，钟哲点校：《春秋繁露义证》卷第十二，北京：中华书局，1992年，第352页。
⑪ 苏舆撰，钟哲点校：《春秋繁露义证》卷第十一，北京：中华书局，1992年，第329页。

君王治理国家要唯天之施而施其时，法天之命而循诸人，法天之数以起事，治天之道以出法。故效法天符合治道，"以类合之，天人一也。春，喜气也，故生；秋，怒气也，故杀；夏，乐气也，故养；冬，哀气也，故藏"①。公羊学者认为人事的一切活动都是与天紧密联系的，人君的一切行动应与天相符，"为人主者，予夺生杀，各当其义，若四时；列官置吏，必以其能，若五行；好仁恶戾，任德远刑，若阴阳。此之谓能配天"②。在刑德观上取法于天，就要做到"天有四时，王有四政，四政若四时，通类也，天人所同有也"③。天之道，春主生，夏主养，秋主刑，冬主藏。王者之政就是要与之一致，故应"以庆副暖而当春，以赏副暑而当夏，以罚副清而当秋，以刑副寒而当冬"，即"庆为春，赏为夏，罚为秋，刑为冬。庆赏罚刑之不可不具也，如春夏秋冬不可不备也"④；"春者天之所以生也，仁者君之所以爱也；夏者天之所以长也，德者君之所以养也；霜者天之所以杀也，刑者君之所以罚也"⑤。所以在刑德观上注重法天，实际上就是要做到以德化为要务，以刑罚为辅。公羊学者认为"圣人之道，不能独以威势成政，必有教化"⑥，要把德化和刑罚结合起来，形成良法之治。

公羊学者把德刑关系比之阴阳，形成阴阳刑德观。他们认为："天出阳，为暖以生之；地出阴，为清以成之。不暖不生，不清不成。然而计其多少之分，则暖暑居百而清寒居一。德教之与刑罚犹此也。故圣人多其爱

---

① 苏舆撰，钟哲点校：《春秋繁露义证》卷第十二，北京：中华书局，1992年，第341页。
② 苏舆撰，钟哲点校：《春秋繁露义证》卷第十七，北京：中华书局，1992年，第467-468页。
③ 苏舆撰，钟哲点校：《春秋繁露义证》卷第十三，北京：中华书局，1992年，第353页。
④ 苏舆撰，钟哲点校：《春秋繁露义证》卷第十三，北京：中华书局，1992年，第353页。
⑤ 班固：《汉书》卷五十六，北京：中华书局，1962年，第2515页。
⑥ 苏舆撰，钟哲点校：《春秋繁露义证》卷第十一，北京：中华书局，1992年，第319页。

而少其严，厚其德而简其刑，以此配天。"① 公羊学者认为刑德犹如阴阳，必有主从、本末之关系："天之志，常置阴空处，稍取之以为助。故刑者德之辅，阴者阳之助也……阳贵而阴贱，天之制也。"② "天之近阳而远阴，大德而小刑也。……刑之不可任以成世也，犹阴之不可任以成岁也。为政而任刑，谓之逆天，非王道也。"③ 由此，公羊学者认为"教，政之本也；狱，政之末也"。在刑德法天思想方面，他们已经认识到德刑关系的轻重问题了，这就为德主刑辅观念深入法律思想中创造了理论基础。

公羊学者在政治法律思想上明确提出了"文德为贵，而威武为下"的思想主张。这里"文德"主要指国家政治功能中的文治、教化，"威武"主要指国家政治功能中的刑罚、刑狱。公羊学者认为，崇尚文德、减少刑罚是天下长治久安的一条永恒不变的定律。公羊学者还从《春秋公羊传》中找到了历史事实的依据。如桓公二年，宋国大夫孔父嘉将主持正义的激情流露在脸上，使得弑君乱臣不敢为非作歹。④ 僖公二年，虞国大夫宫之奇深明唇亡齿寒的大义，晋献公想攻取虢国，竟然因为他的存在而夜不能寐。⑤ 当然，公羊学者在创立刑德法天思想之同时，也继承并发展了荀子"刑德并用"的法律思想，并没有完全否定刑的作用。公羊学者认为："当喜而不喜，犹当暑而不暑；当怒而不怒，犹当寒而不寒也；当德而不德，犹当夏而不夏也；当威而不威，犹当冬而不冬也。……喜怒之发，威德之处，无不皆中其应，可以参寒暑冬夏之不失其时已。故曰圣人配天。"⑥ 帝

---

① 苏舆撰，钟哲点校：《春秋繁露义证》卷第十二，北京：中华书局，1992年，第351-352页。

② 苏舆撰，钟哲点校：《春秋繁露义证》卷第十一，北京：中华书局，1992年，第336-337页。

③ 苏舆撰，钟哲点校：《春秋繁露义证》卷第十一，北京：中华书局，1992年，第327-328页。

④ 公羊寿传，何休解诂，徐彦疏：《春秋公羊传注疏》，李学勤主编：《十三经注疏》，北京：北京大学出版社，2000年，第83页。

⑤ 公羊寿传，何休解诂，徐彦疏：《春秋公羊传注疏》，李学勤主编：《十三经注疏》，北京：北京大学出版社，2000年，第241-242页。

⑥ 苏舆撰，钟哲点校：《春秋繁露义证》卷第十七，北京：中华书局，1992年，第462-463页。

王在实施政治、法律手段的过程中,居于天下至尊地位,操纵着人间的生杀权柄,在喜怒性情的发作与为政的过程中都应与天时的有序运转相联结。"喜怒当寒暑,威德当冬夏。冬夏者,威德之合也;寒暑者,喜怒之偶也。喜怒之有时而当发,寒暑亦有时而当出,其理一也。"① 在刑德法天的过程中,当刑则刑,该德即德,天道的寒暑冬夏从来都是在自己最为适当的时候如期而至的,从来没有任何差错,合乎天道秩序的政治法律思想自然有其合法性和正当性。"然而人事之宜行者,无所郁滞,且恕于人,顺于天,天人之道兼举,此谓执其中。"② 公羊学者在论述刑德法天的基础上,也提出了德化与刑罚不是机械比照四时,而是二者随时都要运作,不可弃之,同时要符合儒家的中道思想,执其中而用之的思想在刑德法天思想中得到了充分的显现。

从以上叙述可知,公羊学派虽为中国儒家哲学中的一个主要派别,但与政治、法律存在非常密切的联系。其实,"传统中国哲学里的任何一个学派几乎都与国家政治有脱不开的关系,董仲舒的哲学尤为如此,甚至,它在根本上就是一种政治哲学"③。从天道运行的基本法则出发,公羊学家把德治提高到比较突出的地位,认为"天地之数,不能独以寒暑成岁,必有春夏秋冬。圣人之道,不能独以威势成政,必有教化"④。为了引起帝王对德化的高度重视,公羊学者进一步对其予以强调和凸显,认为:"刑罚以威其恶,故民晓于礼谊而耻犯其上。武王行大谊,平残贼,周公作礼乐以文之,至于成康之隆,囹圄空虚四十余年。此亦教化之渐而仁谊之流,非独伤肌肤之效也。"⑤ 公羊学者的这一理论对改造王朝的政治法律有着十

---

① 苏舆撰,钟哲点校:《春秋繁露义证》卷第十七,北京:中华书局,1992年,第462页。
② 苏舆撰,钟哲点校:《春秋繁露义证》卷第十七,北京:中华书局,1992年,第464页。
③ 余治平:《唯天为大——建基于信念本体的董仲舒哲学研究》,北京:商务印书馆,2003年,第399页。
④ 苏舆撰,钟哲点校:《春秋繁露义证》卷第十一,北京:中华书局,1992年,第319页。
⑤ 班固:《汉书》卷五十六,北京:中华书局,1962年,第2510页。

分重要的作用。

另外,公羊学者还把天之道推及人事,指出在刑、德关系领域,人事与阴阳有着十分密切的关系。"恶之属尽为阴,善之属尽为阳。阳为德,阴为刑。……阳天之德,阴天之刑也。"① 使原来与阴阳无关的人事与阴阳相比附,刑与德也由此获得了气禀,具有气的秉性,"阴,刑气也;阳,德气也"②,于是天道的运行昭示了人间的刑德。"阳气暖而阴气寒,阳气予而阴气夺,阳气仁而阴气戾,阳气宽而阴气急,阳气爱而阴气恶,阳气生而阴气杀。是故阳常居实位而行于盛,阴常居空位而行于末。天之好仁而近,恶戾之变而远,大德而小刑之意也"③,故"阴,夏入居下,不得任岁事,冬出居上,置之空处也。养长之时伏于下,远去之,弗使得为阳也。……此皆天之近阳而远阴,大德而小刑也"④。所以,公羊学者都认为阳气常处实位,阴气常居空位,天好德厌刑,上天意志是崇尚德治而轻视刑杀。人间君王必须效法天的德行,"是故人主近天之所近,远天之所远;大天之所大,小天之所小。是故天数右阳而不右阴,务德而不务刑。刑之不可任以成世也,犹阴之不可任以成岁也"⑤。公羊学者认为人间帝王在政治法律上无一例外地应该取法于天,符合天道的规律,始终与天保持一致,这样才能符合天道和人事的固有规律,符合王者施政、圣人配天的法则,这种刑德法天的法律思想也才符合国家长治久安和社会稳定的根本利益。近人公羊家康有为曾说:"夫孔子之大道在《春秋》,西汉之治以《春秋》,自君臣士大夫,政事法律言议。皆以《公羊》为法,至今律犹从

---

① 苏舆撰,钟哲点校:《春秋繁露义证》卷第十一,北京:中华书局,1992年,第326—327页。
② 苏舆撰,钟哲点校:《春秋繁露义证》卷第十一,北京:中华书局,1992年,第331页。
③ 苏舆撰,钟哲点校:《春秋繁露义证》卷第十一,北京:中华书局,1992年,第327页。
④ 苏舆撰,钟哲点校:《春秋繁露义证》卷第十一,北京:中华书局,1992年,第327页。
⑤ 苏舆撰,钟哲点校:《春秋繁露义证》卷第十一,北京:中华书局,1992年,第328页。

之。"① 此说甚是。我们从历代法制中都可以清楚看出，公羊春秋学对中国古代法律思想、立法、司法原则等均产生了深远影响。

## 第三节　穀梁学中的礼法思想

我们知道，《春秋穀梁传》是《春秋》的三传之一，也是一部解释《春秋》经义的著作，又称为《穀梁春秋》，简称《穀梁传》。由于《春秋》在儒家经典中的重要地位，故解释《春秋》经义的《春秋穀梁传》后来也成为儒家经典，被列为儒家"十三经"之一。传说孔子"因鲁史而作《春秋》"，《春秋》便被赋予了圣人的是非褒贬和微言大义，所谓"举得失以彰黜陟，明成败以著劝诫，拯颓纲以继三五，鼓芳风以扇游尘。一字之褒，宠逾华衮之赠。片言之贬，辱过市朝之挞。德之所助，虽贱必申。义之所抑，虽贵必屈。故附势匿非者无所逃其罪，潜德独运者无所隐其名，信不易之宏轨，百王之通典也"②。《春秋》记事文字过于简略，让人难以确切详尽地了解其内容，以致众说纷纭，颇有分歧，到西汉时先后出现了《左氏传》《公羊传》《穀梁传》《邹氏传》和《夹氏传》五种解释《春秋》的"传"。据《汉书·艺文志》曰："邹氏无师，夹氏未有书。"《邹氏传》《夹氏传》后世散佚无闻，在汉代影响较大、流传至今的是《左氏传》《公羊传》《穀梁传》，合称《春秋》三传。据皮锡瑞《经学通论》说："《春秋》有大义，有微言……惟《公羊》兼传大义微言。《穀梁》不传微言，但传大义。"所谓大义，钟文烝在《春秋穀梁经传补注》中说："《穀梁》多特言君臣、父子、兄弟、夫妇，与夫贵礼贱兵，内夏外夷之旨，明《春秋》为持世教之书也。"由此可见，《穀梁传》是"借事明义"，强调礼制，重视宗法伦理等级秩序。

---

① 康有为著，楼宇烈整理：《春秋董氏学》卷七，北京：中华书局，1990年，第208页。

② 范宁：《春秋穀梁传序》，范宁集解，杨士勋疏：《春秋穀梁传注疏》，李学勤主编：《十三经注疏》，北京：北京大学出版社，2000年，第3、8-9页。

在汉代，经学与政治、法律之间存在着内在互动关系。这正如梁启超先生所说"中国之学术思想，常随政治为转移"①。随着汉代历史进程的不断深入发展和政治实践的展开，公羊学与汉代政治的矛盾终于愈演愈烈。在武帝即位之初，"上方征讨四夷，锐志武功，不暇留意礼文之事"②，这实际上宣告了公羊学思想的失势，汉王朝把公羊学标榜的"设而勿用，仁义以服之""任德不任力"的儒家理想束之高阁了。同是解释《春秋》的《穀梁传》及其穀梁学终于走进了统治者的视野，并在西汉中后期的政治、法律方面产生了深远影响。

在西汉中后期的穀梁学者之中，成就及其影响最大的当推刘向。据史料记载，在汉元帝时，刘向受诏讲论"五经"于石渠阁；汉成帝时，刘向受诏领校"五经"秘书。而刘向尤好《春秋》，从瑕丘江公之孙学《穀梁春秋》，成为西汉中后期的穀梁学大儒。刘向的著述颇多，主要有《列女传》《新序》《说苑》《洪范五行传论》《别录》等。对于这些著述，有学者研究认为："刘向的思想可以分为两个层次。第一个层面，也是刘向思想中占主导地位的内容，是儒家的社会政治思想和伦理道德思想；第二个层面是儒家思想涵摄下的各家思想。"③ 综观汉代穀梁学的基本内容及其产生与发展的历程，笔者认为，穀梁学的法律思想主要体现为：一是以礼统法、礼法结合思想，二是尚德轻刑、法行宽大思想，三是尊君抑臣中的阴阳刑德思想。

## 一、以礼统法、礼法结合思想

有学者指出，"在中国，专制之所以能够成为'主义'，不外乎两个原因：一是'礼'的支撑，一是'天理'的铺垫。礼与天理可以说是中国专制主义的两块基石"④。在封建专制政治中，君主口含天宪，拥有至高无

---

① 梁启超：《论中国学术思想变迁之大势》，《饮冰室合集·文集》第三册，北京：中华书局，2015年，第38页。
② 班固：《汉书》卷二十二，北京：中华书局，1962年，第1032页。
③ 刑培顺、王琳：《试论刘向著述的思想倾向》，《山东师范大学学报》（人文社会科学版），2003年第3期。
④ 雷戈：《〈公〉〈谷〉是史家——先秦史家研究之四》，《山西师大学报》（社会科学版），2000年第2期。

上的权力，可以随时发布诏令，但是在古代社会中，人们一般并不把君主看作法律的象征，而是看作礼的标志。应该说，古代中国社会是礼治的社会，以礼治国，以礼治人，甚至以礼治君。在古代，君主虽然可以超越具体法律之上，可以不受法律约束，但君主并不能任意胡作非为，君主无法超越传统礼法之上，而是必须受制于礼法的约束和规范，社会所形成的一套礼制秩序成为王权合法性的标志。所以从专制社会到专制王权，这其中关键环节离不开礼。在春秋穀梁学中，穀梁学师法荀卿"礼者，法之大分，类之纲纪也"的以礼统法之说，对礼法的论述非常充分而且颇有特色。

穀梁学认为，君臣、父子、兄弟、夫妇之间都有一定的行为道德规范，如果超越自己的身份等级行事，就是违背礼的行为。"礼：君不使无耻，不近刑人，不狎敌，不迩怨，贱人非所贵也，贵人非所刑也，刑人非所近也。"① 礼是维系等级秩序的重要且不可缺少的规范。"宫室不设，不可以祭。衣服不修，不可以祭。车马器械不备，不可以祭。有司一人不备其职，不可以祭。祭者，荐其时也，荐其敬也，荐其美也，非享味也。"② 穀梁学认为，礼法是尊天子、维护等级秩序的重要法宝。"考礼修德，所以尊天子也。"③ 穀梁学还认为，春秋时期，国家衰微，诸侯坐大的情形是不道的，必须尊天子，使"礼乐征伐自天子出"，"朝服虽敝，必加于上；弁冕虽旧，必加于首；周室虽衰，必先诸侯"④。诸侯必须向天子进贡，这是符合礼法之制的原则。"古者诸侯时献于天子，以其国之所有，故有辞让，而无征求。"⑤ 此外，应按照名分等级秩序规定宗庙祭祀的数量，"天

---

① 范宁集解，杨士勋疏：《春秋穀梁传注疏》，李学勤主编：《十三经注疏》，北京：北京大学出版社，2000年，第310页。
② 范宁集解，杨士勋疏：《春秋穀梁传注疏》，李学勤主编：《十三经注疏》，北京：北京大学出版社，2000年，第274页。
③ 范宁集解，杨士勋疏：《春秋穀梁传注疏》，李学勤主编：《十三经注疏》，北京：北京大学出版社，2000年，第35页。
④ 范宁集解，杨士勋疏：《春秋穀梁传注疏》，李学勤主编：《十三经注疏》，北京：北京大学出版社，2000年，第141页。
⑤ 范宁集解，杨士勋疏：《春秋穀梁传注疏》，李学勤主编：《十三经注疏》，北京：北京大学出版社，2000年，第66页。

子七庙，诸侯五，大夫三，士二"①，甚至连庙堂房屋柱子的颜色也应有所差别，"礼：天子、诸侯黝垩，大夫仓，士黈。丹楹，非礼也"②，使君臣各有职分，各有自己的行为准则和规范，各有其位，不得僭越。穀梁学认为，"君不尸小事，臣不专大名。善则称君，过则称己，则民作让矣"③，维护君主的名分等级是臣下的职责，"死君难，臣道也"④，否则就会出现"为天下主者，天也，继天者，君也，君之所存者，命也。为人臣而侵其君之命而用之，是不臣也；为人君而失其命，是不君也。君不君，臣不臣，此天下所以倾也"⑤。所以君臣之间必须严格遵守贵贱尊卑之礼，"《春秋》之义，用贵治贱，用贤治不肖，不以乱治乱也"⑥。

同时，穀梁学者指出，君主也是人，也有过失，但不应该以"亲亲"害"尊尊"之礼。尽管从理论上讲，"王者无外"，但是君主也是人，君主一旦干坏事，就会把事情弄得一塌糊涂，不可收拾。因此，臣下应该尽力挽回君主的过错。"上虽失之，下孰敢有之？"但"桓弟弑兄……天子不能定，诸侯不能救，百姓不能去，以为无王之道，遂可以至焉尔"⑦，这是"上下皆失之矣"⑧。穀梁学者认为，国仇与家恨不是一回事，对于国仇，不但"九世"可以复仇，即便"百世"也可以复仇，

---

① 范宁集解，杨士勋疏：《春秋穀梁传注疏》，李学勤主编：《十三经注疏》，北京：北京大学出版社，2000年，第153页。
② 范宁集解，杨士勋疏：《春秋穀梁传注疏》，李学勤主编：《十三经注疏》，北京：北京大学出版社，2000年，第103页。
③ 范宁集解，杨士勋疏：《春秋穀梁传注疏》，李学勤主编：《十三经注疏》，北京：北京大学出版社，2000年，第300页。
④ 范宁集解，杨士勋疏：《春秋穀梁传注疏》，李学勤主编：《十三经注疏》，北京：北京大学出版社，2000年，第59页。
⑤ 范宁集解，杨士勋疏：《春秋穀梁传注疏》，李学勤主编：《十三经注疏》，北京：北京大学出版社，2000年，第235页。
⑥ 范宁集解，杨士勋疏：《春秋穀梁传注疏》，李学勤主编：《十三经注疏》，北京：北京大学出版社，2000年，第320页。
⑦ 范宁集解，杨士勋疏：《春秋穀梁传注疏》，李学勤主编：《十三经注疏》，北京：北京大学出版社，2000年，第37页。
⑧ 范宁集解，杨士勋疏：《春秋穀梁传注疏》，李学勤主编：《十三经注疏》，北京：北京大学出版社，2000年，第262-263页。

对于家恨则不行。其原因就在于"国君一体也：先君之耻，犹今君之耻也"。君子应该"为尊者讳耻，为贤者讳过，为亲者讳疾"①。但是与贤者、亲者比起来，尊者始终是绝对优先的，"君子不以亲亲害尊尊"。穀梁学鲜明地体现了专制君主的神圣性，强调以王权之礼为尊。"非天子不得专封诸侯。诸侯不得专封诸侯，虽通其仁，以义而不与也。故曰，仁不胜道"②，在这里，"道"可以理解为礼。正是有了礼的保障，才使专制君主一方面冷酷无情，另一方面又出现温情脉脉的面孔。

汉代穀梁学派作为一个研究《春秋》的今文经学独立派别，在历史上有过短暂的兴盛时期。它阐发《春秋》大义，记述古代礼制，对儒家礼制及其古代礼法思想的形成和发展起到不可估量的作用。《春秋穀梁传》作为穀梁学的经典，也是正统儒家经学的组成部分，在西汉中后期已成为重要的礼法思想的经典。我们知道，穀梁学在西汉兴起后，其在汉王朝的命运有一个逐渐变化的过程。在汉初，国家初建，百废待兴，尚无暇顾及礼法之问题。武帝时，公羊学以其大一统思想适应了无为向有为政治转变的时代需要，时"公孙弘以治《春秋》为丞相封侯，天下学士靡然乡风矣"③。为了加强中央集权，统治者采纳了公羊学的大一统、尊王攘夷、刑德并治等主张，用严刑峻法对乱臣贼子进行"诛杀"，亦用严刑峻法对待淮南王刘安的谋反，武帝也因戾太子巫祸之事，株连朝野数万人之多，天下为之震动。到汉宣帝时，因为宣帝经历过社会动荡，他即位后一改武帝严刑峻法、缺少礼义情恩的做法，崇尚礼制，力图缓和社会矛盾。在这种社会状况下，穀梁学由此从边缘走向政治中心，开始受到帝王的重视，穀梁学者在统治者的支持下，积极参与礼制建设，建议帝王"兴辟雍，设庠序，陈礼乐，隆雅颂之声，盛揖攘之容，以风化天下"④。然而由于西汉

---

① 范宁集解，杨士勋疏：《春秋穀梁传注疏》，李学勤主编：《十三经注疏》，北京：北京大学出版社，2000年，第259页。
② 范宁集解，杨士勋疏：《春秋穀梁传注疏》，李学勤主编：《十三经注疏》，北京：北京大学出版社，2000年，第127页。
③ 班固：《汉书》卷八十八，北京：中华书局，1962年，第3593页。
④ 班固：《汉书》卷二十二，北京：中华书局，1962年，第1033页。

"承亡秦绝学之后，祖宗之制因时施宜。自元、成后学者蕃滋，贡禹毁宗庙，匡衡改郊兆，何武定三公，后皆数复，故纷纷不定。何者？礼文缺征，古今异制，各为一家，未易可偏定也"①，礼制的建立仍有很大困难，古籍残缺，古制记载凌乱、模糊。

在汉成帝河平中，穀梁学者刘向受诏负责校勘整理皇家所藏先秦古籍及汉朝以来的图书，编定目录次序。他在整理过程中，对诸子学作了肯定，认为诸子学皆合六经，是六经流裔，符合儒家经义，对汉代的礼法治道亦有帮助。他认为，法家之术，"凡管子书，务富国安民，道约言要，可以晓合经义"②，"申子学号曰刑名。刑名者，循名以责实，其尊君卑臣，崇上抑下，合于六经也"。穀梁学者极力把法家思想融入儒家穀梁学思想之中。在先秦法家中，慎到、韩非均重"势"。刘向也注意到了"势"在穀梁学的政治法律思想中的重要作用。他把"势"和儒家思想紧密结合起来，认为："五帝三王教以仁义，而天下变也，孔子亦教以仁义，而天下不从者，何也？昔明王有绂冕以尊贤，有斧钺以诛恶，故其赏至重而刑至深，而天下变；孔子贤颜渊无以赏之，贱孺悲无以罚之，故天下不从。是故道非权不立，非势不行，是道尊然后行。"③穀梁学者已经认识到，孔子以仁义礼乐教化天下，却劳而无功，周游列国，凄清冷冷若丧家之犬，无法实现自己的政治主张，原因就在于孔子无权无势，不能用法赏善诛恶。孔子只是德的表率，是"素王"。然而五帝三王不同，他们可以赏善诛恶，因为他们有权势，人们自然就接受了他们的教化。穀梁学者力图把法家的"势"融入穀梁学思想之中，以进一步丰富和充实穀梁学的礼法思想。

众所周知，儒家经学是内圣外王之学，主张修齐治平。汉代穀梁学者刘向对孟学和荀学兼收并蓄，将"内圣"与"外王"结合起来，他既继承了荀学的"礼法"精神，强调礼治，主张通过制礼作乐来维系和谐有序

---

① 班固：《汉书》卷七十三，北京：中华书局，1962年，第3130页。
② 刘向：《叙录》，黎翔凤撰，梁运华整理：《管子校注》，北京：中华书局，2004年，第4页。
③ 刘向撰，向宗鲁校证：《说苑校证》卷第十五，北京：中华书局，1987年，第380页。

的社会秩序，同时注重孟子的"内圣"之学，强调要以道德修养为基础来塑造人们的灵魂，进而教化统治者，使社会秩序在运作中井然有序。穀梁学者认为："人之道莫大乎父子之亲，君臣之义。父道圣，子道仁，君道义，臣道忠。"① 礼治是一种外在的规范，其最重要的作用就在于使君臣、父子、夫妇、兄弟、朋友等关系井然有序。礼的重要性是显而易见的。穀梁学者在《新序·刺奢》中举例说，春秋时期的晏子以明礼著称。齐景公"饮酒而乐，释衣冠，自鼓缶"，并要求晏子去礼。晏子回答说："君之言过矣。齐国五尺之童子，力尽胜婴而又胜君。所以不敢乱者，畏礼也。上若无礼，无以使其下。下若无礼，无以事其上。……人之所以贵于禽兽者，以有礼也。"②

在穀梁学者心中，礼法是维护社会稳定、使君臣各安其位的法宝。他们经常以礼乐并举，认为功成当制礼，治定当作乐。穀梁学者在注重礼治的同时，也注重法治，主张礼法结合。穀梁学者认为，"自古明圣，未有无诛而治者也"③，故治国离不开刑罚，"治国有二机，刑德是也"④。但刑罚与礼治相比，"教化之比于刑法，刑法轻"，"教化，所恃以为治也，刑法所以助治也"。⑤ 他们又认为，作为教化手段的礼乐才是维持天下太平的根本，礼乐教化始终贯穿着一种伦理亲情，在调节各种社会关系中比强制性的刑更有效，刑罚在治道中仅仅是起辅助作用。在《齐伤槐女》中，穀梁学者借晏婴之口提出"穷民财力谓之暴；崇玩好，威严令谓之逆；刑杀不正谓之贼"，告诫统治者不要滥用刑罚，要体恤百姓；在《赵津女娟》中，又借女娟之口说："主君欲因其醉而杀之，妾恐其身之不知痛，而心不知罪也。"⑥ 穀梁学者认为礼制教化重于刑罚："周室自文、武始兴，崇

---

① 刘向撰，向宗鲁校证：《说苑校证》卷第三，北京：中华书局，1987年，第58页。
② 刘向编著，赵仲邑注：《新序详注》，北京：中华书局，2017年，第185页。
③ 班固：《汉书》卷三十六，北京：中华书局，1962年，第1946页。
④ 刘向撰，向宗鲁校证：《说苑校证》卷第七，北京：中华书局，1987年，第144页。
⑤ 班固：《汉书》卷二十二，北京：中华书局，1962年，第1034页。
⑥ 王照圆撰，虞思徵点校：《列女传补注》卷六，上海：华东师范大学出版社，2012年，第239-240、249页。

道德，隆礼义，设辟雍、泮宫、庠序之教，陈礼乐、弦歌移风之化，叙人伦，正夫妇。天下莫不晓然论孝悌之义，惇笃之行。故仁义之道，满乎天下……"① 故有学者认为西汉穀梁学者刘向"言礼，主于儒家德治，而反对用法家苛暴之政，于仪文制数，殆牟言之。而所著诗书，特重躬行践履之实，此礼之大者也"②。

西汉中后期社会的动荡变化给儒家穀梁学思想打上了深深的时代烙印。其思想寄寓了经学者对现世的理想，包含着他们对当时的国家政治、法律制度合理发展的期望。针对西汉后期社会矛盾的尖锐，穀梁学者在目睹了上层统治者的政治腐败后，对社会有着清醒的认识，希望统治阶层内部用"政者，正也"的办法，通过整顿吏治，用礼制规范来约束统治阶层，提高他们的精神境界，纠正吏治苛酷、律令烦琐之弊，这对缓和当时阶级矛盾、减轻西汉后期严酷刑罚均有一定的积极意义。同时，儒家今文穀梁学中的礼法思想丰富了儒家法律思想，对后世的政治法律制度产生了重要影响。在刘向等学者的大力提倡下，汉代穀梁学重视礼制的思想使汉王朝在政治法律实践上一改武帝严刑峻法的政策，这一崇尚礼制的精神在汉朝政治法律中时有体现。汉宣帝曾多次发布诏书，如：

宣帝地节三年十一月诏曰："朕既不逮，导民不明，反侧晨兴，念虑万方，不忘元元。唯恐羞先帝圣德，故并举贤良方正以亲万姓，历载臻兹，然而俗化阙焉。传曰：'孝弟也者，其为仁之本与！'其令郡国举孝弟、有行义闻于乡里者各一人。"③

宣帝元康三年诏曰："盖闻象有罪，舜封之。骨肉之亲粲而不殊。其封故昌邑王贺为海昏侯。"④

从宣帝的诏令中可以看出，其富有仁爱亲情的宽松礼法政策对缓和社会矛盾起到了良好的社会效果。宣帝的这些法律措施也与汉武帝的严酷少

---

① 刘向：《战国策序》，何建章注释：《战国策注释》，北京：中华书局，1990年，第1355页。
② 许素菲：《说苑探微》，台北：太白书屋，1989年，第31页。
③ 班固：《汉书》卷八，北京：中华书局，1962年，第250页。
④ 班固：《汉书》卷八，北京：中华书局，1962年，第257页。

恩的政策迥然有异，其政治法律取向与《春秋穀梁传》所阐发的《春秋》大义是完全一致的。甚至可以说，这些措施就是今文穀梁学派所倡导和宣扬的礼法思想的具体实践。

## 二、尚德轻刑、法行宽大思想

刑德之争在历史上一直是一个恒久不休的话题。在先秦孔孟之时，儒家提倡德化，倡导仁政。之后，荀子提出刑德并重。法家则强调严刑峻法，以法为治。黄老道家以道为本，将阴阳与刑德相联系，认为："天德皇皇，非刑不行。穆穆天刑，非德必倾。刑德相养，逆顺若成。刑晦而德明，刑阴而德阳，刑微而德章。"① 这些思想在汉代都逐渐融入了穀梁学之中。曾有学者对《春秋》的思想内容进行归纳，认为其原典思想大致有三：一是制义法。二是备王道，即以尊尊亲亲为指导，以"仁义礼乐"为途径的"仁政"思想。三是浃人事，通过《春秋》具体史实的记载，来探寻政权的治乱兴衰。② 其所言虽不甚具体，但基本把握了《春秋》的主要思想。东汉经学家郑玄在《六艺论》中评价《春秋穀梁传》"善于《经》"③，意即善于传达《春秋》的思想意蕴。又有学者说："《穀梁》实兼《公羊》之长而鲜其弊，其说之纯正，七十子之正传也。"④ 可以说，汉代穀梁学是在吸纳先秦的刑德思想和秉承儒家一以贯之的刑德观的基础上，又适当地肯定了法家"刑"的因素，与时俱进，逐渐形成了刑德并举、尚德轻刑、法行宽大的法律思想。

针对《春秋穀梁传》中记载的春秋时期诸侯割据、战争连年不断的社会局面，穀梁学者认为"因蒐狩以习用武事，礼之大者也。……过防弗逐，不从奔之道也。面伤不献，不成禽不献。禽虽多，天子取三十焉，其

---

① 国家文物局古文献研究室编：《马王堆汉墓帛书》（壹），北京：文物出版社，1980年，第69页。
② 文廷海：《清代春秋谷梁学研究》，华中师范大学博士学位论文，2005年。
③ 皮锡瑞：《六艺论疏证》，吴仰湘编：《皮锡瑞全集》（三），北京：中华书局，2015年，第574页。
④ 唐晏著，吴东民点校：《两汉三国学案》卷八，北京：中华书局，1986年，第416页。

余与士众,以习射于射宫。射而中,田不得禽,则得禽。田得禽而射不中,则不得禽。是以知古之贵仁义,而贱勇力也"①。对待打仗征伐这种"大刑"要有一定的限度,"伐不逾时,战不逐奔,诛不填服"②。民众是君王的根本,不能随便将其推向死亡,"民者,君之本也。使民以其死,非其正也"③,故"德厚者流光,德薄者流卑。是以贵始,德之本也"④。汉代穀梁学者说:"民之性皆不胜其欲。"⑤故执政者应该用礼乐刑政来教化百姓。"是故先王慎所以感之。故礼以定其意,乐以和其性,政以一其行,刑以防其奸。礼乐刑政,其极一也。所以同民心而立治道也。"⑥ "至于刑者,则非王者之所贵也。"⑦ "王者尚其德而希其刑,霸者刑德并凑,强国先其刑而后德。"⑧ 而德教的有效途径就是制礼作乐,以礼乐教化百姓:"礼乐者,行化之大者也。孔子曰:'移风易俗,莫善于乐;安上治民,莫善于礼。'是故圣王修礼文,设庠序,陈钟鼓。天子辟雍,诸侯泮宫,所以行德化。"⑨ 所以尚德轻刑是汉代穀梁学者所认同的法律思想。

但是尚德并不是不用刑,对于教而不从者,也可以用刑,汉代穀梁学者认为:"文化不改,然后加诛。"⑩ 治理国家仅靠德化是难以达到目的的,必须以刑罚作为辅助的手段,"治国有二机,刑德是也"⑪,"刑以防其

---

① 范宁集解,杨士勋疏:《春秋穀梁传注疏》,李学勤主编:《十三经注疏》,北京:北京大学出版社,2000年,第325-326页。
② 范宁集解,杨士勋疏:《春秋穀梁传注疏》,李学勤主编:《十三经注疏》,北京:北京大学出版社,2000年,第25页。
③ 范宁集解,杨士勋疏:《春秋穀梁传注疏》,李学勤主编:《十三经注疏》,北京:北京大学出版社,2000年,第170页。
④ 范宁集解,杨士勋疏:《春秋穀梁传注疏》,李学勤主编:《十三经注疏》,北京:北京大学出版社,2000年,第153页。
⑤ 刘向撰,向宗鲁校证:《说苑校证》卷第二十,北京:中华书局,1987年,第512页。
⑥ 刘向撰,向宗鲁校证:《说苑校证》卷第十九,北京:中华书局,1987年,第507页。
⑦ 刘向撰,向宗鲁校证:《说苑校证》卷第七,北京:中华书局,1987年,第143页。
⑧ 刘向撰,向宗鲁校证:《说苑校证》卷第七,北京:中华书局,1987年,第144页。
⑨ 刘向撰,向宗鲁校证:《说苑校证》卷第十九,北京:中华书局,1987年,第476页。
⑩ 刘向撰,向宗鲁校证:《说苑校证》卷第十五,北京:中华书局,1987年,第380页。
⑪ 刘向撰,向宗鲁校证:《说苑校证》卷第七,北京:中华书局,1987年,第144页。

奸"①，刑罚作为法治的主要手段是惩治犯罪的重要工具。对于刑德的关系，汉代穀梁学者认为："夫刑德者，化之所由兴也，德者，养善而进阙者也，刑者，惩恶而禁后者也……故诛赏不可以缪，诛赏缪则善恶乱矣。夫有功而不赏，则善不劝，有过而不诛，则恶不惧，善不劝，恶不惧，而能以行化乎天下者，未尝闻也。"②穀梁学者认为用刑罚治理国家是自古而然，刑德的关系如车之两轮、鸟之双翼，二者缺一不可。穀梁学者说："自古明圣，未有无诛而治者也，故舜有四放之罚，而孔子有两观之诛，然后圣化可得而行也。"③察两观之诛，览《否》《泰》之卦，观雨雪之诗，历周、唐之所进以为法，原秦、鲁之所消以为戒，考祥应之福，省灾异之祸。刑罚是使天下太平之基，不但一般帝王需要刑罚，就是上古圣人也免不了使用刑罚："尧诛四凶以惩恶，周公杀管蔡以弭乱，子产杀邓析以威侈。"④这些都说明刑的必要性，刑的作用可以是"诛"，也可以是"罚"。穀梁学者指出，尧诛四凶以"惩恶"，孔子斩少正卯以"变众"，周公杀管蔡以"弭乱"，管仲诛史附里以惩"倾覆之徒"。可见，诛罚的原因是"惩恶""弭乱"，防止谋反作乱等。所以汉代穀梁学者认为，春秋之时的晋国贵族，像叔鱼、雍子、刑侯，三人被诛是"贪人败类"的必然下场。

汉代穀梁学者认为，法不仅必须有，而且应做到令行禁止，"布令信而不食言"。他们认为欲令信，则法令不能随便改变，否则必然导致天下大乱。"为国而数更法令者，不法法，以其所善为法者也，故令出而乱。"⑤针对西汉中后期政治日衰、法令科条无限的情况，穀梁学者认为："今之刑，非皋陶之法也，而有司请定法，削则削，笔则笔，救时务也。"服虔注曰："言随君意也。"颜师古注曰："削者，谓有所删去，以刀削简牍也。

---

① 刘向撰，向宗鲁校证：《说苑校证》卷第十九，北京：中华书局，1987年，第507页。
② 刘向撰，向宗鲁校证：《说苑校证》卷第七，北京：中华书局，1987年，第144页。
③ 班固：《汉书》卷三十六，北京：中华书局，1962年，第1946页。
④ 刘向撰，向宗鲁校证：《说苑校证》卷第十五，北京：中华书局，1987年，第380页。
⑤ 刘向撰，向宗鲁校证：《说苑校证》卷第七，北京：中华书局，1987年，第152页。

笔者，谓有所增益，以笔就而书也。"①

在具体的执法上，穀梁学者认为，欲令信，必须刑德公平公正。"夫以公与天下，其德大矣。推之于此，刑之于彼，万姓之所载，后世之所则也。"② 在执法过程中要做到赏赐不加于无功，刑罚不施于无罪。正其身以正其家，正其家以正其国，正其国以正天下，伐无道，刑有罪。穀梁学派反对刑罚不公，如在《齐伤槐女》中，刘向借晏婴之口提出"穷民财力谓之暴；崇玩好，威严令谓之逆；刑杀不正谓之贼"。穀梁学者认为："明君之莅国也……不以私恚害公法，不为六畜伤民人，不为野草伤禾苗。""崇玩好，威严令，是逆民之明者也。犯槐者刑，伤槐者死，刑杀不正，贼民之深者也。"③ 所以要做到"赏必行，罚必当"，当刑则刑，当德必德。并且在实施赏罚刑德过程中，还要做到"论大功者不录小过，举大美者不疵细瑕。……未获受祉之报，反屈捐命之功，久挫于刀笔之前，非所以劝有功厉戎士也"④。同时穀梁学者还提倡将功抵过，认为齐桓公虽有灭项之罪，但有尊周之功，所以可以"以功覆过而为之讳行事"⑤；晋文公虽伐卫，执曹伯，败楚城濮，再会诸侯，召天王而朝之，但他"能行伯道，攘夷狄，安中国，虽不正犹可，盖《春秋》实与而文不与之义也"⑥。穀梁学者明确指出，明君之制，赏从重，罚从轻。在执法过程中，必须轻刑宽刑，要像先师孔子所说的那样，不孝不能杀，三军大败不可诛，狱讼不治不可刑。人君应当省罚行德，"夫事寡易从，法省易因，故民不以政获罪也。大道容众，大德容下，圣人寡为而天下理矣"⑦。在重德轻刑上，穀梁学者认为要像大禹一样，"百姓有过，在予一人"；像商汤一样，网去三面而置一面，"德及禽兽"。要做到疑罪从无，政惠于民，不杀无辜，如梁王

---

① 班固：《汉书》卷二十二，北京：中华书局，1962年，第1034页。
② 刘向撰，向宗鲁校证：《说苑校证》卷第十四，北京：中华书局，1987年，第343页。
③ 王照圆撰，虞思徵点校：《列女传补注》卷六，上海：华东师范大学出版社，2012年，第239-240页。
④ 班固：《汉书》卷七十，北京：中华书局，1962年，第3017页。
⑤ 班固：《汉书》卷七十，北京：中华书局，1962年，第3017页。
⑥ 班固：《汉书》卷二十七下之下，北京：中华书局，1962年，第1486页。
⑦ 刘向撰，向宗鲁校证：《说苑校证》卷第一，北京：中华书局，1987年，第2页。

那样,"狱疑则从去,赏疑则从与,梁国大悦"①。对于经学者路温舒的《尚德缓刑疏》,榖梁学者刘向更是赞不绝口。他在相关著作中,对此多有节录。刘向、翟方进均赞同路温舒"夫狱者,天下之大命也,死者不可复生,断者不可复属"的观点,认为"与其杀不辜,宁失不经"②,"扫亡秦之失,尊文武之德,省法制,宽刑罚,以废治狱,则太平之风可兴于世"③。反之,如果实行严刑峻法,如殷纣用炮烙之刑,行剖心之法,杀无辜,冤暴施于百姓,惨毒加于大臣,则会遭到天下人反叛,自取灭亡。所以对于残酷的肉刑如炮烙刑、剖心法、黥刑、劓刑、刖刑等,都应当一一废除。榖梁学者刘向对缇萦上书除肉刑的建议极为赞赏。他说:"缇萦讼父,亦孔有识。推诚上书,文雅甚备。小女之言,乃感圣意。终除肉刑,以免父事。"④ 同时,对于连坐族诛的刑罚,榖梁学者明确反对。对于叔向之弟羊舌虎与乐达相善,乐达有罪,晋杀羊舌虎,叔向也因此被连坐为奴之事,刘向明确反对叔向被牵连,而赞同祁奚的"论先王之德"而"救人之患"。商周之时,太姒为周文王之妃,生有十子。十子之中,周武王、周公成为圣人,而管叔、蔡叔却"监殷而叛",榖梁学者认为管、蔡当诛。管、蔡是太姒之子,他们为恶作乱是否与太姒无关呢?榖梁学者明确指出:"岂可以累太姒耶?"管、蔡谋反是"人质不同"而被诛,他们为恶作乱与太姒无关。

西汉中后期,榖梁学兴盛,榖梁学的主要代表首推刘向。刘向历经宣、元、成三朝,在宣帝时,"上亦奇其才",当时《榖梁春秋》一经新立,宣帝就诏令刘向受《榖梁》。宣帝治国"本霸王道杂之",这同榖梁学者刘向"刑德二机"的刑德观相一致。何谓刑德?杀戮之谓刑,庆赏之谓德。"刑德二机"说明在治道上"刑"和"德"二者缺一不可,这是榖梁学者对先秦法家思想吸纳和继承的体现。同时,榖梁学者仍然没有忘记儒家的德治和

---

① 刘向编著,赵仲邑注:《新序详注》,北京:中华书局,2017年,第123页。
② 班固:《汉书》卷五十一,北京:中华书局,1962年,第2369页。
③ 班固:《汉书》卷五十一,北京:中华书局,1962年,第2371页。
④ 王照圆撰,虞思徵点校:《列女传补注》卷六,上海:华东师范大学出版社,2012年,第278页。

仁政，自觉地以其才智服务社会，以道义改造社会，始终以救济天下苍生作为自己的责任和践履仁义的典范。在刑德观上，他们始终强调的是尚德宽刑，注重德教。"仁人之德教也，诚恻隐于中，悃愊于内，不能已于其心。故其治天下也，如救溺人。见天下强陵弱，众暴寡，幼孤羸露，死伤系虏，不忍其然。是以孔子历七十二君，冀道之一行，而得施其德，使民生于全育，烝庶安土，万物熙熙，各乐其终。卒不遇，故睹麟而泣，哀道不行，德泽不洽，于是退作《春秋》，明素王之道，以示后人，思施其惠，未尝辍忘。是以百王尊之，志士法焉，诵其文章，传令不绝，德及之也。"① 汉代穀梁学者认为，《春秋》为汉制法，他们心中深知一部《春秋》始终没有离开仁与礼，传承儒家王道的精神始终是他们心中的梦想。所以有学者说穀梁学者刘向的《新序》著作，"把儒家的道德思想作了全面而形象的昭示……可以说是对儒家基本道德观念的全面显示"②。又据徐复观先生统计，《新序》《说苑》中引用孔子的材料，在比例上大大超过了《韩诗外传》，而孔子在刘向心目中的地位，更可以从二书引《春秋》的分量上显示出来。③ 所以，在法律思想上，汉代穀梁学始终坚持"教化，所恃以为治也，刑法所以助治也"④，坚持明君之制，赏从重罚从轻的重德轻刑观。在西汉，穀梁学者多从社会政治法律、伦理道德方面出发，进一步继承先秦民本思想，并使之发展成以民为本、尚德宽刑的法律思想。

我们知道，西汉中期时，作为穀梁派礼法思想基础的《穀梁传》，属于儒家"十三经"中的小经，其流传不如《公羊传》广，影响不如《公羊传》大，虽然长期受到冷落，却没有在历史的长河里湮没散佚，这都说明《穀梁传》自有其存在的价值。皮锡瑞在《经学通论》中说："《春秋》有大义，有微言。大义在诛乱臣贼子，微言在为后王立法。惟《公羊》兼

---

① 刘向撰，向宗鲁校证：《说苑校证》卷第五，北京：中华书局，1987年，第95-96页。
② 刑培顺、王琳：《试论刘向著述的思想倾向》，《山东师范大学学报》（人文社会科学版），2003年第3期。
③ 徐复观：《两汉思想史》（三），北京：九州出版社，2014年，第74-87页。
④ 班固：《汉书》卷二十二，北京：中华书局，1962年，第1034页。

传大义微言。《穀梁》不传微言,但传大义。《左氏》并不传义,特以记事详赡,有可以证《春秋》之义者。故'三传'并行不废。"① 所谓大义,钟文烝在《春秋穀梁经传补注》中说:"《穀梁》多特言君臣、父子、兄弟、夫妇,与夫贵礼贱兵,内夏外夷之旨,明《春秋》为持世教之书也。《穀梁》又往往以心志为说,以人己为说,桓、文之霸曰信、曰仁、曰忌,僖、文之于雨曰闵、曰喜、曰不忧,明《春秋》为正人心之书也。持世教,易知也;正人心,未易知也。然而人事必本于人心,则谓《春秋》记人事即记人心可也。"② 可见,《穀梁传》是借事明义,强调礼制,重视宗法,这正适应了西汉中后期的改制运动。虽然同是解《春秋》的经文,但《公羊传》与《穀梁传》在儒家礼法思想上存在很大差异。再加上在具体的发展过程中穀梁学者自身的不断努力,他们积极吸取公羊学派儒家礼法思想的优点,摒弃其不利于宗法礼制发展与政治稳定的内容,这就使汉代的穀梁学派与公羊学派的儒家礼法思想也出现了很大的不同,最终导致了穀梁学派儒家礼法思想的勃兴,并在西汉统治者的推崇下对社会控制与社会整合产生了重要作用。

在《穀梁传》中不只一次地提到"民者,君之本也"③,汉代穀梁学者还借邾文公之口曰"天生烝民而树之君,以利之也"④,明确地指出天为百姓立君,以利百姓。故晚清学者江慎中认为:"贵民重众,为《春秋》最大之义,而《左氏》《公羊》皆无其说,惟《穀梁》有之,此穀梁子之卓出二家而独有千古者也。"⑤ 穀梁学者希望建立一个符合礼乐文化规范的社会,通过人与人之间的血缘亲情和等级秩序,来建立一个既温情脉脉而又秩序井然的安定和谐的国家和社会。⑥

---

① 皮锡瑞:《经学通论·春秋》,北京:中华书局,1954年,第19页。
② 钟文烝撰,骈宇骞、郝淑慧点校:《春秋穀梁经传补注》,北京:中华书局,2009年,第8-9页。
③ 范宁集解,杨士勋疏:《春秋穀梁传注疏》,李学勤主编:《十三经注疏》,北京:北京大学出版社,2000年,第170页。
④ 刘向撰,向宗鲁校证:《说苑校证》卷第一,北京:中华书局,1987年,第24页。
⑤ 江慎中:《春秋穀梁传条指》,《国粹学报》第6卷第8号,1910年。
⑥ 吴全兰:《刘向哲学思想研究》,北京:中国社会科学出版社,2007年,第133页。

穀梁学者认为治道从"亲亲"开始。由"亲亲"开始体现了王者之治,"亲亲"之情可以生出人间之爱,是人的一种情感要求和道德自觉,是建立和谐社会的重要条件。当然,穀梁学者也认为和谐秩序的建立离不开"尊尊",因为"尊尊"本来就讲究等级秩序。二者结合,在治道中形成以"亲亲"为基础,体现"亲亲""尊尊"的宗法思想。故有学者认为穀梁学民本观"之所以不是民主,就因为它是礼的产物。中国文化之所以能够在专制主义的总体框架内容纳这种貌似尖锐实则脆弱的民本主张,就是因为二者都是礼的表现,二者都符合礼的逻辑"①。这是因为专制主义与民本思想既不单单是基于政治体制均衡的考虑,也不仅仅是思想互补的需要,在本质上这一民本思想只是礼的双重性结构,是礼的功能的复合性体现。这种亲亲仁恩、务行宽大的礼法思想在宣元之时得到了充分贯彻,如在《汉书》中有这样的记载:

宣帝五凤二年秋八月,诏曰:"夫婚姻之礼,人伦之大者也;酒食之会,所以行礼乐也。今郡国二千石或擅为苛禁,禁民嫁娶不得具酒食相贺召。由是废乡党之礼,令民亡所乐,非所以导民也。《诗》不云乎?'民之失德,乾糇以愆。'勿行苛政。"②

元帝永光元年三月,诏曰:"五帝三王任贤使能……重以周秦之弊,民渐薄俗,去礼义,触刑法,岂不哀哉!繇此观之,元元何辜?其赦天下,令厉精自新,各务农亩。"③

元帝永光二年春二月,诏曰:"盖闻唐虞象刑而民不犯,殷周法行而奸轨服。今朕获承高祖之洪业,托位公侯之上,夙夜战栗,永惟百姓之急,未尝有忘焉。……为民父母,若是之薄,谓百姓何!其大赦天下,赐民爵一级,女子百户牛酒,鳏寡孤独高年、三老、孝弟力田帛。"④

我们从宣元时期诏令中可以看出,其富有仁爱亲情的宽松礼法政策,

---

① 雷戈:《〈公〉〈谷〉是史家——先秦史家研究之四》,《山西师大学报》(社会科学版),2000年第2期。
② 班固:《汉书》卷八,北京:中华书局,1962年,第265页。
③ 班固:《汉书》卷九,北京:中华书局,1962年,第287页。
④ 班固:《汉书》卷九,北京:中华书局,1962年,第288页。

无疑对缓和西汉中后期的社会矛盾、维护汉廷的统治具有积极作用。

## 三、尊君抑臣中的阴阳刑德思想

《春秋穀梁传》在西汉中期以前的传录情况至今仍存在争议。日本汉学家本田成之通过比较《荀子》《穀梁传》两种著作的思想要素，在《春秋穀梁传考》一文中指出："《穀梁》由荀子所传，非无可信之点。以《穀梁》之法家态度，与荀子学说，颇有吻合之处也。"清人惠栋及历代学者也多以为"穀梁子传荀子"。谢金良先生认为，《春秋穀梁传》在汉代中期以前的传承情况是：子夏传无名氏（可能不止一人），无名氏传穀梁子，穀梁子传荀子，荀子传浮邱伯，浮邱伯传申公。[①] 在西汉时期，解经的《穀梁传》始著于竹帛，此后才形成今文公羊学、穀梁学之争。笔者认为，根据《荀子·大略篇》及《解蔽篇》援引《穀梁传》隐公八年、僖公九年等内容的记载，可以肯定，荀子之学与穀梁学有着密切的关系。

在西汉中后期，穀梁学者继承并发展了公羊学的阴阳刑德观与德主刑辅的法律思想。公羊学家在西汉最突出的贡献是在儒家基本精神的框架上完成了对阴阳刑德观的改造，并用阴阳五行思想发展了儒家的德主刑辅观。显然，公羊学家的阴阳刑德观，着重于理论上的阐发和说明。汉代穀梁学家没有像公羊学家那样留下比较系统、完整的理论体系，而是以天人感应思想融合西汉诸家的天人之学，对公羊学的阴阳刑德观加以进一步改造和发展，并将阴阳刑德观运用到现实政治斗争中去，以维护西汉的统治。穀梁学非常注重对《春秋》经文的解释，并阐发阴阳刑德思想以尊君抑臣。如鲁僖公十五年"九月己卯晦，震夷伯之庙"，穀梁学者认为："晦，暝也；震，雷也。夷伯，世大夫，正书雷，其庙独冥。天戒若曰：勿使大夫世官，将专事暝晦。明年，公子季友卒，果世官，政在季氏。至成公十六年'六月甲午晦'，正昼皆暝，阴为阳，臣制君也。成公不寤，

---

[①] 谢金良：《西汉中期以前〈春秋谷梁传〉流传情况辨异》，《福建师范大学学报》（哲学社会科学版），2000年第4期。

其冬季氏杀公子偃。季氏萌于釐公，大于成公，此其应也。"① 另一则案例又提倡"尊尊"："伯禽与康叔封朝于成王，见周公，三见而三笞。康叔有骇色，谓伯禽曰：'有商子者，贤人也，与子见之。'康叔封与伯禽见商子……商子曰：'二子盍相与观乎南山之阳？有木焉名曰桥。'二子者往观乎南山之阳，见桥竦焉实而仰，反以告乎商子，商子曰：'桥者父道也。'商子曰：'二子盍相与观乎南山之阴？有木焉名曰梓。'二子者往观乎南山之阴，见梓勃焉实而俯，反以告商子，商子曰：'梓者子道也。'二子者明日见乎周公，入门而趋，登堂而跪。周公拂其首，劳而食之。"② 在这里，穀梁学者认为，父道为"阳"，臣子面对君父应该"仰"；子道为"阴"，君父面对臣子应该"俯"。穀梁学者对"尊尊"的提倡是显而易见的。

穀梁学者援引《春秋》经义，同时抓住西汉中后期权臣专权的现象大做文章，用阴阳刑德思想为政治斗争服务。如鲁僖公三十三年"十二月，李梅实"，穀梁学者认为："周十二月，今十月也，李梅当剥落，今反华实，近草妖也。先华而后实，不书华，举重者也。阴成阳事，象臣颛君作威福。一曰，冬当杀，反生，象骄臣当诛，不行其罚也。故冬华者，象臣邪谋有端而不成，至于实，则成矣。是时僖公死，公子遂颛权，文公不寤，后有子赤之变。"③ 穀梁学者认为"李梅实"是"阴成阳事"，象征权臣专权，应当用阴阳刑德观维护统治秩序，诛杀权臣。而同是解释《春秋》经文的公羊学则对之有不同的认识。公羊学认为"十二月，李梅实"，"一曰，君舒缓甚，奥气不臧，则华实复生。董仲舒以为李梅实，臣下强也。记曰：'不当华而华，易大夫；不当实而实，易相室。'冬，水王，木相，故象大臣"④。公羊学者虽然也认为"李梅实"是"臣下强"之体现，但认为不需要根据阴阳刑德观对臣下进行诛杀，而只须变换臣下就可以了。对鲁僖公二十年五月乙巳"西宫灾"一条，《穀梁传》认为闵公宫

---

① 班固：《汉书》卷二十七下之上，北京：中华书局，1962年，第1445页。
② 刘向撰，向宗鲁校证：《说苑校证》卷第三，北京：中华书局，1987年，第59-60页。
③ 班固：《汉书》卷二十七中之下，北京：中华书局，1962年，第1412页。
④ 班固：《汉书》卷二十七中之下，北京：中华书局，1962年，第1412页。

也，以谥言之则若疏，故谓之西宫。刘向认为僖立妾母为夫人以入宗庙，故天灾闵宫，若曰，去其卑而亲者，将害宗庙之正礼。公羊学者则认为，僖娶于楚，而齐媵之，胁公使立以为夫人。西宫者，小寝，夫人之居也。对于阴阳灾异，公羊学者认为："国家将有失道之败，而天乃先出灾害以谴告之，不知自省，又出怪异以警惧之，尚不知变，而伤败乃至。"① 造成阴阳灾异的责任在君主。而在穀梁学者那里，造成阴阳灾异的责任却全在外戚和权臣。又如汉元帝永光四年六月，"孝宣杜陵园东阙南方灾"，穀梁学者以为"园陵小于朝廷，阙在司马门中，内臣石显之象也。孝宣，亲而贵；阙，法令所从出也。天戒若曰，去法令，内臣亲而贵者必为国害"②。穀梁学者运用阴阳刑德观抑制权臣，以维护汉王朝的统治。

众所周知，在汉武帝"罢黜百家"、尊崇儒术以后，阴阳家作为一个独立的学派逐渐消亡。然而，阴阳家的基本思想却作为汉代新儒家学说的基本架构融入了汉代新儒学。阴阳家的思想也成为当时人们的一种思维模式，对汉代政治、法律思想影响深远。这正如现代新儒家唐君毅所说："此阴阳家思想之流，在晚周已盛，其五德终始之说，并影响及秦之政治。然必至汉代，此阴阳之思想，乃遍注遍流，而无孔不入，几为一切学者，所不能外。"③ 这在汉代穀梁学中也不例外。穀梁学者的阴阳刑德观吸收了阴阳家"序四时之大顺"的"顺天守时"思想，后又对黄老之学的"先德后刑""刑德相养"等刑德观有所采纳，并结合儒家的礼乐教化，形成了不同于黄老之学、阴阳家之学，也不同于公羊学的阴阳刑德观。穀梁学者的阴阳刑德观，有其自身的特点，主要体现在以下两个方面：

首先，穀梁学者创立了"五行相生"的新五德终始说。五德终始说本是阴阳家邹衍所创建，以五行相胜为原则，意即朝代的更替是通过战伐来实现，而不是通过"有德"的禅让。在邹衍之后，秦汉之时就以五行相胜的五德终始说作为王朝合法性的依据，秦的水德制度和汉的土德制度就是

---

① 班固：《汉书》卷五十六，北京：中华书局，1962年，第2498页。
② 班固：《汉书》卷二十七上，北京：中华书局，1962年，第1336页。
③ 唐君毅：《中国哲学原论·原道篇》卷一，台北：台湾学生书局，1984年，第13页。

据此建立起来的。西汉时，公羊家继承了这一学说，在阴阳刑德观方面，他们也认为阴阳刑德主要体现在"三统""三正"与变法改制的五行相胜之上。在西汉后期，由于汉朝的衰败，公羊家认为汉家气数已尽，天命将眷顾新的有德之人，并借一些阴阳灾异现象大造舆论，形成了"易姓受命"思潮。公羊学者眭孟针对泰山周围有"大石自立""枯木复生"等现象，指出"泰山者岱宗之岳，王者易姓告代之处。今大石自立，僵柳复起，非人力所为，此当有从匹夫为天子者"①，要求汉帝退位，这对汉王朝的统治极为不利。穀梁学者刘向则改五行相胜的五德终始说，而以木、火、土、金、水五行相生之序来解说自伏羲氏以来王朝的更替历史，认为汉当为火德，从而创立了五行相生的新五德终始说。穀梁学者大肆宣扬"仁昭而义立，德博而化广，故不赏而民劝，不罚而民治。先恕而后教"②的尧舜之道，目的在于宣扬尧舜禅让之德。穀梁学者的新五德终始说，为汉代经学注入了新的活力，有利于汉廷的统治和社会的稳定。

其次，穀梁学者也利用阴阳刑德观和阴阳灾异说同外戚、宦官作斗争，同时借此劝皇帝警惕大权旁落，巩固皇权。穀梁学者引用《春秋》的言辞认为："妖由人兴也。人失常则妖兴，人无衅焉，妖不自作。故曰：'德胜不祥，义厌不惠。'"③ 人的"德""义"可以战胜、镇压各种妖异。所以人君要振作精神，恢复王威，要善于运用阴阳刑德观妥善对付大臣。"君舒缓则臣骄慢，故日行迟而月行疾也。厌黡者不进之意，君肃急则臣恐惧，故日行疾而月行迟，不敢迫近君也。不舒不急，以正失之者，食朔日。"④ 君对于臣在历史变化中的作用，也要有正确的认识。禅让寄托了古代圣王的理想，穀梁学者对禅让方式的推崇，是对王朝更替中刀光剑影的刑杀的抛弃。

---

① 班固：《汉书》卷七十五，北京：中华书局，1962年，第3153-3154页。
② 刘向撰，向宗鲁校证：《说苑校证》卷第一，北京：中华书局，1987年，第5页。
③ 班固：《汉书》卷三十，北京：中华书局，1962年，第1773页。
④ 班固：《汉书》卷二十七下之下，北京：中华书局，1962年，第1506页。

## 四、公羊、穀梁法思想的分歧及影响

从汉武帝时起，汉廷实行"罢黜百家"、尊崇儒术的政策，力图在政治思想上达到一统，也使儒家学说逐渐居于统治思想的中心地位。自孔子之后，儒分为八，虽历经几百年的时间，到了秦汉，儒家内部仍然存在诸多派别。汉武帝实行的尊崇儒术，实际上是尊崇儒家经学内部的公羊学。随着时代的变迁，公羊学倡扬的思想观点逐渐不适应社会发展之需要，同是解释《春秋》的穀梁学进入了统治者的视野，由此掀起了公、穀法思想之争。公元前51年，为了解决公、穀之争，汉宣帝亲自主持召开了著名的石渠阁会议，结果使穀梁学法思想在此后更加迅速发展。

客观地讲，公羊学、穀梁学都是解释《春秋》的汉代今文经学，二者在思想观点上有诸多相同或相似的地方。但是，在法思想方面，公羊学派、穀梁学派仍然存在诸多分歧，并由此对西汉中后期的政治、法律思想及其具体运作产生了重大影响。公、穀法思想的分歧，笔者认为主要体现在以下几个方面：一是对大一统中礼法观的认识；二是对复仇、报复刑思想的认识；三是对阴阳刑德观的认识。

（一）对大一统中礼法观的认识

在西汉之时，伴随着儒家经学从边缘走向中心，儒学在政治上受到重视，儒家内部的学派之争也正式拉开了序幕。其实，早在汉武帝即位不久，武帝已开始显示出对儒家今文经学中的公羊学的偏好。来自鲁地传穀梁《春秋》的申公在其弟子王臧、赵绾的举荐下，被武帝征召至京城，进行"明堂之议"。申公在武帝询问治乱之事时说："为治者不在多言，顾力行何如耳。"武帝听后极为不悦。史载："是时天子方好文词，见申公对，默然。"[1] 对此，今人陈苏镇先生认为："武帝不满于此，说明他所需要、所期盼的是更加'多文''多言'的儒术。"[2] 穀梁学重在阐释《春秋》义

---

[1] 司马迁：《史记》卷一百二十一，北京：中华书局，1982年，第3121-3122页。
[2] 陈苏镇：《汉代政治与〈春秋〉学》，北京：中国广播电视出版社，2001年，第212页。

理，在政治上的引申论证方面和公羊学相比有相当的差距。所以公羊学在西汉武帝时兴起并非偶然，它符合了西汉中期汉王朝实施"有为"政治的需要。《公羊传》《穀梁传》虽同为阐释《春秋》经典之学，但《公羊传》被称为齐学，而《穀梁传》被称为鲁学。齐学和鲁学通常被合称为"齐鲁文化"。其实，二者有很多不同之处。汉武帝重视公羊学的一个具体原因就是《公羊传》"在解释《春秋》经义时所提出的《春秋》'大一统'思想，为汉武帝时期开始出现的全国政治的统一和皇帝专权的中央集权制提供了理论依据"①。所以公羊学最核心的论点是"大一统"。"大一统"是公羊学的理论灵魂，也是其得到汉武帝赏识的关键。按照公羊学思想，"大一统"并不仅仅是说领土上的统一，更是表明一种神圣的人间秩序。这种秩序也就是王者对天下治理的正当性。我们知道，王者的权力不仅要有具体的礼法秩序的保证，更要有形而上的思想认知。清人陈立在《公羊义疏》中引《汉书·王阳传》说："《春秋》所以大一统者，六合同风，九州共贯也。"② 这种思想深得统治者之心，再加上公羊学大师不遗余力地阐释，使之更加系统，从而奠定了公羊学在西汉政治、法律思想中的中心地位。这种大一统思想极大地适应了汉廷巩固皇权之需要，使学术与政治交会契合了。

武帝时期是汉王朝政治转型的重要时期，武帝收地方之权，拓边开战，更张制度，以春秋决狱行原心定罪，其间处处可见公羊学的理论印记。在这种"大一统"思想中，最具反讽意义的是，儒术本以宽仁为号召，但为了"大一统"的皇权需要，在公羊学"大义灭亲"思想的推动下，政治日益呈现出惨急苛酷的一面。据《史记》记载："自公孙弘以《春秋》之义绳臣下取汉相，张汤用峻文决理为廷尉，于是见知之法生，而废格沮诽穷治之狱用矣。其明年，淮南、衡山、江都王谋反迹见，而公卿寻端治之，竟其党与，而坐死者数万人，长吏益惨急而法令明察。"③ 无

---

① 寇养厚：《汉武帝为何重视〈公羊传〉》，《文史哲》，1999年第4期。
② 陈立撰，刘尚慈点校：《公羊义疏》，北京：中华书局，2017年，第34页。
③ 司马迁：《史记》卷三十，北京：中华书局，1982年，第1424页。

疑，由公羊学所推动的这种政治、法律局面，引起了后世学者的诸多非议。俞正燮认为公羊学"集酷吏、佞臣之言，附之经义，汉人便之，谓之通经致用"①。今人杨向奎先生也认为："《公羊》是法家的右翼。"② 这种认识正展现了公羊学以文法为用的严酷一面。

其实，公羊学作为儒家学派，应该是反对法家的。然而，为了维系"大一统"的政治局面，在公羊学的权变思想作用下，武帝政治与法家思想颇有相似之处。武帝既尊儒家而表彰"六经"，那为什么在具体政治措施上却要主刑名法术呢？针对这种情况，有学者指出："其根本原因在于行儒术须有天下乂安的社会基础，而武帝时尚不具备此种社会基础。"③ 笔者认为，这种说法有一定道理。自汉代立国到汉武帝之时，西汉王朝在礼乐教化方面虽有一定成绩，却远远不够。所以，西汉前期至西汉中期整个社会政治法律的具体运作仍然基本延续了法家诸多制度。在武帝由外征伐的有为政治下，儒家守成之术在很大程度上表现出无所作为的一面。所以汉武帝时于政治、法律运作方面，在显性模式上确认了公羊学的地位，在隐性模式上仍然实行刑名法术，从而形成"霸王道杂之"、外儒内法的局面。

然而，这也使西汉中期政治运行中产生的社会矛盾与日俱增，突出表现为统治阶级内部的严重分歧。在武帝时，太子刘据成为当时反对势力的代表。这实际上是由政治实践与儒家经学思想的分歧所引起的。据《汉书》记载："初，上年二十九乃得太子，甚喜，为立禖，使东方朔、枚皋作禖祝。少壮，诏受《公羊春秋》，又从瑕丘江公受《穀梁》。及冠就宫，上为立博望苑，使通宾客，从其所好，故多以异端进者。"④ 又《资治通鉴·汉纪十四》中也有如下记载："初，上年二十九乃生戾太子，甚爱之。及长，性仁恕温谨，上嫌其材能少，不类己……皇后、太子宠浸衰，常有

---

① 俞正燮撰，于石等校点：《俞正燮全集》贰，合肥：黄山书社，2005年，第49页。
② 杨向奎：《〈公羊传〉中的历史学说》，《绎史斋学术文集》，上海：上海人民出版社，1983年，第92页。
③ 边家珍：《汉代经学发展史论》，北京：中国文史出版社，2003年，第78页。
④ 班固：《汉书》卷六十三，北京：中华书局，1962年，第2741页。

不自安之意。上觉之，谓大将军（卫）青曰：'汉家庶事草创，加四夷侵陵中国，朕不变更制度，后世无法；不出师征伐，天下不安；为此者不得不劳民。若后世又如朕所为，是袭亡秦之迹也。太子敦重好静，必能安天下，不使朕忧。欲求守文之主，安有贤于太子者乎！闻皇后与太子有不安之意，岂有之邪？可以意晓之。'大将军顿首谢。皇后闻之，脱簪请罪。太子每谏征伐四夷，上笑曰：'吾当其劳，以逸遗汝，不亦可乎！'上每行幸，常以后事付太子，宫内付皇后。"① 由此可知，汉武帝曾经对太子甚为喜爱。但随着太子学习的深入，"太子既通，复私问《穀梁》而善之"②。于是，太子与武帝在政治、法律观念上距离越拉越远，最终形成了太子党势力，而朝臣也逐渐形成"守文"与"用法"两个营垒，二者之间的礼法之争越来越明显。"上用法严，多任深刻吏；太子宽厚，多所平反，虽得百姓心，而用法大臣皆不悦。皇后恐久获罪，每戒太子，宜留取上意，不应擅有所纵舍。上闻之，是太子而非皇后。群臣宽厚长者皆附太子，而深酷用法者皆毁之；邪臣多党与，故太子誉少而毁多。卫青薨，臣下无复外家为据，竟欲构太子。"③ 武帝前期用董仲舒的春秋公羊学治国，到武帝后期已出现严重的社会危机。

虽然穀梁学也尊重"大一统"，但穀梁学者更注重"守文"，提倡礼制。与穀梁学者相比，公羊学虽提倡"大一统"，却主张"大义灭亲"，偏重于用法严酷。这种法律思想直接影响了武帝一朝的政治实践，直到武帝快走完人生历程之时，才对这种"大一统"中用法严酷的政策有所省悟和收敛。为了纠正这些错误，他做了几项重大决策，其中就有对当初用董仲舒公羊学思想的反思。例如，征和四年，酷吏张汤建议继续"竭民力"对外扩张时，武帝不仅没有采纳，反而毅然下了《轮台罪己诏》，对自己已往的行为深表反省。同时，他还为太子平反，立"思子宫"，赦免任安等帮助过太子的人，

---

① 司马光编著，胡三省音注：《资治通鉴》卷第二十二，北京：中华书局，1956年，第726-727页。

② 班固：《汉书》卷八十八，北京：中华书局，1962年，第3617页。

③ 司马光编著，胡三省音注：《资治通鉴》卷第二十二，北京：中华书局，1956年，第727页。

族灭构陷太子的真正罪犯及帮凶;在高层中清洗了董仲舒的诸弟子,不托孤给公羊学弟子,而托孤给外戚霍光,试图结束公羊决狱带来的少亲情仁恩的局面。当车千秋等为他祝寿时,武帝再次检讨了自己独尊公羊带来的错误。他说:"朕之不德,自左丞相与贰师阴谋逆乱,巫蛊之祸流及士大夫。……朕愧之甚,何寿之有?"① 虽然武帝对自己的行为进行了较深刻的检讨,但是也没有真正解决汉王朝在大一统中礼法观的对立问题。此后,汉昭帝即位,"学术上《穀梁》依然没有地位,所遵循的还是《公羊》,而且《公羊》在政治生活中因隽不疑事件,再次维护了当时的政治发展,对于皇权稳固起到了重要作用,从而在政治地位上得到了进一步提升"②,可以说汉昭帝时基本沿袭了武帝时的政治与法律政策。这种经学与政治专制一里一表地结合,是"霸王道杂之"的体现。而这种"霸王道杂之"的政策也影响了后来的汉宣帝。史载:"宣帝循武帝故事,求通达茂异士。"③ "宣帝即位,由武帝正统兴。"④ 今人阎步克先生也认为:"宣帝特尊孝武,一方面是为了强调自身的正统,但同时也就继承了其政治精神。"⑤ 由此可见,公羊学大一统思想对西汉中期的政治与法律实践影响深远。在现实法律运作中,西汉中期实行外儒内法的政策。史载:"孝元皇帝,宣帝太子也。……壮大,柔仁好儒。见宣帝所用多文法吏,以刑名绳下,大臣杨恽、盖宽饶等坐刺讥辞语为罪而诛,尝侍燕从容言:'陛下持刑太深,宜用儒生。'宣帝作色曰:'汉家自有制度,本以霸王道杂之,奈何纯任德教,用周政乎!'"⑥ 这就非常明确地道出了汉王朝外儒内法的实质,以及在礼法观上的对立。

当然,这种礼法对立恰好在汉宣帝时得到了改变。汉宣帝刘询是武帝曾孙,戾太子之孙,幼时也曾修习穀梁学。因受巫蛊之祸,他曾被收捕于

---

① 班固:《汉书》卷六十六,北京:中华书局,1962年,第2885页。
② 王刚:《学与政:汉代知识与政治互动关系之考察》,华东师范大学博士学位论文,2004年。
③ 班固:《汉书》卷八十六,北京:中华书局,1962年,第3481页。
④ 班固:《汉书》卷二十五下,北京:中华书局,1962年,第1248页。
⑤ 阎步克:《士大夫政治演生史稿》,北京:北京大学出版社,1998年,第370页。
⑥ 班固:《汉书》卷九,北京:中华书局,1962年,第277页。

郡邸狱，幸得廷尉丙吉以命相救，得以保全。宣帝责太子，显示出其"霸王道杂之"的思想。他在政治、法律运作上采取两手策略：一方面采纳了公羊学"严而少恩"的手段，用以对待暴强，整肃吏治；另一方面又在对待贵族及百姓时采取了穀梁学的"王道"思想，有"亲亲""尊尊"的一面。史载，公元前54年，宣帝"遣丞相、御史掾二十四人循行天下，举冤狱，察擅为苛禁深刻不改者"①。对于地方豪强势力，宣帝采纳了公羊学"严而少恩"的刑治思想。特别是对于横行乡里，自郡吏以下皆畏避之的涿郡大姓西高氏、东高氏，宣帝令严延年任太守，"遣吏分考两高，穷竟其奸，诛杀各数十人。郡中震恐，道不拾遗"②。而对于百姓、贵族，宣帝又十分重视穀梁学的礼制精神，在百姓中施行教化，对王公贵族以仁爱的精神予以安抚。地节三年（前67），宣帝下诏曰："孝弟也者，其为仁之本与！其令郡国举孝弟、有行义闻于乡里者各一人。"元康二年（前64），宣帝赦免了因犯忌讳而论罪之人。为了使淮阳王刘钦能安于君臣之道，宣帝一改武帝以来公羊学所倡导的"大义灭亲"的精神，特地召经明行高的名儒韦玄成以辅助之，力图以礼义教化使之感化。宣帝地节四年（前66）春二月，诏曰：

> 导民以孝，则天下顺。今百姓或遭衰绖凶灾，而吏繇事，使不得葬，伤孝子之心，朕甚怜之。自今诸有大父母、父母丧者勿繇事，使得收敛送终，尽其子道。③

地节四年（前66）夏五月，宣帝又发布诏令："父子之亲，夫妇之道，天性也。虽有患祸，犹蒙死而存之。诚爱结于心，仁厚之至也，岂能违之哉！自今子首匿父母，妻匿夫，孙匿大父母，皆勿坐。其父母匿子，夫匿妻，大父母匿孙，罪殊死，皆上请廷尉以闻。"④

---

① 班固：《汉书》卷八，北京：中华书局，1962年，第268页。
② 班固：《汉书》卷九十，北京：中华书局，1962年，第3668页。
③ 班固：《汉书》卷八，北京：中华书局，1962年，第250-251页。
④ 班固：《汉书》卷八，北京：中华书局，1962年，第251页。

这些诏令充满了儒家的仁孝精神，而且以孝入律在汉代还是第一次。与此同时，《汉书·儒林传》还记载了发生在甘露元年（前53）儒家经学中的一件大事，这就是汉宣帝亲自主持的评《公羊》《穀梁》异同的学术会议。这次学术会议也使穀梁学从政治边缘逐渐走上与公羊学同处的政治中心。然而宣帝评《公羊》《穀梁》的异同，"决不是一个偶然的事件，而是有其深刻的政治文化背景的"①。由于武帝时期尊公羊学，实行"严而少恩"的刑治手段，社会矛盾突出。在宣帝即位后，社会矛盾仍然没有得到解决。"今俗吏所以牧民者，非有礼义科指可世世通行者也，以意穿凿，各取一切。是以诈伪萌生，刑罚无极，质朴日消，恩爱浸薄。"② 经学之士批评宣帝说："方今圣道浸废，儒术不行，以刑余为周召，以法律为《诗》《书》。"③ 所有这些，都使汉宣帝不得不改变武帝以来独尊公羊学所带来的外儒内法、以法为治的政策，而采纳儒家穀梁学的"亲亲""尊尊"的宗法仁恩的礼制精神，以矫正"汉家制度"严酷之弊，并希望能在"汉家制度"与今文经学者的德治王道理想之间起到某种折中与调和作用。对汉宣帝本人而言，宣帝自小经历了种种苦难，"操行节俭，慈仁爱人"④，在处理复杂的社会矛盾和紧张的宗室关系时，宣帝强调以宗法孝治为基础，崇尚礼制，对公羊学大一统思想鼓吹的"大义灭亲"、过分强调君臣纲常而使父子兄弟伦常缺少亲亲仁恩的精神加以否定。在礼、法关系上，宣帝强调既要以宗法仁爱孝道的精神教化百姓，又要以刑名法治对待豪强，其在狱案审理中对公平的重视也是前代无法比拟的。例如在路温舒要求尚德缓刑时，宣帝深为赞赏。宣帝常励精图治，五日一听事，曾感叹说："庶民所以安其田里而亡叹息愁恨之心者，政平讼理也。"⑤ 他在元康元年（前65）又下诏曰：

---

① 边家珍：《汉代经学发展史论》，北京：中国文史出版社，2003年，第100-101页。
② 班固：《汉书》卷二十二，北京：中华书局，1962年，第1033页。
③ 班固：《汉书》卷七十七，北京：中华书局，1962年，第3247页。
④ 班固：《汉书》卷八，北京：中华书局，1962年，第238页。
⑤ 班固：《汉书》卷八十九，北京：中华书局，1962年，第3624页。

> 狱者万民之命,所以禁暴止邪,养育群生也。……吏之不称,四方黎民将何仰哉!二千石各察官属,勿用此人。吏务平法。①

宣帝的礼法合一之治也是一种"霸王道杂之"的政治,但它与武帝时公羊学盛行年代以严刑峻法治国相比,有明显不同。毋庸置疑,公羊、穀梁于大一统下的礼法之争,与西汉中后期政治、法律演进形成了细微入扣的呼应关系。如果我们要深入考察西汉中后期的政治与法律,尤其是礼与法的关系,对公、穀礼法之争的讨论不仅不是多余的,反而是至关重要的。它对我们理解汉代中期以来礼法思想的对立与变化,弄清汉代中期以后公羊学、穀梁学的刑德观及礼法思想对西汉中期重大制度存废与变化的内在影响具有十分重要的意义。宣帝之后,汉元帝即位,元帝更是以礼法为本。元帝初立,乃下诏曰:

> 夫法令者,所以抑暴扶弱,欲其难犯而易避也。今律令烦多而不约,自典文者不能分明,而欲罗元元之不逮,斯岂刑中之意哉!其议律令可蠲除轻减者,条奏,唯在便安万姓而已。②

元帝主张"纯任德教",反对以刑罚治理国家,使经学思想所主张的一系列伦理道德规范不断融入法律之中,极大地影响了汉朝乃至整个中国古代的法律制度。儒家经学的"亲亲""尊尊"等一系列精神和道德规范被直接纳入法律条文之中,使中国古代法律逐渐儒家化,从而形成了中华法系道德与法律融为一体的基本特色。所以西汉中后期引礼入法和法律的儒家化,在中国法制史上无疑具有十分重要的作用与意义。

(二)对复仇、报复刑思想的认识

两汉之世,经学盛行,经学与政治的关系十分密切。汉代统治者对经学十分推崇,将经学作为政治、法律的指导思想,以经治国。同时,在经

---

① 班固:《汉书》卷八,北京:中华书局,1962年,第255–256页。
② 班固:《汉书》卷二十三,北京:中华书局,1962年,第1103页。

学内部除了今古文经学派之间的斗争异常尖锐，在今文经学内部，同释《春秋》的公羊学派与穀梁学派的斗争也非常激烈。公羊学与穀梁学在诸多思想上存在差异，除了上述礼法观上的差异，二者在对待血亲复仇上也有不同的看法，并由此演变出在复仇观上的争论，对西汉的政治、法律与社会秩序产生了深远的影响。

有学者认为："礼法关系的讨论，因为涉及经学史的问题，因此相关的经学命题必须给予关注。自晚清以来，两汉经今古文学的争论成为学者关注的话题，廖平、康有为、钱穆和周予同等学者，对此问题都有详略不等的论述。但总体来说，都停留在一般概括的层次上，许多细节问题仍有发掘的余地。复仇问题就是其中之一。"①

对汉代复仇犯罪问题的研究，20世纪日本学者牧野巽的研究论文就已涉及。② 日本学者穗积陈重也在《复仇与法律》中对中国古代复仇进行了研究，并提出了划分中国古代复仇的时代问题。③ 日本学者西田太一郎在《中国刑法史研究》中也提到了复仇与刑罚的关系问题。④ 然而，综观目前学术界对汉代复仇的研究，笔者认为，以霍存福先生的《复仇·报复刑·报应说——中国人法律观念的文化解说》及邱立波博士的《汉代礼法关系散论》对复仇问题的探讨更为翔实。可惜的是，目前对汉代经学与复仇关系的研究，学术界一般认为今文经学支持复仇，古文经学反对或限制复仇。⑤ 笔者认为此说不完全正确。在今文经学内部的公羊学、穀梁学中，公羊学是倾向于支持复仇的，穀梁学则不明确支持复仇。而且需要说明的是，公羊学主张支持复仇也是要分条件和形势的，并不是一味毫无原则地倾向于复仇，其中有着深刻的政治、法律原因及其地域文化所造成的文化渊源。

---

① 邱立波：《汉代礼法关系散论》，复旦大学博士学位论文，2002年。
② 牧野巽：《牧野巽著作集》第2卷，东京：御茶水书房，1980年，第3-5页。
③ 穗积陈重著，曾玉婷、魏磊杰译：《复仇与法律》，北京：中国法制出版社，2013年。
④ 西田太一郎著，段秋关译：《中国刑法史研究》，北京：北京大学出版社，1985年，第76-79页。
⑤ 邱立波：《汉代礼法关系散论》，复旦大学博士学位论文，2002年。

在《春秋公羊传》中，讲到复仇的事大致有五处，即鲁隐公十一年冬十一月"壬辰，公薨"条，鲁庄公四年夏"纪侯大去其国"条，鲁庄公四年冬"公及齐人狩于郜"条，鲁庄公九年"八月，庚申，及齐师战于乾时，我师败绩"条及定公四年"冬，十有一月，庚午，蔡侯以吴子及楚人战于伯莒，楚师败绩……囊瓦出奔郑"条。这些传文，大体上都给复仇以不同程度的支持，由此成为汉代人复仇、报复刑行动的理论根据。众所周知，《公羊传》是公羊学的理论基础，对于《春秋》"大复仇"学说，《公羊传》中说："《春秋》为贤者讳，何贤乎襄公？复仇也。何仇尔？远祖也。哀公亨乎周，纪侯谮之，以襄公之为于此焉者，事祖祢之心尽矣。尽者何？襄公将复仇乎纪，卜之曰：'师丧分焉。''寡人死之，不为不吉也。'远祖者，几世乎？九世矣。九世犹可以复仇乎？虽百世可也。"① 这是春秋学复仇理论中最具特色的一段论述。在这段论述中，《公羊传》破例对作恶多端、荒淫无耻的齐襄公大加表彰，因其灭纪复了九世之仇。这说明在"上无天子，下无方伯"的情况下，在无从以正常合法的途径申冤雪恨的处境中，《公羊传》认为个人或群体根据"缘恩疾者可也"，可以自行复仇。

然而，应该看到，在《公羊传》定公四年中又进一步说："父不受诛，子复仇可也。父受诛，子复仇，推刃之道也。复仇不除害，朋友相卫，而不相迿，古之道也。"② 在这里，《公羊传》明确回答了臣子是否可向君主复仇的问题，是对庄公四年所述的大复仇之义的重要补充，即父亲无罪被杀，儿子可以复仇。这说明公羊学提倡的复仇并不是毫无条件的，而是认为在一定条件下，臣子可以复仇。再来看庄公九年"八月，庚申，及齐师战于乾时，我师败绩"条。《公羊传》庄公九年记载："内不言败，此其言败何？伐败也。曷为伐败？复仇也。此复仇乎大国，曷为使微者？公

---

① 公羊寿传，何休解诂，徐彦疏：《春秋公羊传注疏》，李学勤主编：《十三经注疏》，北京：北京大学出版社，2000年，第142-143页。
② 公羊寿传，何休解诂，徐彦疏：《春秋公羊传注疏》，李学勤主编：《十三经注疏》，北京：北京大学出版社，2000年，第647-648页。

也。公则曷为不言公？不与公复仇也。曷为不与公复仇？复仇者，在下也。"① 根据此传记载，我们知道，此处公羊学因鲁庄公复仇的对象已经是后一世而不赞许庄公复仇。然而，上文庄公四年齐灭纪条，齐襄公为复远祖之仇而灭纪，《春秋》尚贤之，何况鲁之复仇对象只是后一世？这是为什么呢？在这里，表面上看因"复仇者，在下也"而"不与公复仇"似有不妥。其实，这是公羊学对复仇的支持有一定条件的体现。汉代公羊学大师董仲舒对此解释道："难者曰：《春秋》之书战伐也，有恶有善也。恶诈击而善偏战，耻伐丧而荣复仇。奈何以《春秋》为无义战而尽恶之也？曰：凡《春秋》之记灾异也，虽亩有数茎，犹谓之无麦苗也。今天下之大，三百年之久，战攻侵伐不可胜数，而复仇者有二焉。是何以异于无麦苗之有数茎哉？不足以难之，故谓之无义战也。以无义战为不可，则无麦苗亦不可也；以无麦苗为可，则无义战亦可矣。若《春秋》之于偏战也，善其偏，不善其战，有以效其然也。《春秋》爱人，而战者杀人，君子奚说善杀其所爱哉？……战不如不战，然而有所谓善战。不义之中有义，义之中有不义。辞不能及，皆在于指，非精心达思者，其孰能知之。"② 董仲舒认为《春秋》爱人，虽然春秋之战有善恶之分，然而不管是什么战争都会杀人，因而即使因复仇而掀起的战争也是非正义之战，所以此处公羊学不赞许向鲁庄公复仇。由此可见，公羊学对复仇的支持首先考虑的是正义，"辞不能及，皆在于指"，只有符合"亲亲""尊尊"之意的复仇，公羊学才支持。

我们知道，汉承秦制，汉朝建立后，在法律上也是禁止复仇的，一直到王莽摄政前后，法律禁止复仇仍未改变。但是，在汉代"礼正其始，刑防甚失。礼'缘人情而制'，因此法之所禁必先合乎礼，而礼之所许则法必难禁。重礼治而轻法治，是汉代治国的重要特征"③。随着汉代今文经学

---

① 公羊寿传，何休解诂，徐彦疏：《春秋公羊传注疏》，李学勤主编：《十三经注疏》，北京：北京大学出版社，2000年，第163页。

② 苏舆撰，钟哲点校：《春秋繁露义证》卷第二，北京：中华书局，1992年，第49-50页。

③ 周天游：《两汉复仇盛行的原因》，《历史研究》，1991年第1期。

的全面兴起，公羊学逐渐成为汉王朝的政治思想而居于社会意识形态的主导地位，公羊学思想也发展成为汉王朝政治运作和社会生活的指导思想。作为"《春秋》大义"的大复仇思想因挟朝廷之势和学理之力，给汉代政风民俗及社会追求造成了深远影响，不仅导致了"春秋决狱"的盛行，而且复仇被变相地予以鼓励。由于"《春秋》之治狱，论心定罪。志善而违于法者免，志恶而合于法者诛"①，即实行论心定罪，探究犯罪动机的正义与否加以断罪，再加上西汉经术之士的进一步发挥，将其与汉代复仇紧密结合，使儒家公羊学所提倡的复仇思想进一步扩大化了。同时，汉王朝宣称，汉"以孝治天下"，故而朝廷及各级官员或多或少地受到了儒家经学的浸染，孝悌之心在汉代人心中有着很高的地位，由此汉代掀起了复仇之风。

有学者对汉代血亲复仇进行分析，认为在汉代，复仇"在不同的性别和年龄中都存在；复仇者所杀对象广泛；在当时社会上存在着一个专为他人报仇的职业集团"②。在秦汉时人的观念里，血亲复仇是正当的，血亲复仇的合理性是高于君权律令体制的。如《汉书·地理志》载："太原、上党又多晋公族子孙，以诈力相倾，矜夸功名，报仇过直，嫁取送死奢靡。汉兴，号为难治，常择严猛之将，或任杀伐为威。父兄被诛，子弟怨愤，至告讦刺史二千石。"③ 又《汉书·赵广汉传》记载："赵广汉，字子都，涿郡蠡吾人也……守京兆尹。会昭帝崩，而新丰杜建为京兆掾，护作平陵方上。建素豪侠，宾客为奸利，广汉闻之，先风告。建不改，于是收案致法。中贵人豪长者为请无不至，终无所听。宗族宾客谋欲篡取，广汉尽知其计议主名起居，使吏告曰：'若计如此，且并灭家。'令数吏将建弃市，莫敢近者。京师称之。"④ 又《汉书·尹齐传》中说："尹齐，东郡茌平人也。以刀笔吏稍迁至御史。……后复为淮阳都尉。王温舒败后数年，病死，家直不满五十金。所诛灭淮阳甚多，及死，仇家欲烧其尸，妻亡去，

---

① 王利器校注：《盐铁论校注》卷第十，北京：中华书局，1992年，第567页。
② 彭卫：《论汉代的血亲复仇》，《河南大学学报》，1986年第4期。
③ 班固：《汉书》卷二十八下，北京：中华书局，1962年，第1656页。
④ 班固：《汉书》卷七十六，北京：中华书局，1962年，第3199页。

归葬。"①《汉书·张敞传》载宣帝时，"（张敞）守太原太守，满岁为真，太原郡清。……敞所诛杀太原吏吏家怨敞，随至杜陵刺杀敞中子璜"②。《汉书·文三王传》记载：元朔中，睢阳人犴反因"人辱其父，而与睢阳太守客俱出同车。犴反杀其仇车上，亡去"③。复仇案件在汉代甚多，复仇之风的盛行可谓引人注目。

从这些实例中可以看出，汉王朝时因亲属受到法律处罚而报杀官吏的现象也不少见，有的复仇者还由此受到社会的赞赏而步入仕途。如渔阳人阳球，为当地首屈一指的大族。"郡吏有辱其母者，球结少年数十人，杀吏，灭其家。"阳球由此出名，竟被郡里举为孝廉。在汉王朝内部，朝廷对各级官吏尽孝悌之心的复仇行为也多加宽纵。如汉丞相薛宣遭诬被免官，其子薛况收买刺客，杀博士申咸，按法当"弃市"，但廷尉认为："《春秋》之义，原心定罪。原况以父见谤发忿怒，无它大恶。"故仅"爵减完为城旦"④，而对那些宽纵、营救复仇者的吏民，民众也报以赞赏。

在《春秋》大复仇之义浸染下，汉代复仇之风甚浓，演绎了一个个精彩动人的复仇故事，但这给国家法律和社会秩序带来了重大危害。为此，如何保证国家利益和社会稳定、缓和礼法矛盾、制止血亲复仇，成为汉代学术思想的一个重大问题。在汉代，由于《春秋公羊传》对血亲复仇绝对性的强调，"它的这些见解格外容易被身份型秩序理念的拥护者，被主张血亲复仇的人们所利用，有时甚至作出与原文大相径庭的扩张性的解释"⑤。这正如周党复仇的故事在汉代被广为传颂一样，甚至在后来，还有将其作为为亲属复仇辩护的依据。在春秋公羊学的引导下，汉代血亲复仇之风愈演愈烈，并由此导致了国家法律和礼制的冲突、忠与孝的冲突、情与法的冲突、血亲复仇义务与君主利益之间的冲突，给国家带来了诸多不稳定因素。

---

① 班固：《汉书》卷九十，北京：中华书局，1962年，第3659页。
② 班固：《汉书》卷七十六，北京：中华书局，1962年，第3225－3226页。
③ 班固：《汉书》卷四十七，北京：中华书局，1962年，第2215页。
④ 班固：《汉书》卷八十三，北京：中华书局，1962年，第3395－3396页。
⑤ 邱立波：《汉代礼法关系散论》，复旦大学博士学位论文，2002年。

为了解决以上矛盾，至迟在西汉末年，穀梁学者就对复仇问题提出了不同的看法。我们知道，在《史记》中，公羊学者对伍子胥复仇的故事大加赞赏。然而，穀梁学者刘向在《列女传》卷四《贞顺传》"楚平伯嬴"条中记载：伯嬴者，秦穆公之女，楚平王之夫人，昭王之母也。当昭王时，楚与吴为伯莒之战。吴胜楚，遂入至郢。昭王亡，吴王阖闾尽妻其后宫。次至伯嬴，伯嬴持刃曰："妾闻天子者，天下之表也。公侯者，一国之仪也。天子失制则天下乱，诸侯失节则其国危。夫妇之道，固人伦之始，王教之端。是以明王之制，使男女不亲授，坐不同席，食不共器，殊椸枷，异巾栉，所以施之也。若诸侯外淫者绝，卿大夫外淫者放，士、庶人外淫者宫割。夫然者，以为仁失可复以义，义失可复以理。男女之丧，乱亡兴焉。夫造乱亡之端，公侯之所绝，天子之所诛也。今君王弃仪表之行，纵乱亡之欲，犯诛绝之事，何以行令训民？且妾闻生而辱，不若死而荣。若使君王弃其仪表，则无以临国。妾有淫端，则无以生世。一举而两辱，妾以死守之，不敢承命。且凡所欲妾者，为乐也。近妾而死，何乐之有？如先杀妾，又何益于君王？"于是吴王惭，遂退，舍伯嬴与其保阿，闭永巷之门，皆不释兵。三旬，秦救至，昭王乃复矣。君子谓伯嬴勇而精一。《诗》曰："莫莫葛累，施于条枚。岂弟君子，求福不回。"此之谓也。颂曰：阖闾胜楚，入厥宫室。尽妻后宫，莫不战栗。伯嬴自守，坚固专一。君子美之，以为有节。①

在这则材料中，穀梁学者没有否定事情的真实性，而是借题发挥，从另外的方向上去解释。在这里，原先复仇的肆虐与快意不见了，重点发挥的倒成了伯嬴这一女性的贞节。文中没有明确对伍子胥的复仇提出议论，但无形中携带了否定性的信息。这说明在复仇的态度上，穀梁学较公羊学而言，已悄然发生了变化。这为解决汉代复仇问题提供了新思路，同时无疑对西汉末以刘歆为首的古文经学家对复仇问题的看法产生深刻影响。

显然，经典文本是一回事，汉代人的具体理解又是另一回事。在《后

---

① 王照圆撰，虞思徵点校：《列女传补注》卷四，上海：华东师范大学出版社，2012年，第161—162页。

汉书》卷八十三《周党传》中记载："周党字伯况，太原广武人也。……至长安游学。初，乡佐尝众中辱党，党久怀之。后读《春秋》，闻复仇之义，便辍讲而还，与乡佐相闻，期克斗日。既交刃，而党为乡佐所伤，困顿。乡佐服其义，舆归养之，数日方苏，既悟而去。自此敕身修志，州里称其高。"① 周党复仇的事件发生在西汉末年。此事流传广远，到东汉时仍有人在传。周党复仇的依据，据《后汉书》记载，是"读《春秋》，闻复仇之义"的缘故。对此，章怀太子认为："《春秋经》书'纪侯大去其国'。《公羊传》曰：'大去者何？灭也。孰灭之？齐灭之。曷为不言齐灭之？为襄公讳也。齐襄公九世祖哀公亨于周，纪侯谮之也，故襄公仇于纪。九世犹可复仇乎？虽百世可也。'"② 在章怀太子看来，周党复仇是因为公羊学对之持赞许态度。其实，章怀太子的理解是错误的。在《公羊传》中确有复仇"虽百世可也"之说，但《公羊传》中还有一段传文对复仇解释说："家亦可乎？曰：不可。国何以可？国君一体也：先君之耻，犹今君之耻也；今君之耻，犹先君之耻也。国君何以为一体？国君以国为体，诸侯世，故国君为一体也。"③ 所以，公羊学所说的复九世仇等，只适用于诸侯国之间，对于诸侯国的大夫、卿则不可，而对庶人周党自然更为不可。

清代学者王先谦在《后汉书集解》中注"乡佐服其义"时，采纳了惠栋的意见，援引了另一说法，认为"案《春秋》之义，'复仇以死败为荣'，故乡佐服其义也"④。"复仇以死败为荣"正是东汉著名公羊学家何休之言。何休在庄公九年"八月，庚申，及齐师战于乾时，我师败绩"条中说："复仇以死败为荣，故录之。高齐襄，贤仇牧是也。"⑤ 但是即使惠栋之说符合周党本人之实际，周党之复仇其实也是与经义不相合的。因

---

① 范晔撰，李贤等注：《后汉书》卷八十三，北京：中华书局，1965年，第2761页。
② 范晔撰，李贤等注：《后汉书》卷八十三，北京：中华书局，1965年，第2761页。
③ 公羊寿传，何休解诂，徐彦疏：《春秋公羊传注疏》，李学勤主编：《十三经注疏》，北京：北京大学出版社，2000年，第144页。
④ 王先谦集解：《后汉书集解》，北京：商务印书馆，1959年，第3040页。
⑤ 公羊寿传，何休解诂，徐彦疏：《春秋公羊传注疏》，李学勤主编：《十三经注疏》，北京：北京大学出版社，2000年，第162页。

而，应劭在《风俗通义》中明确指出："《孝经》：'身体发肤，受之父母，不敢毁伤，孝之始也。'……凡报仇者，谓为父兄耳，岂以一朝之忿，而肆其狂怒者哉？既远《春秋》之义，殆令先祖不复血食，不孝不智，而两有之；归其义勇，其义何居？"① 他对周党因己身受辱而复仇的行为不以为然，认为周党的举动与儒家经学所倡导的复仇不相关，并且认为周党因报复乡佐而身受重伤，险些丧命，是不孝的表现。周党引据《春秋》复仇之义是为自己的违法举动作掩饰，是断章取义，牵强附会，根本不符合公羊学复仇之精神。

（三）对阴阳刑德观的认识

在西汉，对儒家今文经学中的公羊学阴阳刑德观的建构起到重大作用的，首推汉代大儒董仲舒。《汉书·五行志》中说："景、武之世，董仲舒治《公羊春秋》，始推阴阳，为儒者宗。"② 刘向称他"有王佐之材，虽伊吕亡以加"③，董仲舒成为汉代继孔子之学的第一人，被称为"儒宗"。董仲舒以儒家思想为核心，通过吸收其他学派的刑德思想，尤其是法家的尊君卑臣和阴阳家的刑德思想，将刑德思想带入阴阳五行的框架之中，创立了儒家公羊学的阴阳刑德观，并最终形成了公羊学刑德并用、礼法合一的法律思想。

首先，董仲舒继承了先秦儒家的"德治"思想，同时对法家的"刑治"学说有所吸纳，并把二者有机结合，形成了刑德并用的法律思想。在董仲舒的大力倡导下，公羊学融入了大量的刑罚内容，形成以仁义教化为本、刑罚为用的公羊学刑德观。董仲舒认为："教，政之本也。狱，政之末也。其事异域，其用一也。"④ 西汉前期的公羊学者对秦朝二世而亡的情况大都了然于心，他们认识到，在刑德观的构建上，光依靠儒家本身所宣扬的"迂远而阔于事情"的"仁治"已不适应时代的要求，对法家刑治思想的众多长处也应该予以充分利用和吸纳，使之成为自己思想体系的有

---

① 应劭撰，王利器校注：《风俗通义校注》，北京：中华书局，1981年，第180-181页。
② 班固：《汉书》卷二十七上，北京：中华书局，1962年，第1317页。
③ 班固：《汉书》卷五十六，北京：中华书局，1962年，第2526页。
④ 苏舆撰，钟哲点校：《春秋繁露义证》卷第三，北京：中华书局，1992年，第94页。

机构成部分。法家提倡的"尊君卑臣"与儒家所认为的"列君臣父子之礼,序夫妇长幼之别"之间有相通之处,而且法家所倡导的"循名责实""一断于法"等具体的可落实为措施的法律思想,在汉代现实生活中要远远比儒家的仁治主张高明。公羊家知道法家主张"凡治天下,必因人情。人情者有好恶,故赏罚可用;赏罚可用则禁令可立,而治道具矣"①。法家的赏罚观根据人性恶立论,因人之好恶而实行赏罚不是没有道理。因而,公羊学者认为应当予以采纳,"务致民令有所好。有所好然后可得而劝也,故设赏以劝之。有所好必有所恶,有所恶然后可得而畏也。故设罚以畏之。既有所劝,又有所畏,然后可得而制"②。他们认为,刑、德在治国中的关系是紧密联系的,二者对统治者来说均不可缺,"国之所以为国者德也,君之所以为君者威也,故德不可共,威不可分。德共则失恩,威分则失权。失权则君贱,失恩则民散。民散则国乱,君贱则臣叛。是故为人君者,固守其德,以附其民;固执其权,以正其臣"③。所以在政治和法律实践中,虽要遵循儒家一以贯之的德主刑辅观,同时要善于使用儒家的经权观,当刑则刑,当德即德。

其次,在刑德理论的构建上,公羊学还特别注重对黄老之学中"刑德相济"与"四时刑德"思想的吸纳。黄老之学其实是黄学和老学之总称,它们分别代表着原始道家的两个不同流派。根据史籍记载,道家思想祖述黄帝和老子,老子实有其人,而黄帝则是传说中的人物。在战国时期百家争鸣的时代,出现了一批假托黄帝之名的著述。根据《汉书·艺文志》的记载,黄帝之书共有十二类二十六种,占了道家著作的绝大多数,但后来几乎全都亡佚了。④ 1973 年,湖南长沙马王堆汉墓出土了一批帛书,在这批帛书中尚存有四种古佚书,即《经法》《十六经》《称》《道原》。据唐

---

① 王先慎撰,钟哲点校:《韩非子集解》卷第十八,北京:中华书局,1998 年,第 430-431 页。
② 苏舆撰,钟哲点校:《春秋繁露义证》卷第六,北京:中华书局,1992 年,第 173 页。
③ 苏舆撰,钟哲点校:《春秋繁露义证》卷第六,北京:中华书局,1992 年,第 174-175 页。
④ 关于黄学和老学之异同及其相互关系,可参见余明光:《黄帝四经与黄老思想》,哈尔滨:黑龙江人民出版社,1989 年。书中相关章节论述甚详。

兰、李学勤、陈鼓应、余明光等先生考证，此四种古佚书即《汉书·艺文志》中所载的《黄帝四经》。①《黄帝四经》是黄帝之学的代表作，书中以刑德问题为核心，把阴阳与刑德紧密结合起来，形成了阴阳刑德论。汉代公羊学的阴阳刑德思想，对之多有吸纳。如《十六经·观》中有"刑晦而德明，刑阴而德阳，刑微而德章"，认为刑属阴，须德晦，赏属阳，须彰显，主张"刑微德章"，即刑隐德显。在公羊学中，董仲舒认为"阴阳之理，圣人之法也。阴，刑气也；阳，德气也"②，即对黄学阴阳刑德理念的吸纳。《十六经·姓争》中有"刑德皇皇，日月相望，以明其当。望失其当，环视其殃。天德皇皇，非刑不行，穆穆天刑，非德必倾。刑德相养，逆顺若成"③，又《黄老帛书·称》中有"凡论必以阴阳□大义。天阳地阴。春阳秋阴。夏阳秋阴。……诸阳者法天……诸阴者法地"④，这实际上就是《春秋繁露》中《阳尊阴卑》《天辨在人》《基义》等篇思想的渊源。董仲舒在吸纳黄老之学刑德观的过程中进一步明确提出"天之任阳不任阴，好德不好刑"⑤。

与此同时，公羊学认为，在德与刑的关系上，"刑者德之辅，阴者阳之助"⑥，主张"阳为德，阴为刑，刑反德而顺于德"⑦。二者既对立，又统一。德与刑各有其位，德为主，刑为辅，刑主杀，德主生，德治离不开刑，刑看起来"反德"，但"反德"实际上是"顺德"，是德治的必要补

---

① 余明光：《黄帝四经与黄老思想》，哈尔滨：黑龙江人民出版社，1989年，第17页。
② 苏舆撰，钟哲点校：《春秋繁露义证》卷第十一，北京：中华书局，1992年，第331页。
③ 国家文物局古文献研究室编：《马王堆汉墓帛书》（壹），北京：文物出版社，1980年，第69页。
④ 国家文物局古文献研究室编：《马王堆汉墓帛书》（壹），北京：文物出版社，1980年，第83页。
⑤ 苏舆撰，钟哲点校：《春秋繁露义证》卷第十一，北京：中华书局，1992年，第338页。
⑥ 苏舆撰，钟哲点校：《春秋繁露义证》卷第十一，北京：中华书局，1992年，第336页。
⑦ 苏舆撰，钟哲点校：《春秋繁露义证》卷第十一，北京：中华书局，1992年，第326-327页。

充。公羊学的这种思想创造性地把"相反相成"的辩证思想运用于刑德关系之中，来说明礼与刑的不可分离，并从"天"那里为德刑关系寻找到二者存在的合理根据："阳者天之德也，阴者天之刑也"，"德之厚于刑也，如阳之多于阴也"。①公羊学者认为，根据天意，德刑之间有主次贵贱之分，"天出阳，为暖以生之，地出阴，为清以成之。不暖不生，不清不成。然而计其多少之分，则暖暑居百而清寒居一。德教之与刑罚犹此也。故圣人多其爱而少其严，厚其德而简其刑，以此配天"②。公羊学者认为圣人治国应当取之于天，不能违背天意，"天之亲阳而疏阴，任德而不任刑也。是故仁义制度之数，尽取之天"③。所以在治国时重德轻刑是上天意志的决定和体现。王者必须承天意以行事，"是故人主近天之所近，远天之所远；大天之所大，小天之所小。是故天数右阳而不右阴，务德而不务刑。刑之不可以成世也，犹阴之不可以成岁也。为政而任刑，谓之逆天，非王道"④。刑罚等只是完善德化的强制手段，刑罚是被动的，是治表的。故先祖孔子有言："道之以政，齐之以刑，民免而无耻。道之以德，齐之以礼，有耻且格。"⑤ "刑者不可任以治世，犹阴之不可任以成岁也。为政而任刑，不顺于天，故先王莫之肯为也。"⑥

在中国古代，由于受"天人合一"思想及阴阳五行思想的影响，人们将自然现象与社会现象联系起来，根据自然现象的变化来安排社会活动。具体到法律上，公羊学者不但将自然现象与刑罚联系起来，形成顺天行刑的思想，而且在此过程中将"天"神学化，以天命决定人事，决定地上君

---

① 苏舆撰，钟哲点校：《春秋繁露义证》卷第十二，北京：中华书局，1992年，第341-342页。

② 苏舆撰，钟哲点校：《春秋繁露义证》卷第十二，北京：中华书局，1992年，第351-352页。

③ 苏舆撰，钟哲点校：《春秋繁露义证》卷第十二，北京：中华书局，1992年，第351页。

④ 苏舆撰，钟哲点校：《春秋繁露义证》卷第十一，北京：中华书局，1992年，第328页。

⑤ 何晏注，邢昺疏：《论语注疏》，李学勤主编：《十三经注疏》，北京：北京大学出版社，2000年，第16页。

⑥ 班固：《汉书》卷五十六，北京：中华书局，1962年，第2502页。

主的政治、法律实践，要求地上的君主必须无条件服从天意，否则就会逆天而亡。

汉代穀梁学者也继承了儒家的德治思想。首先，穀梁学者以儒家之学为正统，对儒家之外的各家学派的思想作了严厉的批评，肯定了儒家思想在诸子之中"于道最为贵"的地位。如他们批评道家"及放者为之，则欲绝去礼学，兼弃仁义"；批评法家"无教化，去仁爱……至于残害至亲"；等等。在穀梁学者心中，他们始终以儒家为正统，并对孔子德治思想进行了高度评价和宣扬。穀梁学者认为："孔子生于乱世，莫之能容也，故言行于君，泽加于民，然后仕；言不行于君，泽不加于民，则处。孔子怀天覆之心，挟仁圣之德，悯时俗之污泥，伤纪纲之废坏，服重历远，周流应聘，乃俟幸施道，以子百姓，而当世诸侯，莫能任用。是以德积而不肆，大道屈而不伸，海内不蒙其化，群生不被其思。"① 同时，穀梁学者还借孙卿之口说"儒者法先王，隆礼义，谨乎臣子，而能致贵其上者也。……儒者在本朝则美政，在下位则美俗"，"志意定乎内，礼节修乎朝，法则度量正乎官，忠信爱利形乎下。行一不义，杀一无罪而得天下，不为也"②，认为儒者在德礼政刑中，尤其善于把握德治的思想，在上美政，在下美俗，其德化思想有"通乎裁万物养百姓之经纪"。

其次，汉代穀梁学者也不断吸收诸子之学以丰富儒家之思想。史载，汉成帝时，穀梁学者刘向受诏负责校勘整理皇家所藏先秦古籍及汉朝以来的图书，编定目录次序，并撰写"叙录"。在整理过程中，他对《管子》《战国策》等书也作了肯定。值得一提的是，穀梁学者也对法家的刑治思想给予了充分肯定。他们认为："《申子》学号曰刑名，刑名者，循名以责实，其尊君卑臣，崇上抑下，合于六经也。"③ 但是，在对法家刑罚观的吸取方面，穀梁学则偏重于对法家的"势"的吸纳。穀梁学者认为："五帝

---

① 刘向撰，向宗鲁校证：《说苑校证》卷第十四，北京：中华书局，1987年，第351—352页。
② 刘向编著，赵仲邑注：《新序详注》，北京：中华书局，2017年，第154页。
③ 严可均辑，任雪芳审订：《全汉文》卷三十八，北京：商务印书馆，1999年，第394页。

三王教以仁义，而天下变也，孔子亦教以仁义，而天下不从者，何也？昔明王有绂冕以尊贤，有斧钺以诛恶，故其赏至重而刑至深，而天下变；孔子贤颜渊无以赏之，贱孺悲无以罚之，故天下不从。是故道非权不立，非势不行，是道尊然后行。"① 穀梁学者以儒家仁义礼乐教化为本，将"势"与儒家思想相联系，把法家之势融入儒家刑德思想之中，丰富并发展了儒家刑德思想。穀梁学者针对西汉后期政治、法律的特点，明确指出功成当制礼，治定当作乐，认为礼乐是天下大化大治的最重要的手段；要求汉成帝"宜兴辟雍，设庠序，陈礼乐……以风化天下"，并认为"如此而不治者，未之有也"。② 同时，穀梁学者刘向认为，"自古明圣，未有无诛而治者也"③，故"治国有二机，刑德是也"④。在刑德关系上，穀梁学者刘向更重视以德治为本，重视教化，他多次指出"教化之比于刑法，刑法轻"，"且教化，所恃以为治也，刑法所以助治也"⑤，认为治国应先德教而后刑罚。他说："德者，养善而进阙者也，刑者，惩恶而禁后者也。"⑥"至于刑者，则非王者之所贵也。是以圣王先德教而后刑罚。"⑦ 穀梁学者甚至引用《尚书》"与其杀不辜，宁失不经"来反对严刑峻法，这种思想为中国法制史上"疑罪从无"的说法提供了借鉴。穀梁学者已经认识到，随着汉代专制统治的日益加强，"亲亲"和"尊尊"之礼在儒家法思想中的重要地位。特别是武帝以来的一系列法治政策，使骨肉亲情之恩义扫地，这种情况是不利于统治的稳固的。所以改革公羊学"大义灭亲"所带来的严而少恩的法制措施实为必要。为此，穀梁学者突出强调"亲亲""尊尊"之礼义。穀梁学者深知，在《春秋穀梁传》中，穀梁学派是鼓吹君主"在民上""大上"的主导地位的。既然君处于"大上"之地位，君道自然要高高在上。穀梁学者指出"君由天生"，"入知亲其亲，出知尊其君，内有男

---

① 刘向撰，向宗鲁校证：《说苑校证》卷第十五，北京：中华书局，1987年，第380页。
② 班固：《汉书》卷二十二，北京：中华书局，1962年，第1033页。
③ 班固：《汉书》卷三十六，北京：中华书局，1962年，第1946页。
④ 刘向撰，向宗鲁校证：《说苑校证》卷第七，北京：中华书局，1987年，第144页。
⑤ 班固：《汉书》卷二十二，北京：中华书局，1962年，第1034页。
⑥ 刘向撰，向宗鲁校证：《说苑校证》卷第七，北京：中华书局，1987年，第144页。
⑦ 刘向撰，向宗鲁校证：《说苑校证》卷第七，北京：中华书局，1987年，第143页。

女之别，外有朋友之际：此圣人之德教"①。同时，榖梁学者认为讲求亲亲之道，决不能忽略君臣之义，"诸侯之尊，弟兄不得以属通"，亲亲之礼是从属于君臣之道的，"亲亲"是从属于"尊尊"的。在榖梁学者看来，君主实施刑德也是为了稳定社会、促进和谐，进而维护良好的统治秩序。社会秩序与和谐离不开"尊尊"。"尊尊"就是讲等级秩序。榖梁学者刘向非常重视上下等级秩序，他引前人的话说："冠虽故，必加于首；履虽新，必关于足。上下有分，不可相倍。"② 为了进一步说明"尊尊"的重要性，榖梁学者还引用案例：

> 赵襄子见围于晋阳，罢围，赏有功之臣五人，高赫无功而受上赏，五人皆怒。张孟谈谓襄子曰："晋阳之中，赫无大功，今与之上赏，何也？"襄子曰："吾在拘厄之中，不失臣主之礼，唯赫也。子虽有功，皆骄寡人。与赫上赏，不亦可乎？"仲尼闻之曰："赵襄子可谓善赏士乎？赏一人而天下之人臣，莫敢失君臣之礼矣。"③

同时，榖梁学派认为，对于处于"大上"地位的君主来说，在不损害尊尊之道的情况下，应该坚持亲亲之义，而不能像公羊学派那样重"尊尊"而损"亲亲"，搞大义灭亲。对于《春秋》中隐公元年"郑伯克段于鄢"之事，榖梁学派认为："段，弟也，而弗谓弟；公子也，而弗谓公子，贬之也。段失子弟之道矣，贱段而甚郑伯也。何甚乎郑伯？甚郑伯之处心积虑，成于杀也。于鄢，远也，犹曰取之其母之怀中而杀之云尔，甚之也。然则为郑伯者宜奈何？缓追逸贼，亲亲之道也。"④ 榖梁学派认为，段失子弟之道，郑伯处心积虑远至鄢地杀段，失亲亲之道。对于贼害君，榖

---

① 刘向撰，向宗鲁校证：《说苑校证》卷第三，北京：中华书局，1987 年，第 66 页。
② 刘向撰，向宗鲁校证：《说苑校证》卷第十六，北京：中华书局，1987 年，第 388 页。
③ 刘向撰，向宗鲁校证：《说苑校证》卷第六，北京：中华书局，1987 年，第 117-118 页。
④ 范宁集解，杨士勋疏：《春秋榖梁传注疏》，李学勤主编：《十三经注疏》，北京：北京大学出版社，2000 年，第 5 页。

梁学者认为不应予以同情，但对于郑伯杀母弟段，穀梁学者认为郑伯做得过分，不符合亲亲之道，贼已逸去，危害已除，应该"缓追逸贼"，顾及亲亲之情。而对于这一点，汉代公羊学派则认为"君亲无将，将而必诛"，君亲的血缘关系与维护君道相比，已经微不足道了。

此外，穀梁学派也吸收了黄老学说的法思想。在刑德观方面，穀梁学者吸纳了黄老学的阴阳刑德观，对"天德皇皇，非刑不行。穆穆天刑，非德必倾。刑德相养，逆顺若成"① 有较深的认识，并认为刑德和阴阳消长是支配万物的基本力量。穀梁学者也认为阳的属性是"德"，阴的属性是"刑"，刑德依赖阴阳的运动变化而发展，形成了"先德后刑"的法律思想。穀梁学强调"刑"不是法家的严刑峻法。在刑德观中，穀梁学者还重点吸纳了黄老学的清静无为政策，"夫治国譬若张琴，大弦急则小弦绝矣"②，认为繁苛律令会引起百姓暴乱，导致社会动荡不安。穀梁学者主张实行宽惠的政治，不过多地干扰百姓。"百羊而群，使五尺童子荷杖而随之，欲东而东，欲西而西。君且使尧牵一羊，舜荷杖而随之，则乱之始也。"③ 因此，"人君之事，无为而能容下。夫事寡易从，法省易因，故民不以政获罪也。大道容众，大德容下，圣人寡为而天下理矣"④。同时，穀梁学者吸收了黄老"无为"的思想，认为君主不应干扰臣子的工作。在《新序·杂事第二》中记载："鲁君使宓子贱为单父宰。子贱辞去……鲁君曰：'子贱苦吾扰之，使不得施其善政也。'乃命有司，无得擅征发单父。单父之化大治。"⑤ 穀梁学者认为君主的干扰不能使臣下的才干得到充分发挥。穀梁学者清静无为的思想主要表现在"上无为，而下有为"，宣扬君主无为，而对臣下则要求各级臣民根据法规各司其职，"欲知得失，请必审名察刑。刑恒自定，是我俞静，事恒自包，是我无为"。要求臣下根据

---

① 国家文物局古文献研究室编：《马王堆汉墓帛书》（壹），北京：文物出版社，1980年，第69页。
② 刘向撰，向宗鲁校证：《说苑校证》卷第七，北京：中华书局，1987年，第145页。
③ 刘向撰，向宗鲁校证：《说苑校证》卷第七，北京：中华书局，1987年，第165页。
④ 刘向撰，向宗鲁校证：《说苑校证》卷第一，北京：中华书局，1987年，第2页。
⑤ 刘向编著，赵仲邑注：《新序详注》，北京：中华书局，2017年，第43-44页。

法规各安其分，各司其职，认为"君臣之道：臣事事，而君无事；君逸乐，而臣任劳。……故事无不治，治之正道然也"①。所以在穀梁学者的"德主刑辅"思想中，穀梁学者通过对黄老之学的吸纳，将刑德之无为的法思想也融入其中，进而形成了鲜明的特色。

总之，儒家经学与帝制时代国家法律在维护汉王朝利益的过程中，是相互配合、相互作用的。但是，在具体的法律活动中，帝制时代的法制残暴性往往会给儒家经学的说教生出许多难题，使"德主刑辅""礼法合一"这些貌似完美的理论破绽百出，在使用中产生"刑"与"德"的诸多矛盾。

为了解决这些矛盾，自汉代以来，公羊学派和穀梁学派都鼓吹"道德为本"，实行"德主刑辅"之法律政策，并在司法活动中不断地将儒家伦理与各家学说之精华融合，以便处理刑德矛盾。客观地讲，这些做法对儒家伦理进入汉代法律视野产生了巨大的作用，也使统治者在立法和司法中逐渐注意到将儒家道德与法律相融合。但必须看到，由于汉代不同历史时期对儒家经学的需要不同，儒家内部经学派的理论也有所不同，对汉代政治法律所起的作用也不同。在西汉中期，儒家公羊学的法思想原则如"大义灭亲""君亲无将，将而必诛""顺天行刑"等对当时大一统王朝的政治法律实践起到重要的指导作用，对武帝完成中央集权、稳定内外之治都有非常重要的影响。但随着历史的发展，在武帝之后，由于武帝一朝的外儒内法，严而少恩，给社会带来了诸多不稳定因素，使社会矛盾激化，儒家穀梁学的法思想如"亲亲""尊尊"的礼法之治、"无为而治"，以及"以民为本，务行宽大"等法律思想，对缓和西汉中后期的社会矛盾，实现汉律与儒家伦理的融合及汉律的儒家化都起了非常重要的作用，对消解统治者在政治和法律运作中的残暴行为、减轻严刑苛法带来的弊端等无疑都具有十分重要的作用与意义。

（四）对犯罪原因与犯罪预防的认识

众所周知，早在先秦时期，儒家的孔子、孟子与荀子都在犯罪原因和犯罪预防理论上作了不同程度的探讨。他们的观点既有一致的地方也有不

---

① 许富宏：《慎子集校集注》，北京：中华书局，2013年，第32-33页。

一致之处，其不同之处主要是对犯罪的人性根源的理解不同。"孔子认为犯罪是因后天坏的习染而起；孟子否认人性中有天生的犯罪基因，因为人性是善的，人的犯罪乃是人性自戕或受外界摧残的结果。荀子持'人之性恶'的观点，力图为犯罪找到人性方面的内在根据。"① 然而，性善说虽符合儒家的道德观念，但是它无法解释恶的产生问题，如果人性本善，那么恶是如何产生的？荀子的性恶论虽切中人性之实际，却无法在犯罪预防上为我们提供道德修养之理论依据。这些都成为儒家解释犯罪原因与犯罪预防理论领域的难题。到了汉代，今文经学中的公羊学、榖梁学则从各自的角度对上述理论难题予以了解答，他们继承并取代了先秦儒家单纯的性善或性恶论。

首先，在儒家今文经学内部，公羊学大师董仲舒将"天人感应"的思想主张推广到人性与犯罪预防和犯罪原因等社会领域，提出了"性三品"的人性说。董仲舒说："今世暗于性，言之者不同，胡不试反性之名。性之名非生与？如其生之自然之资谓之性。性者质也。诘性之质于善之名，能中之与？既不能中矣，而尚谓之质善，何哉？"② 董仲舒对以往的人性理论是不满意的，他直接从"反性之名"入手，认为性是人们生来具有的本质。因而，他认为把"自然之资"说成"性善"是不准确的。"栣众恶于内，弗使得发于外者，心也。故心之为名栣也。人之受气苟无恶者，心何栣哉？"③ 他认为"人之受气"是有"恶"的，所以才需要心来"栣众恶"。在这一点上，他与荀子的性恶论较接近。但荀子主张"天人相分"，董仲舒则宣扬"天人相与"；荀子认为人生来就具有的本性必然流于邪恶，而董仲舒则不然，这就使公羊学在人性的源头上与荀学拉开了距离。

董仲舒说："身之有性情也，若天之有阴阳也。言人之质而无其情，犹言天之阳而无其阴也。"④ 他认为人由阴阳所构成，阳代表善性，阴代表恶性，所以人生来有善有恶。"人之诚，有贪有仁。仁贪之气，两在于身。

---

① 俞荣根：《儒家法思想通论》（修订本），北京：商务印书馆，2018年，第487页。
② 苏舆撰，钟哲点校：《春秋繁露义证》卷第十，北京：中华书局，1992年，第291—292页。
③ 苏舆撰，钟哲点校：《春秋繁露义证》卷第十，北京：中华书局，1992年，第293页。
④ 苏舆撰，钟哲点校：《春秋繁露义证》卷第十，北京：中华书局，1992年，第299页。

身之名，取诸天。天两有阴阳之施，身亦两有贪仁之性。天有阴阳禁，身有情欲栣，与天道一也。"① 在汉代公羊学者看来，天有阴阳，人有贪仁，天道好善乐施，任德不任刑，人生同样也是欲善而不欲恶，所以在解决犯罪根源问题上，只需要克服邪恶的欲望，一心向善，就能防患于未然。公羊学者认为："人受命于天，有善善恶恶之性，可养而不可改，可豫而不可去，若形体之可肥臞，而不可得革也。是故虽有至贤，能为君亲含容其恶，不能为君亲令无恶。"② 董仲舒认为"性"是生之"质"，是人生而具有的"自然之资"。"性"是有善有恶的，不能用"善"来界定这种受自于天的"自然之资"。但是如果人性不是善的，那么如何解释圣人的出现？道德化由谁来完成？如果人性都可以通过教化改变，那么为何还有许多十恶不赦的罪人？针对这些现象，公羊学者提出了"性三品"说。董仲舒说："圣人之性不可以名性，斗筲之性又不可以名性，名性者，中民之性。"③ 他把人性分为三类：一类是所谓的"圣人之性"，一类是所谓的"斗筲之性"，剩下的是所谓的"中民之性"。"圣人之性"是"上智"之性，"斗筲之性"是"下愚"之性，董仲舒认为这两种人性是稳定的、不会改变的，而"中民之性"数量最多，它是能善能恶的，这是董仲舒人性论的核心。对"中民之性"，他认为并不是一成不变的。所以，犯罪不是人性所造成的必然结果。公羊学者认为，导致犯罪的还有其深刻的政治、法律、经济等社会根源。

公羊学者根据汉继秦大乱之后必须"更化"的改革变法思想，在研究秦二世而亡的教训后，针对西汉王朝社会的具体情况，认为西汉社会的政治、经济、法律方面的缺陷和不足也是导致民众犯罪的原因。例如在经济方面，他们明确指出，统治者的严重剥削是导致百姓极其贫困的原因，也是造成犯罪的重要原因。由于汉王朝统治者"赋敛无度，以夺民财；多发

---

① 苏舆撰，钟哲点校：《春秋繁露义证》卷第十，北京：中华书局，1992年，第294-296页。
② 苏舆撰，钟哲点校：《春秋繁露义证》卷第一，北京：中华书局，1992年，第34页。
③ 苏舆撰，钟哲点校：《春秋繁露义证》卷第十，北京：中华书局，1992年，第311-312页。

徭役，以夺民时；作事无极，以夺民力"，导致"百姓愁苦，叛去其国"。①公羊学者辕固、董仲舒对此深有体会：自秦废井田，民得买卖以来，"富者田连仟伯，贫者亡立锥之地"，加之"月为更卒，已复为正，一岁屯戍，一岁力役，三十倍于古；田租口赋，盐铁之利，二十倍于古"②。贫苦农民衣牛马之衣，食犬彘之食，又受贪暴之吏的压榨，所以贫民逃亡至山林转而为盗的情况在汉兴之后仍未改变："民愁亡聊，亡逃山林，转为盗贼。"③汉廷的残酷压榨剥削，使"民日削月朘，浸以大穷。富者奢侈羡溢，贫者穷急愁苦；穷急愁苦而上不救，则民不乐生；民不乐生，尚不避死，安能避罪！"④在法律方面，公羊学者也深知，汉兴以来，汉王朝虽崇尚黄老，本着除削烦苛之精神，行"约法三章"，但由于当时四夷未服，兵革未息，"三章之法不足以御奸"⑤，乃有萧何的《九章律》，在诸多方面都承秦之制。即使有轻刑之名的汉文帝，亦是"内实杀人"⑥，其改革肉刑，"斩右止者又当死。斩左止者笞五百，当劓者笞三百，率多死"⑦。及至武帝即位，又一再增补刑法，律令竟达"三百五十九章，大辟四百九条，千八百八十二事，死罪决事比万三千四百七十二事"⑧，承秦以来的严酷苛法日益繁多。加之"奸吏因缘为市，所欲活则傅生议，所欲陷则予死比"⑨，法律严酷，刑戮妄加，致使"赭衣半道，断狱岁以千万数"⑩。这也是百姓犯法的重要原因。公羊学者辕固、董仲舒等亲眼目睹了汉兴以来社会政治、经济、法律等方面存在的严重问题，感受深刻。

针对上述多种犯罪因素，公羊学者在政治、经济、法律领域提出了一

---

① 苏舆撰，钟哲点校：《春秋繁露义证》卷第十，北京：中华书局，1992年，第369页。
② 班固：《汉书》卷二十四上，北京：中华书局，1962年，第1137页。
③ 班固：《汉书》卷二十四上，北京：中华书局，1962年，第1137页。
④ 班固：《汉书》卷五十六，北京：中华书局，1962年，第2520-2521页。
⑤ 班固：《汉书》卷二十三，北京：中华书局，1962年，第1096页。
⑥ 班固：《汉书》卷二十三，北京：中华书局，1962年，第1099页。
⑦ 班固：《汉书》卷二十三，北京：中华书局，1962年，第1099页。
⑧ 班固：《汉书》卷二十三，北京：中华书局，1962年，第1101页。
⑨ 班固：《汉书》卷二十三，北京：中华书局，1962年，第1101页。
⑩ 班固：《汉书》卷二十四上，北京：中华书局，1962年，第1137页。

系列综合性的犯罪预防措施：其一，薄赋敛，省徭役，以宽民力。公羊学者认为要使社会达到犯罪者少、天下为治的局面，应当效法上古三皇五帝之治，减赋税，省徭役，"什一而税。……不夺民时，使民不过岁三日"①。他们认为："古井田法虽难卒行，宜少近古，限民名田，以澹不足，塞并兼之路。"② 其二，爱民安民，不与民"争利"。公羊学者认为："王者，民之所往。君者，不失其群者也。故能使万民往之，而得天下之群者，无敌于天下。"③ "天之生民，非为王也，而天立王以为民也。故其德足以安乐民者，天予之；其恶足以贼害民者，天夺之。"④ 人民追求物质生活上合天理，下符人情，"天之生人也，使人生义与利。利以养其体，义以养其心。心不得义不能乐，体不得利不能安"⑤。所以统治者应当做到"君子仕则不稼，田则不渔，食时不力珍，大夫不坐羊，士不坐犬。……有大奉禄亦皆不得兼小利，与民争利业，乃天理也"，这样才可使"受禄之家，食禄而已，不与民争业，然后利可均布，而民可家足"⑥。其三，制"度制"，均贫富。古代的圣人"见天意之厚于人也，故南面而君天下，必以兼利之"⑦。要预防众人犯罪，应当注意解决贫富差距问题。"孔子曰：'不患贫而患不均。'故有所积重，则有所空虚矣。大富则骄，大贫则忧。忧则为盗，骄则为暴，此众人之情也。"⑧ 因而要调均贫富，"使富者足以示贵而不至于骄，贫者足以养生而不至于忧。以此为度而调均之，是以财不匮而上下相安"⑨。这样就可以缓和社会矛盾，使百姓不至于陷入困苦境地而走上违法犯罪的道路。其四，重德化，减刑罚，除专杀之威。汉代公

---

① 苏舆撰，钟哲点校：《春秋繁露义证》卷第四，北京：中华书局，1992年，第102页。
② 班固：《汉书》卷二十四上，北京：中华书局，1962年，第1137页。
③ 苏舆撰，钟哲点校：《春秋繁露义证》卷第五，北京：中华书局，1992年，第133页。
④ 苏舆撰，钟哲点校：《春秋繁露义证》卷第七，北京：中华书局，1992年，第220页。
⑤ 苏舆撰，钟哲点校：《春秋繁露义证》卷第九，北京：中华书局，1992年，第263页。
⑥ 苏舆撰，钟哲点校：《春秋繁露义证》卷第八，北京：中华书局，1992年，第229-230页。
⑦ 苏舆撰，钟哲点校：《春秋繁露义证》卷第十，北京：中华书局，1992年，第313页。
⑧ 苏舆撰，钟哲点校：《春秋繁露义证》卷第八，北京：中华书局，1992年，第227页。
⑨ 苏舆撰，钟哲点校：《春秋繁露义证》卷第八，北京：中华书局，1992年，第228页。

羊学者认为要从根本上解决犯罪问题，预防犯罪，只靠严酷的刑罚是远远不够的。秦朝虽专任刑法，重用酷吏，然而社会仍奸邪不息，盗贼多有，最终被人民推翻了。预防和制止犯罪都离不开德教。"政者，正也"，人民有犯罪之过失，罪不在于民，而主要在于统治者的教化未施或施行不够。因此，要预防犯罪，就需要统治者"渐民以仁，摩民以谊，节民以礼，故其刑罚甚轻而禁不犯者，教化行而习俗美也"①。公羊学者认为应兴王道，减刑罚，禁止随意杀害奴婢，"务德不务刑"，加强仁义教化，才能预防犯罪。"治人与我者，仁与义也。以仁安人，以义正我。"② 公羊学者认为："夫万民之从利也，如水之走下，不以教化堤防之，不能止也。是故教化立而奸邪皆止者，其堤防完也；教化废而奸邪并出，刑罚不能胜者，其堤防坏也。"③教化才是预防犯罪、消除犯罪根源的主要措施。

其次，在儒家穀梁学者那里，汉代穀梁学者对犯罪原因与犯罪预防较公羊学者又有所不同。西汉穀梁学者刘向明确指出，人性并不是一成不变的东西。就犯罪的根源而言，人性也不是与生俱来的，犯罪不是人性的必然结果。他认为，人性起初并无善恶之分，人的善恶之性并非与生俱来的，而是"感于善则善，感于恶则恶"④。他说："人之善恶，非性也，感于物而后动，是故先王慎所以感之。"⑤穀梁学者认为："昔者尧、舜、桀、纣，俱天子也。尧、舜自饰以仁义，虽为天子，安于节俭……至今数千岁，天下归善焉。桀、纣不自饰以仁义……身死国亡，为天下笑，至今千余岁，天下归恶焉。"⑥ 所以，尧、舜圣人为善，桀、纣暴君为恶，都是"自饰"的结果，它与后天的修养有关。在汉代公羊学者看来，犯罪主要

---

① 班固：《汉书》卷五十六，北京：中华书局，1962年，第2503-2504页。
② 苏舆撰，钟哲点校：《春秋繁露义证》卷第八，北京：中华书局，1992年，第249页。
③ 班固：《汉书》卷五十六，北京：中华书局，1962年，第2503页。
④ 王照圆撰，虞思徵点校：《列女传补注》卷一，上海：华东师范大学出版社，2012年，第14-15页。
⑤ 刘向撰，向宗鲁校证：《说苑校证》卷第十九，北京：中华书局，1987年，第506-507页。
⑥ 王照圆撰，虞思徵点校：《列女传补注》卷六，上海：华东师范大学出版社，2012年，第265页。

是由人之性情所导致的，他们多以阳言性，以阴言情，认为"身之有性情也，若天之有阴阳也"①；并且他们认为性情外化就会表现为仁和贪，其中"情"是导致犯罪的根源性因素。然而，在汉代穀梁学者刘向看来，其实不然。刘向认为："性，生而然者也，在于身而不发；情，接于物而然者也，形〔出〕于外。形外，则谓之阳；不发者，则谓之阴。"② 他还认为："性情相应。"荀悦解释道："性不独善，情不独恶。曰：'问其理。'曰：'性善则无四凶，性恶则无三仁。人无善恶，文王之教一也，则无周公、管、蔡。性善情恶，是桀纣无性而尧舜无情也。性善恶皆浑，是上智怀惠，而下愚挟善也。理也未究矣。唯向言为然。'"③ 因此，在刘向看来，"性不独善"，性善情亦善，"情不独恶"，情恶性也恶，性与情是相一致的。二者相通相应，善恶并存其中。

由于资料阙如，现在已无法得知穀梁学者刘向对犯罪的人性论原因的全面阐述，但我们通过荀悦、王充所引刘向的人性论可知，刘向的基本观点是人的"性情相通，情善性必善，情恶性必恶。性情中有善亦有恶"④。穀梁学者刘向人性论的观点与公羊学者董仲舒性善情恶的观点有所不同，因而他们对人性方面的犯罪原因的看法也不一样。刘向认为"性不独善"，人性中有善有恶，人们在社会活动中有向善的可能，有不走向犯罪的内在依据；同时，"情不独恶"，人性中有"恶"的一面，人们在社会活动中也有为恶而走向犯罪的可能性。穀梁学者认为，"凡人之性，莫不欲善其德，然而不能为善德者，利败之也"⑤。人之犯罪是由于"情，接于物而然者也"⑥。由于情受外界的刺激会产生变化，外界有善有恶，情就有善有恶，所以穀梁学者认为性、情是善是恶还要看其所处的环境和所受的教化情况。

---

① 苏舆撰，钟哲点校：《春秋繁露义证》卷第十，北京：中华书局，1992年，第299页。
② 黄晖：《论衡校释》卷第三，北京：中华书局，1990年，第140-141页。
③ 荀悦撰，黄省曾注，孙启治校补：《申鉴注校补》，北京：中华书局，2012年，第198-199页。
④ 吴全兰：《刘向哲学思想研究》，北京：中国社会科学出版社，2007年，第193页。
⑤ 刘向撰，向宗鲁校证：《说苑校证》卷第五，北京：中华书局，1987年，第110页。
⑥ 黄晖：《论衡校释》卷第三，北京：中华书局，1990年，第141页。

除了因人之性、情导致善恶这种犯罪原因，穀梁学者认为犯罪原因还有多种因素。与公羊学者相比，穀梁学者还认为民众犯罪的原因主要在于政治、经济、法律等方面，其中主要是亲情人伦之恩缺乏、礼乐教化不够及统治者执法不公。

首先，在亲情人伦因素导致犯罪方面，穀梁学者认为西汉中期以来社会矛盾尖锐，民众犯罪不断，其中一项重要原因就是公羊学提倡的"大义灭亲"带来的弊端。公羊学提倡的"大义灭亲"使社会上原本亲亲之仁恩扫地。公羊学以《春秋》决狱，原本是想以礼入法，但是被一些枉法之酷吏利用，成了屠杀人民的工具，甚至连骨肉亲情也不放过。如汉武帝时淮南王刘安谋反，"上下公卿治，所连引与淮南王谋反列侯、二千石、豪杰数千人，皆以罪轻重受诛"。一人犯法，无数人受诛，宗法情恩荡然无存。自汉代公羊学者董仲舒以来，儒家所提倡的人伦亲情就被浓厚的政治色彩湮没。公羊学者提出"三纲"，即君为臣纲、父为子纲、夫为妻纲，认为"三纲"来源于天，"君为阳，臣为阴；父为阳，子为阴；夫为阳，妻为阴。阴道无所独行。其始也不得专起，其终也不得分功，有所兼之义"①。在"三纲"之中，君、父、夫处于主导地位，是天经地义、符合天理、不可违背的。这使亲情自然之恩难以显现，使人与人之间关系淡漠，骨肉之间缺乏亲情的自然流露。

其次，在礼乐教化因素导致犯罪方面，穀梁学者认为公羊学倡导的尊王攘夷思想使汉武帝以来行有为之治，大肆征伐，而对民众少于教化，这是犯罪日益增多的重要原因。武帝长期忙于内外征伐，使国内教化不行，礼乐难兴。后来武帝也认识到这一点，并于元朔三年三月诏曰："夫刑罚所以防奸也，内长文所以见爱也；以百姓之未洽于教化，朕嘉与士大夫日新厥业，祗而不解。其赦天下。"② 元朔五年夏六月又诏曰："盖闻导民以礼，风之以乐，今礼坏乐崩，朕甚闵焉。故详延天下方闻之士，咸荐诸

---

① 苏舆撰，钟哲点校：《春秋繁露义证》卷第十二，北京：中华书局，1992年，第350-351页。

② 班固：《汉书》卷六，北京：中华书局，1962年，第171页。

朝。其令礼官劝学,讲议洽闻,举遗兴礼,以为天下先。太常其议予博士弟子,崇乡党之化,以厉贤材焉。"① 然而武帝一朝,国内教化并未大化。继之的昭帝、宣帝仍然实行外儒内法政策,这种状况一直延续到汉元帝之时才有较大变化。"孝元皇帝,宣帝太子也。……壮大,柔仁好儒。见宣帝所用多文法吏,以刑名绳下……尝侍燕从容言:'陛下持刑太深,宜用儒生。'"② 在"霸王道杂之"的制度之下,经学经世致用之教化功能发挥不够,"教化,所恃以为治也,刑法所以助治也。今废所恃而独立其所助,非所以致太平也。自京师有悖逆不顺之子孙,至于陷大辟受刑戮者不绝,繇不习五常之道也。夫承千岁之衰周,继暴秦之余敝,民渐渍恶俗,贪饕险诐,不闲义理,不示以大化,而独驱以刑罚,终已不改"③。这也是穀梁学者所认为的民众走向犯罪的原因之一。

再次,在经济方面,穀梁学者认为在公羊学大一统思想指导下,汉武帝时政府为了解决中央的财政危机,打击富商大贾与豪强地主势力,实行盐铁官营、均输、平准、酒榷等一系列新的经济政策,繁重的徭役、赋税加重了人民的负担,也是导致民众走向犯罪的重要原因。

在武帝时,由于大量征伐,耗费民力,农民"耒耜无所设,民力竭于徭役","死者不葬,赘妻鬻子,以给上求,犹弗能澹"④。这样,到武帝晚年,阶级矛盾逐渐激化,各地"盗贼"并起,走向犯罪之道路。尤其在汉宣帝以后,流亡之民空前增多,加上天灾饥馑及统治阶级的残酷剥削,导致"元帝初即位,谷贵民流"⑤。因为谷贵,无地、少地之民多有破产者,"天下独有关东,关东大者独有齐楚,民众久困,连年流离,离其城郭,相枕席于道路"⑥。许多农民生活困难,"菜食不厌,衣又穿空,父子夫妇不能相保"⑦,遇天灾,则连年"饥馑",甚至在"永始二年,梁国、

---

① 班固:《汉书》卷六,北京:中华书局,1962年,第171—172页。
② 班固:《汉书》卷九,北京:中华书局,1962年,第277页。
③ 班固:《汉书》卷二十二,北京:中华书局,1962年,第1034页。
④ 何宁:《淮南子集释》卷八,北京:中华书局,1998年,第600—601页。
⑤ 班固:《汉书》卷六十,北京:中华书局,1962年,第2666页。
⑥ 班固:《汉书》卷六十四下,北京:中华书局,1962年,第2833页。
⑦ 班固:《汉书》卷七十二,北京:中华书局,1962年,第3089页。

平原郡比年伤水灾，人相食"①。当时经学者鲍宣的上书，较全面地概括了西汉中后期民众的苦难："凡民有七亡：阴阳不和，水旱为灾，一亡也；县官重责更赋租税，二亡也；贪吏并公，受取不已，三亡也；豪强大姓蚕食亡厌，四亡也；苛吏繇役，失农桑时，五亡也；部落鼓鸣，男女遮迣，六亡也；盗贼劫略，取民财物，七亡也。七亡尚可，又有七死：酷吏殴杀，一死也；治狱深刻，二死也；冤陷亡辜，三死也；盗贼横发，四死也；怨仇相残，五死也；岁恶饥饿，六死也；时气疾疫，七死也。"② 民众被"七亡""七死"逼得走投无路，只好铤而走险，走上犯罪道路。针对上述犯罪的原因，榖梁学者也提出了具体的预防犯罪的措施。

首先，榖梁学者认为要预防犯罪，就必须倡导教化。通过礼乐教化美化人性，将人性往向善的方向塑造。榖梁学者认为："君子修礼以立志，则贪欲之心不来。君子思礼以修身，则怠惰慢易之节不至。君子修礼以仁义，则忿争暴乱之辞远。"③ 礼乐教化不但可以提升人性，还能美化人性，使人心向善。"乐者，圣人之所乐也，而可以善民心。"④ "贤师良友在其侧，诗书礼乐陈于前，弃而为不善者，鲜矣。"⑤ 所以榖梁学者认为："礼乐者，行化之大者也"⑥，孔子有言："移风易俗，莫善于乐。安上治民，莫善于礼。"在榖梁学者看来，预防民众犯罪，行礼乐教化才是最好的选择。"非礼无以辨君臣、上下、长幼之位也，非礼无以别男女、父子、兄弟之亲，昏姻疏数之交也。"⑦ 榖梁学者认为通过礼乐教化，可以使人具有忠孝信义的品格，"忿争暴乱之辞远"也。这种不需要外部采取强制刑罚措施就能达到预防犯罪之目的的行为，是榖梁学者最称赞的行为。

---

① 班固：《汉书》卷二十四上，北京：中华书局，1962年，第1142页。
② 班固：《汉书》卷七十二，北京：中华书局，1962年，第3088页。
③ 刘向撰，向宗鲁校证：《说苑校证》卷第十九，北京：中华书局，1987年，第498页。
④ 刘向撰，向宗鲁校证：《说苑校证》卷第十九，北京：中华书局，1987年，第502页。
⑤ 刘向撰，向宗鲁校证：《说苑校证》卷第十六，北京：中华书局，1987年，第386页。
⑥ 刘向撰，向宗鲁校证：《说苑校证》卷第十九，北京：中华书局，1987年，第476页。
⑦ 郑玄注，孔颖达疏：《礼记正义》，李学勤主编：《十三经注疏》，北京：北京大学出版社，2000年，第1603-1604页。

其次，穀梁学者也认为，光靠礼乐教化提升和完善人性而使人性向善，对预防犯罪来说，是远远不够的，必须实行赏罚。穀梁学者刘向认为："有过而不诛，则恶不惧。"① 民众中有些敢于犯罪之人，不使用刑罚便不能使他们收敛。因为人生而有欲望，欲生、欲富贵、欲安逸，恶死、恶贫贱。"自古明圣，未有无诛而治者也，故舜有四放之罚，而孔子有两观之诛，然后圣化可得而行也。"② 所以"诛罚"在预防犯罪方面的作用是不可替代的。同时，针对西汉帝王赏罚不当的情况，穀梁学者举例说："司城子罕相宋。谓宋君曰：'国家之危定，百姓之治乱，在君之行赏罚也。赏当则贤人劝，罚得则奸人止，赏罚不当，则贤人不劝，奸人不止……'"③ 在穀梁学者看来，刑罚和奖赏是预防犯罪的必要手段。"夫刑德者，化之所由兴也。"④ 赏罚适当，不但可以使心善之人坚定善心，而且可以起到劝善止恶的作用。赏与罚各有千秋，只有通过二者的紧密配合才能发挥良好的预防犯罪之作用。穀梁学者认为，为政者要"赏赐不加于无功，刑罚不施于无罪"⑤，这样才能劝善止恶，预防民众犯罪。赏罚一定要做到公正、公平，赏必行，罚必为。在赏罚过程中，一定要正确对待是非功过，防止"以誉为功，以毁为罪，有功不赏，不罪不罚"情况的出现。对于汉元帝之时，西域都护甘延寿与副校尉陈汤有诛郅支单于之功，但也有"擅兴师矫制"之过的处理，穀梁学者刘向提倡"赦延寿、汤罪，勿治"，提倡将功抵过。他还认为晋文公虽有伐卫之罪，但"能行伯道，攘夷狄，安中国，虽不正犹可，盖《春秋》实与而文不与之义也"⑥。为了预防犯罪，穀梁学者还认为，在赏罚过程中，不能滥用刑罚。对于赏罚，"宁过而赏淫人，无过而刑君子"⑦，如此才能达到预防犯罪的目的，"赏之疑者从重，罚之疑者从轻。……其赏

---

① 刘向撰，向宗鲁校证：《说苑校证》卷第七，北京：中华书局，1987年，第144页。
② 班固：《汉书》卷三十六，北京：中华书局，1962年，第1946页。
③ 刘向撰，向宗鲁校证：《说苑校证》卷第一，北京：中华书局，1987年，第32-33页。
④ 刘向撰，向宗鲁校证：《说苑校证》卷第一，北京：中华书局，1987年，第144页。
⑤ 刘向撰，向宗鲁校证：《说苑校证》卷第七，北京：中华书局，1987年，第151页。
⑥ 班固：《汉书》卷二十七下之下，北京：中华书局，1962年，第1486页。
⑦ 刘向撰，向宗鲁校证：《说苑校证》卷第十一，北京：中华书局，1987年，第284页。

明，其刑省，其德纯，其治约，而教化行矣"①。

再次，在经济方面，针对西汉后期经济凋弊、人民困苦的状况，穀梁学者认为，为了防止流亡之民犯罪，维持社会稳定，应当坚持爱民、治民，在经济上富民，用"列地以分民"的办法来消除民众困苦，预防犯罪。穀梁学者刘向认为，要使国家稳定，预防民众犯罪，就一定要使人民富裕，正如他在研究《管子》时所说："务富国安民，道约言要，可以晓合经义。"② 穀梁学者对《管子》书中的务民思想十分推崇，认为它与儒家经义相符合。刘向也认为"仓廪实而知礼节，衣食足而知荣辱"，通过积财达到民富，才能富而教之，使之不会犯罪，也才能预防犯罪。所以穀梁学者认为，统治者应把"富民"放在为政的重要地位。刘向引用先秦鲁哀公问孔子之故事说："鲁哀公问政于孔子，对曰：'政在使民富且寿。'哀公曰：'何谓也？'孔子曰：'薄赋敛则民富，无事则远罪，远罪则民寿。'"③ 刘向对孔子"薄赋敛"而使民富、不犯罪之策略非常赞同，他认为民富是德教的前提，民在富裕或至少是衣食无忧的情况下才能被引导向善，不走向犯罪。而民众为什么会走向犯罪呢？穀梁学者认为："凡奸邪之心，饥寒而起。淫佚者，久饥之诡也。"④ 刘向的这种思想对汉代及以后的统治者的为政治国、预防犯罪思想产生了重要影响。

综上所述，可以看出，今文经学公羊派和穀梁派虽然都以经学中德主刑辅的思想为依托，但是，由于二者所尊崇的经典不同，加上所处的时代之差异，其法思想也存在诸多不同，并由此对汉王朝的法律思想产生了深远影响。

---

① 赵仲邑：《新序补遗》，刘向编著，赵仲邑注：《新序详注》，北京：中华书局，2017年，第378-379页。
② 刘向：《叙录》，黎翔凤撰，梁运华整理：《管子校注》，北京：中华书局，2004年，第4页。
③ 刘向撰，向宗鲁校证：《说苑校证》卷第七，北京：中华书局，1987年，第149-150页。
④ 刘向撰，向宗鲁校证：《说苑校证》卷第二十，北京：中华书局，1987年，第519页。

# 第二章
# 汉代古文经学中的法律思想

在汉代之前，儒家经典并没有所谓"今文经""古文经"之称。在西汉哀帝之时，儒家经典开始冠以"古文"字样出现，如《尚书古文经》四十六卷（颜师古注："孔安国《书序》云：'凡五十九篇，为四十六卷。'"颜师古认为此经出自孔壁）。其实，古文经并非全出自孔壁，在西汉时期民间自有流传。古文经学兴起于西汉末，盛行于东汉，是与今文经学相对的一个学派。自鲁恭王坏孔子宅，得《古文尚书》《礼记》《论语》《孝经》凡数十篇以来，在西汉中后期就已存在着古文经典。但古文经一直受到当时占据统治地位的今文经的压制和排挤而只能在民间流行。在成帝以前，今古文经学并无多大区分，今文经师也往往采古文传记中的资料以作传、说。只是到后来，由于今文经学的僵化、烦琐愈益明显，其对"微言大义"的阐发已导致其本身出现了衰变之势，今古文经学才由此开始出现分歧。

自汉武帝"罢黜百家"，尊崇儒术，立五经博士后，经学已成为儒学存在与发展的基本形态。但在关于"如何认识经学发展的分期和经学研究的派别等一些基本问题上，学术界至今争论不清，以至于很难对传统经学的发展有一整体的认识和清晰而明确的评价，以为经学的具体研究提供宏观的指导"①。汉代今古文经学的纷争聚讼已成为中国学术史上的一大公案，历来为学术界所关注。一般认为，两汉的今古文之争先后发生过四次，第一次发生在西汉后期，其余三次则都发生在东汉。对于今古文经学争斗的动机，学术界的观点一般认为，"所争的目的是古文经学的地位。今文派一直利用政治力量压制古文派，反对立古文经传博士，古文派一直不甘心处于无权的私学地位"②。所以今古文经学之争的动因和实质是不同经学派别重新瓜分政治、经济利益的斗争。至于争论的性质，或以为是两个不同的学术宗派之争③，或以为是围绕增立博士之争④，或以为是统治阶级内部的权力之争⑤。笔者认为这些说法有一定道理，又都不够准确。其实，两汉今古文经学之争既有利禄之争，又有学术道统之争，还有政治、经济利益之争，这使今古文经学之争有复杂的政治文化背景。应该说，今古文经学都是为汉代统治阶级服务的，二者之争是改造传统学术的时代要求。

在两汉时期，经学与政治的关系十分密切。就古文经学来说，它的兴起有着复杂的政治、文化背景，与西汉的政治、法律实践有十分密切的联系。我们知道，东汉功臣皆近儒，儒家古文经学者广泛参与东汉的政治、法律运作，并将古文经学的义理运用到政治、法律之中，对汉代政治、法律秩序产生了重大影响，使古文经学在对东汉的政治、法律指导中产生了较突出的重礼轻刑思想，限制或反对复仇、预防犯罪思想。

## 第一节 古文经学的重礼轻刑思想

在上述对古文经学兴起的叙述中，我们已经提到刘歆争立古文经有着复杂的政治、文化背景。其实，争立古文经不仅是利禄之争，它与西汉礼

---

① 严正：《五经哲学及其文化学的阐释》，济南：齐鲁书社，2001年，第22页。
② 张岂之：《中国思想史》，西安：西北大学出版社，1989年，第279页。
③ 周予同：《经今古文学》，《周予同经学史论著选集》（增订版），上海：上海人民出版社，1983年，第9-10页。
④ 钱穆：《两汉经生经今古文之争》，《国学概论》，北京：商务印书馆，1997年。
⑤ 参见郭沫若主编：《中国史稿》第三编第八章第一节，北京：人民出版社，1976年。翦伯赞：《秦汉史》第二编第十一章第二节，上海：上海人民出版社，2019年。

制建设有着密切联系,与哀帝欲重振政治、法律纲纪相呼应。西汉哀帝之时,由于反对古文经的势力太大,刘歆被迫徙守五原,后复转涿郡。数年,以病免官。在他被放逐五原任太守之时,因心念朝政,感今思古而作《遂初赋》,深感"始建衰而造乱兮,公室由此遂卑"①的政治局面。作为一名汉室宗亲,他认识到西汉末严重的社会与政治局面。人民生活之困苦、皇室之衰落,已达到非常惊人的地步,只有重视礼制建设,加强礼法思想教育,才能强"公室",不至于"政委弃于家门"②。所以,刘歆争立《左传》,欲以春秋学思想重建尊王之礼,尊崇《周礼》,欲以儒家宣扬的理想之制重建君臣之礼,使西汉王朝得以挽救,使汉代礼法思想得以振兴。"礼者,所以定亲疏,决嫌疑,别同异,明是非也。"③就汉王朝礼制建设而言,在西汉初年,由于汉高祖斩白蛇起义,建立汉王朝,朝廷内多是身负军功且不尊儒者,无文化教养,使宫廷礼仪陷入混乱。在这种情况下,提倡礼制思想的儒者开始受到刘邦的重视,如刘邦接受了叔孙通制朝仪之要求,这是汉王朝的首次制礼活动。叔孙通制礼非常成功。史载:"汉七年,长乐宫成,诸侯群臣皆朝十月。仪:先平明,谒者治礼,引以次入殿门……引诸侯王以下至吏六百石以次奉贺。自诸侯王以下莫不振恐肃敬。……于是高帝曰:'吾乃今日知为皇帝之贵也。'"④古文经学者对礼法思想具备的独特政治功能非常认同。武帝执政期间虽相当重视礼制建设,然而当时今文经学中的公羊学,为了适应武帝之有为政治,提倡"大义灭亲",以儒饰法,使公羊学在礼制方面严重缺失。史载,汉武帝登泰山,行封禅之礼,却只有心腹之臣一人随行,"其事皆禁"⑤。由此可知,由武帝自己裁定的礼仪,均于古无据,不得已而神秘其事。到西汉后期,宣、元、成、哀之时,皇权不稳,礼制僭越日益严重。尤其到哀帝时,

---

① 费振刚等辑校:《全汉赋》,北京:北京大学出版社,1993年,第232页。
② 费振刚等辑校:《全汉赋》,北京:北京大学出版社,1993年,第231页。
③ 郑玄注,孔颖达疏:《礼记正义》,李学勤主编:《十三经注疏》,北京:北京大学出版社,2000年,第14页。
④ 司马迁:《史记》卷九十九,北京:中华书局,1982年,第2723页。
⑤ 司马迁:《史记》卷二十八,北京:中华书局,1982年,第1398页。

"纲纪失序，疏者逾内，亲戚之恩薄，婚姻之党隆，苟合徼幸，以身设利"；"俗吏之治，皆不本礼让，而上克暴，或忮害好陷人于罪，贪财而慕势，故犯法者众，奸邪不止，虽严刑峻法，犹不为变"。①

为此，古文经学者刘歆在《移让太常博士书》中明确指责今文经学家"违明诏""失圣意"，在礼制方面严重缺失，对"辟雍封禅巡狩"等事关天子礼制无知，"至于国家将有大事，若立辟雍封禅巡狩之仪，则幽冥而莫知其原"②。古文经学者认为"辟雍"是始于商周时期的最高等级的礼制建筑之一，天子常在其中颁布政令，宣讲礼制，彰显了三代的道德规范。在争立古文经传的过程中，刘歆首重《左传》的礼法思想，认为《左传》的礼法思想对汉代礼制的重建具有十分重要的意义。孔子奔走列国，所宣扬的内容主要是"君君、臣臣、父父、子子"，孔子作《春秋》，就是要据之以行事，倡人道，维护西周礼乐制度。古文经学者认为，《左传》书中"礼"字共出现453次，言"礼制"10次，它对《春秋》事件的评论完全依据古礼，寓君臣父子之礼义于传述之中，因而它较《公羊》《穀梁》更好地保留了孔子的原意。古文经学者桓谭也说："《左氏传》遭战国寝藏，后百余年，鲁人穀梁赤为《春秋》，残略，多有遗文。又有齐人公羊高，缘经文作传，弥失其本事矣。《左氏传》于经，犹衣之表里，相持而成。经而无传，使圣人闭门思之，十年不能知也。"③

古文经学者宣扬《左传》的礼法思想并不是一成不变的，而是与西汉末的社会政治、法律制度紧密结合。班固在《汉书·五行志序》中说："汉兴，承秦灭学之后，景、武之世，董仲舒治《公羊春秋》，始推阴阳，为儒者宗。宣、元之后，刘向治《穀梁春秋》，数其祸福，传以《洪范》，与仲舒错。至向子歆治《左氏传》，其《春秋》意亦已乖矣。"如对《春秋》桓公十四年八月记载"壬申，御廪灾"之事，他们各自的看法亦有不同："董仲舒以为先是四国共伐鲁，大破之于龙门。百姓伤者未瘳，怨咨

---

① 班固：《汉书》卷八十一，北京：中华书局，1962年，第3333-3334页。
② 班固：《汉书》卷三十六，北京：中华书局，1962年，第1970页。
③ 桓谭撰，朱谦之校辑：《新辑本桓谭新论》卷九，北京：中华书局，2009年，第39页。

未复，而君臣俱惰，内怠政事……故天灾御廪以戒之。刘向以为御廪，夫人八妾所舂米之臧以奉宗庙者也，时夫人有淫行，挟逆心，天戒若曰，夫人不可以奉宗庙。……刘歆以为御廪，公所亲耕籍田以奉粢盛者也，弃法度亡礼之应也。"① 可见，古文经学者从礼法方面加以说明。又如在《左传》十二公中，隐、庄、闵、僖四公即位时都未正式举行典礼，对此《春秋》经文不记，《左传》则分别加以解释，说隐公"不书即位，摄也"；庄公"不称即位，文姜出故也"；闵公"不书即位，乱故也"；僖公"不称即位，公出故也"。古文经学者也从礼义方面加以阐发，"恩深不忍，则传言不称；恩浅可忍，则传言不书"，意在强调君臣之礼。

同时，古文经学者注重继承并发展《周礼》中的礼法思想。自刘歆推出《周礼》后，《周礼》即被王莽列为官学。古文经学者认为《周礼》是一部理想的鸿纲大典，为后世之法也。它通过对设官分职的种种安排，层层展示经邦治国的礼法思想，并在阐释过程中对法家的重刑思想加以淡化和抛弃。古文经学者郑玄认为，法律乃法典化、成文法化的礼。他在注《周礼》时，把国法的内容解释为"六典、八法、八则"②。在注经中，他着力宣扬这一观点。例如，他在注《周礼》时，鼓吹"六典"是王者治理天下的根本性法典。对于"六典"何以取名为"典"？郑玄解释说："典，常也，经也，法也。王谓之礼经，常所秉以治天下也；邦国官府谓之礼法，常所守以为法式也。""礼经"和"礼法"，虽然层次有所不同，但都以礼为精神实质。古文经学者认为，《周礼》的礼法思想集中表现在《天官·大宰》的"八法"之中。"以八法治官府：一曰官属，以举邦治；二曰官职，以辨邦治；三曰官联，以会官治；四曰官常，以听官治；五曰官成，以经邦治；六曰官法，以正邦治；七曰官刑，以纠邦治；八曰官计，以弊邦治。"③ 清人孙诒让也说："此八法为治百官之通法，全经六篇，文

---

① 班固：《汉书》卷二十七上，北京：中华书局，1962年，第1321页。
② 郑玄注，贾公彦疏：《周礼注疏》，李学勤主编：《十三经注疏》，北京：北京大学出版社，2000年，第63页。
③ 郑玄注，贾公彦疏：《周礼注疏》，李学勤主编：《十三经注疏》，北京：北京大学出版社，2000年，第30页。

成数万，总其大要，盖不出此八科。"古文经学者结合汉代的政治法律与儒家经学的德化立场，认为《周礼》中的最高主宰是王，大宰等分掌六典，不过是"佐王治邦国"，小宰令百官府"修乃职，考乃法，待乃事"，根本目的是"以听王命"。因此，他们认为大宰等所悬治法、教法、刑法，均出自王。大宰于正月之吉布治，古文经学者郑玄认为这是为了"重治法，新王事"，正月之吉为新旧交替之时，也是王法除旧布新之机。古文经学者还认为《周礼》以刑纠职，郑玄注曰："官刑，司寇之职五刑，其四曰官刑，上能纠职。"让百官读法，目的在于使其明法知职。郑玄先从张恭祖学《周官》《礼记》，后又以古《礼》经校读研究《仪礼》。《后汉书·儒林传》中说："中兴，郑众传《周官经》，后马融作《周官传》，授郑玄，玄作《周官注》。"① 清人皮锡瑞在《经学通论》中指出："郑学最精者三礼。"

从以上可知，古文经学者从礼法思想的角度出发，在融合周制的过程中，将《左传》中的礼制精神与《周礼》中的礼法思想结合起来。毋庸置疑，这在当时的确是一种"周政"精神的反映，西汉末王莽还利用《周礼》复古改制。汉代古文经学者在"复古"制度的精神回溯中，通过二者的连接整合形成古文经学的礼法思想是顺理成章的。众所周知，西汉中期的政治是"霸王道杂之"，汉代古文经学者的礼法思想实际上正是沿着西汉中期以来强化礼乐教化制度的需要前进的。近代学者柳诒徵先生指出："汉以经书立学官，亦沿古者官学之法。"② 当然，古文经学者的礼法思想是沿袭西周的"古法"以开"新"汉法，是"返本开新"，它继承并扬弃了周礼政治法律思想中不合时宜的因素，以达到对东汉政治法律思想理想境界的追求。

---

① 范晔撰，李贤等注：《后汉书》卷七十九下，北京：中华书局，1965年，第2577页。
② 柳诒徵：《中国文化史》（中），北京：中国书籍出版社，2022年，第421页。

## 第二节 古文经学限制或反对复仇的思想

复仇，或称报怨，在两汉时此风极盛，汉代文献中多有记载。当时不仅同一代人私结怨仇，互相杀伤，甚至"子孙相报，后忿深前，至于灭户殄业"①。复仇之风给社会带来了深刻影响。是什么原因导致两汉以来复仇之风盛行呢？周天游先生通过对散见的有关历史资料的厘正，认为复仇的原因主要在于：第一，以血缘关系为纽带的宗法关系的孳生土壤的存在，使血亲复仇成为两汉复仇的主要形式；第二，汉代复仇与其他国家或民族最大的不同在于有为君上、举将、座师、朋友复仇的义务；第三，两汉时法律与社会道德规范的一致性，是汉代复之风仇盛行的决定性因素之一；第四，两汉社会风气的诱导和煽惑。②的确，两汉复仇之风盛行的原因是多方面的，既有血亲因素、法律因素、政治及经济因素，又有社会风气诱导等。从复仇的类别来看，两汉有为国君、父母报仇的，也有为子女、兄弟和亲戚报仇的，还有为朋友、主人报仇的，复仇对象也是多种多样。但是汉代复仇与西方古代斯堪的纳维亚等地区父仇未报不能拥有财产继承权不同，复仇者不仅与财产继承权毫无瓜葛，而且为了达到复仇的目的，往往不惜倾家荡产，广结宾客，协力复仇。这说明在众多的汉代复仇因素中，"最直接的，还是由于其舆论的导向，即得到了经学的鼓励和支持"③。复仇与中国古代法制的关系，实际上是正义观与礼法的关系。

在古文经典《左传》中记载复仇的事件有很多。其中，最有代表性的事件莫过于伍子胥复仇。书中对伍子胥的复仇举动记述道："伍员为吴行人以谋楚。"这一年是定公四年，吴军攻入楚都郢，伍子胥实现了复仇的夙愿。《左传》对此记述非常简略，却对这一年的另外两个事件格外强调：

---

① 范晔撰，李贤等注：《后汉书》卷二十八上，北京：中华书局，1965 年，第 958 页。
② 周天游：《两汉复仇盛行的原因》，《历史研究》，1991 年第 1 期。
③ 晋文：《论"以经治国"对我国汉代社会生活的整合功能》，《社会学研究》，1992 年第 6 期。

>    初，伍员与申包胥友。其亡也，谓申包胥曰："我必复楚国。"申包胥曰："勉之！子能复之，我必能兴之。"及昭王在随，申包胥如秦乞师，曰："吴为封豕、长蛇，以荐食上国，虐始于楚。寡君失守社稷，越在草莽，使下臣告急……"秦伯使辞焉……勺饮不入口七日。秦哀公为之赋《无衣》，九顿首而坐。秦师乃出。
>
>    楚子涉睢，济江，入于云中。王寝，盗攻之，以戈击王，王孙由于以背受之，中肩。王奔郧。钟建负季芈以从。由于徐苏而从。郧公辛之弟怀将弑王，曰："平王杀吾父，我杀其子，不亦可乎？"辛曰："君讨臣，谁敢仇之？君命，天也。若死天命，将谁仇？……"斗辛与其弟巢以王奔随。

这里，前一事件与伍子胥有关，讲的是伍子胥的朋友申包胥反其道而行之，竭尽全力勤王护国之事。后一事件中伍子胥未明确出场，但郧公辛弟怀替父报仇的缘由和动机与伍子胥基本相同。其所提的问题和使用的语气都是针对昭公二十年伍尚对相同问题的议论而发。因此，"若说定公四年对伍子胥本人的含混记述是为他隐讳的话，后面这两个事件无疑是对伍子胥的间接批评"[①]。从古文经典《左传》对伍子胥的复仇及此事件中所包含的君权与复仇义务的关系问题来看，古文经学的经典《左传》是维护君主，反对复仇、报复刑的。《左传》认为"君命，天也"，臣子即使在君王处受到了不公正的待遇，也没有复仇、报复的余地。

同时，我们从古文经学者所推崇的又一经典《周礼》对复仇的见解来看，其相对于今文经学的经典《公羊传》也是非常消极的。《周礼》强调通过一个公共权威机构对民间的复仇加以控制，采取避仇官方、主持和解等途径，使复仇、报复刑尽量减少。如"调人，掌司万民之难而谐和之。凡过而杀伤人者，以民成之。鸟兽亦如之。凡和难，父之仇辟诸海外，兄弟之仇辟诸千里之外，从父兄弟之仇不同国；君之仇视父，师长之仇视兄弟，主友之仇视从父兄弟。弗辟，则与之瑞节而以执之。凡杀人有反杀

---

[①] 邱立波：《汉代礼法关系散论》，复旦大学博士学位论文，2002年。

者，使邦国交仇之。凡杀人而义者，不同国，令勿仇，仇之则死。凡有斗怒者，成之；不可成者，则书之，先动者诛之"①。即使《周礼》中有"杀之无罪"之情形，但也须经过"书于士"之步骤，得到官方的认可才行。

汉代的古文经学者对《周礼》本身所阐述的复仇情况做了若干新的诠释。如《周礼·调人》疏引许慎《五经异义》说："《公羊》说，复百世之仇。""古《周礼》说，复仇可尽五世，五世之内。五世之外，施之于己则无义，施之于彼则无罪。所复者惟谓杀者之身，及在被杀者子孙，可尽五世得复之。""许慎谨案：鲁桓公为齐襄公所杀，其子庄公与齐桓公会，《春秋》不讥。又定公是鲁桓公九世孙，孔子相定公，与齐会于夹谷，是不复百世之仇也。"由此可知，许慎是同意《周礼》之见解的。从《周礼》的记述来看，书中对复仇、报复刑的态度是消极的，不仅对好勇善斗者加以否定，甚至连血亲复仇、报复刑也亟欲回避，这对汉代古文经学者的复仇、报复刑思想产生了深远影响。

《后汉书·周党传》记载："周党字伯况，太原广武人也。……至长安游学。初，乡佐尝众中辱党，党久怀之。后读《春秋》，闻复仇之义，便辍讲而还，与乡佐相闻……既交刃，而党为乡佐所伤，困顿。乡佐服其义，舆归养之，数日方苏，既悟而去。自此敕身修志，州里称其高。"对此，古文经学者应劭批评周党复仇，说："《孝经》：'身体发肤，受之父母，不敢毁伤，孝之始也。'……凡报仇者，谓之父兄耳，岂以一朝之忿，而肆其狂怒者哉？既远《春秋》之义，殆令先祖不复血食，不孝不智，而两有之；归其义勇，其义何居？"②应劭认为周党的举动是匹夫之粗鄙行为，是扭曲经义而为自己的违法举动缘饰。

对于两汉流传甚广的伍子胥复仇故事，古文经学者则明确对之予以反对。古文经学者王充认为："人若恨恚也，仇雠未死，子孙遗在，可也。

---

① 郑玄注，贾公彦疏：《周礼注疏》，李学勤主编：《十三经注疏》，北京：北京大学出版社，2000年，第421-425页。
② 应劭撰，王利器校注：《风俗通义校注》，北京：中华书局，1981年，第180-181页。

今吴国已灭，夫差无类，吴为会稽，立置太守，子胥之神，复何怨苦？为涛不止，欲何求索？"① 王充针对东汉时伍子胥复仇的传说，从古文经学的立场出发，对复仇事件加以批驳。在古文经学者看来，复仇尤其是复君主之仇更是不应该的。"君讨臣，谁敢仇之？君命，天也。若死天命，将谁仇？"② 古文经学者扬雄也批评伍子胥复仇说："胥也，俾吴作乱，破楚、入郢、鞭尸、藉馆，皆不由德。"③ 许慎也认为："《左氏》说，君命，天也，是不可复仇。"④ 甚至在东汉初年，由皇帝钦定的《白虎通》内，也明确出现了禁绝向君主报仇的文字："子得为父报仇者，臣子之于君父，其义一也。忠臣孝子所以不能已，以恩义不可夺也。"⑤ 和公羊学相比，《白虎通》最大的特点就在于它改变了复仇、报复刑的理论基础。虽然《白虎通》中多有公羊家的思想，但从中也不难看出，书中糅合了古文经学的反对复仇、报复刑思想。根据《白虎通》的内容叙述，子孙为父母复仇，其根据不是自然亲情，而是基于父与君的相似性，"臣子之于君父，其义一也"。为君主复仇的绝对性保证了为父母报仇的合理性，同时使之成为界限。"父母以义见杀，子不复仇"，"父不受诛，子不复仇，可也"。它将公羊学所认为的两种复仇、报复刑情况统统予以否定，并使汉代古文经学家反对公羊学复仇、报复刑理论成为定见，绵延整个东汉。东汉古文经学者认为，"身体发肤受之父母，不敢毁伤，孝之至也。若夫求名之徒，残疾厥体，冒厄危戮，以徇其名，则曾参不为也。子胥违君而适仇国，以雪其耻，与父报仇，悖人臣之礼，长畔弑之原"⑥，认为复仇失礼法，因此反对复仇。这对缓解中国古代因复仇、报复刑导致的礼法冲突具有一定的积极作用。

---

① 黄晖：《论衡校释》卷第四，北京：中华书局，1990年，第183页。
② 杨伯峻编著：《春秋左传注》（修订本），北京：中华书局，1990年，第1546页。
③ 韩敬译注：《法言》卷十，北京：中华书局，2012年，第266页。
④ 郑玄注，孔颖达疏：《礼记正义》，李学勤主编：《十三经注疏》，北京：北京大学出版社，2000年，第99页。
⑤ 陈立撰，吴则虞点校：《白虎通疏证》卷五，北京：中华书局，1994年，第219页。
⑥ 徐幹撰，孙启治解诂：《中论解诂》，北京：中华书局，2014年，第268页。

## 第三节 今古文经学礼法观的分歧与影响

在汉代，今古文都有"春秋学"，今文春秋学为公羊学、穀梁学，古文春秋学为左氏学。虽然今古文学皆以《春秋》为宗，但是在许多重大原则上二者存在意见分歧，甚至水火不相容。如在礼制问题上，公羊学主张天子亲迎，左氏学主张天子不亲迎；公羊学主张天子下聘，左氏学主张天子不下聘。在政制问题上，公羊学主张讥世卿，左氏学不主张讥世卿。然而，今文经学尤其是公羊学与古文经学尤其是左氏学的分歧，最典型的则是二学在对复仇与报复刑问题上的看法。

我们知道，在《春秋》一经中，凡有复仇之事，孔子必大书特书，以表达复仇之义。大复仇说成为公羊学中很独特的学说，它充满了对不义的愤怒和对复仇的热血。在这种大复仇中，公羊家所理解的人，"不再是温情脉脉的伦常关系中的人，而是赤裸裸的凭血性本能行事的人。复仇者的心中燃烧着报仇雪恨的怒火，不再顾及人间的礼法而欲以仇人之血来洗却心中的怨毒"①。在公羊学的经典《公羊传》中提到复仇的事件共有五次，分别叙述如下：

第一次提到复仇是在隐公十一年冬十一月，"壬辰，公薨"。《公羊传》曰：何以不书葬？隐之也。何隐尔？弑也。弑则何以不书葬？《春秋》君弑贼不讨，不书葬，以为无臣子也。子沈子曰："君弑，臣不讨贼，非臣也。子不复仇，非子也。"东汉公羊家何休说："明臣子不讨贼当绝。"

第二次提到复仇是在庄公四年夏，"纪侯大去其国"。《公羊传》曰：大去者何？灭也。孰灭之？齐灭之。曷为不言齐灭之？为襄公讳也。《春秋》为贤者讳，何贤乎襄公？……上无天子，下无方伯，缘恩疾者可也。

第三次提到复仇是在庄公四年冬，"公及齐人狩于郜"。《公羊传》曰：公曷为与微者狩？齐侯也。何休解诂：朋友之仇，不同市朝。

---

① 蒋庆：《公羊学引论》，沈阳：辽宁教育出版社，1995年，第315页。

第四次提到复仇是在庄公九年八月,"庚申,及齐师战于乾时,我师败绩"。《公羊传》曰:内不言败,此其言败何?

第五次提到复仇是在定公四年冬十一月,"庚午,蔡侯以吴子及楚人战于伯莒,楚师败绩"。《公羊传》曰:父受诛,子复仇,推刃之道也。复仇不除害,朋友相卫,而不相迿,古之道也。

第一次主要说明臣有为君复仇的义务。第二次主要说明亲属间身份秩序的坚韧性,决不因时间的迁延而有所松动。有恩怨的双方,他们的子孙也应从身份关系的天然性出发,无条件背负起先辈的恩怨,并承担一切后果。同时传文还告诉人们,复仇的合理性受到社会地位和政治状况的制约。第三次则主要明确怨仇的绝对性。第四次提到复仇则是在批评庄公对复仇重视不够,未亲自参加复仇战役,而只是派一名臣子讨伐仇敌齐国。第五次提到复仇是在定公四年,主要说明了两点,一是蔡侯复被囚禁之仇,二是伍子胥复杀父之仇,重点讨论的是伍子胥杀父之仇的合理性问题。当时伍子胥面临两难困境:一方面父仇不得不复,另一方面这杀父之人又是自己昔日的君主。不过在父仇与君恩发生冲突时,《公羊传》的态度明显是支持孝道的。

## 一、复仇中的正义观与礼法思想

由以上案例可知,在复仇问题上,公羊学注重血缘亲情,强调血亲复仇的绝对性,甚至当复仇的义务与君主之间发生矛盾时,宁可选择牺牲君主的利益也在所不惜。对于公羊家有关复仇的论述,蒋庆先生根据其内容的不同,认为可分为三种类型:一是国君复国君杀祖杀父之仇,二是个人复国君杀父之仇,三是臣子复乱贼弑君之仇。这三种复仇的类型不同,其复仇的理论依据与表现形式亦不同。① 从上述几个复仇案例可以看出,只要是血亲复仇,都是公羊学推崇和支持的,公羊学认为这是后人必须承担的责任和义务。公羊家认为,《春秋》最恶灭人之国,因灭人之国者覆人之礼,绝人之等,鱼肉其人最为无道。但齐襄公灭纪国,《春秋》不仅不

---

① 蒋庆:《公羊学引论》,沈阳:辽宁教育出版社,1995年,第316页。

恶，反而对之进行阐发和凸显，这说明《春秋》对复仇的推崇。从《春秋》中的相关记载来看，齐襄公是一个胡作非为的恶君，《春秋》对此也不避讳，正是在向世人昭示血亲复仇的正义性。齐襄公复仇雪耻，完全是一国之君应尽的义务。根据这一事件可知复仇的时间及范围是"远祖者，几世乎？九世矣。九世犹可以复仇乎？虽百世可也。家亦可乎？曰：不可。国何以可？国君一体也：先君之耻，犹今君之耻也；今君之耻，犹先君之耻也。国君何以为一体？国君以国为体，诸侯世，故国君为一体也"①。《公羊传》据此得出结论：在上无天子、下无方伯的情况下，齐襄公可以缘恩疾复仇。

然而，在古文经学经典《左传》《周礼》中，却明确反对复仇。《左传·昭公十四年》曰"杀人不忌为贼"②，《周礼》载"凡杀人者，踣诸市，肆之三日"③。古《周礼》中也认为："复仇可尽五世，五世之内。五世之外，施之于己则无义，施之于彼则无罪。"由此对复仇加以限制。针对个人复国君杀父之仇这一类私人间的复仇，在《春秋》中非常有名的例子就是伍子胥复杀父之仇的故事。伍子胥的父亲伍奢被楚平王杀死，伍子胥"挟弓而去楚"。吴王对他复仇的决心和勇气非常赞赏，愿意出师灭楚。公羊家认为，君臣以义合，有义则合，无义则离。君臣间体现出一种道义关系，这种道义是维系君臣关系的基础。"事君犹事父也，此其为可以复仇奈何？曰：父不受诛，子复仇可也。"④公羊家认为可以通过复仇去讨还公道，这是一种正义的行动。而古文经学者不但认为"父不受诛，子不复仇，可也"，还规定君主虽"非理杀臣"，但"君命，天也，是不可复仇"。这就说明当这种直接而激烈的对立与冲突发生时，血亲复仇无论如

---

① 公羊寿传，何休解诂，徐彦疏：《春秋公羊传注疏》，李学勤主编：《十三经注疏》，北京：北京大学出版社，2000年，第143-144页。
② 杨伯峻编著：《春秋左传注》（修订本），北京：中华书局，1990年，第1367页。
③ 郑玄注，贾公彦疏：《周礼注疏》，李学勤主编：《十三经注疏》，北京：北京大学出版社，2000年，第1127页。
④ 公羊寿传，何休解诂，徐彦疏：《春秋公羊传注疏》，李学勤主编：《十三经注疏》，北京：北京大学出版社，2000年，第646页。

何都不得挑战君权，古文经学为血亲复仇规定了一个不可逾越的鸿沟。①

其实，我们也要看到，公羊学并不是一味地毫无原则地全面支持复仇，公羊学者只对正义的复仇予以支持。公羊学者认为："杀人尊亲是毁人之恩使人最悲痛者，故复杀祖杀父之仇就是以人类心灵中自然的恩痛之情作为依据来恢复社会中的公义。"②

公羊家对君主不公正的制裁进行了严厉的批判，并认为可以通过复仇去讨还公道，这是一种正义的行为。但如果君主的裁决是公正的，君臣之间"义合"关系存在，被制裁的臣下的子孙就不可以复仇，如果在此情况下复仇，就意味着对公正的破坏。公羊学对复仇的推崇，主要在于对正义的复仇、血缘性复仇的推崇。所以，公羊学并不是一概全面支持复仇。有学者统计，在汉代的"复仇案中，为父复仇最多"③，这与公羊学所推崇的"父仇不共戴天"有一定关系。汉代公羊学者认为，在周天子地位日下、君臣混乱的时代，通过借助人的本性冲动去复仇是一种寻求自然公正的反映。而且公羊学对维系这种公正也做出了努力。公羊学赞许复仇，在《公羊传》所反映的春秋时期的贤者复仇案例中，已经明显地将"复仇"对象限定为凶手、加害者。如在《公羊传·定公四年》中记载了复仇的规则，其中一项是："复仇不除害……古之道也。"汉代公羊学者何休注曰："取仇身而已，不得兼仇子，复将恐害己而杀之。时（伍）子胥因吴众，堕平王之墓，烧其宗庙而已。昭王虽可得杀，不除去。"这就是说，只准对加害者本人进行复仇，不能将仇人的子孙一一杀死。超过了这个界限，就是不当、不合正义的行为。

但是，公羊学对复仇对象的范围的限定依然比较宽泛，在《公羊传》中依次提到了臣、子孙、朋友三类，子孙甚至延续到九世之孙。而古文经

---

① 对汉代复仇、报复刑问题的研究，学术界早已有之，且成果显著，如彭卫《论汉代的血族复仇》、周天游《古代复仇面面观》《两汉复仇盛行的原因》、霍存福《复仇·报复刑·报应说——中国人法律观念的文化解说》等。从学界观点看，一般认为今文经学主张复仇，古文经学反对复仇。

② 蒋庆：《公羊学引论》，沈阳：辽宁教育出版社，1995年，第319页。

③ 霍存福：《复仇·报复刑·报应说——中国人法律观念的文化解说》，长春：吉林人民出版社，2005年，第82页。

学经典《周礼》则认为,"复仇可尽五世,五世之内。五世之外,施之于己则无义,施之于彼则无罪。所复者惟谓杀者之身,及在被杀者子孙,可尽五世得复之"①。公羊学宣传的"复九世仇"的范围大大超过了古文经学复仇"不过五世"的限定。在经学气氛的笼罩之下,公羊学这种煽动性的语言,对血亲复仇的绝对性的强调,容易为主张血亲复仇的人们所利用。故有时一些人往往做出与《公羊传》原文大相径庭的扩张性解释,对两汉复仇之风的盛行起到了推波助澜的作用。由于古文经学者反对复仇、报复刑,今文公羊学者支持复仇、报复刑,故两派在汉代一直对这一点存在争论,这种争论贯穿整个东汉。甚至连东汉古文经学大师许慎和今古文皆通的经学大师郑玄也对此发生过争论。许慎认为:"《左氏》说,君命,天也,是不可复仇。"②而郑玄却站在公羊家的立场上,认为:"子思云:'今之君子退人,若将队诸渊,无为戎首,不亦善乎?'"③对复仇、报复刑问题的争论,到东汉末年仍在继续,并影响到汉以后的古代社会,进而影响到后世人对复仇、报复刑的看法。

今人陈寅恪先生曾在《隋唐制度渊源略论稿》一书中指出:曹魏初期,依儒书古义,有"敢有私复仇者族之"的规定。然而,十年后制定的《魏律》却又改为"贼斗杀人,以劾而亡,许依古义,听子弟得追杀之。会赦及过误相杀,不得报仇"。也就是说,在家人被强盗无故杀害而官府未捕获的情况下,可以复仇。但如遇朝廷大赦或是因为过失误会而杀人的,则不得复仇。此后的晋律沿用了这一精神,但还是允许被杀者之近亲复仇,规定会赦的仇家需避他们于千里之外。这里所说的"古义",就是指儒家经义。由此可见,今古文经学对复仇的看法不同,直接影响到汉代和汉以后的礼法秩序,并由此对中国传统社会政治法律思想及社会生活产

---

① 郑玄注,贾公彦疏:《周礼注疏》,李学勤主编:《十三经注疏》,北京:北京大学出版社,2000年,第424页。
② 郑玄注,孔颖达疏:《礼记正义》,李学勤主编:《十三经注疏》,北京:北京大学出版社,2000年,第99页。
③ 郑玄注,孔颖达疏:《礼记正义》,李学勤主编:《十三经注疏》,北京:北京大学出版社,2000年,第99页。

生了深远而重大的影响。

其实，汉代公羊学的复仇观认为，复仇是人类遵行五行相生相克的自然之理。"子复仇何法？法土胜水，水胜火也。"① 但在中国古代，"真正支持复仇的是道德哲学，是所谓孝、义等伦理范畴"②。公羊学对复仇的强烈支持实际上是主张"亲亲"原则具有的绝对性，这与汉代统治者由孝劝忠的最终目的不相符合。正因如此，汉代统治者在法律上一般都对复仇行为加以禁止，这就势必造成汉代复仇问题上的礼法冲突，形成伦理与法律在解决该问题上的两难困境。汉代今文经学公羊派与古文经学对复仇、报复刑看法之差异，其实是古代中国的礼制秩序与法制秩序之分歧。公羊学对复仇、报复刑的看法比较多地站在礼制的角度，强调复仇、报复刑的合理性，有时哪怕与君权和国家的律令相冲突也在所不惧。而古文经学则站在君权与国家律令的角度，以《左传》和《周礼》为依据，反对复仇、报复刑，并明确提出不能以君权与律令为复仇对象。如不依"公法"，势必又将破坏国家权威。这种进退维谷的矛盾实则是古代中国宗法体制下的礼法冲突所引起的，并进而由复仇者在两难选择下以死来达到苦涩的统一。

就复仇、报复刑问题，西方哲人指出："社会只要认可复仇心，就等于允许人在自己的讼案中自当法官，这正是法律打算防止的事情，而且复仇心通常又是一种过火的动机：它追求越出适当分寸施加惩罚。"③ 在今文经学作用下，汉代人复仇心浓烈。而为了解决这种冲突，汉代古文经学对限制复仇做出了诸多努力，古文经学者桓谭说："今人相杀伤，虽已伏法，而私结怨仇，子孙相报，后忿深前，至于灭户殄业，而俗称豪健，故虽有怯弱，犹勉而行之，此为听人自理而无复法禁者也。今宜申明旧令，若已伏官诛而私相伤杀者，虽一身逃亡，皆徙家属于边。"④ 对于这种仇怨持续

---

① 陈立撰，吴则虞点校：《白虎通疏证》卷四，北京：中华书局，1994年，第194页。
② 霍存福：《复仇·报复刑·报应说——中国人法律观念的文化解说》，长春：吉林人民出版社，2005年，第60页。
③ 罗素著，马元德译：《西方哲学史》，北京：商务印书馆，1976年，第104-105页。
④ 范晔撰，李贤等注：《后汉书》卷二十八上，北京：中华书局，1965年，第958页。

数代而不解的现象，古文经学者郑众说："今二千石以令解仇怨，后复相报，移徙之。"① 这其实就是古文经学者发挥《周礼》之避仇学说的体现，并且这种做法在汉代非常流行。史载：马武，"字子张，南阳湖阳人也。少时避仇，客居江夏"②；顾雍，"字元叹，吴郡吴人也。蔡伯喈从朔方还，尝避怨于吴，雍从学琴书"③。在汉末，儒家学者荀悦还站在古文经学的立场上，认为"或问复仇。'古义也。'曰：'纵复仇，可乎？'曰：'不可。'曰：'然则如之何？'曰：'有纵有禁，有生有杀。制之以义，断之以法，是谓义法并立。'曰：'何谓也？'曰：'依古复仇之科，使父仇避诸异州千里，兄弟之仇避诸异郡五百里，从父、从兄弟之仇避诸异县百里。'"这种做法可谓缓和古代礼法冲突的制度性设计。针对复仇、报复刑，荀悦认为："弗避而报者，无罪。避而报之，杀。犯王禁者，罪也；复仇者，义也，以义报罪。从王制，顺也；犯制，逆也。以逆、顺生杀之。凡以公命行止者，不为弗避。"④ 荀悦提出了"义法并立"说，想以此来调和礼制与法令的冲突。《后汉书·列女传》中所记载的酒泉赵娥报仇之事就是先报私仇，后就公法，报仇出于私情之礼制秩序，投案自首则出于当事人的自觉，这正是荀悦所谓"义法并立"之说的体现。

但是，在复仇问题上，礼法思想的冲突仍然难以真正弥合。正如日本学者日原利国所说："《公羊传》的'父不受诛，子复仇可也'是不见于其他经传里的主张。同样是春秋学，然而《左氏传》学派则是站在'大义灭亲'的立场上，持完全相反的见解：'君讨臣，谁敢仇之？君命天也。'"⑤ 公羊学的复仇理论，在汉代是被极力倡导的，公羊学的结论非常明确：无论在什么条件下，子报父仇都是合理的。即使父亲真的犯了罪，儿子为父亲报仇也合乎所谓的"推刃之道"。汉代何休对"推刃之道"的

---

① 郑玄注，贾公彦疏：《周礼注疏》，李学勤主编：《十三经注疏》，北京：北京大学出版社，2000年，第425页。
② 范晔撰，李贤等注：《后汉书》卷二十二，北京：中华书局，1965年，第784页。
③ 陈寿撰，陈乃乾校点：《三国志》卷五十二，北京：中华书局，1982年，第1225页。
④ 荀悦撰，黄省曾注，孙启治校补：《申鉴注校补》，北京：中华书局，2012年，第72页。
⑤ 日原利国：《复仇论》，《日本学者论中国哲学史》，北京：中华书局，1986年，第121页。

解释是:"子复仇,非当复讨其子,一往一来曰推刃。"从何休的"一往一来"注释可以看出,即使父亲犯罪被杀,儿子也应该复仇,这正符合"礼尚往来"的古训。如在汉代官方认可的《白虎通·诛伐》中,可以看出汉王朝也接受了公羊学的复仇理论。这种法律上的禁止和思想上的认同,表现了汉王朝统治者对待公羊学复仇观的矛盾心理。这种情形一直影响到后来社会,自魏晋至隋唐仍然争议不断,且复仇、报复刑还在不断出现。如北魏时,有一名叫孙男玉的女子为丈夫报仇杀人,被判死罪,后又蒙诏赦。诏曰:"男玉重节轻身,以义犯法,缘情定罪,理在可原,其特恕之。"① 这说明当时虽有规定可杀复仇者,但也可减免其罪。忠孝观所造成的礼法矛盾难以从理论和现实中解除,使复仇、报复刑问题在宗法社会中导致的礼法冲突难以解决。

## 二、族刑中的礼法思想

族刑是中国古代刑法中因一人犯罪而诛灭其亲族的刑罚制度,即不但要用残酷的手段杀死犯罪者,而且在一定范围内的无辜的犯罪者亲属也因其亲属身份被处死。在族刑问题上,儒家经典之中有明显对立的观点。《尚书》中曾两次出现"予则孥戮汝"的话(语见《甘誓篇》和《汤誓篇》),分别为夏启和商汤在出征之前对部下的告诫训词,警告他们如果在战争中不听从命令,就会将犯者连同其妻儿一起处死,这被看作族刑在立法上的最早记载。在《尚书·盘庚篇》中曰:"乃有不吉不迪,颠越不恭,暂遇奸宄,我乃劓殄灭之,无遗育,无俾易种于兹新邑。"这里,族刑的含义已经显而易见。作为儒家经典,《尚书》中的这些简短记述给后世的统治者肆无忌惮地滥施族刑提供了理论上的依据。发展到汉代,族刑思想在今古文经学者那里就存在明显的争议。我们知道,家族是指由血缘和婚姻关系构筑起来的社会集团。但这个社会集团的范围有多大,应该包括哪些人?对此,汉代今古文经学者存在争论。由于今古文经学在族刑范围上的认知差异,今古文经学派在族刑思想上也存在争议。

---

① 魏收:《魏书》卷九十二,北京:中华书局,1974年,第1980页。

在汉代古文经学派那里，家族专指宗族而言，范围包括同姓亲属，同族即同宗。而在今文经学派看来，家族的范围除了同姓亲属，还应包括异性有服亲属，即母亲和妻子方面的近亲。这一认识上的差异，使得两派学者对所谓刑罚上的夷三族、夷九族的范围各抒己见，并进而影响到对族刑株连范围和族刑的执行的认识。对于三族，古文经学派认为是指父、子、孙三代。古文经典《周礼·春官·小宗伯》中说："掌三族之别，以辨亲疏。"郑玄对之作注曰：三族，谓父、子、孙。而今文经学派认为三族是指父族、母族、妻族。《大戴礼记·保傅》中说："三族辅之。"卢辩注曰：三族，父族、母族、妻族。今古文经学派对于族刑株连范围的界定明显不同。对于九族，古文经学派认为是指同宗高祖至玄孙的上下九代亲属；而今文经学派认为是指内、外有服亲属共同组成的亲属集团，其中父族四：五属之内为一族、父女昆弟适人者与其子为一族、己女昆弟适人者与其子为一族、己之子适人者与其子为一族；母族三：母之父姓为一族、母之母姓为一族、母女昆弟适人者与其子为一族；妻族二：妻之父姓为一族、妻之母姓为一族。今古文经学派争论的要点在于三族、九族以代分还是以姓分。古文经学派认为三族、九族都是同姓内部的划分，与异姓无关，所以，三族、五族、七族、九族等，都是以己为中心上下相推而成。今文经学派则认为一姓为一族，三族、九族就应分别是指三姓、九姓。

我们知道，夷三族系秦、汉时代之刑名。夷三族即凡犯特殊重罪，尤其是谋反、谋叛、谋大逆等十恶之罪名者，虽无犯意之联络，但基于政策上之考虑，处以诛灭三族之极刑，以收威吓惩戒之效。此乃亲属一体观念在刑法上的具体表现。《史记·秦本纪》中载，文公二十年，"法初有三族之罪"，可见夷三族是首创于秦之刑名。汉取代秦后，汉高祖令萧何作九章之律，内有夷三族之令。彭越、韩信等名将受夷三族之刑。至高后元年（前187），鉴于该刑之残酷而加以废除。其后发生新垣平之叛乱。为惩治叛徒，不得不恢复三族之诛。《汉书·刑法志》中记载了夷三族：孝文二年，诏丞相、太尉、御史，"今犯法者已论，而使无罪之父母妻子同产坐之及收，朕甚弗取"。至于当三族之人，依《刑法志》，先黥、劓、斩左右趾、笞杀之；其后，枭其首，菹其骨肉于市。其诽谤、詈诅之人，又先断其舌，故谓之具五刑。可见，西汉初年夷三族的范围大致是父母、妻子、同产。如汉景帝时，晁错建议削藩，被吴楚七国诬为"大逆无道"，"错当要斩，父母妻子同产无少长皆弃市"。① 西汉初，夷三族的范围较今文经学派的父族、母族、妻族涉及面为少，而较后来古文经学派明确指父、孙、子来看涉及者又多。

显然，从今古文经学派的三族划分方式来看，在古文经学派的划分中并不包括外姓。按今文经学派的划分方式，"三族"则包含妻族。这样，每个人的三族都不相同，亲兄弟也不例外，株连范围广是其特色。

坚决主张以"代"划分三族、九族的郑玄，在注释《周礼·司市》时曾引郑众语说"百族，百姓也"。但若在"族"之前加上三、九等具体数字，一般情况下，"族"的含义就由"姓"变成了"代"，三族、九族都是指一姓（族）内部的划分，而不是什么三姓、九姓。如"掌三族之别，以辨亲疏。其正室皆谓之门子，掌其政令"②；"修其五教，亲其九族"③。众所周知，宗伯掌宗室事务，宗室自然是一姓，故引文中的"三族"是一姓（族）内部的划分。"亲其九族"是对个人的基本要求，"九族"的范围如果是指九姓，显然要求也太过分了，个人无论如何都"亲"不过来。所以，这里的"九族"只是指一姓中的上下九代，即上至高祖下至玄孙，在此范围内的人都有服亲，必须友爱、和睦相处。出了这个范围，虽然是同姓，但已是远亲，就不再作要求了。由此不难看出今文经学家关于三族、九族说法的谬误之处。进一步说，三族、九族本是指个人的亲属范围，只要家族延续，对个人而言，三族、九族总是存在的。而按今文经学家对三族、九族的解释，一个人"若无姑或无姊妹、无女子子，则九族不备"④，显然于理难通。

---

① 班固：《汉书》卷四十九，北京：中华书局，1962年，第2302页。
② 郑玄注，贾公彦疏：《周礼注疏》，李学勤主编：《十三经注疏》，北京：北京大学出版社，2000年，第576页。
③ 杨伯峻编著：《春秋左传注》（修订本），北京：中华书局，1990年，第112页。
④ 顾炎武撰，黄汝成集释，栾保群校点：《日知录集释》卷二，北京：中华书局，2020年，第56页。

汉代经学大师郑玄站在古文经学者立场上认为，三族是指"父昆弟、己昆弟、子昆弟"，即同宗三代。具体地说，"父昆弟"包括父母、伯叔父母、姑，"己昆弟"包括己身与妻、兄弟及配偶、姐妹，"子昆弟"包括子女、侄及配偶、侄女，是一个以己身为中心的"田"字形结构：以正犯为中心，上为父母，下为子女，左为兄弟，右为姊妹，组成一个"十"字形；在"十"字形的上左加伯叔父母，上右加姑，下左加侄及配偶，下右加侄女，恰好组成一个"田"字形。将三族作为族刑的惩罚单位，是因为他们之间的关系亲密无间，本为一体："父子一体也，夫妻一体也，昆弟一体也。故父子，首足也；夫妻，胖合也；昆弟，四体也。"① 既然是一体，一人犯罪，就等于共同犯罪，共同受罚就是自然而然的事。当然，一体的关系不止局限于父子、夫妻、昆弟，还要向外延伸，构成如郑玄所说"父昆弟、己昆弟、子昆弟"的三代一体关系。古人在注释前引《史记》"三族之罪"及《汉书》"罪三族"时，却有另外两种不同的解释。《史记·秦本纪》张晏注则谓："父母、兄弟、妻子也。"如淳注则谓："父族、母族、妻族也。"张晏的注只是一个"十"字形，没有包括叔、侄等属于三代的其他亲属，范围小于同宗三代；而如淳注中包括母族与妻族，范围又远大于同宗三代。单纯就三族的范围而言，张晏、如淳的注都不对，郑玄的注才是正解。历史的发展表明，古文经学者取得了胜利。以"夷三族"为例，如西汉末赵飞燕案："哀帝既立……后数月，司隶解光奏言：'……赵昭仪倾乱圣朝，亲灭继嗣，家属当伏天诛。'……哀帝于是免新成侯赵钦、钦兄子成阳侯䜣，皆为庶人，将家属徙辽西郡。"② 从以上史料可以看出，"夷三族"与夷宗族可以互称，并不涉及母族与妻族。③

其实，对族刑范围的争论，除了双方所依据的经典不同，还与汉代今古文经学派自身立场与学术观点有很大关系，是双方刑德观有所不同的体

---

① 郑玄注，贾公彦疏：《仪礼注疏》，李学勤主编：《十三经注疏》，北京：北京大学出版社，2000年，第662页。
② 班固：《汉书》卷九十七下，北京：中华书局，1962年，第3990–3996页。
③ 魏道明：《始于兵而终于礼——中国古代族刑研究》，北京：中华书局，2006年，第173–174页。

现，也是今古文经学派刑法思想分歧的体现。我们知道，汉代法律一般来说都是对违反皇权和破坏社会稳定的重罪之人使用族刑。今文经学通过对各家之学的吸纳变异，已经与汉代政治和王权紧密地结合起来，擅长阐发《春秋》的"微言大义"，宣传"大义灭亲"，以维护汉代的大一统政治。西汉中期以后，今文经学已经变为高扬皇权、宣传大一统、尊君卑臣的经术了。受其影响，汉代刑罚酷烈，缺乏"亲亲仁恩"之精神。而古文经学在西汉末年兴起，学者擅长训诂考据，学风朴实，还善于依据经典原义对之做出符合原典的解释，据此反对西汉中期以来刑法苛酷的局面。古文经学者认为，同是儒家经典，《孟子·梁惠王下》提出了"罪人不孥"的原则，这一原则也是符合儒家的基本精神的，是古代圣王的思想。荀子曾对族刑进行声讨，他说："乱世则不然：刑罚怒罪，爵赏逾德，以族论罪，以世举贤。故一人有罪而三族皆夷，德虽如舜，不免刑均，是以族论罪也。"① 荀子视以族论罪为乱世之举，反对"大义灭亲"。古文经学者赞赏贤良文学对武帝政策的批判，认为《春秋》的精神是：子有罪，执其父。臣有罪，执其君，听失之大者也。今以子诛父，以弟诛兄，亲戚相坐，什伍相连，若引根本之及华叶，伤小指之累四体也。如此，则以有罪反诛无罪，无罪者寡矣。② 因而，今古文经学的族刑思想迥然相异。

我们知道，秦及汉初对谋反之人使用族刑时，规定坐及同居亲戚或家庭成员，即只要共同居住，不分亲疏，一概缘坐。西汉中期以后，随着经学刑德观的发展，从大逆不道案来看，除了父母、妻子、同产，三代之内的旁系亲属仍在株连的范围内，但处罚减轻了。曹魏后期，按照儒家的女性既嫁从夫伦理，族刑不再牵连已出嫁的本宗女性，只刑及正犯祖、孙。同时，加大了对谋反、大逆等罪的株连范围。刑及正犯祖、孙，无疑也是族刑儒家化的体现。

到魏晋南北朝时期，与法律儒家化的运动相适应，对族刑的株连范围

---

① 王先谦撰，沈啸寰、王星贤点校：《荀子集解》卷第十七，北京：中华书局，1988年，第452页。

② 王利器校注：《盐铁论校注》卷第十，北京：中华书局，1992年，第585页。

又进行了一些调整。首先，属于谋反大逆等违背儒家忠君观念的重大犯罪，族刑的株连范围略有缩小。其次，魏晋之际，法律开始以亲等服制论罪，而按儒家礼制，孙为王父尸，祖孙之间的亲等要重于兄弟。既然兄弟都属于族刑的株连范围，祖孙更应在株连之列。再次，缩小了对一般犯罪的族刑株连范围。汉文帝时原本已废除对常事犯者科以族刑，但汉末以来社会动荡，各国仍不时对常事犯者施以族刑，不过坐及的亲属范围明显缩减了。东晋义熙五年（409）的新制规定，"凡劫，身斩刑，家人弃市"。到南朝刘宋时，劫盗犯家属的缘坐刑由死刑改为补兵："寻劫制，同籍期亲补兵，大功不在此例。"从"自魏、晋相承，死罪其重者，妻子皆以补兵"的记载来看，魏晋南北朝时期，常事犯累及的亲属范围更小，仅有妻、子而已。①《晋书·刑法志》载，曹魏末年，程咸在论及"父母有罪，追刑已出之女；夫党见诛，又有随姓之戮"的弊端时指出："男不得罪于他族，而女独婴戮于二门。"于振波先生据此认为，这足以证明母族、妻族不在族刑的株连范围内。这是非常有力的证据。②

由此可见，在今古文经学者内部派别之间，其经学刑德观仍然有诸多不同。在这场族刑思想争议中，古文经学者的思想顺应了中国刑罚从残酷走向轻刑的发展方向，并对后世刑罚产生了深远影响，在中国古代族刑发展演进中占有重要的历史地位。

---

① 魏道明：《始于兵而终于礼——中国古代族刑研究》，北京：中华书局，2006年，第186页。
② 于振波：《秦汉法律与社会》，长沙：湖南人民出版社，2000年，第100页。

# 第三章
# 经学礼法观与汉代立法

众所周知，汉廷标榜以孝治天下。汉代帝王自惠帝以后，都以"孝"为谥号，以此来显示他们对儒家经学刑德观所倡导的儒家礼法的提倡和推崇。对此，颜师古曰："孝子善述父之志，故汉家之谥，自惠帝以下皆称孝也。"①《逸周书·谥法解》云："谥者，行之迹也；号者，功之表也。"②谥号，指古代帝王或大臣死后，朝廷综合考察其为人行事，进行褒贬，从而授予的称号。帝王谥号的授予先由群臣上奏，礼官议定，最后由新君裁决。通常情况下，谥号都是圣、武、仁、文之类美称。汉代朝廷因为强调"孝治"，对帝王的综合评价，都强调其孝悌之德，如孝惠帝、孝文帝、孝景帝、孝武帝、孝昭帝、孝哀帝、孝平帝等。受此传统影响，东汉诸帝谥号亦复如是。汉代帝王可以因灾异祥瑞而改元，唯独不能去掉谥号上的"孝"，这体现着政治舆论的时代导向。谥号是生者评价死者的特殊称号，不仅影响着人们的思想意识和道德观念，也影响着当时的社会政治。汉代统治者把孝作为国君之谥，目的在于表示这些皇帝生前堪为天下人表率，都曾恭行孝道，倡导儒家经学刑德观推崇的儒家礼法思想，进而依靠儒家

---

① 应劭撰，王利器校注：《风俗通义校注》，北京：中华书局，1981年，第76页。
② 参阅黄怀信等撰，李学勤审定：《逸周书汇校集注》卷六，上海：上海古籍出版社，1995年，第668页。

经学刑德观与汉代礼法文化的和合,用儒家礼法与伦理教化相融合的方式和社会舆论来以德化民,导民以孝,固化人们内心的礼法观念,由此推动社会的稳定和国家的长治久安。

## 第一节 经学礼法观与诏令、条教

为了实施孝道教化,汉代常常将儒家经学刑德观倡导的礼法思想与社会的教化观念联系在一起。就实施者而言,主要是在上位者,正如荀爽所谓"夫仁义之行,自上而始;敦厚之俗,以应乎下",即在上位者应当以德化民、以身作则。随着中央和地方官吏经学化的完成,经学在西汉中后期以后的立法中甚为流行。这些经学化刑官以经义删改律令、废除苛法、引经注律、制定条教等。这其实是刑官经学化与经学政治化之明显体现,也是经学对汉代政治、法律影响的结果,同时它又进一步扩大了经学对政治、法律的影响。正是这些以经学之士为主体的官吏队伍,使经学从理论变成现实,并一改经术的"缘饰"地位,在政治中出现了"以经治国"的经学、政治、法律一体化的局面。经术之士认为"六艺者,王教之典籍,先圣所以明天道,正人伦,致至治之成法也"[①]。当然,这不仅是明经刑官们的思想观念和政治践履,经过经学传授的汉家皇帝更是一马当先。他们不论是在朝议政还是下发诏令,都竭力引经据典,以示言而有据,合先圣之道。朝中大臣和地方官吏更是上行下效,很多经术化官僚在政治和立法活动中都以"经义"为中心,当行政遇到了具体问题时就从经义中找寻答案,成为十足的呆板的教条主义者。经学化官僚在具体的立法过程中引经义立法,解释现行法律,将经学刑德观润物无声地灌注其中。在他们的努力下,汉律的一个明显特点就是礼与律、法律与儒家经典区别不甚严格。"后世以之入礼者,而汉时则多属律也。"[②] 这正是法律道德化、道德法律化、法律经学化的表现,是经术化的士大夫践履经学"经世致用"的

---

① 班固:《汉书》卷八十八,北京:中华书局,1962年,第3589页。
② 程树德:《九朝律考》卷一,北京:中华书局,2006年,第11页。

政治功能的结果。经士们的法律经学化运动,使汉代法律领域的一切活动多以儒家经义为指南和准则,这不但进一步提高了儒家经典的地位,而且其礼法结合的思想对后世法律也产生了深远影响。

## 一、引经入诏令与诏令的经学化

在汉代经学之风的吹拂下,很多汉代帝王晓习儒经,这些帝王发布的诏令自然也会受到经学刑德观的浸染和熏陶。西汉建立不久,汉儒积极发挥其"守成"之术,不断改变汉王朝内军功统治阶层"少文多质"的局面,从而也使儒家《诗》《书》等文化经典走入统治者的视野。这一改变汉初统治者"鄙儒"的做法,使儒学在汉初社会不断兴起。在汉文帝时,文帝深受汉高祖、惠帝等影响,对儒家经书多有接触,并由此开创了引经义入诏令的先河。

史载,公元前167年,汉封地齐国的太仓令淳于意触犯了法律,当处肉刑。于是,发生了淳于意的小女儿缇萦向皇帝上书之事。汉文帝非常怜惜缇萦的孝心,在是年五月,下诏废除肉刑:"盖闻有虞氏之时,画衣冠异章服以为僇,而民弗犯,何治之至也!今法有肉刑三,而奸不止,其咎安在?非乃朕德之薄,而教不明与!吾甚自愧。故夫训道不纯而愚民陷焉。《诗》曰:'恺弟君子,民之父母。'今人有过,教未施而刑已加焉,或欲改行为善,而道亡繇至,朕甚怜之。夫刑至断支体,刻肌肤,终身不息,何其刑之痛而不德也!岂称为民父母之意哉?其除肉刑,有以易之;及令罪人各以轻重,不亡逃,有年而免,具为令。"[①] 从这条诏令中可以看出,汉文帝先回顾儒家尤为宣传的上古圣王舜画衣冠、异章服之制,接着又引儒家经典《诗经·大雅》中的经义,表明倘若君子有和乐简易之德,则百姓会对他尊之如父,亲之如母;有德行的君子,就如百姓的父母一般爱护他们,使之有改过自新之机会。由此开创了汉代帝王引经入诏令的先河,并使汉律逐渐经学化、儒家化。我们知道,中国古代法律儒家化的过程,亦即儒家经义法律化的过程。从这条诏令来看,汉代帝王已经将经义

---

① 班固:《汉书》卷二十三,北京:中华书局,1962年,第1098页。

引入诏令之中。此后，经学刑德观中之德化因素在汉代诏令中经常显现出来，如：

元朔元年冬十一月，诏曰："公卿大夫，所使总方略，壹统类，广教化，美风俗也。夫本仁祖义，襃德禄贤，劝善刑暴，五帝三王所繇昌也。……故旅耆老，复孝敬，选豪俊，讲文学，稽参政事，祈进民心，深诏执事，兴廉举孝……"有司奏议曰："……所以化元元，移风易俗也。不举孝，不奉诏，当以不敬论。不察廉，不胜任也，当免。"奏可。①

（元朔六年）六月，诏曰："朕问五帝不相复礼，三代不同法，所繇殊路而建德一也。盖孔子对定公以徕远……其议为令。"②

（永光四年）冬十月乙丑……以渭城寿陵亭部原上为初陵。诏曰："安土重迁，黎民之性；骨肉相附，人情所愿也。……《诗》不云虖？'民亦劳止，迄可小康，惠此中国，以绥四方。'……使天下咸安土乐业，亡有动摇之心。布告天下，令明知之。"③

辛酉，诏曰："往岁水旱蝗虫为灾，谷价腾跃，人用困乏。朕惟百姓无以自赡，恻然愍之。其命郡国有谷者，给禀高年、鳏、寡、孤、独及笃癃、无家属贫不能自存者，如《律》。二千石勉加循抚，无令失职。"④

以上明确说到"如《律》"。李贤注："《大戴礼》曰：'六十无妻曰鳏，五十无夫曰寡。'《礼记》曰：'幼而无父曰孤，老而无子曰独。'《尔雅》曰：'笃，困也。'《苍颉篇》曰：'癃，病也。'《汉律》今亡。"如刘秀所说，救济"高年、鳏、寡、孤、独及笃癃、无家属贫不能自存者"的规定，见于《汉律》文字，显然值得我们特别注意。

---

① 班固：《汉书》卷六，北京：中华书局，1962年，第166—167页。
② 班固：《汉书》卷六，北京：中华书局，1962年，第173页。
③ 班固：《汉书》卷九，北京：中华书局，1962年，第292页。
④ 范晔撰，李贤等注：《后汉书》卷一下，北京：中华书局，1965年，第47页。

《后汉书·章帝纪》中又有这样的记载：三年春正月乙酉，诏曰："盖君人者，视民如父母，有憯怛之忧，有忠和之教，匍匐之救。其婴儿无父母亲属，及有子不能养食者，禀给如《律》。"①

顺帝阳嘉三年五月制诏曰："昔我太宗，丕显之德，假于上下，俭以恤民，政致康乂……嘉与海内洗心更始。其大赦天下，自殊死以下谋反大逆诸犯不当得赦者，皆赦除之。"②

从以上诏令可以看出，汉代已将经学刑德观融入法律之中，这有利于维护社会稳定，保障民生，争取公平，凝聚人心，对实现社会协调发展具有重要作用，对于汉代社会德化思想的成熟，以及中国传统社会扶贫济困、敬老助残、恤民爱民的风尚与道德规范的形成都有积极意义。

笔者认为，汉代经学刑德观对汉代诏令产生深远影响，还体现在阴阳刑德观与《月令》诏条方面。《月令》作为儒家经典《礼记》中的一篇，其中"含有非常丰富的法律史资料，但是长期以来，却没有引起研究中国法律史的学者的足够重视"③。东汉后期著名学者蔡邕曾撰《月令篇名》④，他旁征博引，追根溯源，考察《月令》与儒家其他典籍的关系，认识到《月令》的成篇有一个漫长的过程。"五经"基本上是孔子对古代文献进行整理编修的成果，《月令》与这些典籍多有相合之处反映了它们之间的渊源关系。从史书记载来看，汉代对《月令》是非常重视的。两汉时期的皇帝在诏书中多次要求臣民遵守《月令》的有关规定。《汉书·宣帝纪》中记载元康三年六月，诏曰："前年夏，神爵集雍。今春，五色鸟以万数飞过属县……其令三辅毋得以春夏摘巢探卵，弹射飞鸟。具为令。"《汉书·成帝纪》中记载阳朔二年春，寒，诏曰："昔在帝尧立羲、和之官，命以四时之事，令不失其序。……其务顺四时月令。"到东汉顺帝时仍要

---

① 范晔撰，李贤等注：《后汉书》卷三，北京：中华书局，1965年，第154页。
② 范晔撰，李贤等注：《后汉书》卷六，北京：中华书局，1965年，第264页。
③ 于振波：《从悬泉置壁书看〈月令〉对汉代法律的影响》，《湖南大学学报》（社会科学版），2002年第5期。
④ 严可均辑，许振生审订：《全后汉文》卷八十，北京：商务印书馆，1999年，第796-799页。

求遵守《月令》，如《后汉书·顺帝纪》中记载，顺帝永建四年春正月丙寅，诏曰："务崇宽和，敬顺时令，遵典去苛，以称朕意。"

此外，考古学家也发现了汉代悬泉置壁书《使者和中所督察诏书四时月令五十条》（以下简称《四时月令五十条》）。① 这篇诏书被颁行全国，并被书写到悬泉置的墙壁上，一直保存到今天。在汉代律、令、科、比的法律体系中，这篇诏书应该属于"诏令"或"令"。它是迄今所发现的时代最早、最系统的关注人类生产生活和人与自然环境关系的法律文书，也是系统地将经学阴阳刑德观融入法律之中的代表作。《四时月令五十条》的基本思想是从《月令》中来的。如"孟春月令"第一条："敬授民时，曰旸谷，咸趋南亩。"该条是从《尚书·尧典》中的"乃命羲和，钦若昊天，历象日月星辰，敬授人时。分命羲仲，宅嵎夷，曰旸谷。寅宾出日，平秩东作。日中星鸟，以殷仲春"中提取出来的。《四时月令五十条》"中春月令"："毋作正事，以防农事。"附文："谓兴兵正（征）伐，以防农事者也。"与《月令》"仲春之月"中"毋作大事，以妨农之事"相近。又如《四时月令五十条》"中春月令"："毋侵水泽□陂池□□。"附文："四寸乃得以取鱼，尽□□月常禁。""毋焚山林。"附文："谓烧山林田猎，伤害禽兽也，虫草木□□四月尽□。"与《月令》"仲春之月"中"毋竭川泽，毋漉陂池，毋焚山林"亦多相近似。此外，"《四时月令五十条》中其它各条都能从《月令》中找到对应的条文，有些条目个别文字略有不同，但对内容并无影响"②。由此可见，该文书与《月令》存在密切关系，经学的阴阳刑德观对秦汉法律尤其是诏令产生了深远影响。

## 二、地方法规——条教的经学化

我们知道，地方性法规也是汉代封建法律体系的重要组成部分，它一般是由地方行政长官（郡守、县令等）以语书、教、条教、记、府书、科

---

① 何双全：《敦煌悬泉汉简内容概述》，《文物》，2000年第5期。
② 于振波：《从悬泉置壁书看〈月令〉对汉代法律的影响》，《湖南大学学报》（社会科学版），2002年第5期。

令、条式等形式发布,内容主要包括劝课农桑、移风易俗、设立学校进行教化及其他一些"民间小事"。秦汉时期的地方立法除了由皇帝特别授权,一般隶属于行政长官的权限。著名法史学者刘海年先生认为:在研究中国古代法律史时,对地方颁行的法律也应予以注意。① 为此,笔者拟以"条教"为例,来分析经学刑德观对汉代地方立法的影响。

对于"条教"一词的确切含义,在《资治通鉴》卷第一六六《梁纪二十二》敬帝太平元年十二月周迪为衡州刺史"政教严明"条下,胡三省注曰:"教,谓教令,州郡下令谓之教。"在《风俗通义》卷四《过誉》中也有"司空颍川韩稜,少时为郡主簿,太守兴被风病,恍忽误乱,稜阴扶辅其政,出入二年,置教令无愆失"②的记载。由此可见,"教"是郡守发布的"令",也可称作"教令"。因而"条教"之意大体上是指地方长官颁布的教令而分条列举者。在汉代,"条教"二字应最早见于《汉书·董仲舒传》中,"仲舒所著,皆明经术之意,及上疏条教,凡百二十三篇"③。董仲舒为今文经学大师,先后为江都、胶西相,倡礼乐教化,其经常"教令国中,所居而治"④。他所著的"教令"就是"条教",因其教令是条列的形式,故称"条教"。所以,在汉代,"条教"即具有地方性的法律条文。

随着经学之风在汉代社会的深入,汉代的地方官吏也深受经学的陶冶,逐渐形成了"万里同风"⑤的局面。汉代地方上出现了一大批"劳心谆谆,视人如子,举善而教,口无恶言,吏人亲爱而不忍欺之"⑥的官吏。这些官吏主张"律设大法,礼顺人情",他们在地方上推行教化,制定和颁布"条教",使汉代地方法规不断经学化。我们从汉代较早的"条教"来看,其中说:"……为选择良吏,分部宣布诏令,令民咸知上意。使邮

---

① 刘海年:《云梦秦简〈语书〉探析——秦始皇时期颁行的一个地方性法规》,《学习与探索》,1984年第6期。
② 应劭撰,王利器校注:《风俗通义校注》,北京:中华书局,1981年,第177页。
③ 班固:《汉书》卷五十六,北京:中华书局,1962年,第2525页。
④ 班固:《汉书》卷五十六,北京:中华书局,1962年,第2525页。
⑤ 班固:《汉书》卷六十四下,北京:中华书局,1962年,第2821页。
⑥ 范晔撰,李贤等注:《后汉书》卷二十五,北京:中华书局,1965年,第869页。

亭乡官皆畜鸡豚，以赡鳏寡贫穷者。然后为条教，置父老师帅伍长，班行之于民间，劝以为善防奸之意，及务耕桑，节用殖财，种树畜养，去食谷马。米盐靡密，初若烦碎，然（黄）霸精力能推行之。"① 这则传文自"条教"以下都是描写其"教"的内容，显然是名副其实的满含儒家"富之""教之"等内容的"教化"。

在文献遗存以外的资料中，汉代石刻文字《芗他君石祠堂石柱题记》中所谓"雍养孤寡，皆得相振"，《北海相景君碑》中所谓"元元鳏寡，蒙祐以宁"，《校官碑》中所谓"矜孤颐老，表孝贞节"，《孔褒碑》中所谓"遂□危令，济渡穷厄"，都体现了地方官员注重推行社会教化，将儒家刑德观灌注"条教"之中。如任郃阳令的曹全对于"高年""鳏寡""癃盲""有疾者"予以"存慰""抚育"，实行赐米、赋药予以救助的"惠政"。《曹全碑》记载：

……恤民之要，存慰高年，抚育鳏寡，以家钱籴米粟赐癃盲。大女桃斐等，合七首药神明膏，亲至离亭，部吏王宰、程横等，赋与有疾者，咸蒙瘳悛。惠政之流，甚于置邮。百姓襁负，反者如云。……

又耿勋为武都太守，其政绩包括对"穷匮""贫乏""寡独"者进行及时有效的救助，使得"老者得终其寿，幼者得以全育"，于是人们借用称颂召公美政和遗爱的儒家经典《诗·召南·甘棠》来赞美他。在刻石最后的赞辞中，还有"勤恤民隐，拯厄救倾"，"赤子遭慈，以活以生"，"恺悌父母，民赖以宁"等文句，可以看出其推行条教的情况。《耿勋碑》载：

……其于统系，宠存赠亡，笃之至也。岁在癸丑，厥［运淫］雨，伤害稼稿，率土普［议］，开仓振澹。身冒炎赫火星之热，至属县，巡行［穷］匮。陟降山谷，经营［拔］涉，草止露宿，救活食餐

---

① 班固：《汉书》卷八十九，北京：中华书局，1962年，第3629-3630页。

千有余人。出奉钱市□□作衣，赐给贫乏。发荒田耕种，赋与寡独王佳小男杨孝等三百［余］户。减省［贪］吏二百八十人。劝勉趋时，百姓乐业。老者得终其寿，幼者得以全育。《甘棠》之爱，不是过矣。……

又如《汉书》中记载：冯立"迁五原太守，徙西河、上郡。立居职公廉，治行略与（冯）野王相似，而多知有恩贷，好为条教。吏民嘉美野王、立相代为太守，歌之曰：'大冯君、小冯君，兄弟继踵相因循，聪明贤知惠吏民，政如鲁、卫德化钧，周公、康叔犹二君。'"① 从吏民对冯氏兄弟的称赞来看，冯氏兄弟是循吏，其所立的"条教"之内容也应是儒家"先富后教"之类的教化。《后汉书·循吏传》中记载："劝人生业，为制科令，至于果菜为限，鸡豕有数。"② 这里的"科令"也是推行儒家教化的"条教"。同书《童恢传》中也记载有"除不其令。吏人有犯违禁法，辄随方晓示。若吏称其职，人行善事者，皆赐以酒肴之礼，以劝励之。耕织种收，皆有条章。一境清静"③。《卫飒传》："迁桂阳太守。郡与交州接境，颇染其俗，不知礼则。飒下车，修庠序三教，设婚姻之礼。期年间，邦俗从化。"④《秦彭传》："建初元年，迁山阳太守。以礼训人，不任刑罚。崇好儒雅，敦明庠序。每春秋飨射，辄修升降揖让之仪。乃为人设四诫，以定六亲长幼之礼。有遵奉教化者，擢为乡三老，常以八月致酒肉以劝勉之。……于是奸吏局踏，无所容诈。彭乃上言，宜令天下齐同其制。诏书以其所立条式，班令三府，并下州郡。"⑤

由经术之士充任的博士、谏大夫等官也多外任郡、县守令，如《后汉书·何敞传》记载："……岁余，迁汝南太守。敞疾文俗吏以苛刻求当时名誉，故在职以宽和为政。……常召督邮还府，分遣儒术大吏案行属县，

---

① 班固：《汉书》卷七十九，北京：中华书局，1962年，第3305页。
② 范晔撰，李贤等注：《后汉书》卷七十六，北京：中华书局，1965年，第2479页。
③ 范晔撰，李贤等注：《后汉书》卷七十六，北京：中华书局，1965年，第2482页。
④ 范晔撰，李贤等注：《后汉书》卷七十六，北京：中华书局，1965年，第2459页。
⑤ 范晔撰，李贤等注：《后汉书》卷七十六，北京：中华书局，1965年，第2467页。

显孝悌有义行者。及举冤狱，以《春秋》义断之。……百姓化其恩礼。"① 在汉代，经学世家成为一个新的社会力量，如桓氏、伏氏、孔氏、欧阳氏、袁氏等。这种经学化的世家大族对经学的传承和传播发挥了很大作用，形成了独特的"家风"和"门风"。其根本内容就是儒家经学刑德观倡导的道德价值观念。这些礼法观念的传播，影响着汉代社会的面貌和风尚。

从以上"条教"可以看出，其内容均是在地方上推行儒家教化的地方性法规，这说明在汉代经学之风的作用下，汉代地方性法规在"以经治国"的号召下也逐渐经学化了。

当然，以上"条教"大都是汉代地方经学化官吏所设，但是我们不能说凡设"条教"者都是推行儒家教化的官吏。在汉代，制定地方性法规、推行"条教"者还有酷吏型的郡守，他们也善于推行儒家教化型的"条教"。《汉书》卷七十六班固赞曰："张敞……缘饰儒雅，刑罚必行，纵赦有度，条教可观。"②《汉书》卷六十六《郑弘传》记载："弘为南阳太守，皆著治迹，条教法度，为后所述。次卿用刑罚深，不如弘平。"《后汉书·周纡传》记载："迁齐相，亦颇严酷，专任刑法，而善为辞案条教。"

所以，事实上，汉代郡守、县令或县长，无论其政治倾向是儒是法，都可以在他们的治境内设"条教"。每一套"条教"都代表一个地方官在他任内的政治、法律措施，所以"条教"对于郡县内的每一位吏民都具有法律效力，任何人违犯了其中一条"教令"都会受到惩罚。可惜的是，汉代的"条教"至今早已失传，幸有《汉书·地理志下》保存了一条材料。其文说："殷道衰，箕子去之朝鲜，教其民以礼义，田蚕织作。乐浪朝鲜民犯禁八条：相杀以当时偿杀；相伤以谷偿；相盗者男没入为其家奴，女子为婢，欲自赎者，人五十万。虽免为民，俗犹羞之，嫁取无所仇，是以其民终不相盗，无门户之闭，妇人贞信不淫辟……"③ 由此可见，儒家经

---

① 范晔撰，李贤等注：《后汉书》卷四十三，北京：中华书局，1965年，第1487页。
② 班固：《汉书》卷七十六，北京：中华书局，1962年，第3240页。
③ 班固：《汉书》卷二十八下，北京：中华书局，1962年，第1658页。

学刑德观已经潜移默化地进入"条教"之中,并在汉代社会治理中发挥了重要作用。

## 第二节　经学礼法观与法律解释

自汉开始,历代立法者大都标榜仁德,并在一定程度上将之贯彻到立法中去,故《汉书·刑法志》中说"仁爱德让,王道之本也"①。汉文帝即位,便"惩恶亡秦之政,论议务在宽厚"②。可以说,历代《刑法志》无不推崇儒家的以教辅刑思想。《汉书·艺文志》中说:"儒家者流,助人君顺阴阳明教化者也。"③儒家向来重视教化,着眼于对人的素质的培养与提高,主张明刑弼教,反对不教而杀。荀子说:"不教而诛,则刑繁而邪不胜;教而不诛,则奸民不惩。"④《大戴礼记·礼察》中记载:"绝恶于未萌,而起敬于微眇,使民日徙善远罪而不自知也。"⑤《汉书·刑法志》中明确批判"教未施而刑已加"⑥的现象。在这种思想影响下,历代立法者积极吸收儒家经学刑德观,以导之以德、齐之以礼的思想为根本。如隋初修《开皇律》,"除苛惨之法,务在宽平",强调"养化以为本,明刑以为助"。⑦为了推行以德化民的政策,唐代统治者大搞尊孔活动,将儒学置于国学的地位,还组织了对经义的解释与统一活动,诏颜师古与孔颖达等撰定《五经正义》。唐代统治者也多强调宽刑,在"德礼为政教之本,刑罚为政教之用"的指导思想下,形成了唐律"甄表宽大,裁成简久"的宽平立法精神,成为后世立法的典范。

---

①　班固:《汉书》卷二十三,北京:中华书局,1962年,第1079页。
②　班固:《汉书》卷二十三,北京:中华书局,1962年,第1097页。
③　班固:《汉书》卷三十,北京:中华书局,1962年,第1728页。
④　王先谦撰,沈啸寰、王星贤点校:《荀子集解》卷第六,北京:中华书局,1988年,第191页。
⑤　王聘珍撰,王文锦点校:《大戴礼记解诂》卷二,北京:中华书局,1983年,第22页。
⑥　班固:《汉书》卷二十三,北京:中华书局,1962年,第1098页。
⑦　魏徵、令狐德棻:《隋书》卷二十五,北京:中华书局,1973年,第695页。

随着经学的发展，在汉代经学之风的吹拂下，整个社会也形成了崇儒的风气。儒家礼法文化在社会上广为流传。同时，刑德并用、礼法和合的儒家经学刑德观不断渗透到汉代社会控制体系之中，推动了汉代社会法律道德化、道德法律化及法律经学化。儒家经学刑德观成为封建政治与法律的灵魂，为汉廷实施经学意识形态下的政治、法律实践创造了条件。

### 一、应经合义与引经注律

在汉代经学思想占据意识形态统治地位之后，儒家经典成为汉代社会遵奉的法典。在汉代统治者的大力推崇下，引经据典成为汉代官僚政治生活中的一种风尚。在这种风气的作用下，对于深谙经学之道的汉代经学者来说，引经注律自然是顺理成章的事情。引经注律使经、律彼此开始渗透以至最后结合，形成律章句。由此，许多受过经学影响的章句学者也应经合义，以经义为本对法律旨意进行诠释，对具有秩序功能的法律条文进行注解，并且将"三纲五常"等经义润物无声般地化入法律制度之中已成为他们的自觉追求。如东汉应劭站在经学者立场上，以经义为本，"撰具《律本章句》《尚书旧事》《廷尉板令》《决事比例》《司徒都目》《五曹诏书》及《春秋断狱》凡二百五十篇"①。他在注"吏病百日，应免"之律典时，引《易》《尚书》《诗》《论语》："谨按：《易》称：'守位以仁。'《尚书》：'无旷庶官。'《诗》云：'彼君子不素餐兮。'《论语》：'陈力就列，不能者止。'汉典，吏病百日，应免。所以恤民急病、惩俗遝慝也。"②经学者郑玄注"三族"的法律概念时，引《礼记·丧服小记》："三族，谓父子孙，人属之正名。《丧服小记》曰：'亲亲以三为五，以五为九。'"③他注"六宫之法"时引《礼》："六宫，谓后也。妇人称寝曰宫，宫，隐蔽之言。后象王，立六宫而居之，亦正寝一、燕寝五，夫人以下，分居后之六宫。每宫九嫔一人，世妇三人，女御九人；其余九嫔三人，世

---

① 范晔撰，李贤等注：《后汉书》卷四十八，北京：中华书局，1965年，第1613页。
② 应劭撰，王利器校注：《风俗通义校注》，北京：中华书局，1981年，第178页。
③ 郑玄注，贾公彦疏：《周礼注疏》，李学勤主编：《十三经注疏》，北京：北京大学出版社，2000年，第576页。

妇九人，女御二十七人，从后唯所燕息焉。……夫人如三公，从容论妇礼，此《礼》所谓'以时御叙于王所'者也。"①何休注"致仕"时引《礼》："礼，七十县车致仕。不言氏者，起父在也，加之者，起子辟一人。"《礼记》云："大夫七十而致事，若不得谢，则必赐之几杖，行役以妇人，适四方，乘安车，自称曰'老夫'。"②

又如章句学者对于不道罪名的注释，也体现了应经合义的特点。公羊学者何休在《春秋公羊解诂》中说："支解节断之，故变杀言戕。戕则残贼，恶无道也。"如淳曰："律，杀不辜一家三人为不道。"③ 如淳为魏人，所解为汉律。汉律及何休解诂之意，指犯罪手段残忍、后果特重之罪，与经义"逆节绝理"相通。又如不敬，汉罪名，《唐律疏议·名例》云："汉制《九章》，虽并湮没，其'不道''不敬'之目见存，原夫厥初，盖起诸汉。"郑玄注："臣不豫事，不敬也。"指臣下不敬王事。张斐曰"亏礼废节"，亦是不敬于上。④ 显然，他们在注解汉律时引入了儒家经义。

公元94年，为了使律章句"与礼相应"，东汉律学者陈宠提出解说、注释、研究律令必须遵守"应经合义"的准则。这种说法的提出，使汉代章句学者在注释法律的过程中都以经学为指导，成为律章句之学术原则得以最终确立的标志。及至西汉中期，儒家思想占据统治地位，此后儒家的法学思想在中国法学领域统治了两千多年。两汉时期，中国法学主要表现为依据儒家学说对成文法进行注释工作。⑤ 受经学刑德观支配，经学者在解释法律条文时，多用儒家经义对法律条文作多角度、全方位的阐释。这除了可以促进汉律儒家化，还在学术上确立了法学研究的价值原则，即不得援引其他学派的经典注律，只以儒家经义为注释律令的指导思想。章句

---

① 司马光编著，胡三省音注：《资治通鉴》卷第五十四，北京：中华书局，1956年，第1742页。
② 郑玄注，孔颖达疏：《礼记正义》，李学勤主编：《十三经注疏》，北京：北京大学出版社，2000年，第23页。
③ 班固：《汉书》卷八十四，北京：中华书局，1962年，第3416页。
④ 龙大轩：《汉代律章句学考论》，西南政法大学博士学位论文，2006年。
⑤ 《法学词典》编辑委员会编：《法学词典》（增订版），上海：上海辞书出版社，1984年，第603页。

学者在引经注律的过程中确立的"应经合义"原则，在后世律学研究中得到了良好的继承。如晋代之律学，依据儒家经学，进一步"引经注律""纳礼入律"。在张斐的《律注表》中，他认为"违忠欺上谓之谩……亏礼废节谓之不敬……逆节绝理谓之不道……"从其对法律专用词语的定义可知，经学刑德观已闪烁其光。"律始于《刑名》者，所以定罪制也；终于《诸侯》者，所以毕其政也。王政布于上，诸侯奉于下，礼乐抚于中，故有三才之义焉，其相须而成，若一体焉。"① 如果说律章句学是要将已制定出的法律逐渐改造成带有儒家色彩的法律，那么，律学则是要按儒家经义来设计法律；前者可谓"法律儒家化"，后者则是"儒学法律化"。②

## 二、经士、习经文吏与"律说"

在汉代经学刑德观的总体架构下，随着经学的章句化，律典也被经士、习经文吏以注解经典的方式细致地加以注释，在此过程中，经士、习经文吏也将各家的"礼法"思想融入其中。在《晋书·刑法志》中记载东汉和帝时曰："汉兴以来，三百二年，宪令稍增，科条无限。又律有三家，说各驳异。"③ 又曰："《盗律》有贼伤之例，《贼律》有盗章之文，《兴律》有上狱之法，《厩律》有逮捕之事，若此之比，错糅无常。后人生意，各为章句。叔孙宣、郭令卿、马融、郑玄诸儒章句十有余家，家数十万言。凡断罪所当由用者，合二万六千二百七十二条，七百七十三万二千二百余言，言数益繁，览者亦难。"④ 紧接着便有一个难题随之而来，那就是，1世纪已有三家律说，2世纪发展到十余家律章句，它们对律令的解释各有不同。比如"耏"刑，经学者许慎、应劭皆有律注。许氏曰："罪不至髡也。从彡而，而亦声。""耐。或从寸，诸法度字从寸。"⑤ 侧重分析该刑的字形结构，指明它是轻于"髡"（即剃去罪犯头发）的一种刑

---

① 房玄龄等：《晋书》卷三十，北京：中华书局，1974年，第928页。
② 龙大轩：《汉代律章句学考论》，西南政法大学博士学位论文，2006年。
③ 房玄龄等：《晋书》卷三十，北京：中华书局，1974年，第920页。
④ 房玄龄等：《晋书》卷三十，北京：中华书局，1974年，第923页。
⑤ 许慎撰，段玉裁注：《说文解字注》，上海：上海古籍出版社，1981年，第454页。

罚。应氏云："轻罪不至于髡，完其耏鬓，故曰耏。古'耏'字从彡，发肤之意也。杜林以为法度之字皆从'寸'，后改如是。言耐罪以上皆当先请也。耐音若能。"① 意在表明该刑是一种剃去鬓须而保留头发的轻刑，同时介绍其字形结构演化之由来。又如"致仕"制度，郑玄六注："宅田，致仕者之家所受田也"；"致其所掌之事于君而告老"；"仕焉而已者，谓老若有废疾而致仕者也"；"乡先生，乡大夫致仕者也"；"古者年七十而致仕，老于乡里，大夫名曰父师，士名曰少师，而教学焉"；"宅者，谓致仕也。致仕者，去官而居，宅或在国中，或在野。《周礼·载师》之职以宅田任近郊之地"。今文经学大师何休三注："致仕，还禄位于君"；"大夫七十而致事，若不得谢，则必赐之几杖，行役以妇人，适四方，乘安车，自称曰'老夫'"；"礼，七十县车致仕。不言氏者，起父在也，加之者，起子辟一人"②。古文经学者应劭有一注："古者七十悬车致仕。洎，及也。天子以悬车之义及于我也。"③ 再如，汉律中"苛人受钱"的条款，有的学者将其理解为"止之而钩取其钱"，相当于用恐吓的方法攫取他人钱财，属于盗贼犯罪的范畴。许慎认为，"苛人受钱"是指官吏为人治理债务纠纷，趁机收取钱财，属于官吏赃罪的范畴。④ 从上面的解释可以看出，汉代经学者对同一法律术语的解释，有的分歧较小，有的存在明显分歧和对立。这就是汉代法律章句所谓"说各驳异"的情形。究其原因主要有以下几点。

（一）经学者重师法、家法

我们知道，从汉武帝时开始，经学界就开始研习律令学内容，且十分普遍。如孔光，宣帝至平帝时人，元始五年卒，享年 70 岁。其"经学尤明，年未二十，举为议郎"。"光以高第为尚书，观故事品式，数岁明习汉

---

① 许慎撰，段玉裁注：《说文解字注》，上海：上海古籍出版社，1981 年，第 454 页。
② 公羊寿传，何休解诂，徐彦疏：《春秋公羊传注疏》，李学勤主编：《十三经注疏》，北京：北京大学出版社，2000 年，第 97 页。
③ 龙大轩：《汉代律章句学考论》，西南政法大学博士学位论文，2006 年。
④ 龙大轩：《汉代律章句学考论》，西南政法大学博士学位论文，2006 年。

制及法令。上甚信任之，转为仆射，尚书令。"① 翟方进，成帝永始年间为御史大夫，"受《春秋》。积十余年，经学明习"，"方进知能有余，兼通文法吏事，以儒雅缘饰法律，号为通明相"。② 王涣，汉和帝时为太守陈宠功曹，"敦儒学，习《尚书》，读律令，略举大义"③。冯绲，顺帝时任御史中丞，桓帝时任车骑将军，"治《春秋》严韩《诗》仓氏，兼律大杜"④。陈球，桓灵时人，"少涉儒学，善律令"⑤，后为属吏。以上学者都是经学者出身兼习律令，"以儒雅缘饰法律"。这说明自汉武帝以来，经学领域中的研习者，常常也将其研治对象延伸到律令领域。但是，由于他们有的是今文经学者，有的是古文经学者，所学习的今古文经典内容不尽相同，加上汉代经学者都重师法、家法，对先师的说教，有的一字不敢有出入。即使都是今文经学者，由于师法、家法不同，其注释的章句在内容解说上也不一致。因而，对他们而言，其以经学方法来研治律令学，自然容易偏重于经学中的训诂、辨文字释义等，对法律做出符合各家的解读，这就自然会出现律章句"说各驳异"的情况。

（二）经士、习经文吏引经注律立足点不同

自武帝崇儒以来，治律令学之人便开始兼习经学，律令学者因习经术，转以治经之法治律。如公孙弘，武帝时人。"少时为狱吏……年四十余，乃学《春秋》杂说"，"习文法吏事，缘饰以儒术，上说之，一岁中至左内史"。⑥ 丙吉，宣帝时人，封关内侯，任御史大夫。"治律令，为鲁狱史"，"吉本起狱法小吏，后学《诗》《礼》，皆通大义"。⑦ 郭禧，汉桓帝延熹中任廷尉，"少明习家业（颍川郭氏律家），兼好儒学"⑧。这些学

---

① 班固：《汉书》卷八十一，北京：中华书局，1962年，第3353页。
② 班固：《汉书》卷八十四，北京：中华书局，1962年，第3411、3421页。
③ 范晔撰，李贤等注：《后汉书》卷七十六，北京：中华书局，1965年，第2468页。
④ 严可均辑，许振生审订：《全后汉文》卷七十七，北京：商务印书馆，1999年，第1014页。
⑤ 范晔撰，李贤等注：《后汉书》卷五十六，北京：中华书局，1965年，第1831页。
⑥ 班固：《汉书》卷五十八，北京：中华书局，1962年，第2613、2618页。
⑦ 班固：《汉书》卷七十四，北京：中华书局，1962年，第3144-3145页。
⑧ 范晔撰，李贤等注：《后汉书》卷四十六，北京：中华书局，1965年，第1545页。

者皆是先习律令学，后习经学，有的甚至本身就是律令学专家。当时经传典籍繁多，"博学者又不思多闻阙疑之义，而务碎义逃难，便辞巧说，破坏形体；说五字之文，至于二三万言，后进弥以驰逐，故幼童而守一艺，白首而后能言；安其所习，毁所不见，终以自蔽"①。有的儒士"一经说至百余万言"②，也有经师弟子"增师法至百万言"③，连专门治经者也毕生不能穷一经。而对这些在律令学的基础上兼习经学者，其困难可想而知。所以史称这种情形为"习文法吏事，缘饰以儒术"。他们虽然用经学的章句方法来研究律令，但有的仍然是律令的思维。明白这一点，关于陈宠以律家身份，提出立法和注释法律都应遵守"应经合义"原则之事，我们就容易理解了。所以，两汉经学者，在重视应经合义下，如果先通经而后习律，复以治经之法治律，由于已经形成的经学思维，重经典者居多；而汉代律家，先习律而后通经，复以治律之法治经，由于已经形成的法律思维，重法律者居多。这都是可以理解的。因而经学者与习经文吏在注释法律中立足点不同，解释方式有所不同，自然也会出现律章句"说各驳异"的情况。

（三）政治驱动与社会需求促使士人对经学断章取义

自武帝以后，经学成为汉代显学，是汉代政治的指导思想。治国策旨虽在崇儒，然亦重法。这就是汉宣帝训斥太子（即后来的元帝）时所说的"汉家自有制度，本以霸王道杂之，奈何纯任德教，用周政乎！"④ 儒学经义与律令法制始终是两汉政治运行的"两手"，统治者对之都非常重视。在西汉中后期，孔光应对策问，总是"据经法"以作答，甚得皇帝欢心。东汉时人张敏认为，王者之治，应当"法圣人，从经律"⑤。即使到东汉末年，大权旁落曹氏，此策不改。汉献帝建安十八年（213），策命曹操为魏

---

① 班固：《汉书》卷三十，北京：中华书局，1962年，第1723页。
② 班固：《汉书》卷八十八，北京：中华书局，1962年，第3620页。
③ 班固：《汉书》卷八十八，北京：中华书局，1962年，第3605页。
④ 班固：《汉书》卷九，北京：中华书局，1962年，第277页。
⑤ 范晔撰，李贤等注：《后汉书》卷四十四，北京：中华书局，1965年，第1503页。

国公时曰:"以君经纬礼律,为民轨仪。"① 以经、律为政治依据,成为两汉一以贯之的国策。以此为指导,国家在官吏选任制度上,便以"明经""明法"为条件。通经入仕,其尊荣显赫,自不在话下,在此勿论。明习法律也成为进入仕途官场的必由之路,这就刺激了更多的人去学习律令,从而为律章句学的发展准备了社会条件。

从当时的时代出发,学习经学与律令不仅是一种社会潮流,更是一种社会需求。由于汉廷重视经学,当时的许多人明白"士病不明经术;经术苟明,其取青紫如俯拾地芥耳"②,很多习经之人都位居廷尉、御史大夫、丞相等高官,这便是律令学者向经学靠拢的利益驱动。随着这种需求的日渐增加,就会频繁地刺激律令研究与教学的发展。研究律令者,为了表明自己的学术实力,扩大自己在该领域的影响,以便招收更多的学徒,便有了著述章句的必要。正如后世学者所论:"有章句才有家法可守,才可据此以教授弟子,批判异端。"③ 律令研究领域也是如此。撰写文字性的律令章句,既有利于律令教学,又有利于律令传播,更有利于提高律令学者的知名度,所以王充说:"世俗学问者……忽欲成一家章句。"④ 因此,撰著律章句成了律令学者成名的绝佳办法。面对"毕生不能穷一经"的经学,并非人人都能熟读理解,往往只能做到"颇知律令",甚至于"不更文法"⑤。他们在引用经义时,难免会做出不同的阐释,进而得出不同的结论,不利于律令的统一落实。然而,对律令做出文字化的注释需要准确而不是意会式的解读。这种以经学为仕途通畅之路者,为了早出成果,往往对经学断章取义,形成的律章句众说纷纭也是时代使然。

(四) 今古文经学的融合与"说各驳异"

当然,我们还应知道,在东汉后期,随着今古文经学的合流,经学者

---

① 陈寿撰,陈乃乾校点:《三国志》卷一,北京:中华书局,1982年,第39页。
② 班固:《汉书》卷七十五,北京:中华书局,1962年,第3159页。
③ 严正:《汉代经学的确立与演变》,《中国哲学》第22辑,沈阳:辽宁教育出版社,2000年,第254页。
④ 黄晖:《论衡校释》卷第十二,北京:中华书局,1990年,第538页。
⑤ 班固:《汉书》卷八十三,北京:中华书局,1962年,第3399页。

在注释经典时，或采《春秋》，或采《尚书》，使经学成为杂说。这种注释方法自然也会影响到经学者注律，在律章句中自然会形成"说各驳异"的情况。如今古文经学大儒郑玄注释法律，就广收博采，既引经典又引经传，不局限于一家。如其在注释"二千石受中"的法律条文时，就引用了《论语》中的"刑罚不中，则民无所措手足"条，用以说明"受中"。另外，《晋书·刑法志》中的提法，可以印证这一点："后人生意，各为章句。叔孙宣、郭令卿、马融、郑玄诸儒章句十有余家，家数十万言。"这里特地申明是"诸儒章句"，可知叔孙、郭、马、郑等，原本是学习多种经学内容的经士，又著有相当数量的章句与律章句，后人在兼收博采中自然会使律章句"说各驳异"。

### 三、经学章句与律章句

在汉代，儒家经学的确立促使章句学盛行。何谓章句？吕思勉先生说："考诸古书，则古人所谓章句，似即后世之传注。"① 冯友兰先生也说："章句是汉代的一种注解名称。"② 所以章句是汉代兴起的一种注疏之学。所谓律章句，就是指汉儒采用训诂学的方法分析汉律，阐释律令。在经学被奉为国学的时代，汉代律章句学者，无论出身律令学，还是出身经学，他们都想到要按儒家经传的格局来设计法律，对汉律体系做形式上的改造。东汉律家之一的文颖说："萧何承秦法所作为律令，律经是也。"③ 显而易见，其想法是将西汉初年的成文法典看作和儒家的"经"一样，不可删改；但为了适应时代变化的需求，对这些"万世不变之常法"，也可以通过注释的方法来进行变通，律章句就像解释儒经中的"传"一样。④ 在汉代经学的作用下，章句学的盛行也促使律学走向独立发展的道路。从时

---

① 吕思勉：《章句论》，《中国经学史论文选集》，台北：文史哲出版社，1992年，第277页。
② 冯友兰编著：《中国哲学史史料学初稿》，上海：上海人民出版社，1962年，第14页。
③ 班固：《汉书》卷八，北京：中华书局，1962年，第253页。
④ 龙大轩：《汉代律章句学考论》，西南政法大学博士学位论文，2006年。

间上看，律学的发展与说经解律的兴起基本同步，而且就其本质而言，二者的出发点也是一致的。儒学独尊地位的奠定，激起了儒生群体对法律的莫大兴趣，以儒家士大夫为主体的众多知识分子竞相研究法律之学，促使浸透儒学意蕴的律学迅速形成，至魏晋时更为发达，反过来又推动了封建法律儒家化的进程。当汉代学者开始用章句方法研究律令并撰写律令章句时，意味着律章句已开始萌生；当更多的经学者以章句之法研治律令并著出更多的律令章句时，意味着律章句的勃兴，以至出现"诸儒章句十有余家，家数十万言。凡断罪所当由用者，合二万六千二百七十二条，七百七十三万二千二百余言，言数益繁，览者益难"①的繁荣局面。

应当承认，西汉以来形成的经学章句对汉代法律章句的产生和发展起了关键的作用。汉代经学者以经义决狱，案件考察行为人的动机，"志善而违于法者免，志恶而合于法者诛"②。凡是符合《春秋》的精神就是"志善"，即使犯法，也不定罪；反之，如果违反《春秋》的精神就是"志恶"，即使犯罪未成，也要定罪。在经学思想和经学方法的作用下，汉代的法律章句也逐渐浸润在经学所倡导的伦理之中。

首先，汉代通过经学章句形成的法律章句，将儒家经义的刑德观引入汉律体系之中，对汉化的法律观向儒家化转变起着关键作用。引经注律确立了法的辅助地位，汉代用儒家的"德主刑辅"思想指导立法、司法实践。经学者引经注律自然将儒家经义的德礼政刑思想运用于法制之中，他们将统治者为政的手段与阴阳变化相比附，阳为德，阴为刑；刑主杀而德主生。因此，汉代统治者在治国中应将德礼放于首位自不待言，否则便是逆天意而动，必遭天谴。在秦王朝被视为神圣的法律退居次要地位，成为礼教的辅助手段及治国的下策。

其次，通过经学章句形成的法律章句将经学现实化，使儒学由"圣人之学"变为统治者的学说，使儒学的思想体系更具有实用性。孔子的学说之所以被春秋至秦代的统治者弃而不用，重要的原因在于其过分强调教

---

① 房玄龄等：《晋书》卷三十，北京：中华书局，1974年，第923页。
② 王利器校注：《盐铁论校注》卷第十，北京：中华书局，1992年，第567页。

化,理想色彩太浓。在先秦儒家看来,政治就是"君正则天下正",只要君主心存仁义,天下之人便会弃恶从善。汉儒注重的不仅是统治者自身的道德,而且包括统治者治国的方式。因而在肯定教化的同时,汉儒并不讳言刑杀的作用,而是将礼与法有机地融为一体。所以自汉代开始,礼法融合便成为中国法律发展的主旋律,"德主刑辅"成为中国古代法律的主要特色。从董仲舒的春秋决狱、东汉的以经注律、魏晋南北朝的引经入律,直至"一准乎礼"的唐律,礼与律真正达到了水乳交融的地步。所谓引礼入律(法),主要是把维护君主权威和等级名分关系的那一部分礼,陆续地融入法或律之中,使之成为法律规范或刑法条款,并以刑罚手段来保证其实施礼法的合流、互补。其主要表现在以礼为主导,以法为准绳;以礼为内涵,以法为外式;以礼移民心于隐微,以法彰善恶于明显;以礼夸张恤民的仁政,以法渲染治世的公平;以礼行法,减少推行法律的阻力,以法明礼,使礼具有凛人的权威。这种情况始于汉代,盛行于魏晋南北朝时期,到唐时已经集大成了。

再次,经学章句推动了律章句盛行,促使律学走向独立发展的道路。汉代经学之士注经时尤其擅长文字训诂、文物考订,用这种方法注律可以使"错糅无常"、杂乱无章的汉律变得规范明确,便于执行,有效提升了律学的适用性。同时,由于儒学地位的提高,德与刑的相互渗透,礼与律的相互为用,汉代把儒家经典与法律紧密结合在一起。秦朝"以吏为师""禁绝私学"的规矩被冲破,汉代对私学讲授法律的态度已有很大改变。于是,除了那些儒臣在司法实践中大量引用儒家经义作为判案的依据,许多经师大儒竞相说经解律也成了两汉一大景观,这一现象表明儒家对法律获得了广泛的解释权。"违忠欺上""亏礼废节""逆节绝理"等用语,无不传递着儒家的价值观念,表明汉儒随时可以将经学要义注入法律之中,使法律逐渐演变为儒家立法思想的载体。

可以说,汉代律章句的兴起,包含了汉代经士的诸多努力,儒家经典的许多法律原则在后世被列入法典,离不开他们的阐释之功。律章句也影响了汉武帝以后的汉代王朝乃至整个封建时代的法制实践。三国两晋南北朝时期,贵贱有等、长幼有序的儒家"礼治"思想成为当时法制的指导思想,《晋律》中充分体现了"王政布于上,诸侯奉于下,礼乐抚于中"①的原则。晋代统治者在立法实践中"纳礼入律",使礼律合一的思想得以充分体现,制定了如"峻礼教之防,准五服以制罪"等刑法原则,充分体现了礼治中的"亲亲"思想。唐王朝长孙无忌奉命修撰《律疏》,在《名例》疏议中明确指出"德礼为政教之本,刑罚为政教之用,犹昏晓阳秋相须而成者也",并在此立法思想指导下制定了"一准乎礼"的唐律,使之成为中华法系母法的代表作。

## 第三节　经义与法律形式

就汉代的法律形式而言,有学者根据目前法史学界的一般看法,认为汉代的法律形式为律、令、科、比、法律解释。② 也有学者认为汉代的法律渊源,表现为四种形式,即律(法)、令、科、比。③ 还有学者认为汉代的法律形式表现为律、令、比、章程、章句、故事、都目、诏书、春秋决狱、议等形式的法律内容和《沈命法》《见知故纵法》等单行法规。④ 我们认为最后一种对汉代法律形式的概括较为全面,也比较符合汉代的实际情况。在汉代浓烈的经学之风的吹拂下,儒家经学中的刑德观不断融入汉代法律形式之中,并对其产生重要影响。

### 一、经义与律

众所周知,汉代的刑法渊源主要有律、令、科、比四种。在萧何制定《九章律》、叔孙通定《傍章律》、张汤定《越宫律》、赵禹制定《朝律》后,汉朝基本刑律具备,都以"律"相称。此外,汉朝还制定了一些单行法律。如禁止诸侯行为的《左官律》《酎金律》《出界律》,也有与律性质

---

① 房玄龄等:《晋书》卷三十,北京:中华书局,1974年,第928页。
② 于振波:《秦汉法律与社会》,长沙:湖南人民出版社,2000年,第33—40页。
③ 参见钱大群主编:《中国法制史教程》,南京:南京大学出版社,1987年,第153—154页。
④ 朱勇主编:《中国法制史》(第二版),北京:法律出版社,2006年,第81—82页。

相同的《阿党附益法》《沈命法》等，基本构成了汉律的主要内容。后来，东汉大体上沿用了西汉旧律。汉朝的《九章律》《傍章律》《朝律》《越宫律》共计60篇，反映了汉律体系的基本形成。

其中，汉律受儒家经义的影响是非常明显的，经学的刑德观自然也融入其中。《傍章律》是由儒家学者亲自主持制定的，虽然《傍章律》18篇内容已不可考，但据现有史料推断，它是对违反礼仪行为的处罚规范，自然融入了儒家礼制精神。因此，《傍章律》是刑律的重要补充，又是引礼入律的突出佐证。[①]由赵禹奉命制定的《朝律》6篇，应该说也深受儒家经义的影响。《朝律》属朝仪方面的法律，自然离不开儒家礼仪。此外，《左官律》《沈命法》《阿党附益法》都是以限制诸侯权力、镇压百姓为主要内容的法律，目的都在于巩固中央集权、削弱诸侯势力、防止百姓造反。这正是儒家宣扬的大一统思想和君权至上思想的反映。当然，也有学者指出，汉初的"礼法合流"是由客观历史原因所致，与西汉末叶原"德主刑辅"明确理论思想指导下的引礼入律是有所区别的，前者是一种"无意识"的成果，后者是"有意识"的成果。[②]笔者认为，这种说法只是其中一个方面。自孔子创立儒家以来，"德主刑辅"思想就在儒家思想中占有重要地位，而并非创自汉代。故叔孙通作为大儒不可能不懂"德主刑辅"思想。叔孙通所制"礼仪"即《傍章律》，以及赵禹所制《朝律》，均是关于"朝觐宗庙之仪，吉凶丧祭之典"[③]。而且，在汉律的60篇基本篇目中，礼仪制度竟达24篇，几居半数。这不能不说是儒家经义融入汉律的具体体现。在前面章节关于引经入诏令的叙述中，笔者认为汉律儒家化开始的时间不是在多数学者认为的西汉中期，而是在汉初，这里也可作为进一步说明之证据。

同时，汉代法律思想具有浓厚的伦理色彩，这是经义融入汉律的又一具体体现。而这种伦理色彩又突出表现在三纲和孝思想入律及汉代统治者

---

① 宋四辈：《中国传统刑法理论与实践》，郑州：郑州大学出版社，2004年，第41页。
② 朱勇主编：《中国法制史》（第二版），北京：法律出版社，2006年，第82页。
③ 程树德：《九朝律考》卷一，北京：中华书局，2006年，第11页。

用法律维护三纲和孝道这一根本伦理价值上。众所周知，儒家伦理思想的一个重要内容就是宣扬"孝道"，以孝为百行之先是儒家的传统观念。《孝经》中说："夫孝，天之经也，地之义也，民之行也。""夫孝，德之本也，教之所由生也。"① 由此可见，"孝"在儒家经学思想中的重要地位。在汉代，统治者吸纳了儒家的孝道观，以孝治天下，并逐渐将经学宣扬的孝道思想融入汉律之中。例如，在张家山汉简《二年律令》中已经保存了处罚不孝的原始法律条文。《二年律令·贼律》记载："子贼杀伤父母，奴婢贼杀伤主、主父母妻子，皆枭其首市。""子牧杀父母，殴詈泰父母、父母、假大母、主母、后母，及父母告子不孝，皆弃市。"② 从律文中清晰可见，汉代对不孝罪的处罚极其严厉。我们知道，汉律原本有"先自告除其罪"③的规定，但这一规定对于违反孝道的人来说并不适用。《二年律令·告律》记载："杀伤大父母、父母，及奴婢杀伤主、主父母妻子，自告者皆不得减。"④ 这就是说，即使主动投案自首也得不到减刑，即对违反儒经孝道思想的不孝之罪一般不予宽赦。而且在《二年律令·户律》中有"孙为户，与大父母居，养之不善，令孙且外居。另大父母居其室，食其田，使其奴婢，勿外卖"的规定，这一法律条文将"养之不善"也作为一种不孝行为对待，不孝者将遭受驱出家门的处罚。⑤ 由此可见，儒家孝道思想对汉律影响之深。

## 二、经义与诏令

令是皇帝针对特定事件、特定对象而在已制定法律之外临时发布的命令。这是汉朝刑律的主要渊源之一，具有最高的法律效力。"天子诏所增

---

① 李隆基注，邢昺疏：《孝经注疏》，李学勤主编：《十三经注疏》，北京：北京大学出版社，2000年，第22、3页。
② 张家山二四七号汉墓竹简整理小组编：《张家山汉墓竹简〔二四七号墓〕》，北京：文物出版社，2001年，第139页。
③ 班固：《汉书》卷四十四，北京：中华书局，1962年，第2156页。
④ 张家山二四七号汉墓竹简整理小组编：《张家山汉墓竹简〔二四七号墓〕》，北京：文物出版社，2001年，第151页。
⑤ 崔永东：《张家山汉简中的法律思想》，《法学研究》，2003年第5期。

损，不在律上者为令"①，这是对令恰如其分的解释。令的内容庞杂，至宣帝时，已经不得不把令按时间顺序分类编成"令甲""令乙""令丙"等。与律相比，令的制定程序简单、针对性强，具有较高的灵活性。汉代君主以命令形式发布的特别法的主要形式是令和诏，自始皇宣布"命为制，令为诏"后，命、制、令、诏具有相似的意义，都是以君主命令形式发布的单行规定。为了叙述方便起见，笔者将之称为诏令。

西汉初期，儒家的"民本"与"仁政"思想开始向统治阶级渗透。例如，陆贾就认为"握道而治，据德而行"；"守国者以仁坚固，佐君者以义不倾，君以仁治，臣以义平，乡党以仁恂恂，朝廷以义便便"。②他说："治以道德为上，行以仁义为本。"③"夫法令者，所以诛恶，非所以劝善。""曾、闵之孝，夷、齐之廉，此宁畏法教而为之者哉?"④此后，贾谊在《过秦论》中说："仁义不施而攻守之势异也。"在《新书·大政上》中说："闻之于政也，民无不为本也。国以为本，君以为本，吏以为本，故国以民为安危，君以民为威侮，吏以民为贵贱。此之谓民无不为本也。"⑤正是这些对秦政与秦律的检讨反思及必要的矫正，为汉律儒家化奠定了基础。实际上，经义入诏令在汉文帝时期已经开始，在文帝回答缇萦上书的诏令中可以窥见。随着汉朝统治思想的转变，儒家思想占据主导地位，并迅速在法制上获得回应。但是，由于律的稳定性、立法的相对滞后性等特点，儒家经学刑德观对汉律的影响自然也有一个缓慢的过程。

到西汉中后期，随着经学的发展，经学与政治、法律的关系越来越密切，帝王引经入诏令也越来越频繁。汉武帝欲立卫氏为皇后时，在诏书中引经说：

---

① 班固：《汉书》卷八，北京：中华书局，1962年，第253页。
② 王利器：《新语校注》，北京：中华书局，1986年，第28、30页。
③ 王利器：《新语校注》，北京：中华书局，1986年，第142页。
④ 王利器：《新语校注》，北京：中华书局，1986年，第65页。
⑤ 贾谊撰，阎振益、钟夏校注：《新书校注》卷第九，北京：中华书局，2000年，第338页。

朕闻天地不变，不成施化；阴阳不变，物不畅茂。《易》曰"通其变，使民不倦"。《诗》云"九变复贯，知言之选"……①

元鼎三年（前114），庄稼歉收，百姓饥寒，武帝认为造成歉收的原因是没有祭土地神。于是武帝发布诏令说："朕以眇身托于王侯之上，德未能绥民……思昭天地，内惟自新。《诗》云：'四牡翼翼，以征不服。'亲省边垂，用事所极。……《易》曰：'先甲三日，后甲三日。'朕甚念年岁未咸登，饬躬斋戒，丁酉，拜况于郊。"② 其中"四牡翼翼，以征不服"语出儒家经典《诗经》，"先甲三日，后甲三日"语出儒家经典《易经》。

帝王将儒家《诗经》《尚书》《易经》等引入诏令之中，使诏令不断经学化。从武帝开始，帝王对臣下也常以经答复问题，这在宣、元、成三帝时期的诏书中已是一种常见的范式。特别是宣帝之后的皇帝，更把武帝要求大臣们引经论政的传统发扬光大，皇帝和大臣们引经据典成风，其例不胜枚举。甚至连后宫中的皇后等往往也是引经据典的行家。如王莽专权，孔光欲告老还乡，王太后给孔光下诏说："《书》曰：'无遗耇老'，国之将兴，尊师而重傅。"③ 可谓言之有据。

汉代自汉武帝接受儒家今文经学大师董仲舒尊崇儒术的建议后，到汉宣帝时，于地节三年十一月，下诏举孝悌。宣帝认为自己在实行"王道"、宣扬儒家思想方面有所欠缺，于是下诏说："朕既不逮，导民不明，反侧晨兴，念虑万方，不忘元元。……传曰：'孝弟也者，其为仁之本与！'其令郡国举孝弟、有行义闻于乡里者各一人。"④ 其中"孝弟也者，其为仁之本与"出自《论语·学而》。汉宣帝将儒家经传引入诏令之中，使汉代诏令这种法律形式的经学化特征更为明显。宣帝五凤三年又发布诏令说："往者匈奴数为边寇，百姓被其害。……朕之不敏，惧不能任，娄蒙嘉瑞，

---

① 班固：《汉书》卷六，北京：中华书局，1962年，第169页。
② 班固：《汉书》卷六，北京：中华书局，1962年，第185页。
③ 班固：《汉书》卷八十一，北京：中华书局，1962年，第3363页。
④ 班固：《汉书》卷八，北京：中华书局，1962年，第250页。

获兹祉福。《书》不云乎？'虽休勿休，祇事不怠。'公卿大夫其勖焉。"① 之后，汉元帝发布诏令也引儒经说："朕承先帝之圣绪，获奉宗庙，战战兢兢。……《书》不云乎？'股肱良哉，庶事康哉！'布告天下，使明知朕意。"② 初元五年夏，白虎星座出现彗星，元帝又发布诏令："朕之不逮，序位不明……《诗》不云乎？'凡民有丧，匍匐救之。'其令太官毋日杀，所具各减半。"③ 永光四年六月，孝宣园发生火灾，其后又出现日食，元帝又发布诏令说："盖闻明王在上，忠贤布职……《诗》不云虖？'今此下民，亦孔之哀！'自今以来，公卿大夫其勉思天戒，慎身修永，以辅朕之不逮。"④ 由此可见，儒家经学对汉代诏令影响深远，引经入诏令既使汉代法律形式经学化，又使法律不断儒家化。此后在东汉，皇帝亦多学习儒家经典，引经传入诏令。如光武帝建武二年三月乙未，大赦天下，诏曰："顷狱多冤人，用刑深刻，朕甚愍之。孔子云：'刑罚不中，则民无所措手足。'其与中二千石、诸大夫、博士、议郎议省刑法。"⑤

在引经入诏令的过程中，统治者开始把《春秋》《诗经》《书经》《易经》《仪礼》引作依据，其中引《春秋》者最多。其中原因，在《史记·太史公自序》中有所概括，那就是《春秋》有"微言大义"："《春秋》文成数万，其指数千。万物之散聚皆在《春秋》。……故有国者不可以不知《春秋》，前有谗而弗见，后有贼而不知。为人臣者不可以不知《春秋》，守经事而不知其宜，遭变事而不知其权。为人君父而不通于《春秋》之义者，必蒙首恶之名。为人臣子而不通于《春秋》之义者，必陷篡弑之诛，死罪之名。其实皆以为善，为之不知其义，被之空言而不敢辞。夫不通礼义之旨，至于君不君，臣不臣，父不父，子不子。夫君不君则犯，臣不臣则诛，父不父则无道，子不子则不孝。此四行者，天下之大过也。以天下之大过予之，则受而弗敢辞。故《春秋》者，礼义之大宗也。"

---

① 班固：《汉书》卷八，北京：中华书局，1962年，第266-267页。
② 班固：《汉书》卷九，北京：中华书局，1962年，第279页。
③ 班固：《汉书》卷九，北京：中华书局，1962年，第285页。
④ 班固：《汉书》卷九，北京：中华书局，1962年，第291页。
⑤ 范晔撰，李贤等注：《后汉书》卷一上，北京：中华书局，1965年，第29页。

我们知道，春秋决狱对法律儒家化起到了重要作用，但我们也必须清楚地认识到春秋决狱的不足和当时春秋决狱的真实影响。李俊芳认为："《春秋决狱》是案例集，它在司法实践中发挥作用，但它的作用是决事比。"《周礼·秋官·大司寇》注"若今时决事比也"，疏："若今律，其有断事，皆依旧事断之，其无条，取比类以决之，故云决事比也。"① 众所周知，武帝重用酷吏，其时死罪决事比就多至一万三千四百七十二条。其后虽然刑罚变得宽缓，但死罪决事比还有三千多条，如《魏书·刑罚志》载："于定国为廷尉，集诸法律，凡九百六十卷，大辟四百九十条，千八百八十二事，死罪决比，凡三千四百七十二条，诸断罪当用者，合二万六千二百七十二条。"② 由此不难看出，"死罪决事比这么多，再加之其它罪还存在决事比，那么决事比的数量就可想而知了，我们如果将《春秋决狱》放入决事比中，其比例之低是不言自明的，虽然《春秋决狱》是诏狱，是疑难案件，在这么多决事比中它的作用在打折扣是毋庸置疑的，何况还有那么多汉律的存在呢。"③ 这样，在律、比等大量存在的背景下，以儒家思想为指导的春秋决狱的影响与作用是很微弱的，儒家思想对司法的作用也明显减弱。但是，随着儒家经学思想在汉代统治地位的确立，帝王以王权形式将经学化的诏令渗透到社会的每一个角落，引经义入诏令必然使儒家思想向法律进行更深入和全面的渗透，诏令的经学化自然是呼之欲出了。所以随着以经治国的推行，礼法结合的精神在汉代法律中得到了充分体现。所谓"汉律正多古意……尚得三代先王之遗意也"④，就是对它的概括。

## 三、经义与比

在《礼记·王制》中有"众疑赦之，必察小大之比以成之"的记载，

---

① 郑玄注，贾公彦疏：《周礼注疏》，李学勤主编：《十三经注疏》，北京：北京大学出版社，2000年，第1067页。
② 魏收：《魏书》卷一百一十一，北京：中华书局，1974年，第2872页。
③ 李俊芳：《〈春秋决狱〉与引经注律》，《长春师范学院学报》，2004年第6期。
④ 沈家本：《寄簃文存》，北京：商务印书馆，2017年，第200页。

郑玄注："小大犹轻重，已行故事曰比。"比是中国古代早已存在的一种法律形式。在春秋时期，"临事制刑，不预设法"是奴隶主贵族的一个法制原则，他们崇尚刑不可知、威不可测的专横统治。因此，那时的国家法律形式是判例，只是这种法律形式随着奴隶制被封建制取代而失去了当初的作用。到秦时，判例以"廷行事"的形式表现出来。秦始皇统一六国，焚书坑儒，法治思想占据社会的主流。为了加强皇帝的专权，法律由以君主为首的国家机关依一定程序制定出来，予以公布，法官在审判时只能依据成文法，因此有了"事皆决于法"①之说。秦代成文法虽很发达，但并没有使判例法退出历史舞台。据《汉书·刑法志》记载，秦始皇"专任刑罚，躬操文墨，昼断狱，夜理书，自程决事"②。这里作为法律形式的"事"即廷行事，是宫廷已行的成事，就是具有法律约束力的判例，只不过这时的判例只在很少的情况下适用罢了。从春秋到秦汉，法律形式可以说经过了从判例法到成文法，再到判例法加成文法的"混合法"过程。

"比"的基本含义是则例、故事。"法律意义上的比，即指既定律令、判例成案，是法律载体之一。由此义项，又延伸出与此密切相关的另一义项，即'决事比'。"③ 汉代的"比"作为重要的法律形式，渊源于秦代的廷行事，一般称为"决事比"。《周礼·秋官·大司寇》注："若今律，其有断事，皆依旧事断之，其无条，取比类以决之，故云决事比也。"④ 因而，汉代的决事比是指在没有法律条文的规定下，比照相类似的法律条文和已经判决的典型案例来审判案件。汉律的制定者们都重视制定以刑为主，包含民事、行政、实体与程序法的法典，但由于成文法典不可能包罗无遗，又难以朝令夕改，故常常出现法典与现实生活脱节的现象。为此，

---

① 司马迁：《史记》卷六，北京：中华书局，1982年，第238页。
② 班固：《汉书》卷二十三，北京：中华书局，1962年，第1096页。
③ 徐世虹主编：《中国法制通史》（战国秦汉卷），北京：中国法制出版社，2021年，第285页。
④ 郑玄注，贾公彦疏：《周礼注疏》，李学勤主编：《十三经注疏》，北京：北京大学出版社，2000年，第1067页。

汉代统治者们除了随时颁布大量的法令，还制定和使用判例①，"以例相比况"②，以弥补成文法之不足。在两汉四百年中，"比"作为重要的法律渊源之一，在司法中大量使用。特别是汉武帝后，在"奸猾巧法，转相比况，禁罔浸密"③的情形下，"比"的数量越来越多。仅武帝时，死罪决事比就有一万三千四百七十二件，"文书盈于几阁，典者不能遍睹"④。

汉代随着判例发展越来越多，国家无法协调好成文法与判例法的关系，也缺乏相应的规则将决事比的使用固定化、程序化，反而使本是为了克服司法弊端、防止司法混乱而出现的决事比在实施过程中加剧了司法的混乱。在审判同一案件时，是从轻还是从重比，完全取决于司法官吏，为他们徇私舞弊开了方便之门。因此，汉代法律并不是春秋时期仅注重人事的家本位法，也不同于秦代仅注重专制皇权的国本位法，而是二者的结合体。在推崇礼法合一的汉代，统治者既要考虑维护自身的专制统治，又要维护宗法家族制。在体现宗法等级制度的国家，"礼"支配着人们的思想行为，成为法律的直接来源，但汉初萧何制《九章律》毕竟是汉承秦制的结果，"捃摭秦法，取其宜于时者"⑤。汉律继承了秦律，而秦代所立之法均为非礼之法，汉律自然不能体现儒家的道德精神和德主刑辅思想，所以判例就以其特有的灵活性成为儒家引礼入法、将道德法律化的重要途径，并以此来改变以法家思想为主的成文法一统天下的局面。⑥另外，礼根植于人们的风俗习惯中，援引大量包含礼的思想进入法律，可以让法律更贴近人们的生活，稳定人们的情绪，符合统治者德主刑辅、礼法并用的治国理念。所以，对原先的法律精神进行改造，使之更具普遍性、适应性，更贴近社会生活，更具有鲜明的礼法色彩，以弥补成文法的不足成为时代之要求。

---

① 武树臣：《中国古代法律样式的理论诠释》，《中国社会科学》，1997年第1期。
② 班固：《汉书》卷二十三，北京：中华书局，1962年，第1101页。
③ 班固：《汉书》卷二十三，北京：中华书局，1962年，第1101页。
④ 班固：《汉书》卷二十三，北京：中华书局，1962年，第1101页。
⑤ 班固：《汉书》卷二十三，北京：中华书局，1962年，第1096页。
⑥ 汪世荣：《中国古代判例法制度》，《判例与研究》，1996年第1期。

因此，在西汉中期以后，由于儒家经义对汉代政治的深刻影响，以儒家经义作为法的依据来处理一些疑难案件，形成经义决事比也就不足为奇了。我们知道，自汉武帝尊崇儒术以来，儒家法思想逐渐上升为主流法律思想，儒家道德逐渐法律化，春秋决狱将儒家经典《春秋》所载事项及其体现的道德原则作为司法审判依据，这种做法实际上肯定了儒家经义具有等同于甚至高于现行法律的价值；或者说，儒家的某些道德原则具有替代某些法律条文的作用，以及与某些现行法律条文等同的法律效力。① 在这些有利条件下，经学者有了制定判例、使用判例的权利。例如《后汉书·应劭传》记载："胶西相董仲舒老病致仕，朝廷每有政议，数遣廷尉张汤亲至陋巷，问其得失。于是作《春秋决狱》二百三十二事，动以经对，言之详矣。"② 以《春秋》经义断狱，主要是将经义的一些原则引入决事比之中，如将"亲亲相隐""君子原心，赦而不诛"，以及"赏及全家、刑止一身、王者无外、君亲无将、为尊者讳、大义灭亲、刑不淫滥、以功覆过、善及子孙"③ 等原则引入汉代决事比中，实行"论心定罪"。如案例："甲有子乙以乞丙，乙后长大，而丙所成育。甲因酒色谓乙曰：汝是吾子，乙怒杖甲二十。甲以乙本是其子，不胜其忿，自告县官。仲舒断之曰：甲生乙，不能长育，以乞丙，于义已绝矣。虽杖甲，不应坐。"④ 从该案例来看，它强调了儒家的父慈子孝及父母子女关系中的事实上的扶养、赡养关系，并由此限制了汉律杀父罪的适用范围。

在汉代，运用儒家经义处理疑难案件，除了董仲舒《春秋决狱》二百三十二事，根据程树德先生的汇集，还有其他重大引经决狱案件二十多起。汉代的其他官吏也常运用经义处理重大狱讼案件，如对于淮南王刘安谋反之事，胶西王刘端议曰："安废法度，行邪辟，有诈伪心，以乱天下，营惑百姓，背畔宗庙，妄作妖言。《春秋》曰：'臣毋将，将而诛。'安罪

---

① 武树臣：《儒家法律传统》，北京：法律出版社，2003 年，第 134 页。
② 范晔撰，李贤等注：《后汉书》卷四十八，北京：中华书局，1965 年，第 1612 页。
③ 刘恒焕：《中国法律之儒家化"三部曲"说》，《中外法律史新探》，西安：陕西人民出版社，1994 年。
④ 程树德：《九朝律考》卷一，北京：中华书局，2006 年，第 164 页。

重于将，谋反形已定。……当伏法。"① 经义决事比在汉代使用甚广，也正是在使用过程中，它与司法审判活动紧密结合，批判了片面重视成文法，严格束缚法官个性与首创精神的司法状况，法官不是只懂"法数"而不懂"法义"的执法工匠，而是能够既创制法律又实现法律、熔司法与立法于一炉的法律大家。② 汉代中期以后，儒家经学思想成为主流，既读经又习律的大师们肩负着用经学精义注释法律的使命，使枯燥无味的法条带有伦理礼制精神，正是这种精神的存在，激发了法官们的主观能动性，唤起了他们创作的激情，使判例法自秦汉以后成为治理国家不可缺少的工具之一。在这种背景下，经义与判例法的结合成为时代之必然。在这一指导思想下，汉代经术之士实行春秋决狱，达到了以经义创立判例法的高峰。

当然，决事比作为一种判例，它的法律渊源首先来自皇帝的意志。自汉高祖首开祭孔子之先河后，汉代的帝王多受儒家经典思想的深刻影响。而决事比作为一种判例，主要来源于对重案、疑案或者要案的处理，皇帝对有争议案件的最终表态，是该案件的判决能否成为可行之比的主要前提。如汉成帝绥和元年（前8），定陵侯淳于长罪至大逆而下狱死，淳于长原有小妻迺始等六人均已在案发前被弃或改嫁，对于是否治罪迺始等人，丞相翟方进、大司空何武、廷尉孔光展开了辩论。依据汉律，"大逆无道，父母妻子同产无少长皆弃市"，但从经义来看，经学者孔光认为"夫妇之道，有义则合，无义则离"。此案最终以"有诏光议是"③ 决断。这意味着当既定律令与法律实践形式存在一定空间时，汉代经学的经义获得了帝王的认可，成为决事比遵循的内容，并成为弥补律令与比不足的最有效的形式。同时，对于汉代已行判例的法律效力，也可以运用经义以新的判例加以解释而取而代之。如下面这则案例：

  安帝初，清河相叔孙光坐臧抵罪，遂增锢二世，衅及其子。是时

---

① 班固：《汉书》卷四十四，北京：中华书局，1962年，第2152页。
② 武树臣：《贵族精神与判例法传统》，《中外法学》，1998年第5期。
③ 班固：《汉书》卷八十一，北京：中华书局，1962年，第3355页。

居延都尉范邠复犯臧罪，诏下三公、廷尉议。司徒杨震、司空陈褒、廷尉张皓议依光比。恺独以为"《春秋》之义，'善善及子孙，恶恶止其身'，所以进人于善也。《尚书》曰：'上刑挟轻，下刑挟重。'如今使臧吏禁锢子孙，以轻从重，惧及善人，非先王详刑之意也"。有诏："太尉议是。"①

从以上案例可知，此案以经义为准绳，否定旧例而批准新例，禁锢之限复至其人终身。由此可见，汉代既通过对具体案例的审判比附经义、诠释经义，又通过经义的合法性使所决案例完成法律原则的确立，使之成为可以比附的依据。所以经义决事比在适时补充修正汉代律令、阐述儒家刑德观念方面具有重要的作用。这种通过经义决事比阐述法律的传统，对中国古代传统法影响深远，对以儒家经学刑德观为特征的法律精神的张扬等具有重要的现实意义。另外，汉代也奠定了经义决事比隶属于成文法且与成文法并行不悖的法律地位。经义决事比的好处主要表现在：首先，在不改变和废除先王法令的前提下，可以用经义决事比作为断案的依据；其次，经义一般是在先王时期形成的，对之加以使用，体现了对先王的尊重。此外，汉代打破了"学在官府""以吏为师"的局面，司法官吏父子相承，司法官吏的弟子在年轻时就有条件熟悉司法实践和以前的经义决事比，《晋书·刑法志》中对陈宠父子的记载就是一个例子，"忠后复为尚书，略依宠意，奏上三十三条，为《决事比》"。我们知道，儒家经典的内容极为丰富，这就为儒家经义贯注于汉律之中打开了方便之门。

在汉代的几种法律载体中，"律呈最稳定的样态，在两汉四百余年的法制演进过程中，变化相对缓慢而不明显，在调整纷繁复杂的社会关系方面显示出一定的滞后性，因此产生于动态的司法实践中并带有明显时效特

---

① 范晔撰，李贤等注：《后汉书》卷三十九，北京：中华书局，1965年，第1308-1309页。

征的比，在充实、弥补乃至变通律令上具有相当灵活的功效"①。这既为当时甚为严酷的司法实践注入了一股慎刑、德治和教化之新风，在一定程度上缓解了汉代严刑峻法的状态，矫正了汉律严苛的现实，又对汉律儒家化的形成有着重要的现实意义。同时，后世社会由于受儒家孝思想观念等的影响，将儒家的诸多伦理道德注入法律体系之中，将祖辈的经义决事比继承下去，在世代的司法实践中加以运用，使儒家经义对中国传统法律产生了深远影响。

---

① 徐世虹主编：《中国法制通史》（战国秦汉卷），北京：中国法制出版社，2021年，第294页。

# 第四章
# 经学礼法观与汉代法律制度

## 第一节 经义与刑法制度

对汉代经学刑德观与法律制度的研究，迄今为止，仍有诸多问题需要深入探析，如经学刑德观与汉代法律制度的改革、经学刑德观与妖言罪的恢复等。笔者认为，这其中有三个突出问题：其一，儒家经学刑德观对汉代法律形式尤其是诏令的影响；其二，汉律儒家化开始的时间；其三，"亲亲相隐"入律的时间。对于前两个问题，目前学界多认为是在汉武帝尊崇儒术之后，尤其是董仲舒掀起春秋决狱之后才开始出现的。而"亲亲相隐"入律的时间，目前学界多认为是在汉宣帝时期。笔者通过对《史记》《汉书》《后汉书》《西汉会要》《东汉会要》《资治通鉴》等书中的两汉经学与法律相关问题的分析，认为引经入诏令与以经断狱对上述问题产生了极其重要之影响。同时，汉律儒家化早在西汉前期之文景时期就已开始了，"亲亲相隐"在董仲舒掀起春秋决狱时就已经以判例形式入律了。

在春秋战国时期，国家奠基于血缘宗法关系之上，其政体表现为家国同构的模式，而礼中所蕴含的"亲亲""尊尊"之义很好地适应了这种国家形态的统治需要。中国传统法中的八议制、容隐制就是在此基础上发展起来的。八议制从法律上公开保护贵族、官僚，使他们在违法犯罪时得以减轻或免除刑罚，是一种维护礼制的制度。"亲亲相隐"是指亲属之间隐庇犯罪可不受法律制裁，是维护礼制的重要原则。秦汉之后，随着直接隶属于中央的郡县制度的确立，行政机构的发展呈现出职能化、专门化的趋势，它使先秦时期那种具有高度整合性，涵盖国家政治制度各个方面的礼制秩序，开始被以"三公九卿制"为特征的官僚制度取代。特别是汉代之后，随着中国的儒家化进程的开展，礼逐渐显现出由外而内、由表及里的趋势，在法律方面表现为经义对汉代法律制度的渗透。

## 一、"亲亲"与"容隐"

所谓"亲亲相隐"，中国《法学词典》"亲亲相隐"条的解释是："亦称'亲属容隐'。中国旧制指亲属之间可以相互隐瞒罪行。"① 在中国，"亲亲相隐""父子相隐"思想早在春秋战国时期就出现了。亲亲相隐思想最早见于《国语·周语》之中，其中记载了卫大夫元咺诉其国君卫成公于当时的盟主晋文公，周襄王反对晋文公受理此案，认为君臣皆狱，父子将狱，是无上下也。其后孔子明确提出了亲亲相隐的思想。据《论语·子路》记载：

> 叶公语孔子曰："吾党有直躬者，其父攘羊，而子证之。"孔子曰："吾党之直者异于是。父为子隐，子为父隐，直在其中矣。"

后来，孟子运用生动形象的个案进一步阐释了亲亲相隐的思想。《孟子·尽心上》曰：

> 桃应问曰："舜为天子，皋陶为士，瞽瞍杀人，则如之何？"孟子曰："执之而已矣。""然则舜不禁与？"曰："夫舜恶得而禁之？夫有

---

① 《法学词典》编辑委员会编：《法学词典》（增订版），上海：上海辞书出版社，1984年，第723页。

所受之也。""然则舜如之何?"曰:"舜视弃天下犹弃敝蹝也。窃负而逃,遵海滨而处,终身欣然,乐而忘天下。"

他在《孟子·万章上》中又说:

> 万章问曰:"象日以杀舜为事,立为天子则放之,何也?"孟子曰:"封之也;或曰,放焉。"万章曰:"舜流共工于幽州,放驩兜于崇山,杀三苗于三危,殛鲧于羽山,四罪而天下咸服,诛不仁也。象至不仁,封之有庳。有庳之人奚罪焉?仁人固如是乎?在他人则诛之,在弟则封之?"曰:"仁人之于弟也,不藏怒焉,不宿怨焉,亲爱之而已矣。亲之,欲其贵也;爱之,欲其富也。封之有庳,富贵之也。身为天子,弟为匹夫,可谓亲爱之乎?""敢问或曰放者,何谓也?"曰:"象不得有为于其国,天子使吏治其国而纳其贡税焉,故谓之放。岂得暴彼民哉?虽然,欲常常而见之,故源源而来。'不及贡,以政接于有庳',此之谓也。"

所以,亲亲相隐思想在儒家经典《春秋》《孟子》等书中早有体现。但在战国时代,法家思想占主导地位。法家认为每个人时刻都有犯罪动机,在审理案件时用不着探究罪犯在犯罪时的主观心态,只看客观方面,只要某人在客观上实施了危害国家和社会利益的行为,就构成犯罪,应给予处罚。法家奖励告奸,知情不报会被"连坐"。因而,孔子的"父子相隐"思想在当时条件下只是一种愿望而已。在《春秋》中有根据犯罪的动机、心理状态等主观因素来定罪的记载,衡量一个人的动机是否恰当的主要标准,则是《春秋》大义,也就是儒家提倡的宗法伦理道德,即"亲亲""尊尊"的礼制伦理原则。这与法家的理论相反,亲亲相隐难以在先秦时期真正实现。

根据笔者的考察分析,亲亲相隐的法律化开始于公羊学家董仲舒的春秋决狱。只是到汉宣帝时,汉廷才彻底放弃了法律中的"重首匿之科"的刑罚原则,承认了亲亲相隐的合法性。这是因为随着儒家"亲亲""尊尊"的礼制原则与孝思想的发展,汉以降,亲亲相隐逐渐法律化。汉王朝通过对孝子烈女的旌表等方式,将"礼"的原则及其精神渗透到国人的心灵深处,使其成为中国古代社会的一种普适性的价值观,内化为民众"日用而不自觉"的观念体系。这反过来又成为支持统治者推行容隐制度的思想基础。礼重人伦,亲亲相隐的思想也随之上升为法律思想,刑律中因此而有"亲亲相为隐"制度。在西汉中期,公羊学家董仲舒将这一理论较早用于法律实践,其对"养父藏匿养子案"的处理首开亲亲相隐之先例。

在《通典》卷第六十九《礼二十九》中载有学界熟知的董仲舒《春秋决狱》中的一案例:

> 时有疑狱曰:"甲无子,拾道旁弃儿乙养之以为子。及乙长,有罪杀人,以状语甲,甲藏匿乙。甲当何论?"仲舒断曰:"甲无子,振活养乙,虽非所生,谁与易之!《诗》云:'螟蛉有子,蜾蠃负之。'《春秋》之义,'父为子隐',甲宜匿乙。"诏不当坐。①

我们知道,在汉代,如果按照汉律之刑罚,上述案例中甲本应受到处罚。养父藏匿养子,构成首匿罪。当时的立法尚无"父子相隐不为罪"的原则,同时法律不承认养父母与生父母有相同的权利义务关系。本案若机械按汉律规定,将父亲处死,则违背了儒家经学刑德观的伦理原则。在《诗经》《春秋》中,儒家经学认为父母子女间权利义务关系的构成,一是基于血缘关系,即所谓"生";二是基于抚养关系,即所谓"三年然后免于父母之怀"。尽了抚养义务的养父母,应当享有与亲生父母同样的权利。所以,董仲舒根据《诗经》之精神,结合《春秋》之义,将《春秋》中记载"父为子隐"之事,作为决事比,认为"甲无子,振活养乙,虽非所生,谁与易之","甲宜匿乙"。其建议得到了帝王诏令的批准,成为判例。由此看来,汉代最早提出"亲亲得相首匿"并将之用以决狱的是董仲

---

① 杜佑撰,王文锦等点校:《通典》卷第六十九,北京:中华书局,1988年,第1911页。

舒，然而学界虽熟知此案例，却大都就春秋决狱方面分析问题，未考虑到亲亲相隐的法律化问题。①

实际上，这一原则在很长时间里并没有被采用。根据《汉书·功臣表》记载，临汝侯灌贤，"元朔五年，坐子伤人首匿，免"。临汝侯灌贤因首匿犯伤人罪的儿子被免爵。又《盐铁论·周秦》中曰："自首匿相坐之法立，骨肉之恩废，而刑罪多矣。"可知"亲亲得相首匿"并未实行。直到汉宣帝时，由于穀梁学大力宣传"亲亲""尊尊"的宗法情谊，汉宣帝也非常强调"以孝治天下"，所谓"导民以孝，则天下顺"，亲亲相隐才被明令规定下来。汉宣帝诏曰：

> 父子之亲，夫妇之道，天性也。虽有患祸，犹蒙死而存之。诚爱结于心，仁厚之至也，岂能违之哉！自今子首匿父母，妻匿夫，孙匿大父母，皆勿坐。其父母匿子，夫匿妻，大父母匿孙，罪殊死，皆上请廷尉以闻。②

汉代昭、宣时期是法律儒家化的重要时期，这一时期非常重视《穀梁传》中经学刑德观的原则，注重宗法情谊。在汉宣帝时，汉廷彻底放弃了法律中"重首匿之科"的刑罚原则，承认亲亲相隐匿的合法性。也就是说，子女隐藏犯罪的父母、妻子隐藏犯罪的丈夫、孙子隐藏犯罪的祖父母，都不会被判刑。这一诏令从人类亲情的本性出发，解释了容隐的合法性。汉宣帝的这则诏书，不仅在经学所推崇的伦理道德上，而且在法理上肯定了容隐制的合法性。但是，从以上诏书中我们也应看到，在汉宣帝

---

① 在中山大学哲学系博士陈壁生的博士论文《亲亲相隐：从经典、故事到传统》中，笔者也看到了"亲亲相隐"与春秋决狱的关系。作者指出：董仲舒春秋决狱，从公羊学中发掘父子相隐，并推广到养父子相隐。其实，我们可从《盐铁论》中以贤良文学为代表的民间人士、儒生在强烈抗议皇权专制时，与主张申商连坐之法的权贵桑弘羊之流展开了斗争，依据的即孔孟之道与公羊《春秋》记载的孔子主张的"父为子隐，子为父隐，直在其中矣"的观点。陈壁生：《亲亲相隐：从经典、故事到传统》，中山大学博士学位论文，2007年。

② 班固：《汉书》卷八，北京：中华书局，1962年，第251页。

时，法律上的亲亲相隐始终是单向的，只能是卑为尊隐，而不能相反。如尊为卑隐，在当时还是要受到包括刑事制裁在内的各种处罚。随着亲亲相隐理论的发展，在汉宣帝时"父子相隐"的思想已扩大到夫妇、祖孙关系。东汉章帝时，主持召开白虎观会议，把亲亲相隐的范围进一步扩大到兄弟、朋友、夫妇关系，自此容隐制进一步完备起来，成为传统社会保障私权领域、防止公权力滥用的重要依据，为历代刑律所遵循。以后历代法典中都有类似规定，且相隐的范围越来越大。《唐律疏议》有中"同居相为隐"条，《宋刑统》中有"有罪相容隐"条，元代连谋反这种国事重罪都可容隐，明清时期容隐亲属的范围进一步扩展。民国时期，汪有龄、章宗祥、董康的《修正刑法草案》沿袭了《大清新刑律》。民国《六法全书》所规定的亲属匿罪、拒证特免权，都加入了新的时代精神，既重视维护亲情，又把亲情作为一种权利来进行法律保护。① 所以，从伦理道德的"父子相隐"到法律原则的"亲亲相隐"，董仲舒"养父藏匿养子案"的判决起到了承前启后的作用。将《春秋》一经用作判案依据，把礼的精神与原则引入司法领域，不仅是引礼入法，而且是以礼代法，从而为儒家伦理原则、礼治原则的法典化奠定了基础。

在本土法律文化中，孔子"父子相隐"思想的制度化不但外化为汉、唐、清律的"同居相为隐""亲属相为容隐"，而且它伴随着个人权利与隐私权意识的生长，对制约专制皇权及诛连制度等也具有一定的作用与意义。吴丹红博士指出，"亲亲相隐"及容隐制所体现的维护家庭稳定及人文关怀，是严酷的专制法律中的一个亮点。"亲亲相隐"与特免权都是以保护家庭关系为出发点，都注重亲情和伦理的价值。在这一点上存在着中西法律思想的"殊途同归"。② 郭齐勇先生认为，"亲亲相隐"这一传统在一定程度上保护了私权领域，缓解了严刑峻法对小民的全面专政。

---

① 郭齐勇：《"亲亲相隐""容隐制"及其对当今法治的启迪——在北京大学的演讲》，《社会科学论坛》（学术评论卷），2007年第8期。
② 吴丹红：《特免权制度的中国命运——基于历史文本的考察》，《证据学论坛》第10卷，北京：中国检察出版社，2005年，第387-388页。

## 二、"尊尊"与"八议"

在中国，传统法典中的"八议"，就是从法律上公开保护贵族、官僚和地主，使他们在违法犯罪时得以减轻或免除其刑罚的一种制度。其来源非常悠久，可以上溯至西周社会。《周礼》曾记载西周时有"八辟"的刑罚原则：一曰议亲之辟，二曰议故之辟，三曰议贤之辟，四曰议能之辟，五曰议功之辟，六曰议贵之辟，七曰议勤之辟，八曰议宾之辟。辟者，法也。八议之辟，即八议之法。郑玄解释说：议亲之辟，若今宗室有罪先请是也；议故，故旧不遗，则民不偷；议贤，若今廉吏有罪先请是也，贤，谓有德行者；能，谓有道艺者；议功，谓有大勋立功者；议贵，若今吏墨绶有罪先请是也；议勤，谓憔悴以事国；议宾，谓所不臣者，三恪二代之后。这是关于八议制度的最早也是最完整的表述，为以后传统法典中"八议"制度的最终确立奠定了理论基础。

在西汉初期，汉廷不断改革其"少文多质"的局面。自从汉高祖刘邦开始接受儒家文化后，儒家亲亲、尊尊的礼制原则不断渗透到汉朝的政治法律之中。在经学刑德观的作用下，汉廷在法律处罚上实行了贵贱有别的"先请"制度，应该说这是汉代"八议"制度的前奏及体现。汉高祖七年，诏曰："令郎中有罪耐以上，请之。"之后，《汉书·惠帝纪》记载："民有罪，得买爵三十级以免死罪。"[①] 当时，一级爵位为二千钱。这条规定的实质就是给地主豪绅等贵族有钱人以钱赎刑的特权。汉律规定了公侯贵族及其子嗣和官吏俸禄在三百石以上者在法律上都享受有罪"先请"的特权，凡经上请，一般都可以减刑或免刑。这公开宣告汉廷接受了儒家经学提倡的贵贱有别的思想。汉朝历代皇帝多次颁布诏令，规定或修改"先请"制度的适用范围。如宣帝黄龙元年诏："吏六百石位大夫，有罪先请。"[②] 平帝元始元年诏："公、列侯嗣子有罪，耐以上先请。"[③] 东汉光武

---

① 班固：《汉书》卷二，北京：中华书局，1962年，第88页。
② 班固：《汉书》卷八，北京：中华书局，1962年，第274页。
③ 班固：《汉书》卷十二，北京：中华书局，1962年，第349页。

帝建武三年诏:"吏不满六百石,下至墨绶长、相,有罪先请。"① 在《续汉书·百官志》中载有"小者置长,三百石;侯国之相,秩次亦如之"②。

自从武帝尊崇儒术之后,汉廷统治者为了标榜仁德,推行仁政和减免刑罚,以缓和矛盾,在授予贵族特权,体现尊尊与仁恩方面也表现得相当突出。汉代经学在吸收《周礼》"八辟"的基础上,逐渐将西汉时期的"先请"制度融入"八议"之中。其后,作为官僚贵族特权的"八议"正式入律,成为后世历代王朝法典中的一项重要的刑罚制度。凡属"八议"范围内的人,犯死罪时一般司法机关无权审理,必须将其犯罪事实与应属"八议"中的哪一类情形、适用刑罚的理由和标准上报皇帝,由皇帝交朝臣集议,最后由皇帝做出裁决,一般均可免除死罪;若被判处流刑或流刑以下的刑罚,则可直接减一等处罚。班固在《汉书·刑法志》中以"八议"为例,认为自武帝之后,关于贵族、官吏的优待法令越来越多,甚至有些王侯犯了杀人罪、乱伦罪和通奸罪等,往往都可以得到宽免。如江都王刘建,所行淫乱之事骇人听闻,但在他没有试图谋反前,虽然其弟曾予告发,廷尉亦不予治罪。乐成王刘苌"骄淫不法",安帝根据"八议"仅把他贬爵为侯。《后汉书》记载安帝诏曰:

> 苌有觍其面……乃敢擅损牺牲,不备苾芬。慢易大姬,不震厥教。出入颠覆,风淫于家,娉取人妻,馈遗婢妾。殴击吏人,专己凶暴。衍罪莫大,甚可耻也。朕览八辟之议,不忍致之于理。其贬苌爵为临湖侯。③

安帝之诏令犹如今日之判决书,先历数刘苌坏礼教、淫人妻、殴吏人三大罪状,按汉律构成"不道"罪。然而,贵贱有别,不能判刘苌死刑,

---

① 范晔撰,李贤等注:《后汉书》卷一上,北京:中华书局,1965年,第35页。
② 司马彪撰,刘昭注补:《续汉书·百官五》,《后汉书》志第二十八,北京:中华书局,1965年,第3622页。
③ 范晔撰,李贤等注:《后汉书》卷五十,北京:中华书局,1965年,第1673页。

只得将其贬为临湖侯。

《后汉书·应劭传》中也记载一案：

> 安帝时河间人尹次、颍川人史玉皆坐杀人当死，次兄初及玉母军并诣官曹求代其命，因缢而物故。尚书陈忠以罪疑从轻，议活次、玉。劭后追驳之……其议曰："……陈忠不详制刑之本，而信一时之仁，遂广引八议求生之端。夫亲故贤能功贵勤宾，岂有次、玉当罪之科哉？……败法乱政，悔其可追。"①

至于普通官吏，在武帝之后也增加了许多"请"和减免的规定。在高祖时，犯罪"先请"需达到较高的级别，"令郎中有罪耐以上，请之"②，规定"请"的范围需在"耐"罪以上。至汉宣帝时，便已取消了这一限制，"吏六百石位大夫，有罪先请"③。到东汉光武帝时，则更加放宽，甚至规定"吏不满六百石，下至墨绶长、相，有罪先请"④。按《汉书·百官公卿表》："凡吏……秩比六百石以上，皆铜印黑绶……比二百石以上，皆铜印黄绶。"⑤ 这显然是"议贵"思想的进一步体现，说明"八议"在汉代已经制度化、法律化。

关于"八议"在汉代的法律化，有诸多案例，如汉灵帝中平元年（184），黄巾军起义，原武威太守酒泉黄隽被征，"失期"，即没按时到达指定地点。凉州刺史梁鹄欲奏诛黄隽，盖勋为言得免。隽以二十斤黄金相谢，盖勋辞曰："吾以子罪在八议，故为子言。吾岂卖评哉！"⑥ 这里若按汉之军法，"行而逗留畏懦者要斩"⑦，因黄隽曾任太守之职，属于"议

---

① 范晔撰，李贤等注：《后汉书》卷四十八，北京：中华书局，1965年，第1610-1611页。
② 班固：《汉书》卷一下，北京：中华书局，1962年，第63页。
③ 班固：《汉书》卷八，北京：中华书局，1962年，第274页。
④ 范晔撰，李贤等注：《后汉书》卷一上，北京：中华书局，1965年，第35页。
⑤ 班固：《汉书》卷十九上，北京：中华书局，1962年，第743页。
⑥ 范晔撰，李贤等注：《后汉书》卷五十八，北京：中华书局，1965年，第1880页。
⑦ 班固：《汉书》卷五十二，北京：中华书局，1962年，第2405页。

贵"的范围，盖勋为之辩护的法律依据就是"八议'，故司法机关不得不采纳其意见，免去黄隽死刑。此案更进一步证明，经学提倡的贵贱有别已经深入"八议"之中。正是在经学刑德观的作用下，"八议"在汉代法律体系之中逐渐系统化、法制化、制度化，成为司法机关必须遵循的法律准据。故有学者指出："称'八议入律始于曹魏'尚可；称'八议制度始成于曹魏'则不可。"①

此后，经过两汉，儒家经学刑德观进一步渗入法律之中。到了曹魏时期，"八议"制度正式上升为法律制度。魏晋南北朝时期，"八议"的具体内容已不可考。古代传统法典中"八议"制度的最后确立，是在隋朝的《开皇律》。隋朝的统治者总结了汉魏以来有关维护地主、贵族、官僚等级特权的立法经验，使"八议"制度更加完备。《隋书·刑法志》载隋律规定："其在八议之科，及官品第七已上犯罪，皆例减一等。"唐沿隋制，仍遵而不改，如《唐六典》载："自魏、晋、宋、齐、梁、陈、后魏、北齐、后周及隋皆载于律。"②

"八议"制度中"议"的标准不仅仅是国法，而是涉及"天理""国法"和"人情"的结合。根据《三国志·魏书·夏侯玄传》记载："（许）允字士宗，世冠族。父据，仕历典农校尉、郡守。允少与同郡崔赞俱发名于冀州，召入军。明帝时为尚书选曹郎，与陈国袁侃对，同坐职事，皆收送狱，诏旨严切，当有死者，正直者为重。允谓侃曰：'卿，功臣之子，法应八议，不忧死也。'侃知其指，乃为受重。允刑竟复吏，出为郡守，稍迁为侍中尚书中领军。"③ 就"八议"制度具体评议的标准而言，"议者，原情议罪，称定刑之律，而不正决之"④。

总之，在汉代，通过儒家经学刑德观的作用，"八议"得以成为制度，

---

① 龙大轩：《汉代律章句学考论》，西南政法大学博士学位论文，2006年。
② 李林甫等撰，陈仲夫点校：《唐六典》卷第六，北京：中华书局，1992年，第187页。
③ 陈寿撰，陈乃乾校点：《三国志》卷九，北京：中华书局，1982年，第303页。
④ 杜佑撰，王文锦等点校：《通典》卷第一百六十五，北京：中华书局，1988年，第4246页。

通过议、赎、减、免等律条,贵族、官员享有的特权得以固定化、法律化,并得到系统而稳定的司法保障。在经学刑德观的作用下,尽管"八议"的具体内容与实施情况各代不尽相同,但其中体现的"亲亲""尊尊"和贵贱有别、同罪异罚仍是核心。"八议"使一些身为权贵的犯罪者得以逃脱处罚,从而严重破坏了法律本身应该拥有的内在公平性价值,成为中国古狱制发展中黑暗、腐朽的特征之一。

## 第二节 经学刑德观的阴阳五行化与汉代刑罚的制度化

众所周知,中国古代正统法律思想,以天人合一、阴阳五行等为哲学基础。可以说有汉一代,大概无一种学说堪与阴阳五行说争锋。因而,胡适称阴阳五行为"中国中古思想的一个中心思想"①。在先秦儒家的著作中,首先全面运用五行思维方式的是《尚书·洪范》。此后,经过战国时期的发展,邹衍的五德终始说在一定程度上糅合了阴阳和五行观念,使阴阳五行思维不仅具有循环的相生相克系统,而且被广泛运用于社会政治领域。到了西汉中叶,经过经学者董仲舒的整合,阴阳五行思维系统化为经学理论。阴阳学说和五行学说合流,渐成为一套公认的具有神秘色彩的观念表述体系。在这个"天人感应""天人合一"的神学体系里,天是最高的人格神,阴阳五行是支配世界的工具。阳是天之"德",阴是天之"刑",阴阳五行逐渐成为中国人的思想律。"从这一意义上讲,汉代儒学与阴阳五行学的嫁接实际上是对帝王思维在新形势下的丰富和扩充。这一扩充的主要表现形式就是汉儒阐释的经学思维模式。"②

经学思维模式是儒学在新形势下结合阴阳五行说的延展,就其思维程式而言,其模式以阴阳五行说为前提。司马谈《论六家之要指》指出:

---

① 胡适:《中国中古思想史长编》,《胡适学术文集·中国哲学史》,北京:中华书局,1991年,第276页。
② 张强:《帝王思维与阴阳五行思维模式——兼及秦汉神学政治》,《晋阳学刊》,2001年第2期。

"阴阳之术……序四时之大顺，不可失也。"① 阴阳五行学说认为，春夏行德教，秋冬施刑罚，符合春生、夏长、秋收、冬藏的天道之大经，进而强调德教刑罚合四时次序。《白虎通·五刑》曰："刑所以五何？法五行也。……科条三千者，应天地人情也。"在这种具有神秘色彩的法文化思维的影响下，各个朝代法治路线的选择、君主的废立都要尊崇天意、揣测天意。所以阴阳五行学说不仅成为中国哲学的理论基础，而且影响着古代中国的立法、司法及法律制度等各个方面。在汉代，经学中的阴阳五行思维对刑罚影响深远，集中体现在以下几个方面。

### 一、经学阴阳五行思维与秋冬行刑

战国以后的秦朝，由于受法家思想的指导，"四时行刑"②。西汉以后，司法时令思想逐渐变为一种司法制度，在司法活动中得到遵守，"萧何草律，季秋论囚，俱避立春之月"③。在司法时令的思想发展和制度化的过程中，董仲舒起了十分重要的作用。他提倡天人感应学说，借阴阳五行四时附会刑德的理论，创设了行刑的根据："阴，刑气也；阳，德气也。阴始于秋，阳始于春。""是故天数右阳而不右阴，务德而不务刑。"④ 对于具体司法活动的实施，他认为也必须符合阴阳五行四时思想。董仲舒还在《春秋繁露·阴阳义》中详细论述了刑罚与四时、阴阳的关系。他说："天地之常，一阴一阳。阳者天之德也，阴者天之刑也"，"春，喜气也，故生；秋，怒气也，故杀；夏，乐气也，故养；冬，哀气也，故藏"，"与天同者大治，与天异者大乱。故为人主之道，莫明于在身之与天同者而用之，使喜怒必当义而出，如寒暑之必当其时乃发也。使德之厚于刑也，如阳之多于阴也。是故天之行阴气也，少取以成秋，其余以归之冬。圣人之

---

① 司马迁：《史记》卷一百三十，北京：中华书局，1982年，第3289页。
② 范晔撰，李贤等注：《后汉书》卷四十六，北京：中华书局，1965年，第1551页。
③ 范晔撰，李贤等注：《后汉书》卷四十六，北京：中华书局，1965年，第1551页。
④ 苏舆撰，钟哲点校：《春秋繁露义证》卷第十一，北京：中华书局，1992年，第331、328页。

行阴气也，少取以立严，其余以归之丧"。① 此外，《汉书·董仲舒传》亦记载："春者天之所以生也，仁者君之所以爱也；夏者天之所以长也，德者君之所以养也；霜者天之所以杀也，刑者君之所以罚也。"② 董仲舒以秋冬的肃杀之气来喻指刑罚的性质，主张秋冬行刑。

在经学阴阳刑德观的浸染下，到西汉中后期基本确立了春季理冤狱、秋冬行刑的时令制度。《汉书·张敞传》记载，张敞利用职权，徇私报复，冤杀了贼捕掾絮舜，"会立春，行冤狱使者出，（絮）舜家载尸，并编敞教，自言使者。使者奏敞贼杀不辜"。又汉元帝建昭五年（前34）春三月，诏曰："方春农桑兴，百姓勤力自尽之时也，故是月劳农劝民，无使后时。今不良之吏，覆案小罪，征召证案，兴不急之事，以妨百姓，使失一时之作，亡终岁之功，公卿其明察申敕之。"③ 汉成帝鸿嘉元年（前20）春二月，诏曰："朕承天地，获保宗庙，明有所蔽，德不能绥，刑罚不中，众冤失职，趋阙告诉者不绝。是以阴阳错谬，寒暑失序，日月不光，百姓蒙辜，朕甚闵焉。……方春生长时，临遣谏大夫理等举三辅、三河、弘农冤狱。"④ 在春季开始之后，务劝民众不误农时，诉讼活动和案件审理活动应当停止，以便增加劳动生产力，"录囚徒，理轻系"⑤，以顺应自然之道。《汉书》载："哀帝建平中，（梁王）立复杀人。天子遣廷尉赏、大鸿胪由持节即讯。……立惶恐，免冠对曰：'……今立自知贼杀中郎曹将，冬月迫促，贪生畏死，即诈僵仆阳病，徼幸得逾于须臾。谨以实对，伏须重诛。'时冬月尽，其春大赦，不治。"⑥ 司法官吏如不遵守秋冬行刑原则，将会受到免职的处罚。《汉书·诸葛丰传》记，诸葛丰以春夏系治人，上乃制诏御史："丰前为司隶校尉，不顺四时，修法度……朕怜丰之耆老，

---

① 苏舆撰，钟哲点校：《春秋繁露义证》卷第十二，北京：中华书局，1992年，第341-342页。
② 班固：《汉书》五十六，北京：中华书局，1962年，第2515页。
③ 班固：《汉书》卷九，北京：中华书局，1962年，第296页。
④ 班固：《汉书》卷十，北京：中华书局，1962年，第315页。
⑤ 范晔撰，李贤等注：《后汉书》卷六，北京：中华书局，1965年，第255页。
⑥ 班固：《汉书》卷四十七，北京：中华书局，1962年，第2218-2219页。

不忍加刑，其免为庶人。"①

在汉代，对一般罪犯的刑罚不得违背秋冬行刑原则。《盐铁论·诏圣》记载："春夏生长，圣人象而为令。秋冬杀藏，圣人则而为法。"此外，《汉书》中还有许多有关秋冬行刑的记载。如汉哀帝时，李寻说："间者春三月治大狱，时贼阴立逆，恐岁小收。"② 认为春季行刑，乱了阴阳之道，会给收成带来损失。《汉书·窦婴传》曰："乃劾婴矫先帝诏害，罪当弃市。五年十月，悉论灌夫支属。婴良久乃闻有劾，即阳病痱，不食欲死。或闻上无意杀婴，复食，治病，议定不死矣。乃有飞语为恶言闻上，故以十二月晦论弃市渭城。"③ 沈家本先生对本段文字进行评注时指出："《张敞传》西汉时春至即不行刑。此《传》言十二月晦者，明冬月止未尽一日，恐春至不能行刑也。"④ 如《汉书·张敞传》记载，张敞令其部吏收絮舜系狱，"是时冬月未尽数日，案事吏昼夜验治舜，竟致其死事。舜当出死，敞使主簿持教告舜曰：'五日京兆竟何如？冬月已尽，延命乎？'"⑤

在西汉后期，秋冬行刑的观念已为大多数人所接受，违反此制就会招来各种责难。《汉书·酷吏传》记载：王温舒"好杀行威"，以杀人行刑为乐事。有一次，他好不容易捕捉到跑到邻郡的一批罪犯，因为时已冬尽春来，不能立即行刑，他顿足而叹曰："嗟乎，令冬月益展一月，卒吾事矣！"颜师古注："立春之后，不复行刑，故云然。"⑥ 表明当时的确有这种规定。又如汉宣帝作庙乐赞武帝功德时，长信少府夏侯胜却"议诏书，毁先帝"，被捕入狱并判死罪。丞相长史黄霸由于对夏侯胜包庇纵容，知情不举，也被捕入狱并判死罪。夏侯胜是著名的学者，黄霸在狱中提出要向夏侯胜学习经书学问，夏侯胜谢绝说，我们即将被处死，没有几天可以

---

① 班固：《汉书》卷七十七，北京：中华书局，1962年，第3251页。
② 班固：《汉书》卷七十五，北京：中华书局，1962年，第3188页。
③ 班固：《汉书》卷五十二，北京：中华书局，1962年，第2392页。
④ 沈家本：《历代刑法考》，北京：中华书局，1985年，第1236-1237页。
⑤ 班固：《汉书》卷七十六，北京：中华书局，1962年，第3223页。
⑥ 班固：《汉书》卷九十，北京：中华书局，1962年，第3657页。

活了，还学什么呢？黄霸表示"朝闻道，夕死可矣"。胜大受感动，教霸书经。冬季过后，不能行刑。后来遇到大赦，第三年，二人俱免死出狱。①不按秋冬行刑的规定，不严格执行这一法律，历来被人们视为禁忌。如汉元帝时，因司隶校尉诸葛丰常在"春夏系治人"，所以，受到其他官吏的指责。②王莽"新政"时期，常常不按时季处决犯人，如"春夏斩人都市，百姓震惧，道路以目"③。这成为王莽的一条罪状。再如《后汉书》记载："王莽悖暴，盛夏斩人，此天亡之时也。"④

东汉时期，有关司法时令的论述更加完备了，而且颁布律令对此加以规定。在汉章帝时，就不断地发布诏令对此作出规定。元和元年（84）七月诏："宜及秋冬理狱，明为其禁。"⑤ 元和二年（85）七月庚子，诏曰："《春秋》于春每月书'王'者，重三正，慎三微也。律十二月立春，不以报囚。《月令》冬至之后，有顺阳助生之文，而无鞫狱断刑之政。朕咨访儒雅，稽之典籍，以为王者生杀，宜顺时气。其定律，无以十一月、十二月报囚。"⑥ 这些规定指出，冬至之后阳气渐生，所以在十一月、十二月不可进行判决。对此，《后汉书·陈宠传》也有记载："汉旧事断狱报重，常尽三冬之月，是时帝始改用冬初十月而已。"⑦ 这里的帝，就是指汉章帝。诏书中的三正，则是指夏、商、周的历法，"'夏十三月为正，平旦为朔。殷以十二月为正，鸡鸣为朔。周以十一月为正，夜半为朔。'必以三微之月为正者，当尔之时，物皆尚微，王者受命，当扶微理弱，奉成之义也"⑧。汉和周一样，立春也在正月，所以汉章帝把原来的断狱行刑改定在立秋之后、冬至之前进行，即在立秋之后至十一月以前的十月份行刑。《后汉书·章帝纪》载建初元年正月丙寅诏曰："比年牛多疾疫，垦田减

---

① 班固：《汉书》卷七十五，北京：中华书局，1962年，第3156-3158页。
② 班固：《汉书》卷七十七，北京：中华书局，1962年，第3251页。
③ 班固：《汉书》卷九十九下，北京：中华书局，1962年，第4158页。
④ 范晔撰，李贤等注：《后汉书》卷十五，北京：中华书局，1965年，第582页。
⑤ 范晔撰，李贤等注：《后汉书》卷三，北京：中华书局，1965年，第146页。
⑥ 范晔撰，李贤等注：《后汉书》卷三，北京：中华书局，1965年，第152-153页。
⑦ 范晔撰，李贤等注：《后汉书》卷四十六，北京：中华书局，1965年，第1550页。
⑧ 范晔撰，李贤等注：《后汉书》卷三，北京：中华书局，1965年，第153页。

少，谷价颇贵，人以流亡。方春东作，宜及时务。二千石勉劝农桑，弘致劳来。群公庶尹，各推精诚，专急人事。罪非殊死，须立秋案验。有司明慎选举，进柔良，退贪猾，顺时令，理冤狱。……布告天下，使明知朕意。"①《后汉书·鲁恭传》亦记："初，肃宗时，断狱皆以冬至之前。"汉代刑罚的施行，总体来说是在冬季的三个月内，但对于谋反、大逆等重罪死刑的执行，是不受限制的。此外，春夏断狱的情况时有发生。自汉朝以后，随着历代法律的不断完善，司法时令制度的内容也发生了一些变化，这种变化主要表现为轻罪、轻刑与季节、时令的关系越来越疏远，最后基本上没有联系；而死刑与季节、时令的关系越来越密切，相关规定越来越详细，尤其在执行日期上表现更为明显。

总之，阴阳五行学说对中国古代法律的影响是巨大的，它不但为帝王提供了一种治理天下的思想武器，而且影响着社会民众的生活方式。可以说，自阴阳五行说被引入中国政治法律以后，它"一方面约束着社会群体的认知能力，另一方面又成为帝王强加给群体的一种思维方式"②。在这一过程中，它的最大受益者自然是权力无限膨胀的帝王。正是这些帝王对阴阳五行说的接受与运用，使其成为中国古代法律的重要内涵。

### 二、阴阳灾异与赦宥

秦汉以降，赦宥之事史不绝书。以汉代四百余年的历史为例（包括新莽与更始政权），仅大赦就有189次，差不多每两年大赦一次；此外还有赦天下徒7次，全国范围内的减等约31次，曲赦和别赦共约21次。针对汉代频繁的赦宥现象，有学者指出："赦宥活动之所以能够在汉代成为典制，并构成当时国家司法制度中的一个部分，应与汉代崇尚儒学，强调祥刑慎罚具有密切的关系。"③

---

① 范晔撰，李贤等注：《后汉书》卷三，北京：中华书局，1965年，第132-133页。
② 张强：《帝王思维与阴阳五行思维模式——兼及秦汉神学政治》，《晋阳学刊》，2001年第2期。
③ 徐世虹主编：《中国法制通史》（战国秦汉卷），北京：中国法制出版社，2021年，第636页。

在汉代，天人感应说有两个要点。一是神学的灾异谴告说，认为自然灾害和统治者的错误有因果联系："凡灾异之本，尽生于国家之失。"天子违背了天意，不行仁义，天就降下灾异，进行谴责。若"谴之而不知，乃畏之以威"①。而且"国家将有失道之败，而天乃先出灾害以谴告之；不知自省，又出怪异以警惧之；尚不知变，伤败乃至"②。二是"天人同类""天人相副"说，认为"天有阴阳，人亦有阴阳。天地之阴气起，而人之阴气应之而起，人之阴气起，而天地之阴气亦宜应之而起，其道一也"③。这些说法，以气为中介，认为阴阳之气蕴含刑德的功能，"阳为德，阴为刑"。同时，人的道德行为也可以引起气的变化而相互感应，"世治而民和，志平而气正，则天地之化精，而万物之美起。世乱而民乖，志僻而气逆，则天地之化伤，气生灾害起"④。经学者董仲舒附会《春秋》中所记录的灾害现象，系统地发展了这种理论。他指出："国家将有失道之败，而天乃先出灾害以谴告之，不知自省，又出怪异以警惧之，尚不知变，而伤败乃至。以此见天心之仁爱人君而欲止其乱也。……天之所大奉使之王者，必有非人力所能致而自至者，此受命之符也。天下之人同心归之，若归父母，故天瑞应诚而至。"⑤ 这就是所谓"国家将兴，必有祯祥。国家将亡，必有妖孽"⑥。

汉代赦宥活动之所以成为典制，主要是经学阴阳灾异思想影响的结果。在儒家思想教化下，汉代皇帝对德始终不敢掉以轻心，这从他们对天的敬畏态度即可看出：每当诸如日食、山崩、地震、干旱、洪水等现象出

---

① 苏舆撰，钟哲点校：《春秋繁露义证》卷第八，北京：中华书局，1992年，第259页。
② 苏舆撰，钟哲点校：《春秋繁露义证》卷第八，北京：中华书局，1992年，第259—260页。
③ 苏舆撰，钟哲点校：《春秋繁露义证》卷第十三，北京：中华书局，1992年，第360页。
④ 苏舆撰，钟哲点校：《春秋繁露义证》卷第十七，北京：中华书局，1992年，第466页。
⑤ 班固：《汉书》卷五十六，北京：中华书局，1962年，第2498—2500页。
⑥ 郑玄注，孔颖达疏：《礼记正义》，李学勤主编：《十三经注疏》，北京：北京大学出版社，2000年，第1692—1693页。

现时，皇帝往往会下罪己诏，以塞天咎。由于赦宥自先秦以来即被认为是能够让君主修德补过的重要措施，特别是大赦天下能够荡涤秽恶，有自新之意，所以皇帝在自责之时，往往施行大赦。如元帝建昭五年春三月，诏曰："传不云乎？'百姓有过，在予一人。'其赦天下，赐民爵一级，女子百户牛酒，三老、孝弟力田帛。"① 又成帝建始元年二月，诏曰："乃者火灾降于祖庙，有星孛于东方，始正而亏，咎孰大焉！……其大赦天下，使得自新。"② 尤其是当遇到干旱时，汉代经学者往往认为这是刑狱过重、阴不佐阳导致的，于是更需要大赦天下，以和天地阴阳之气。顺帝阳嘉三年五月戊戌，制诏曰："昔我太宗，丕显之德，假于上下，俭以恤民，政致康乂。……春夏连旱，寇贼弥繁，元元被害，朕甚愍之。嘉与海内洗心更始。其大赦天下，自殊死以下谋反大逆诸犯不当得赦者，皆赦除之。"③

于是，赦宥便是充分展示皇帝仁德的重要手段，尤其是大赦。皇帝的一纸诏令，便可以使千万人完全解除罪过，获得新生，此即所谓的荡涤秽恶。获得释放的刑徒自然对皇帝感恩戴德。所以，这种恩及四海的事皇帝也乐意去做。汉武之世虽任用酷吏，屡兴大狱，然赦宥不断，并且大狱之后往往有大赦。武帝在位55年，大赦便有19次，另外尚有5次曲赦。汉代大赦自武帝开始趋于频繁，后来甚至连断狱不择时的王莽也屡屡行赦，竟大赦12次。综观两汉的一些大赦令，可知汉代皇帝在阴阳灾异出现后，往往勇于自省，注意以大赦来修德。如元帝永光二年春二月，诏曰："盖闻唐虞象刑而民不犯，殷周法行而奸轨服。今朕获承高祖之洪业，托位公侯之上，夙夜战栗，永惟百姓之急，未尝有忘焉。然而阴阳未调，三光晻昧。……是皆朕之不明，政有所亏。咎至于此，朕甚自耻。为民父母，若是之薄，谓百姓何！其大赦天下，赐民爵一级，女子百户牛酒，鳏寡孤独高年、三老、孝弟力田帛。"④ 建始元年，因有阴阳灾异现象（祖庙火灾和

---

① 班固：《汉书》卷九，北京：中华书局，1962年，第296页。
② 班固：《汉书》卷十，北京：中华书局，1962年，第303页。
③ 范晔撰，李贤等注：《后汉书》卷六，北京：中华书局，1965年，第264页。
④ 班固：《汉书》卷九，北京：中华书局，1962年，第288页。

出现彗星），成帝便引《书》下诏说："《书》云：'惟先假王正厥事。'群公孜孜，帅先百寮，辅朕不逮。崇宽大，长和睦，凡事恕己，毋行苛刻。"① 东汉时，光武帝建武五年，因旱灾、蝗灾频发，光武帝亦明确提出："久旱伤麦，秋种未下，朕甚忧之。将残吏未胜，狱多冤结，元元愁恨，感动天气乎？其令中都官、三辅、郡、国出系囚，罪非犯殊死一切勿案，见徒免为庶人。"② 据《后汉书·桓帝纪》记载，由于连年天灾，汉桓帝于建和三年（149）十一月甲申颁布诏书曰："朕摄政失中，灾眚连仍，三光不明，阴阳错序。监寐寤叹，疢如疾首。今京师厮舍，死者相枕，郡县阡陌，处处有之，甚违周文掩骼之义。其有家属而贫无以葬者，给直，人三千，丧主布三匹；若无亲属，可于官壖地葬之，表识姓名，为设祠祭。又徒在作部，疾病致医药，死亡厚埋藏。民有不能自振及流移者，禀谷如科。州郡检察，务崇恩施，以康我民。"③

据统计，两汉时期明确因阴阳灾异而施行的大赦就有 35 次，因符瑞而施行的大赦约有 11 次。有趣的是，符瑞赦主要集中于汉武帝和汉宣帝时期，其中汉武帝时有大赦 2 次、别赦 3 次，汉宣帝时有大赦 6 次。④ 汉代因灾异而实施的赦宥，主要集中在西汉后期和东汉，其中东汉有赦宥 17 次，另有减等约 20 次。如果再做进一步研究的话，还可以发现一个有趣的现象，那就是两汉举行各种大赦的时间集中于春夏两季（正月至六月），更具体地说，主要集中于春天至春夏之交（正月至四月），计有 136 次，占总数 196 次（其中包括 7 次赦天下徒）的 69% 还多；而秋冬季节鲜有大赦，仅有 15 次，并且这些大赦多是因为皇帝驾崩、即位等。我们知道，两汉的一些重大典礼一般都选择在春天来举行，改元、立太子、立皇后等，皆是如此，而唯独皇帝驾崩没有办法选择，所以在这种情况下，如果

---

① 班固：《汉书》卷十，北京：中华书局，1962 年，第 303 页。
② 范晔撰，李贤等注：《后汉书》卷一上，北京：中华书局，1965 年，第 39 页。
③ 范晔撰，李贤等注：《后汉书》卷七，北京：中华书局，1965 年，第 294-295 页。
④ 胡晓明：《论儒家阴阳思想下的汉代赦宥》，《南京农业大学学报》（社会科学版），2006 年第 1 期。

要施行大赦，便不能等到春夏之时了。① 之所以如此，是因为大赦有荡涤秽恶、与民更始的作用，而春天乃一年之始，正是天地除旧布新的季节，在春天或春夏之交施行大赦，与大赦之意最为相合。并且根据阴阳思想，春夏为阳，是万物生发、成长之季；秋冬为阴，为万物凋谢、蛰伏之时。由于当时的顺时气之说把自然界的秩序加以制度化，天子每年按季节发布政令和教令，此时行赦，还可帮助行气，有利于生长。"昔在帝尧立羲、和之官，命以四时之事，令不失其序。故《书》云'黎民于蕃时雍'，明以阴阳为本也。今公卿大夫或不信阴阳，薄而小之，所奏请多违时政。传以不知，周行天下，而欲望阴阳和调，岂不谬哉！其务顺四时月令。"② 所以，春夏之时更不能杀人，否则会伤了天地的阳气，招致更多灾异的出现。显然，阴阳灾异思想对帝王的赦免、恤刑活动影响深远。

综上所述，汉代灾异赦宥约束了统治者的权力，客观上减轻了刑罚。它使"灾异"充当了监督和惩戒统治者不良统治的角色，是促成统治者实施仁政、德治的自然神秘力量。当然，汉代统治者在施行赏罚方面往往随心所欲，赏罚不当、滥施大赦从而使犯罪当诛之人免于一死，也是导致犯罪者多的原因之一。据《汉书·成帝纪》记载：建始元年春二月，有火灾降于祖庙，有星孛于东方，始正而方，咎孰大焉，帝遂大赦天下，使得自新；河平元年四月己亥晦，日有蚀之，帝大赦天下；河平四年春正月，匈奴单于来朝，帝赦天下徒；阳朔元年春三月，帝赦天下徒……③滥施大赦给社会造成了巨大危害。西汉末，统治者也认识到犯罪者多的原因在于"明有所蔽，德不能绥，刑罚不中，众冤失职"④。

## 三、阴阳五行与五刑

"言及'五刑'，法学界内众人皆晓；但不知人们是否发现了这样一个

---

① 胡晓明：《论儒家阴阳思想下的汉代赦宥》，《南京农业大学学报》（社会科学版），2006年第1期。
② 班固：《汉书》卷十，北京：中华书局，1962年，第312页。
③ 班固：《汉书》卷十，北京：中华书局，1962年，第303-312页。
④ 班固：《汉书》卷十，北京：中华书局，1962年，第315页。

奇特的现象：中国的主刑（正刑）从古到今，其稳定刑态无不是五种：从传说中的苗民'五虐之刑'与象刑，到奴隶制五刑与封建制五刑，莫不如此；更值得玩味的是，自本世纪初以来，我国屡次修订刑律均在西方思想指导下进行，主刑的内容亦不断更新，但皆不能突破'五'的框架，即便是新中国的刑法（现行刑法）也不能例外！这在世界法律史上无疑是独一无二的。"① 众所周知，中国刑种有五，古今一贯，从奴隶社会时期的黥、劓、膑、宫、大辟，到封建社会时期的笞、杖、徒、流、死，一直到现代社会的管制、拘役、有期徒刑、无期徒刑、死刑。何以如此？这一定是有思想依据的。以后各代固然可以说是沿袭前代，但首创五刑的，又是根据什么呢？这还得溯及上古时期的五行思维。《尚书·洪范》记载："天乃锡禹洪范九畴，彝伦攸叙。……一，五行。一曰水，二曰火，三曰木，四曰金，五曰土。"这就是说，禹顺应水性，治水成功，上天因而给予他经国理民之大法，即洪范大法九类，其首类就是五行。它讲万物都起源于五行，五行为世之所用，被视为一切事物之本源，即所谓五行为"万物之本，天地百物莫不用之"②。所以古人用组成物质的五种元素及其相生相克的变化道理，来解释罪与刑的相互关系，用五行来解释治与乱、罪与罚的矛盾关系，把犯罪归因为违背五行与天道，认为治国理民的五刑也以五行为本。

汉武帝时，董仲舒把先秦阴阳五行思想纳入儒家思想体系之中。此后，阴阳五行思想伴随着儒家思想的发展，其影响发展到无处不用、无所不在的地步。比如，东汉时班固等在《白虎通·五刑解》中写道："刑所以五何？法五行也。大辟法水之灭火，宫者法土之壅水，膑者法金之刻木，劓者法木之穿土，墨者法火之胜金。"③ 正因为汉代经学者提倡五行相

---

① 汪进、胡旭晟：《五行与五刑：中国刑制的文化内涵》，《比较法研究》，1989 年第 1 辑。

② 孔安国传，孔颖达疏：《尚书正义》，李学勤主编：《十三经注疏》，北京：北京大学出版社，2000 年，第 356 页。

③ 陈立撰，吴则虞点校：《白虎通疏证》卷九，北京：中华书局，1994 年，第 437 页。

生相克，所以在用刑的同时，提出了"刑期于无刑"的刑罚观点。虽然这种观念在当时是不现实的，但是如果将其放在人类历史发展的长河中加以考察，则是不无道理的，这正是受到五行思想影响的反映。故有学者说："吾国学术思想，受五行说之支配最深，大而政治宗教天文舆地，细而堪舆占卜，以至医药占阵，莫不以五行说为之骨干。士大夫之所思维，小人之所信仰，莫能出乎五行说范围之外。"① 我们知道，中国古代在法律制定上，除秦以外，历代统治者均遵循"法天而治，则天定法"的原则，《汉书》记载："圣人既躬明哲之性，必通天地之心，制礼作教，立法设刑，动缘民情，而则天象也。……故圣人因天秩而制五礼，因天讨而作五刑。"② 唐律还专门为此作了说明，《唐律疏议·名例》载："《孝经援神契》云：'圣人制五刑，以法五行。'"③ 故而中国刑种有五，古今一贯，从奴隶社会时期的黥、劓、膑、宫、大辟，到封建社会时期的笞、杖、徒、流、死，均延续了神秘的五行立法的思想。在阴阳五行思维的作用下，"阳为德"，"阴为刑"，阳尊而阴卑，德主而刑辅。在五行系统中，五刑也要效法天地之道而重德轻刑。因而，这五种刑罚集中反映了中国古代社会政治制度和法律制度的演变，体现了中国古代在阴阳五行思想下的传统法律的发展轨迹和印痕。五刑的发展变化在一定程度上反映了中国古代法律文化发展由野蛮向文明的进步，反映了中国古代司法政策、司法制度的发展轨迹。

## 第三节　违背与滥用经术的法律惩罚

在汉代，自经学从边缘走向政治中心以来，经学思想也成为政治与法律的指导思想，任何违背与滥用经术的行为，都会受到法律的惩罚。

---

① 齐思和：《五行说之起源》，《师大月刊》，1935年第22期。
② 班固：《汉书》卷二十三，北京：中华书局，1962年，第1079页。
③ 刘俊文：《唐律疏议笺解》，北京：中华书局，1996年，第17页。

## 一、违背儒家君臣政治伦理观与刑罚

早在秦朝时期，统治者就创造了一套维护皇权至高无上的制度，规定皇帝之命曰制，令曰诏，玺是皇权的象征，皇帝自称朕。并制定了朝议制度等一系列维护皇权至上的政治法律制度，如对皇帝的命令有所怠慢之罪、失言之罪、妄言之罪等。到汉朝时，为了维系君臣政治伦理，在儒家经学特别是今文经学的作用下，皇权的至高无上权威又进一步得到发展。东汉儒家经学者蔡邕在《独断》中说："汉天子正号曰皇帝，自称曰朕，臣民称之曰陛下。其言曰制诏，史官记事曰上。车马、衣服、器械、百物曰乘舆，所在曰行在所，所居曰禁中，后曰省中，印曰玺。所至曰幸，所进曰御。"汉律在秦律的基础上，增加了许多维系君臣政治伦理的法律条款。如在《贼律》中就有"大逆无道"条，包含了谋反、大逆等罪名。此外，还有欺谩、诋欺、诬罔、祝诅罪等，使儒家经学提倡的"君为臣纲"法律化。

第一，汉代统治者把儒家宣扬的神权与伦理父权联系起来，指出帝王意志就是最高的律令。根据儒家今文经学提出的"天人感应"说，将宇宙与人事纳入大一统的模式中和谐运行，把自然界的变化，以及统治者施行仁德、刑罚等社会人事问题，都说成是天的意志的体现，"天子受命于天，天下受命于天子"①。君主是代表上天来统治人世的，这样就把天和人沟通起来。君主既然有与天合一的权威，其思想、意志自然就是"天"的意志，理应受到绝对尊崇。因此，君主的思想言论就是天意的表达，是区分是非的标准，具有最高的法律效力。

第二，"三纲五常"的立法原则。"三纲"是三种纵向的道德规范。"三纲"是天意的体现，"王道之三纲，可求于天"②。董仲舒进一步运用直观的阴阳比附来解释君臣、父子、夫妇之义，"君为阳，臣为阴；父为

---

① 苏舆撰，钟哲点校：《春秋繁露义证》卷第十一，北京：中华书局，1992年，第319页。

② 苏舆撰，钟哲点校：《春秋繁露义证》卷第十二，北京：中华书局，1992年，第351页。

阳，子为阴；夫为阳，妻为阴"①。为了端正法度原则，儒家学者将"三纲五常"的精神注入法律之中，从而使国家、社会、个人遵循这一原则运作，使君臣上下、父子夫妇、耆老长幼之间具有法定的行为、意识和规范。在此立法原则的指导下，亏礼废节的"不敬""不孝"罪的张扬，表明法律已经具有以"三纲五常"规范人们言行的强烈功能；危害皇权、危害中央集权罪名的膨胀，证明"君为臣纲"是最重要的立法渊源。

根据儒家经学，皇帝被尊为"天子"，父天母地，其统治人间是天意的体现。对于"君为臣纲"，汉代统治者认为，皇帝是整个国家的最高权威，他的意志就是法意，"三尺安出哉？前主所是著为律，后主所是疏为令；当时为是，何古之法乎！"② 汉代法律中已有"大不敬"的规定。"大不敬"就是对诽谤攻击皇帝或亏礼废节行为的惩罚。"大不敬"侵犯的客体是皇帝的尊严与威信，严惩"大不敬"的目的，就是维护皇帝的绝对权威。武帝时，在儒家经学对君权神授的宣传下，臣民对皇帝尊严的任何侵犯，都被认为是大逆不道的行为。"汉制九章，虽并湮没，其'不道''不敬'之目见存，原夫厥初，盖起诸汉。"③ 对皇帝名字有触犯，或议论已死去的皇帝也被认为是"大不敬"。汉宣帝时"百姓多上书，触讳以犯罪者"④。西汉薛宣之子薛况指使杨明在皇宫门前狙击政敌，《汉书》治其罪，"况首为恶，明手伤，功意俱恶，皆大不敬。明当以重论，及况皆弃市"⑤。宣帝甘露元年（前53），魏学"坐酎宗庙骑至司马门，不敬，削爵一级为关内侯"⑥。甚至连对皇帝使用过的器物处置不当，也要被治"大不敬"罪。如《太平御览》记载有一卫士在朝贺时置弓于地，被指斥"天子之弓……何敢置地，大不敬……付狱治罪"⑦。在汉代，凡臣下矫诏，阑

---

① 苏舆撰，钟哲点校：《春秋繁露义证》卷第十二，北京：中华书局，1992年，第350页。
② 班固：《汉书》卷六十，北京：中华书局，1962年，第2659页。
③ 刘俊文：《唐律疏议笺解》，北京：中华书局，1996年，第56页。
④ 班固：《汉书》卷八，北京：中华书局，1962年，第256页。
⑤ 班固：《汉书》卷八十三，北京：中华书局，1962年，第3395页。
⑥ 班固：《汉书》卷十八，北京：中华书局，1962年，第696页。
⑦ 李昉等：《太平御览》卷第三百四十七，北京：中华书局，1960年，第1598页。

入宫门、殿门，犯跸，触讳，侵犯皇帝人身等，皆罪死不赦。这里的"不敬"，就是晋人张斐认为的"亏礼废节，谓之不敬"①，其核心就是违反了儒家经学所倡导的"三纲"。

儒家经学者提倡以礼入法，使反对和侵犯"君为臣纲"的行为都被视为大罪，是"谋反大逆""谋危社稷""大逆无道"。武帝时起，为了打击王侯割据势力，一系列危害中央集权的罪名由此产生。如为了严禁王侯逾制，武帝时特别颁布了"尚方律"。《宋书·武三王传》引汉律曰："车服以庸，《虞书》茂典；名器慎假，《春秋》明诫。是以尚方所制，汉有严律，诸侯窃服，虽亲必罪。"②汉代严禁诸侯王僭越天子之礼。例如，淮南王谋反罪的成立就在于其"不用汉法，出入称警跸，称制，自为法令，拟于天子"③。此外，汉王朝还设有阿党罪，严惩地方诸侯危害皇权的行为。

在儒家经学影响下，汉律规定危害皇权的罪名越来越多。如反逆罪，它是谋反、大逆、谋叛罪的总称，在《汉律·贼律》中就列有"大逆无道"。对犯罪者，汉律规定处重刑，并株连甚广，处罚尤其严重。《汉书·景帝纪》如淳注引汉律说："大逆不道，父母妻子同产皆弃市。"④汉律对谋反罪规定了严重的刑罚，最高刑罚是夷三族。如汉景帝时，晁错建议削藩，被吴楚七国诬为"大逆不道"，"错当要斩，父母妻子同产无少长皆弃市"⑤。汉光武帝崩，"山阳王荆哭不哀，作飞书与东海王，劝使作乱。……荆遂坐复谋反自杀也"⑥。汉明帝永平十六年，"淮阳王延谋反，发觉。癸丑，司徒邢穆、驸马都尉韩光坐事下狱死，所连及诛死者甚众"⑦。而对于谋毁皇家宗庙、山陵、宫阙等行为，汉律也做出规定：对皇

---

① 房玄龄等：《晋书》卷二十，北京：中华书局，1974年，第928页。
② 沈约：《宋书》卷六十一，北京：中华书局，1974年，第1647-1648页。
③ 司马迁：《史记》卷一百一十八，北京：中华书局，1982年，第3076页。
④ 班固：《汉书》卷五，北京：中华书局，1962年，第142页。
⑤ 班固：《汉书》卷四十九，北京：中华书局，1962年，第2302页。
⑥ 范晔撰，李贤等注：《后汉书》志第十三，北京：中华书局，1965年，第3268页。
⑦ 范晔撰，李贤等注：《后汉书》卷二，北京：中华书局，1965年，第120页。

家园陵诸物严加保护，有盗窃者处以重刑，"汉诸陵皆属太常，又有盗柏者弃市"①。汉武帝时，人有盗发孝文园瘗钱，丞相严青翟坐罪自杀。在汉律中，拒不执行皇帝诏令称"废格"，这是触犯儒家经学宣称的"君为臣纲"的原则性问题，属于严重犯罪，应处以重刑。在《居延汉简》中，多有"不奉诏当以不敬论"的记载；武帝时，"淮南王安……废格明诏，当弃市"②。至于诈称、篡改、伪造皇帝诏令，则属"矫诏""矫制"罪，汉律将根据其犯罪后果分为"大害""害""不害"三种情形，分别处以刑罚。汉律规定，"矫诏大害，要斩"③。对于矫制大害，也要处以死刑。汉武帝时"博士徐偃使行风欲。偃矫制，使胶东、鲁国鼓铸盐铁"④，被酷吏张汤劾为"矫制大害，法至死"。汉代专门制定《越宫律》27篇，这是警卫宫廷的法律，目的在于保障皇帝的人身安全。进入皇帝宫殿必须具有门籍和引人。汉律规定：阑入宫殿门者，要处以重刑。何谓阑入？应劭曰："无符籍妄入宫曰阑。"⑤ 汉昭帝时，太医监充国"阑入殿中，下狱当死"⑥。而守卫宫殿门的官吏，对阑入者未加制止的，属"失阑"，按照汉律也要受到处罚。

所以，正如有学者所言，在儒家经学的影响下，汉代统治者在法律中设立"大不敬"等罪名，就是为了把皇帝奉为人间的最高神，让老百姓对皇帝只能顶礼膜拜，而不准对皇帝的权威与尊严有丝毫损坏。汉代关于维护皇帝权威的法令，一直为历代封建统治者所继承，很多无辜的臣民都惨死在这种"君为臣纲"的儒家经学法律化的条目之下。

## 二、违背儒家家庭伦理观与刑罚

在汉代，经学对儒家思想发展的一个重要方面，就是在家庭关系上提

---

① 李昉等：《太平御览》卷第九百五十四，北京：中华书局，1960年，第4235页。
② 司马迁：《史记》卷一百一十八，北京：中华书局，1982年，第3084页。
③ 班固：《汉书》卷十七，北京：中华书局，1962年，第660页。
④ 班固：《汉书》卷八十九，北京：中华书局，1962年，第3635页。
⑤ 班固：《汉书》卷十，北京：中华书局，1962年，第307页。
⑥ 班固：《汉书》卷九十七上，北京：中华书局，1962年，第3959页。

倡"父为子纲",把维护父权作为家庭立法的基础。① 汉代儒家孝思想由此被推向顶峰。

一方面,在汉代各种法律规定中,经学所谓的"父为子纲""夫为妻纲"等家庭伦理观得到充分体现。西汉元朔五年秋,衡山王赐谋反,与少子刘孝"作兵车锻矢",因太子刘爽上言其父、弟谋逆,且孝与父御婢奸,武帝遣吏治,"孝坐与王御婢奸,及……太子爽坐告王父不孝,皆弃市"②。元帝初,美阳女子告假子不孝,曰:"儿常以我为妻,妒笞我。"地方官王尊闻之,"遣吏收捕验问,辞服……尊于是出坐廷上,取不孝子县磔著树,使骑吏五人张弓射杀之"③。初元二年,元帝诏列侯举茂才,富平侯张勃举汤,"汤待迁,父死不奔丧,司隶奏汤无循行……汤下狱论"④。汉章帝时,"有人侮辱人父者,而其子杀之,肃宗贳其死刑而降宥之,自后因以为比,是时遂定其议,以为《轻侮法》"⑤。这就使《春秋公羊传》中"父不受诛,子复仇可也"之经义法律化了。汉代一个引人注目的现象,就是对"不孝"罪的惩治越来越重,甚至竟强调"五刑之属三千,而罪莫大于不孝"⑥。如汉章帝时,齐王刘晃"及弟利侯刚与母姬更相诬告",章帝大加贬惩,其诏曰:"晃、刚愆乎至行,浊乎大伦,《甫刑》三千,莫大不孝。朕不忍置之于理,其贬晃爵为芜湖侯,削刚户三千。"⑦ 东汉时,甄邵为邺令,曾出卖同学,后当迁郡守,"会母亡,邵且埋尸于马屋,先受封,然后发丧"。甄邵在返任途中恰遇河南尹李燮,燮乃使卒投车于沟中,笞捶乱下,大署帛于其背曰:"谄贵卖友,贪官埋母。"并上书"具表其状。邵

---

① 钱大群主编:《中国法制史教程》,南京:南京大学出版社,1987年,第166页。
② 班固:《汉书》卷四十四,北京:中华书局,1962年,第2136页。
③ 班固:《汉书》卷七十六,北京:中华书局,1962年,第3227页。
④ 班固:《汉书》卷七十,北京:中华书局,1962年,第3007页。
⑤ 范晔撰,李贤等注:《后汉书》卷四十四,北京:中华书局,1965年,第1502-1503页。
⑥ 李隆基注,邢昺疏:《孝经注疏》,李学勤主编:《十三经注疏》,北京:北京大学出版社,2000年,第47页。
⑦ 范晔撰,李贤等注:《后汉书》卷十四,北京:中华书局,1965年,第553-554页。

遂废锢终身"。①

另一方面，汉代关于惩治破坏家庭伦理关系的法令也越来越多。从具体案例来看，除了"不孝"罪，还有"乱人伦""禽兽行""鸟兽之行"等罪。《后汉书·仲长统传》载仲长统《昌言》曰："今令……非杀人逆乱鸟兽之行甚重者，皆勿杀。"李贤注曰："鸟兽之行谓蒸报也。"关于蒸（烝）报，《左传》桓公十六年载："卫宣公烝于夷姜。"杜预注曰："夷姜，宣公之庶母也。上淫曰烝。"② 由此，"悖逆人伦""淫乱""奸乱""无道""乱男女之别""奸母""杀子"等罪名均行于世。《汉书·高五王传》曾记载济北王终古"使所爱奴与八子（女官名，秩比六百石）及诸御婢奸，终古或参与被席，或白昼使裸伏，犬马交接"。事下丞相御史，奏终古"禽兽行，乱君臣夫妇之别，悖逆人伦，请逮捕。有诏削四县"③。又刘定国"与父康王姬奸，生子男一人。夺弟妻为姬。与子女三人奸。……下公卿，皆议曰：'定国禽兽行，乱人伦，逆天道，当诛。'上许之。定国自杀"④。《汉书·景十三王传》载江都王刘建，父死未葬，召父所爱美人淖姬等十人与奸，复与其妹徵臣奸，又"欲令人与禽兽交而生子，强令宫人裸而四据，与羝羊及狗交"，并图谋反叛。事发，朝廷乃议曰"所行无道，虽桀纣恶不至于此。天诛所不赦"⑤，建自杀。又如"奸母"罪，由于这种犯罪行为的危害性极大，汉王朝更是从快、从严、从重予以打击。《汉书·景武昭宣元成功臣表》载，宣帝时，乘丘侯刘外人"坐为子时与后母乱，免"⑥，就是一例。前引王尊对"不孝子"的严惩，更是一个显例。汉廷据此形成惯例，作为惩治"奸母"罪的一条专门法令。故何休《公羊传》桓公六年注引《汉律》曰："立子奸母，见乃得杀

---

① 范晔撰，李贤等注：《后汉书》卷六十三，北京：中华书局，1965年，第2091页。
② 左丘明传，杜预注，孔颖达正义：《春秋左传正义》，李学勤主编：《十三经注疏》，北京：北京大学出版社，2000年，第239页。
③ 班固：《汉书》卷三十八，北京：中华书局，1962年，第2002页。
④ 班固：《汉书》卷三十五，北京：中华书局，1962年，第1903页。
⑤ 班固：《汉书》卷五十三，北京：中华书局，1962年，第2417页。
⑥ 班固：《汉书》卷十五上，北京：中华书局，1962年，第467页。

之。"关于"杀子",《白虎通·诛伐》称:"父煞其子当诛何? 以为天地之性人为贵,人皆天所生也,托父母气而生耳。王者以养长而教之,故父不得专也。"① 具体事例则以贾彪为代表。《后汉书》记载:

> (彪)补新息长。小民困贫,多不养子,彪严为其制,与杀人同罪。城南有盗劫害人者,北有妇人杀子者,彪出案发,而掾吏欲引南。彪怒曰:"贼寇害人,此则常理,母子相残,逆天违道。"遂驱车北行,案验其罪。②

我们知道,中国古代的家庭既是一个社会单位,也是一个伦理实体,是根据一定的伦理规则组织起来的小社会。"在这个小社会里,最基本的社会关系是父子关系,最重要的伦常规则是孝道。"③ "百道之行孝为先","孝"被看作是中国古代一切伦理道德的基础。故儒家经学者认为:"父,巨也。家长率教者。从又举杖。"④ 父亲可以教育、命令、约束子女,将不孝顺的子孙送交官府治罪。同时,儒家经学者还认为:"家无二主,尊无二上","父母在,不敢有其身,不敢私其财"⑤,"子妇无私货,无私畜,无私器,不敢私假,不敢私与"⑥。子孙"别籍异财"者,要处"不孝"重罪。"是故父之所生,其子长之;父之所长,其子养之;父之所养,其子成之。诸父所为,其子皆奉承而续行之,不敢不致如父之意,尽为人之道也。故五行者,五行也。由此观之,父授之,子受之,乃

---

① 陈立撰,吴则虞点校:《白虎通疏证》卷五,北京:中华书局,1994 年,第 216 页。
② 范晔撰,李贤等注:《后汉书》卷六十七,北京:中华书局,1965 年,第 2216 页。
③ 马作武主编:《中国传统法律文化研究》,广州:广东人民出版社,2004 年,第 82 页。
④ 许慎撰,段玉裁注:《说文解字注》,上海:上海古籍出版社,1981 年,第 115 页。
⑤ 郑玄注,孔颖达疏:《礼记正义》,李学勤主编:《十三经注疏》,北京:北京大学出版社,2000 年,第 1652 页。
⑥ 郑玄注,孔颖达疏:《礼记正义》,李学勤主编:《十三经注疏》,北京:北京大学出版社,2000 年,第 978 页。

天之道也。"①

表现在法律上，汉律对违背"父为子纲"的惩罚范围更广泛了。汉律认为，违背"父为子纲"的原则，就是违背"天意"，是"大逆不道"。"五刑之属三千，而罪莫大于不孝。"② 凡子女对父母"不孝"，应处以死刑。同时，汉律还规定，子女控告父母属于"不孝"行为。子女在父母丧期未满前发生两性关系，也属于"不孝"，罪名为"居丧奸"。父母可以随意殴打子女，但子女如果殴打父母，即使是误伤，也要被枭首。例如，汉武帝时"太子爽坐告王父不孝，皆弃市"③。堂邑侯陈季在母丧服未除时，因奸"当死，自杀"④。如果子女侵犯尊长、殴打父母，汉律对此有明确规定："殴父也，当枭首。"《春秋决狱》记载："甲父乙与丙争言相斗，丙以佩刀刺乙，甲即以杖击丙，误伤乙。甲当何论？或曰：殴父也，当枭首。"⑤ 这种对家庭伦理的维护、对"不孝"罪的惩罚，在汉以后的历代王朝越来越完备。《唐律疏议》载："七曰不孝。"注曰："谓告言、诅詈祖父母父母，及祖父母父母在，别籍、异财，若供养有缺；居父母丧，身自嫁娶，若作乐，释服从吉；闻祖父母父母丧，匿不举哀，诈称祖父母父母死。"这些都被视为"不孝"罪，"出于礼则入于刑"，要受到严重的法律惩罚。宋代宣扬程朱理学，据《朱文公文集》记载，朱熹在做地方官时，规定父母死后不到三年就"忘哀作乐"者，要被判刑三年。显然，这些都是封建统治者将家庭伦理法律化的体现。

当然，在维护家庭伦理方面，其影响较深的还有汉代的婚姻家庭制度。例如婚姻制度，汉代既有关于结婚的"议婚"（媒妁之言、父母之命）等规定，又有关于离婚的"七去"（不顺父母、无子、淫、妒、有恶疾、多言、窃盗）、"三不去"（有所取无所归、与更三年丧、前贫贱后富

---

① 苏舆撰，钟哲点校：《春秋繁露义证》卷第十，北京：中华书局，1992年，第315页。
② 李隆基注，邢昺疏：《孝经注疏》，李学勤主编：《十三经注疏》，北京：北京大学出版社，2000年，第47页。
③ 班固：《汉书》卷四十四，北京：中华书局，1962年，第2156页。
④ 班固：《汉书》卷十六，北京：中华书局，1962年，第538页。
⑤ 李昉等：《太平御览》卷第六百四十，北京：中华书局，1960年，第2868页。

贵）的规定，还有关于纳妾和改嫁的规定。而这些规定，可以说完全符合经学所倡导的模式。① 以改嫁和离婚为例，程树德先生《九朝律考》卷四征引董仲舒《春秋决狱》说："夫死无男，有更嫁之道也。"又《汉书·孔光传》载孔光廷议曰："夫妇之道，有义则合，无义则离。"在汉代，儒家经学深刻地影响着汉代的家庭制度，推动着"夫为妻纲"的法律化。汉儒认为："有夫妇然后有父子，有父子然后有君臣，有君臣然后有上下，有上下然后有礼仪。礼仪备，则人知所厝矣。夫妇人伦之始，王化之端。"② 家庭是社会的细胞，夫妻关系对社会稳定至关重要。儒家经学大儒董仲舒认为，"夫为阳，妻为阴"③，阳尊阴卑，"夫虽贱皆为阳，妇人虽贵皆为阴"④。"夫妇者，何谓也？夫者，扶也，扶以人道者也。妇者，服也，服于家事，事人者也。"⑤ "夫有再娶之义，妇无二适之文，故曰夫者天也。天固不可逃，夫固不可离也。行违神祇，天则罚之；礼义有愆，夫则薄之。"⑥ 从男尊女卑的观念出发，汉代统治者将"夫为妻纲"这一家庭伦理原则法律化。依照汉代法律规定，妻对夫只负有义务，并无权利可言，而妻之义务中最重要的是贞操。自汉代中期起，鼓励妇女贞顺守节成为统治者稳定人心的手段。汉代皇帝曾多次发布诏书，以特别法的形式褒奖贞妇的行为。汉宣帝神爵四年（前58）诏：

……吏民有行义者爵，人二级，力田一级，贞妇顺女帛。令内郡国举贤良可亲民者各一人。⑦

---

① 参见晋文：《论"以经治国"对我国汉代社会生活的整合功能》，《社会学研究》，1992年第6期。
② 范晔撰，李贤等注：《后汉书》卷六十二，北京：中华书局，1965年，第2052页。
③ 苏舆撰，钟哲点校：《春秋繁露义证》卷第十二，北京：中华书局，1992年，第350页。
④ 苏舆撰，钟哲点校：《春秋繁露义证》卷第十一，北京：中华书局，1992年，第325页。
⑤ 陈立撰，吴则虞点校：《白虎通疏证》卷十，北京：中华书局，1994年，第491页。
⑥ 范晔撰，李贤等注：《后汉书》卷八十四，北京：中华书局，1965年，第2790页。
⑦ 班固：《汉书》卷八，北京：中华书局，1962年，第264页。

东汉安帝元初元年（119）"春正月甲子，改元元初。赐民爵，人二级，孝悌、力田人三级……鳏、寡、孤、独、笃癃、贫不能自存者谷，人三斛，贞妇帛，人一匹"①。这些材料所见对妇德的表彰虽很简单，但"这种物质奖励比之精神上的褒奖更见功效，开了后世旌表节妇定制的先例"②。而对违反汉代礼法的"夫妻关系"，汉律则对之加以严惩。例如，"嗣侯董朝，元狩三年坐为济南太守与城阳王女通，耐为鬼薪，嗣侯宣生，元朔二年坐与人妻奸，免"③。汉律规定奸人事者均要被处以刑，为妻者对丈夫负有保持贞操的义务。汉代经学家认为：夫尊于妻，如果丈夫去世，妻子应当为丈夫守丧三年；而妻子死后，丈夫却没有必要尽这个义务，可以另娶。"夫有再娶之义，妇无二适之义。"《后汉书》卷六十二《荀爽传》载"时人多不行妻服"，也说明夫妻间的丧服义务是不对等的。汉律规定：如果丈夫与人通奸，得到的惩罚最多是"耐为鬼薪"（三年徒刑）；如果妻子与人通奸，则要被处极刑。妻子私自改嫁，或夫死未葬而嫁，也要被处以死刑，其罪名为"私为人妻"。董仲舒《春秋繁露》记载："私为人妻，当弃市。"④ 由于家庭是社会的细胞，是社会稳定的基础，因此汉律把夫妻、父母与子女的关系确定为法律上的从属关系，借以维护父权、夫权在家庭中的统治地位。它以严格的封建等级制度为基础，强调的是君臣、父子、夫妇的上下尊卑等级秩序，以"故贵贱有等，衣服有制，朝廷有位，乡党有序，则民有所让而不敢争"⑤。所以，在汉代，三纲不仅是社会的最高道德标准，也是国家立法的根本原则，它指导了汉律的修订，也体现为汉律的基本内容。⑥ 在"二千年的封建社会中，家长制家庭由于得

---

① 范晔撰，李贤等注：《后汉书》卷五，北京：中华书局，1965年，第220页。
② 汪玢玲：《中国婚姻史》，上海：上海人民出版社，2001年，第106页。
③ 程树德：《九朝律考》卷一，北京：中华书局，2006年，第114页。
④ 苏舆撰，钟哲点校：《春秋繁露义证》卷第三，北京：中华书局，1992年，第94页。
⑤ 苏舆撰，钟哲点校：《春秋繁露义证》卷第八，北京：中华书局，1992年，第231页。
⑥ 张晋藩主编：《中国法制史》，北京：群众出版社，1991年，第15页。

到法律的维护,始终是稳定的,成为专制主义政治制度的重要支柱"①。故有学者认为,汉律与秦律相比,最重要的突破点是"纳礼入刑",从而确立了礼法合流、刑德并施的刑事立法原则。② 这种情况在儒家经学占主导地位后,尤为突出。

### 三、滥用儒家经术与刑罚

在汉代,儒家学者以君权神授为中心建构天人感应理论,主张通过观察日月星辰、刮风下雨、雷击地震及各种动物的活动等现象来预测人事的兴衰祸福,自然界的异常变化遂成为社会政治变化与更替的先兆。在汉代经学界,善言阴阳灾异吉凶者可谓比比皆是,如京房、孟喜、梁丘易、盖宽饶、翼奉、谷永、匡衡、伏生、兒宽、大小夏侯、李寻、眭弘、严彭祖、刘向、翟方进等。经学之士们善言灾异,并将阴阳灾异之言形成了一套论述体系,将各种灾异符号依其象征意义分门别类,推迹行事,这在《汉书·五行志》中多有记载。例如在汉代,反常、怪异的事物与现象被称作"妖"。在《汉书·五行志》中,无论天地、星辰、人畜,凡见异象,都可称为"妖"。《白虎通·灾变》曰:"妖者,何谓也?衣服乍大乍小,言语非常。"③ 这些反常、怪异的言论,也被称作"妖言"。有学者指出,妖言罪的含义有二:其一与诽谤相同;其二是"妖妄之言",指借助灾异、阴阳五行等自然现象或迷信来指责皇帝的过失。④

据史书记载,高后元年(前187)春正月诏曰:"前日孝惠皇帝言欲除三族罪、妖言令,议未决而崩,今除之。"⑤ 妖言令早在西汉初年就被废除。一个值得注意的问题是,高后元年诏除妖言之令,而西汉中期又有妖

---

① 张晋藩:《中华法制文明的演进》,北京:中国政法大学出版社,1999年,第172页。
② 张晋藩主编:《中国法制史》,北京:群众出版社,1991年,第22页。
③ 陈立撰,吴则虞点校:《白虎通疏证》卷六,北京:中华书局,1994年,第270页。
④ 盛建国:《中国古代"刑即法"的基本特征》,陈金全等主编:《中国传统法律文化与现代法治》,重庆:重庆出版社,2000年,第31页。
⑤ 班固:《汉书》卷三,北京:中华书局,1962年,第96页。

言之罪，这说明"中间曾重复设此条也"①。何时复设？因何原因复设？由于史料阙如，现在仍不得细解。

根据武帝时淮南王刘安谋反案的罪状是"妄作妖言"可知，在武帝时已经复设"妖言罪"。此后"妖言罪"案件在两汉多有出现。对于"妖言罪"的恢复，笔者认为，这可能与汉代经学宣扬天人感应说、灾异谴告说有一定关系。西汉中期后，谈阴阳灾异的风气在社会上产生了巨大影响，汉代百姓对其预示的吉凶祸福深信不疑。在汉代人的心目中，"妖孽"出是代天谴告的预言。汉代经学者也认为："至诚之道，可以前知。国家将兴，必有祯祥。国家将亡，必有妖孽。"②为维护社会稳定，汉代统治者不得不采取措施，对阴阳灾异引起的"妖言"进行严厉的惩罚，尤其针对一些危及社会及国家安全的"妖言"，在法律上实行严惩。因而，从史料上看，"妖言罪"恢复的时间应在西汉中期，尤其是在儒学独尊之后，阴阳灾异之风盛行之时。

昭帝元凤三年（前78），太史令张寿王针对朝野及民间纷传的灾异现象，如大水、大旱、日食、乌鹊相斗等，上书说阴阳不调，乃武帝太初元年修历不当所致，要求改用他所传承的黄帝历。上诏令治历专家比较当时的十一家历法，结果张寿王的黄帝历误差最大。于是有司弹劾寿王"非汉历，逆天道，非所宜言，大不敬"③。朝廷未马上治罪寿王，而是继续观察黄帝历法，发现误差依旧很大。于是有司再次弹劾寿王身为八百石之官员，乃古之大夫，服儒衣，却"诵不祥之辞，作袄言欲乱制度，不道"④。朝廷本欲赦免他，但寿王执意赴法，终于下吏而死。寿王关注的其实只是历法问题，他的"妖言"不包含明显的政治目的，但依旧被治罪，这说明汉代对阴阳灾异观念的高度重视。

另一个案例则是经学者提出的谶言式妖言案。例如昭帝元凤三年正

---

① 班固：《汉书》卷四，北京：中华书局，1962年，第118页。
② 郑玄注，孔颖达疏：《礼记正义》，李学勤主编：《十三经注疏》，北京：北京大学出版社，2000年，第1692-1693页。
③ 班固：《汉书》卷二十一上，北京：中华书局，1962年，第978页。
④ 班固：《汉书》卷二十一上，北京：中华书局，1962年，第978页。

月,"泰山莱芜山南匈匈有数千人声,民视之,有大石自立,高丈五尺,大四十八围,入地深八尺,三石为足,石立后有白乌数千下集其旁。是时昌邑有枯社木卧复生,又上林苑中大柳树断枯卧地,亦自立生,有虫食树叶成文字,曰'公孙病已立'"①。按今文公羊学,"石柳皆阴类,下民之象,泰山者岱宗之岳,王者易姓告代之处。今大石自立,僵柳复起,非人力所为,此当有从匹夫为天子者。枯社木复生,故废之家公孙氏当复兴者也"②。于是眭弘上书要求汉帝禅让帝位,朝廷审理该案认为,眭弘"妄设妖言惑众",此即眭弘"妄设妖言惑众"案。廷审结果可想而知,眭弘以"妄设妖言惑众,大逆不道"罪伏诛。

汉成帝时,齐人甘忠可作《天官历》及《包元太平经》十二卷,宣称"汉家逢天地之大终,当更受命于天,天帝使真人赤精子,下教我此道"③,要求汉王朝"更受命"。甘忠可的论述,在朝野引起一片震动。时任中垒校尉的刘向检举甘忠可"假鬼神上惑众",甘忠可于是被下狱,在狱中病死,其弟子夏贺良等人皆受牵连,并以不敬论罪。其后甘忠可弟子夏贺良继续讲"更受命",最后在哀帝时被罢黜,夏贺良、李寻等因"执左道,乱朝政,倾覆国家,诬罔主上,不道"④,皆伏诛。

从以上案例可以看出,在汉代,经学是政治之术,其核心思想三纲五常都是为维护专制统治服务的,滥用经义破坏皇权和政治稳定者,必然招致杀身之祸。因此,终两汉之世,对于滥用经术,以阴阳灾异指责皇帝过失,影响汉廷稳定,构成"妖言罪"者,均处以重罚。即使不涉及滥用经术问题,"妖言"者大多也不能幸免。如汉桓帝建和元年(147),甘陵刘文与南郡刘涌散布清河王刘蒜当为天子的"妖言"。不久事败,刘蒜虽从未参与其事,却受到有司劾奏,被贬为侯,旋自杀,国绝。

总之,在汉代,"以妖言获罪、以妖恶连坐,已成当时严重的社会问

---

① 班固:《汉书》卷七十五,北京:中华书局,1962年,第3153页。
② 班固:《汉书》卷七十五,北京:中华书局,1962年,第3153-3154页。
③ 班固:《汉书》卷七十五,北京:中华书局,1962年,第3192页。
④ 班固:《汉书》卷七十五,北京:中华书局,1962年,第3193页。

题，即使是豪门巨室，也难逃罗网"①。虽然，在东汉时还针对"妖恶禁锢"案实行了4次特赦，但也并未真正令犯"妖恶"而被禁锢者得以解脱。汉代统治者以严刑酷法对之进行封杀和打击，在一定程度上压制了对统治者不利的言论，阻碍了汉王朝与民间各层面的有效沟通，对汉王朝的长治久安产生诸多不利影响。

---

① 吕宗力：《汉代"妖言"探讨》，《中国史研究》，2006年第4期。

# 第五章
# 经学礼法观与汉代司法

## 第一节 经学礼法观与汉代司法制度

儒家礼法观是贯穿古代狱制思想和治狱实践的一条主线。在这种思想指导下的中国古代狱制，在其发展过程中，也表现出浓厚的儒家化倾向。综观整个中国监狱史，在经学刑德观影响下的监狱管理制度主要表现为系囚制度、悯囚制度和录囚制度。在汉代社会，这三大制度已相当完备，其中以悯囚制度、录囚制度最为严密，并成为汉代狱政管理中的重要制度。

### 一、仁德与悯囚制度

在儒家刑德观影响下，汉代刑狱作为维护社会伦理关系的工具，从经学的德治、仁政思想出发，使司法、监狱管理中的感化教育成为重要内容。汉代刑狱不仅通过禁止性规范彰明德教，倡导礼义，其本身的具体程序和内容也体现了礼义教化的核心。如汉代的恤刑原则就是与等级特权原则相对应的诉讼原则，它是指在诉讼中给予老、小、残、鳏、寡、孤、独等社会弱者的一种法律上的优待。汉代统治者为标榜仁政，在狱制中相继建立并完善悯囚制度，其基本内容包括矜老怜幼、宽缓狱具、提供囚粮囚衣和医药、纵囚归家、法外行仁等。这是统治者为防止狱吏任意凌虐囚犯，避免阶级矛盾激化而在司法上对特定人群所采取的优待措施，如对孕妇实行缓刑，对死囚无子听妻入室或放归等。我们知道，对于囚犯，为了防止其逃亡，一般都令其戴狱具。然而，在汉代有颂系的规定，就是对在押囚犯中的一些老幼残疾人犯，免去他们戴刑具之罚。汉代有关颂系的立法始于景帝。《汉书·刑法志》记载，汉景帝后元三年（前114）诏曰："高年老长，人所尊敬也；鳏寡不属逮者，人所哀怜也。其著令：年八十以上，八岁以下，及孕者未乳，师、朱儒当鞫系者，颂系之。"①《汉书·刑法志》注引如淳曰："师，乐师盲瞽者。朱儒，短人不能走者。"② 该诏令中的"颂"为宽容不桎梏之意。从该诏令的规定来看，对已犯罪的老人、小孩、孕妇、残疾人在执行逮捕、羁押时，不予戴械具。在押囚犯中的一些老幼残疾等人，亦属于宽容的对象，免去他们戴刑具之罚。同时，为体现仁政、德治中的恤囚精神，汉代统治者严格治吏，禁止在司法中掠笞瘐死狱囚。如汉宣帝地节四年九月诏曰：

> 令甲，死者不可生，刑者不可息。此先帝之所重，而吏未称。今系者或以掠辜若饥寒瘐死狱中，何用心逆人道也！朕甚痛之。其令郡国岁上系囚以掠笞若瘐死者所坐名、县、爵、里，丞相御史课殿最以闻。③

据史料记载，汉代为了提倡孝道，在刑狱中屈法之事常有。如允许狱囚离监奔丧、死囚无子听妻入室等，并且对凌辱、虐待囚犯，克扣囚衣、囚粮的狱官狱吏予以严惩。在西汉时就有"痛掠笞瘐死"系囚的规定，即禁止在监狱中对犯人笞掠过当或虐待，若犯人因饥寒死在狱中，则追究监狱官吏和狱卒的责任。对于狱囚离监奔丧，据《后汉书·钟离意传》载，

---

① 班固：《汉书》卷二十三，北京：中华书局，1962年，第1106页。
② 班固：《汉书》卷二十三，北京：中华书局，1962年，第1108页。
③ 班固：《汉书》卷八，北京：中华书局，1962年，第252-253页。

东汉堂邑县人防广为父亲复仇杀人入狱，在狱中得知其母病死，防广哭泣不食，县令钟离意得知后深表同情，乃决定让防广回家殡殓其母。防广处理了母亲后事，按期返回狱中。后来钟离意将此事奏明光武帝，防广竟得减死罪。听妻入狱就是指对死罪系囚娶妻无子者，允许其妻入狱，妊娠有子，再予行刑。如东汉时，鲍昱为汝阳长，"县人赵坚杀人系狱，其父母诣昱，自言年七十余，唯有一子，适新娶，今系狱当死，长无种类，涕泣求哀。昱怜其言，令将妻入狱解止宿，遂任身有子"①。这种监狱制度后来为历代狱制所沿袭。明清时期，听妻入狱已写入刑律，成为常行制度。

按照儒家天人合一的观点，汉代在监狱行刑活动的程序、形式上表现为秋冬治狱，春夏缓刑。在时人看来，天与人之间有种神秘力量在支配人事，于是出现了敬天、天罚思想，而监狱的行刑与自然现象也有着某种必然的联系。汉代统治者认为，处理一起案件往往牵连很多人，春夏是万物复苏并呈现勃勃生机的季节，秋冬是万物凋敝萧条或呈现瑟瑟杀气的时节，春夏审案行刑会上逆时气，下伤农业，不仅有悖天意，而且对农业生产十分不利。所以对大案要案的审理行刑，多放在秋冬季节进行。此后，监狱关押罪犯的多少、监狱管理制度的宽严、刑罚制度的世轻世重等，无不受此影响，这已成为中国古代狱制的传统制度，对中国传统监狱制度的尚德宽刑起到一定的积极作用。

## 二、慎刑与录囚制度

"录囚"也称虑囚，是朝廷为了防止在审判中可能出现的错误，派遣官吏视察监狱提审已判犯人，纠正冤案的一项制度。《续汉书·百官志》载："诸州常以八月巡行所部郡国，录囚徒。"注引胡广曰："县邑囚徒，皆阅录视，参考辞状，实其真伪。有侵冤者，即时平理也。"许多法史学者认为，录囚是指最高统治者和上级官吏定期或不定期地巡视监狱，讯察狱囚，以便平冤纠错，决遣淹滞，借以标榜仁政，以维护统治阶级法律秩

---

① 李昉等：《太平御览》卷第六百四十三，北京：中华书局，1960年，第2880页。

序的一项极为重要的司法制度①，它对统治者谨慎处理刑狱、纠正酷法有一定作用，是经学慎刑思想的反映。从制度层面来说，录囚制度是关于皇帝或各级官吏定期或不定期地巡视监狱，对狱情进行审查、监督或督办久系未决之狱的一项有意义的制度。它是中国古代狱制的重要环节，对于平反冤狱、疏决淹狱、减少非法瘐死狱囚具有积极的意义。

在西汉武帝时期，经学家董仲舒创立了经学的阴阳刑德观，经学通过引经断狱和以礼入律的方式逐步渗入法律实践中，汉代狱政多受儒家慎刑思想的影响。其中录囚就是这种思想的一个较为典型的体现。录囚制度开始于汉武帝时期，最早记录见于《汉书·隽不疑传》。录囚制度初建，尚限于州刺史或郡太守每年定期巡视自己所管辖地区的狱囚，以平理冤狱为主要任务。汉武帝时，州刺史"常以八月巡行所部郡国，录囚徒"。隽不疑为京兆尹，每行县录囚徒还其母辄问不疑："有所平反，活几何人？"②何武为扬州刺史，"行部录囚徒"③。沈家本先生考证后说："录囚之事，汉时郡守之常职也。……此事又属于刺史"④，较准确地反映了西汉地方政府最高行政长官的职责。随着经学的阴阳刑德观的影响日深，从东汉开始，皇帝也亲录囚徒。《晋书·刑法志》载："光武中兴，留心庶狱，常临朝听讼，躬决疑事。"⑤ 汉明帝更是亲下监狱录囚。史载楚王英之狱捕系多人，株连数千人。侍御史寒朗在考查监狱时发现此事，即上书明帝，极力谏诤，马皇后也乘间言劝，明帝方有所醒悟。于是"车驾自幸洛阳狱录囚徒，理出千余人"⑥。而《后汉纪》中则载明帝"自幸洛阳寺，出者千余人"⑦。

自此以后，皇帝、太后亲临监狱录囚，理冤者屡见不鲜。汉安帝时，

---

① 万安中：《关于监狱史研究的若干问题》，《政法论坛》，2004年第2期。
② 班固：《汉书》卷七十一，北京：中华书局，1962年，第3036页。
③ 班固：《汉书》卷八十六，北京：中华书局，1962年，第3482页。
④ 沈家本：《历代刑法考》，北京：中华书局，1985年，第791页。
⑤ 房玄龄等：《晋书》卷三十，北京：中华书局，1974年，第917页。
⑥ 范晔撰，李贤等注：《后汉书》卷四十一，北京：中华书局，1965年，第1417页。
⑦ 袁宏：《后汉纪》卷第十，张烈点校：《两汉纪》下册，北京：中华书局，2002年，第189页。

皇太后幸洛阳寺及若卢狱录囚徒。献帝兴平元年七月,也曾遣使者"洗囚徒,原轻系"①。同时,如果洛阳狱的管理官员在犯人收审监管中出现重大过失,还要追究其罪责。史书中常见洛阳寺录囚时发现冤情,将县令逮捕治罪的事例。如《后汉书·和帝纪》载永元六年(94)七月,"丁巳,幸洛阳寺,录囚徒,举冤狱。收洛阳令下狱抵罪"②。《和熹邓皇后纪》载永初二年(108)夏,"京师旱,亲幸洛阳寺录冤狱。有囚实不杀人而被考自诬……太后察视觉之,即呼还问状,具得枉实,即时收洛阳令下狱抵罪"③。《后汉书·张奋传》亦载:"和帝召太尉、司徒幸洛阳狱,录囚徒,收洛阳令陈歆,即大雨三日。"④ 这是录囚制度的一个重大发展。录囚制度对平反冤狱、改善狱政和统一法律的适用范围起到了积极作用,并成为中国古代对官员进行审判监督的重要途径。

汉代帝王还把录囚作为一项重要的司法制度,常常亲临听讼,录囚理冤。这对于保障囚犯基本生活、抑制淹滞、平反冤狱有一定的积极作用,使这一时期的刑狱较为平缓。并且,汉代统治者还将其制度化,为其合法性赋予种种理论依据,使录囚在实践中不断被修订和完善,也使中国司法制度进一步儒家化。这主要体现在:首先,在治狱实践中,多按照经学刑德观的慎刑思想与礼义原则对犯罪行为从宽处理;其次,从对罪犯的监狱管理中,我们可以看到,统治者一方面用残酷的刑罚、繁重的酷役惩治罪犯,另一方面又实行慎刑之举,在治狱中广泛宣传尊尊、亲亲,以及君君、臣臣、父父、子子的说教,试图用儒家礼教消解罪犯的犯罪意念,强调重义轻利、见利思义,由此培养罪犯的内在修养和情操,鼓励罪犯改过迁善。它使儒家礼法观日益渗透到治狱实践中,从而成为维护纲常礼法、巩固宗法伦理、保证统治秩序有效运转的有力武器。

---

① 范晔撰,李贤等注:《后汉书》卷九,北京:中华书局,1965年,第376页。
② 范晔撰,李贤等注:《后汉书》卷四,北京:中华书局,1965年,第179页。
③ 范晔撰,李贤等注:《后汉书》卷十上,北京:中华书局,1965年,第424页。
④ 范晔撰,李贤等注:《后汉书》卷三十五,北京:中华书局,1965年,第1199页。

## 第二节　经学礼法观与汉代法律实践

汉代统治者为强化儒家礼法文化，广开渠道，通过多种形式宣传儒家经学礼法思想，在全社会范围内形成严密的道德教化网络，以期使人们逐渐形成一定的信念、习惯、传统，从而促进儒家经学刑德观对汉代社会的控制与整合。

### 一、循吏的司法活动

循吏一词最早出现于《史记·循吏列传》中，后为班固的《汉书》与范晔的《后汉书》所承袭，并且一直沿用至近代。关于循吏的定义，《史记》《汉书》《后汉书》中略有不同。《史记·循吏列传》记载："法令所以导民也，刑罚所以禁奸也。文武不备，良民惧然身修者，官未曾乱也。奉职循理，亦可以为治，何必威严哉？"① 班固认为循吏"所居民富……好为民兴利，务在富之"②。颜师古对《汉书·循吏传》作注曰："循，顺也，上顺公法，下顺人情。"所谓循吏，即指对上顺从公正的法令，对下顺应民意，秉公执法的官吏。汉代的循吏，是一群自觉按照儒家先富后教、先教后伐的思想，为官临民、造福一方的官僚。

众所周知，武帝即位后，在政治、经济、文化等方面采取了一系列统治措施，但是大一统政治内法外儒的政策也给社会带来诸多不稳定因素。尤其是武帝后期，为了削弱丞相权力，加强中央集权，汉政府制定了严酷的法令。公元前87年，武帝崩，年幼的昭帝继位，朝中仍严格遵循"武帝旧事"，实行严刑峻法的法律制度。于是一些世俗官吏为迎合皇上旨意，以在执法上尽量采用严刑酷法作为政绩，由此使法律越加苛暴。严刑酷法虽然能起到加强中央集权的作用，但并不得人心。例如其时已升任河南太

---

① 司马迁：《史记》卷一百一十九，北京：中华书局，1982年，第3099页。
② 班固：《汉书》卷八十九，北京：中华书局，1962年，第3624-3642页。

守丞的黄霸独在治狱中以宽和为名,"处议当于法,合人心"①,得到吏民称赞。公元前74年,宣帝继位,宣帝长于民间,故甚了解百姓之"苦吏急"②。宣帝早在民间时就已闻知黄霸执法公正,继位后即征召黄霸为掌管刑狱的廷尉正,负责综合名实,平理刑狱,裁决疑案。黄霸就任后认真履行职责,秉公执法,"数决疑狱,庭中称平"③。三年后,黄霸改任扬州刺史,巡行监察地方豪强和守相,成就显著。在宣帝大力推行孝政的情况下,地方官吏把风行教化、宣扬孝悌作为自己的主要职责。如西汉时韩延寿"为吏,上礼义,好古教化,所至必聘其贤士,以礼待用,广谋议,纳谏争;举行丧让财,表孝弟有行;修治学官,春秋乡射,陈钟鼓管弦,盛升降揖让……又置正、五长,相率以孝弟,不得舍奸人"④。直至东汉,这种风气仍然得到发扬。例如何敞迁汝南太守后,"立春日,常召督邮还府,分遣儒术大吏案行属县,显孝悌有义行者"⑤。刘宽迁南阳太守后,"每行县止息亭传……见父老慰以农里之言,少年勉以孝悌之训"⑥。

在法律逐步经学化的同时,许多官吏不断将经学中"亲亲仁恩、慎刑恤狱"思想用于司法实践。例如《后汉书·循吏传》记载:"卫飒字子产,河内修武人也。家贫好学问,随师无粮,常佣以自给。……除侍御史,襄城令。政有名迹,迁桂阳太守。郡与交州接境,颇染其俗,不知礼则。飒下车,修庠序之教,设婚姻之礼。期年间,邦俗从化。"⑦ 又载:"王涣字稚子,广汉郪人也。……习《尚书》,读律令,略举大义。……在温三年,迁兖州刺史,绳正部郡,风威大行。"⑧ 建安时杜畿任河东太守,

---

① 班固:《汉书》卷八十九,北京:中华书局,1962年,第3628页。
② 班固:《汉书》卷八十九,北京:中华书局,1962年,第3629页。
③ 班固:《汉书》卷八十九,北京:中华书局,1962年,第3629页。
④ 班固:《汉书》卷七十六,北京:中华书局,1962年,第3211页。
⑤ 范晔撰,李贤等注:《后汉书》卷四十三,北京:中华书局,1965年,第1480页。
⑥ 范晔撰,李贤等注:《后汉书》卷二十五,北京:中华书局,1965年,第887页。
⑦ 范晔撰,李贤等注:《后汉书》卷七十六,北京:中华书局,1965年,第2458-2459页。
⑧ 范晔撰,李贤等注:《后汉书》卷七十六,北京:中华书局,1965年,第2468页。

"班下属县，举孝子……又开学官，亲自执经教授，郡中化之"①。《后汉书·张湛传》记载，张湛"建武初，为左冯翊。在郡修典礼，设条教，政化大行"②。《后汉书·刘梁传》记载，刘梁曰："桓帝时，举孝廉……身执经卷，试策殿最，儒化大行。"③从郡守、县令长到亭长，各级官吏皆进行礼法教化，化民成俗，表明东汉礼法文化已渗透到民间基层生活之中。再如，何敞为汝南太守时，以宽和为政，"显孝悌有义行者。及举冤狱，以《春秋》义断之。是以郡中无怨声，百姓化其恩礼"④。《后汉书·秦彭传》云："秦彭字伯平，扶风茂陵人也。六世祖袭，为颍川太守……建初元年，迁山阳太守。以礼训人，不任刑罚。崇好儒雅，敦明庠序。每春秋飨射，辄修升降揖让之仪。乃为人设四诫，以定六亲长幼之礼。"⑤《后汉书·儒林传》记载，伏恭任常山太守期间，"敦修学校，教授不辍，由是北州多为伏氏学"⑥。又有任延，字长孙，南阳宛人，"明《诗》《易》《春秋》，显名太学，学中号为'任圣童'。……拜会稽都尉。……诏征为九真太守。……延乃令铸作田器，教之垦辟。……是岁风雨顺节，谷稼丰衍。……拜武威太守……造立校官，自掾史子孙，皆令诣学受业，复其徭役。章句既通，悉显拔荣进之。郡遂有儒雅之士"⑦。

在司法过程中，汉代一些循吏能够自觉遵守法律，堪称官吏之楷模。如朱邑，为人淳厚，笃于故旧，然性公正，不可交以私；刘矩，性亮直，不能谐附贵势，以是失大将军梁冀意，出为常山相，以疾去官；黄霸力行教化而后诛罚，务在成就全安长吏；卫飒为桂阳太守，"郡与交州接境，颇染其俗，不知礼则。飒下车，修庠序之教，设婚姻之礼。期年间，邦俗

---

① 陈寿撰，陈乃乾校点：《三国志》卷十六，北京：中华书局，1982年，第496页。
② 范晔撰，李贤等注：《后汉书》卷二十七，北京：中华书局，1965年，第929页。
③ 范晔撰，李贤等注：《后汉书》卷八十下，北京：中华书局，1965年，第2639页。
④ 范晔撰，李贤等注：《后汉书》卷四十三，北京：中华书局，1965年，第1487页。
⑤ 范晔撰，李贤等注：《后汉书》卷七十六，北京：中华书局，1965年，第2467页。
⑥ 范晔撰，李贤等注：《后汉书》卷七十九下，北京：中华书局，1965年，第2571页。
⑦ 范晔撰，李贤等注：《后汉书》卷七十六，北京：中华书局，1965年，第2460-2463页。

从化"①;山阳太守秦彭"以礼训人,不任刑罚。崇好儒雅,敦明庠序。每春秋飨射,辄修升降揖让之仪。乃为人设四诫,以定六亲长幼之礼。有遵奉教化者,擢为乡三老,常以八月致酒肉以劝勉之"②;蒲亭长仇览"农事既毕,乃令子弟群居,还就黉学。其剽轻游恣者,皆役以田桑,严设科罚"③;等等。循吏这种"以德化民"、先教后杀的司法行为,在东汉又被称作"教以义方"。《后汉书·班彪传》载彪上言曰:"《春秋》'爱子教以义方,不纳于邪'。"④《全后汉文》卷七十九蔡邕《议郎胡公夫人哀赞》中说:"议郎早世。检悔幼孤。义方以导其性。中禁以闲其情。"又《济北相崔君夫人诔》言:"堂堂其胤。惟世之良。于其令母。受兹义方。"教子如此,训人亦同。《后汉书·郭太传》记载郭太"好奖训士类",其例有"宋果……性轻悍,憙与人报仇,为郡县所疾。林宗乃训之义方,惧以祸败。果感悔,叩头谢负,遂改节自敕"⑤。又《后汉书·张奂传》载:"拜武威太守。……其俗多妖忌,凡二月、五月产子及与父母同月生者,悉杀之。奂示以义方,严加赏罚,风俗遂改。"⑥再如,东汉鲁恭和许荆事迹。据《后汉书》记载:鲁恭拜中牟令,有"亭长从人借牛而不肯还之,牛主讼于恭。恭召亭长,敕令归牛者再三,犹不从。恭叹曰:'是教化不行也。'欲解印绶去。掾史泣涕共留之,亭长乃惭悔,还牛,诣狱受罪,恭贳不问。于是吏人信服";许荆为桂阳太守,"尝行春到耒阳县,人有蒋均者,兄弟争财,互相言讼。荆对之叹曰:'吾荷国重任,而教化不行,咎在太守。'乃顾使吏上书陈状,乞诣廷尉。均兄弟感悔,各求受罪"。在这两个案例中,鲁恭和许荆都把属吏和百姓不符合儒家道德原则的行为视作"教化不行"的结果,又把"教化不行"看成自己的失职,因而一个"欲

---

① 范晔撰,李贤等注:《后汉书》卷七十六,北京:中华书局,1965年,第2459页。
② 范晔撰,李贤等注:《后汉书》卷七十六,北京:中华书局,1965年,第2467页。
③ 范晔撰,李贤等注:《后汉书》卷七十六,北京:中华书局,1965年,第2479-2480页。
④ 范晔撰,李贤等注:《后汉书》卷四十上,北京:中华书局,1965年,第1328页。
⑤ 范晔撰,李贤等注:《后汉书》卷六十八,北京:中华书局,1965年,第2229页。
⑥ 范晔撰,李贤等注:《后汉书》卷六十五,北京:中华书局,1965年,第2139页。

解印绶",一个"乞诣廷尉"。

总之,重视经学的刑德观,重视教化、劳心谆谆、举善而教、执法平和、惩恶扬善,使法律判决尽可能符合客观情况,是典型的循吏司法作风,"律设大法,礼顺人情"也成为他们典型的司法观点。他们在处理法律纠纷时,往往比较注意深入实际,体察民情,寓教于法,使百姓能够心悦诚服地接受法律的约束。故司马迁对之赞颂曰:"奉职循理,亦可以为治,何必威严哉?"① 可以说,循吏的司法活动成效是非常显著的,较之汉代酷吏的严酷司法,它更有利于缓和社会矛盾,对维护统治阶级的长治久安具有重要作用。

## 二、经学化文法吏的司法活动

在汉代,经学的兴起使汉代政治中出现了儒生与文吏两个独立的知识群体。在经学思想占统治地位后,儒生与文吏彼此开始渗透,以致出现治律令者亦兼习经学的现象。例如西汉中期,公孙弘"少时为狱吏……年四十余,乃学《春秋》杂说","习文法吏事,缘饰以儒术,上说之,一岁中至左内史",后开始了"习文法吏事,缘饰以儒术"的活动,位列天子三公之一。② 《汉书·张汤传》记载:"是时,上方乡文学,汤决大狱,欲傅古义,乃请博士弟子治《尚书》《春秋》,补廷尉史,平亭疑法。"丙吉,宣帝时人,封关内侯,任御史大夫,"治律令,为鲁狱史","吉本起狱法小吏,后学《诗》《礼》,皆通大义"。③ 路温舒,宣帝时任右扶风丞、临淮太守等职,"求为狱小吏,因学律令","又受《春秋》,通大义"。④ 薛宣,成帝、哀帝时人,谷永荐其代己为御史大夫时说:"其法律任廷尉有余,经术文雅足以谋王体,断国论。"⑤ 后薛宣位至丞相。于定国,宣帝时人,"少学法于父……超为廷尉。定国乃迎师学《春秋》,身执经,北面

---

① 司马迁:《史记》卷一百一十九,北京:中华书局,1982年,第3099页。
② 班固:《汉书》卷五十八,北京:中华书局,1962年,第2613—2618页。
③ 班固:《汉书》卷七十四,北京:中华书局,1962年,第3142—3145页。
④ 班固:《汉书》卷五十一,北京:中华书局,1962年,第2367—2368页。
⑤ 班固:《汉书》卷八十三,北京:中华书局,1962年,第3392页。

备弟子礼。为人谦恭，尤重经术士"①。

在汉代地方政府机构中，除了中央任命的守、相、令、长，还有大批地方长官辟除的属吏。汉初，地方属吏一般由"文法吏"充当。元帝、成帝时期，地方长吏也积极研习经学，并进而演变为既通文法，又懂经学的经术之士。所以，到西汉中后期，社会上出现大量既通一家章句，又兼明文法律令的亦吏亦儒式人物，这种人物的涌现已经成为一种深刻的时代潮流。② 故《文献通考》曰："东、西汉之时，贤士长者未尝不仕郡县也。自曹掾、书史、驭吏、亭长、门干、街卒、游徼、啬夫，尽儒生学士为之。"③ 这些谙习政务的"文吏"通过"习经"变成了"经学之士"，"吏服驯雅，儒通文法，故能宽猛相济，刚柔自克也"。

在具体的司法过程中，这些文法吏善于兼采儒、法两家的长处，又刑德和合，宽猛相济，刚柔相和，与武帝时期"武健严酷"的吏治有明显差别。同时，这些文法吏常常以经义为教条，以《春秋》解释法律，故他们在决狱时往往注重法律与伦理道德的协调和平衡，使汉代法律向道德化、经学化方向发展。史载自公孙弘习文法吏，以《春秋》之义绳臣下取汉相以来，张汤、吕步舒、兒宽等紧随其后，文法吏以治《尚书》《春秋》补亭尉史、平亭疑法者不绝如缕。他们的法律经学化活动，使汉代法律领域的诸多活动都以平理狱讼为指南和准则，这不但提高了儒家经典的地位，而且对后世法律产生了深远影响。

### 三、经术之士与经义决狱

所谓"经义决狱"，就是将经学中的经义运用到法律活动中，作为解释、分析案情和认定犯罪的根据，其特点是法官不具体征引正式法律条文，而是凭借儒家经典中的微言大义来断案。由于被引用的儒家经典包括

---

① 班固：《汉书》卷七十一，北京：中华书局，1962年，第3042页。
② 阎步克：《察举制度变迁史稿》，沈阳：辽宁大学出版社，1991年，第58页。
③ 马端临著，上海师范大学古籍研究所、华东师范大学古籍研究所点校：《文献通考》卷三十五，北京：中华书局，2011年，第1021页。

《诗经》《尚书》《礼记》《易经》《春秋》等，尤其以《春秋》最为常用，故又名"春秋决狱"。目前，对"春秋决狱"的研究，可谓成果众多。从某种意义上，我们可以认为，学界现有的大多数研究与论文，仍在遵循程树德《九朝律考》、瞿同祖《中国法律与中国社会》等前辈留下的研究范式，即以儒家思想与古代法律的关系为切入点，试图探索春秋决狱的性质、发展沿革和形成制度的时间及其对古代刑事司法之影响等问题。但是，对于这些判例的论证逻辑、义理阐释，以及其背后的"春秋大义"，仍然欠缺思考。据有关学者分析，一百多年来有关"春秋决狱"的研究，"相对完整地描述'春秋决狱'的学者除去程树德先生的《九朝律考》中有《春秋决狱考》以外，就只有倪正茂、俞荣根、郑秦、曹培等先生编著的《中华法苑四千年》一书"[1]。书中的《法和礼治篇》的十个内容中，以《春秋》经义、法之渊源为专题来讨论汉代的"引经决狱"问题。文章认为：从法制史上看，引经决狱、原心论罪的作用在于造就儒家化、伦理化的法律，使宗法伦理道德获得合法地位，得到法律保障，有的直接成为法律规范，从而强化封建统治，加强对民众行为和思想的禁锢。[2] 鉴于目前对"春秋决狱"的研究现状，笔者拟从"春秋决狱"产生的时间、原因、发展历程、历史评价等角度进行探析。

"经义决狱"的兴起，与儒家经学思潮有密切的联系。汉武帝尊崇儒术后，武帝"内多欲，而外施仁义"。虽然经学已经占据意识形态的统治地位，但是经术难以真正影响西汉时期的政治运作。为了改变这种局面，经术之士们积极发挥经书中的"微言大义"，并在朝廷中以经义论政、以《诗经》三百篇作谏书、以《禹贡》治河等。在法律的具体运作上，他们以经义决狱，从经典中寻找依据，使"春秋决狱"大兴。他们甚至还以经书教化汉代统治者，这些经学化的统治阶层还把经学的有关原则直接等同于律令。为了宣扬经学刑德观，巩固经学在意识形态领域的统治地位，经

---

[1] 朱宏才：《百年来的"春秋决狱"研究评析》，《攀登》，2007年第2期。
[2] 倪正茂、俞荣根、郑秦、曹培：《中华法苑四千年》，北京：群众出版社，1987年，第368—385页。

学之士还不断学习律令。如《后汉书·陈球传》记载:"球少涉儒学,善律令。"《后汉书·王涣传》记载:"敦儒学,习《尚书》,读律令,略举大义。"《后汉书·黄昌传》曰:"遂就经学。又晓习文法,仕郡为决曹。"同时,从我们自文献记载中收集到的 10 余名东汉时期太学生的情况看,其中没有一位是经由太学考试入仕的。这说明东汉时期太学生考试制度虽然存在,但经由考试入仕的太学生是很少的。据文献所示,许多太学生卒业后的出路是"归为郡吏",正是这种人才的准备,为实施经义决狱,为法律进一步儒家化奠定了人才基础。因此,"经义决狱"的兴起,与儒家经学思潮存在着密切的联系。

而对于"经义决狱"的起止时间,法史学界的一些学者认为,"春秋决狱"始于西汉武帝时期,至唐朝时结束。但亦有学者认为:"在汉武帝以前,人们已经开始'引经决疑'(或称'春秋决狱'),武帝时形成风气,两汉时期盛行,三国两晋南北朝时期形成法律制度,到唐代基本结束,而其余绪则延续至南宋以后。"① 笔者认为这种观点是比较客观的,"春秋决狱"出现的时间应该在西汉前期的文景时期。文帝除肉刑诏引用了《书》语;景帝时期争议嗣君时,袁盎以《春秋经》中宋宣公的故事和儒家的君子大居正的精神为据,力争皇位由嫡长子继承,解决了汉景帝当立弟还是立子为太子的难题;田叔、吕季主以儒家经典精神解决了太后、景帝、梁王间微妙的感情关系与法律的冲突等。这一系列举措,开"春秋决狱"之先河。至董仲舒出而《春秋》之学已经为世所重,"春秋决狱"遂成为常见现象。因此,"春秋决狱"出现的时间应该在西汉前期的文景时期。

西汉武帝时期,公羊学家董仲舒是"春秋决狱"的大力倡导者。《汉书·应劭传》载:"故胶西相董仲舒老病致仕,朝廷每有政议,数遣廷尉张汤亲至陋巷,问其得失。于是作《春秋决狱》二百三十二事。"② 这些

---

① 吕志兴:《"春秋决狱"新探》,《西南师范大学学报》(人文社会科学版),2000 年第 5 期。

② 范晔撰,李贤等注:《后汉书》卷四十八,北京:中华书局,1965 年,第 1612 页。

判例对后来法官判案有重要影响，惜现在仅存其六。以"春秋决狱"方式审理的案件事实清楚、证据充分，符合经学宣扬的人情伦理，所判之罪大多较汉律为轻，可弥补西汉以来承秦而来的严酷苛法带来的弊端，因而得到统治者的认可。关于董仲舒《春秋决狱》，我们可用两个案例加以说明：

案例一："甲无子，拾道旁弃儿乙养之以为子。及乙长，有罪杀人，以状语甲，甲藏匿乙。甲当何论？"仲舒断曰："甲无子，振活养乙，虽非所生，谁与易之！《诗》云：'螟蛉有子，蜾蠃负之。'《春秋》之义，'父为子隐'，甲宜匿乙。"诏不当坐。①

案例二："甲夫乙将船，会海盛风，船没溺流，死亡，不得葬。四月，甲母丙即嫁甲，欲当何论？"或曰：甲夫死未葬，法无许嫁，以私为人妻，当弃市。议曰：臣愚以为《春秋》之义，言夫人归于齐，言夫死无男，有更嫁之道也。妇人无专剌擅恣之行，听从为顺，嫁之者归也。甲又尊者所嫁，无淫衍之心，非私为人妻也，明于决事，皆无罪名，不当坐。②

上述两个案例，按照汉代法律规定是要受处罚的。在案例一中，养父藏匿养子，构成首匿罪。当时立法尚无"父子相隐不为罪"原则，同时法律不承认养父母与生父母有相同的权利义务关系。该案若机械按汉律规定将父亲处死，则与儒家伦理观点相违背。在孔子看来，父母子女间权利义务关系的构成一是基于血缘关系，即所谓"生"，二是基于抚养关系，即所谓"三年然后免于父母之怀"。尽了抚养义务的养父母，应当享有与亲生父母同样的权利。所以，董仲舒根据《诗经》精神，结合《春秋》之义，认为"甲无子，振活养乙，虽非所生，谁与易之"，"甲宜匿乙"。案例二系寡妇改嫁问题。妇人甲在丈夫死后尚未埋葬前就改嫁。按汉律规定，妻子在丈夫死后未安葬前擅自改嫁的，要处以死刑。但这个案子特殊，该妇人的丈夫是淹死在大海，尸体无法寻找，便无法安葬，而且该妇人改嫁是奉母之命。如机械按照汉律规定将该妇人处死，确实不妥。董仲

---

① 杜佑撰，王文锦等点校：《通典》卷第六十九，北京：中华书局，1988年，第1911页。

② 李昉等：《太平御览》卷第六百四十，北京：中华书局，1960年，第2868页。

舒认为此改嫁女不当坐,有四点理由:一是《春秋》之义,夫死无男,有更嫁之道;二是改嫁女由其母作主改嫁,并非己意,听从为顺;三是尊长作主改嫁,并非出自淫衍之心,不属于私为人妻;四是此类案件以犯罪论,无先例。因此,不当坐。

"春秋决狱"案例现只存六个,除了武库卒盗强弩弦一案的议定结果同法律规定相同,其余五例的议定结果均比法律规定轻得多。这说明在武帝后,"春秋决狱"更加符合汉代统治者所提倡的"亲亲"仁恩之精神。正因如此,在汉王朝的大力提倡下,这种决狱形式逐渐被广泛运用于各种法律实践之中。如:

《史记·儒林列传》记载:吕步舒"持节使决淮南狱,于诸侯擅专断,不报,以《春秋》之义正之,天子皆以为是"①。

《史记·酷吏列传》曰:"上方乡文学,汤决大狱,欲傅古义,乃请博士弟子治《尚书》《春秋》补廷尉史,亭疑法。"②

《后汉书·陈宠传》云:"时司徒辞讼,久者数十年,事类溷错,易为轻重,不良吏得生因缘。宠为昱撰《辞讼比》七卷,决事科条,皆以事类相从。"③

《后汉书·何敞传》云:何敞"迁汝南太守。……举冤狱,以《春秋》义断之。是以郡中无怨声,百姓化其恩礼"④。

通过实践,"春秋决狱"不仅成为汉王朝的定制,而且逐渐形成一套较完整的法律理论体系。例如其主要原则为:一是"君亲无将,将而必诛";二是"亲亲相隐";三是"原心定罪";四是"恶恶止其身";五是"《春秋》诛首恶";六是"以功覆过"。在这些原则指导下,形成"《春秋》之义,奸以事君,常刑不舍""《春秋》之义,妇人无专制擅恣之行""《春秋》之义,诛君之子不宜立""《春秋》为

---

① 司马迁:《史记》卷一百二十一,北京:中华书局,1982年,第3129页。
② 司马迁:《史记》卷一百二十二,北京:中华书局,1982年,第3139页。
③ 范晔撰,李贤等注:《后汉书》卷四十六,北京:中华书局,1965年,第1548-1549页。
④ 范晔撰,李贤等注:《后汉书》卷四十三,北京:中华书局,1965年,第1487页。

贤者讳""《春秋》王者无外""《春秋》大义灭亲""《春秋》之义，子不复仇，非子也""《甫刑》三千，莫大不孝""《书》曰：'与其杀不辜，宁失不经'""《礼》云'公族有罪，虽曰宥之，有司执宪不从'"等理论学说，由此构成了一套较完整的理论体系。

下面，我们略举几例来具体阐释经学刑德观在汉代司法中的运用。

例一："亲亲相隐"

此指亲属之间隐庇犯罪，可不受法律制裁。经学家董仲舒较早将这一理论用于实践，其对"养父藏匿养子案"的处理开"亲亲相隐"之先例。汉代法律"重首匿之科"，对隐匿犯罪的首谋科以严刑，父子、夫妻也不例外，但这与儒家的伦理观点相违背。如果按照汉律来判决此案，则会对儒家经学礼法观造成极大的伤害。董仲舒根据《诗经》的精神与《春秋》"父为子隐"的原则来决断此案，判决养父无罪。

例二："君亲无将，将而必诛"

此语出自《春秋公羊传》庄公三十二年（又见于昭公元年），是对于鲁国公子牙欲为叛逆而季友令其饮鸩之事的阐发。它的意思是说：凡是蓄意杀害君上、父母而谋乱的，即使并未付诸行动，也当与叛逆同罪。如：

西汉时，淮南王刘安谋反，胶西王刘端奏曰："安废法度，行邪辟，有诈伪心，以乱天下，营惑百姓，背畔宗庙，妄作妖言。《春秋》曰：'臣毋将，将而诛。'安罪重于将，谋反形已定。臣端所见，其书印图及它逆亡道事验明白，当伏法。"①

例三："原心定罪"

所谓"原心定罪"，就是在断狱时根据犯罪事实，考察犯罪者的内心动机，给予定罪。它是"春秋决狱"的基本精神，主要由《公羊传》引申而来。《春秋》庄公三十二年载："秋七月癸巳，公子牙卒。"《公羊传》解释说："何以不称弟？杀也。杀则曷为不言刺？为季子讳杀也。曷为为季子讳杀？季子之遏恶也，不以为国狱。缘季子之心而为之讳。"因此，董仲舒在阐发《春秋》大义时便予以发挥说："《春秋》之听狱也，必本

---

① 班固：《汉书》卷四十四，北京：中华书局，1962年，第2152页。

其事而原其志。志邪者不待成，首恶者罪特重，本直者其论轻。"① 随着以经治国的深化，汉王朝便在法律实践中广泛采用这一原则，并把它的内容归结为"原情定过，赦事诛意"②。如《论衡·恢国》曰："《春秋》之义，君亲无将，将而必诛。广陵王荆迷于孽巫，楚王英惑于侠客，事情列见，孝明三宥，二王吞药。周诛管、蔡，违斯远矣！楚外家许氏与楚王谋议，孝明曰：'许氏有属于王，欲王尊贵，人情也。'圣心原之，不绳于法。"

例四："以功覆过"

"以功覆过"是指犯罪者若于国有功，断狱时可将功抵过，免受法律的追究。这种断狱原则主要是针对官吏的犯罪。此语也出自《春秋公羊传》。《春秋》僖公十七年载："夏灭项。"《公羊传》解释说："孰灭之？齐灭之。曷为不言齐灭之？为桓公讳也。《春秋》为贤者讳。……桓公尝有继绝存亡之功，故君子为之讳也。"例如：《汉书·陈汤传》记载：元帝时，西域都护甘延寿、西域副校尉陈汤擅兴师，击灭匈奴郅支单于。石显、匡衡等认为，他们的行为实属"矫制"，且陈汤有贪污罪，当治罪。而刘向则提出："昔齐桓公前有尊周之功，后有灭项之罪，君子以功覆过而为之讳行事。"甘、陈应"除过勿治，尊宠爵位，以劝有功"。元帝从之，诏"拜延寿为长水校尉，汤为射声校尉"。又如，东汉时，马援因用兵失算，为梁松所陷害，在病死后，还被光武帝追夺新息侯印绶。前云阳令同郡朱勃上书申述说："臣闻《春秋》之义，罪以功除；圣王之祀，臣有五义。若援，所谓以死勤事者也。愿下公卿平援功罪，宜绝宜续，以厌海内之望。"③

从以上案例看，在汉代司法体系中，是以经学刑德观为中心来定罪量刑的。如何评价董仲舒大力倡导并身体力行的"春秋决狱"，学者们各有所见。有学者指出："从研究的角度看，近十几年来，尽管也有一些研究

---

① 苏舆撰，钟哲点校：《春秋繁露义证》卷第三，北京：中华书局，1992年，第92页。
② 范晔撰，李贤等注：《后汉书》卷四十八，北京：中华书局，1965年，第1615页。
③ 范晔撰，李贤等注：《后汉书》卷二十四，北京：中华书局，1965年，第849页。

者涉足这一领域，研究成果也见仁见智，不过，客观地说，对于这一问题的研究还是法律史上的一个相对薄弱的环节，到目前为止尚无综合性研究成果，更没有整体的、系统的研究成果问世。"① 客观地说，对于董仲舒的"春秋决狱"，不能抽象地去简单类比，而应该把它放在具体的历史条件下加以考察，弄清其产生的社会根源、动机、目的和历史作用，在此基础上才能做出中肯的分析和评价。

首先，引经决狱在量刑上改重为轻，有利于缓和社会矛盾。我们通过分析现有的"春秋决狱"案例发现，"春秋决狱"的大多数案例定罪较轻。以《春秋》经义从轻决狱之案例，涉及"亲亲之道""父为子隐""同情弱者""诛首恶而宽随从"等方面。以《春秋》经义从重决狱之案例，主要是侵犯政权和皇权的案件，按"君亲无将，将而必诛"原则从重处罚，如"假卫太子案"②。假卫太子的出现，对汉昭帝的皇位是一个威胁。昭帝和大将军霍光都感到棘手，隽不疑引用了《春秋》中卫灵公太子蒯聩的例子。蒯聩得罪了卫灵公，出逃晋国。卫灵公死后，晋国送蒯聩回国继位，而卫灵公另一儿子蒯辄已即位，拒绝蒯聩回国。《春秋》很赞赏蒯辄的做法。卫太子的情况与蒯聩相似，于是隽不疑逮捕了假卫太子，最后将其腰斩于市。"春秋决狱"把打击的重点放在危害中央集权及纲常伦理方面，而对于符合伦常但客观上危害社会的行为一般减免其罪，这在一定程度上起到了缓和社会矛盾的作用。

其次，它对封建法律中有乖人情之处有所纠正。《太平御览》卷六百四十引董仲舒《春秋决狱》载：甲父乙，与丙争言相斗。丙以佩刀刺乙，甲即以杖击丙，误伤乙。甲当何论？或曰"殴父也，当枭首"。议曰："臣愚以父子至亲也，闻其斗，莫不有怵怅之心，扶伏而救之，非所以欲诟父也。《春秋》之义，许止父病进药于其父而卒。君子原心，赦而不诛。甲非律所谓殴父也，不当坐。"

在上述案例中，甲为帮父亲打架而误伤父亲。我们知道，甲的本意是

---

① 朱宏才：《"春秋决狱"研究述评》，《青海社会科学》，2005 年第 6 期。
② 班固：《汉书》卷七十一，北京：中华书局，1962 年，第 3037-3038 页。

救父亲，如果机械引用汉律"殴父者，当枭首"规定处理，将甲处死，太有悖情理。董仲舒判被告不当坐，纠正了汉律不合情理的规定。"春秋决狱"轻于依法判案，有利于缓解法律的严酷性。正如沈家本先生所说，今观《决狱》之论断极为平恕，迥非张汤、赵禹之残酷可比，使武帝时治狱者皆能若此，《酷吏》何必作哉？

当然，在引经决狱中，经学刑德观对汉代法律也存在一些负面影响，主要表现在"春秋决狱"强调"原心定罪"，具有很大的主观性、随意性，它为统治者特别是酷吏任意解释法律、滥杀无辜提供了便利。所谓"奸吏因缘为市，所欲活则傅生议，所欲陷则予死比"①。再者，"春秋决狱"多有断章取义，没有固定界说，往往造成同罪并不同罚的混乱。例如对"杀人者死"，高祖入关时曾以"约法三章"规定下来，班固在《汉书·刑法志》中亦征引《荀子》说："杀人者死，伤人者刑，是百王之所同也。"然而，由于"春秋决狱"，后来却规定"父不受诛，子不复仇可也"②，即对杀死父仇者可免死。在东汉建初中，"有人侮辱人父者，而其子杀之，肃宗贳其死刑而降宥之，自后因以为比。是时遂定其议，以为《轻侮法》"③。同时，这些经术之士在法律实践中处处以经义为教条，以儒家经书《春秋》解释现行法律，如"原心定罪""父子相隐"等，导致引经决狱、重德轻刑、应经合义成为他们的司法风格，权威和经典成为他们崇拜的对象，通经致用、尊经法古进而成为他们的思维模式。如果这种顽固的、僵化的思维习惯，在他们的头脑中根深蒂固地积淀下来，形成相对稳固的认知心理结构，就会在他们深层意识中无形地支配着他们的运思过程。这直接导致中国儒生士大夫们缺乏对权威和经典的怀疑与批判的思想意识，掉入"畏天命、畏圣人、畏大人"的泥淖之中。

但是，尽管如此，我们也不能把这些问题过分夸大。总的来看，经学

---

① 班固：《汉书》卷二十三，北京：中华书局，1962年，第1101页。
② 陈立撰，吴则虞点校：《白虎通疏证》卷五，北京：中华书局，1994年，第221页。
③ 范晔撰，李贤等注：《后汉书》卷四十四，北京：中华书局，1965年，第1502-1503页。

刑德观作为一种指导思想，影响着中国几千年传统法律的发展，对巩固汉代统治、稳定社会秩序有着重要的作用。西汉经学家主张"以经决狱"，把经义置于法律之上，并运用于审判实践之中，可以说从司法领域吹响了经义法律化的号角，拉开了法律儒家化的序幕。例如，"春秋决狱"通过运用儒家伦理精神对疑难案件进行判决，其宣扬的司法契合人情伦理，在中国历史上起到了积极作用，推动了中国法律儒家化进程，影响了后世司法审判活动的发展。同时，通过引经决狱，经学刑德观进一步法律化，并成为定罪量刑的根据。它使法律规范和经学思想进一步统一，通过所谓引礼入法、礼法结合，以法的强制力量推动着礼的实施，又以礼的精神协调、平衡法的惩治作用，这样就使礼所规范指导下的宗法伦理道德观念取得法律上的承认，礼之内容在法律上得到体现，达到礼律结合、礼法互济，最终使德主刑辅的学说逐渐成为历代王朝立法、司法的指导思想，这对缓和社会矛盾、维持社会稳定具有积极作用。

# 下编

# 会议制度：汉代国家法的制度实践

"议事"与"法律",是中西皆有的两大制度模式。古希腊诗人荷马如此吟唱一个远古时代的古怪部族:"他们没有议事的集会,也没有法律。"① 春秋晋国名臣叔向也追忆在遥远的先王时代,"议事"与"刑辟"曾经互为消长。②

荀子对"议"与"法"的关系有深刻的理论思考。他指出:"法而不议,则法之所不至者必废",成文法律(法)必然有穷尽的边际,在此边际之外便要仰赖议事制度(议);"有法者以法行,无法者以类举",司法制度的理据是文字分明的成文法律(法),议事制度的理据则是触类旁通的礼义成例(类)。③《晋书·刑法志》也说:"刑书之文有限,而舛违之故无方,故有临时议处之制,诚不能皆得循常也。"④"临时议处"能弥补"刑书之文"的局限。由此可见,"法"与"议"作为两种制度模式,发挥功能的领域不同,供以裁断的理据不同,既缺一不可,亦不能互相取代。秦汉时代的制度体系,即循"法"与"议"两大制度分支展开。

在近代学术构建的法律史叙事中⑤,中国自秦汉以降逐渐形成辐射东

---

① 荷马著,王焕生译:《奥德赛》,北京:人民文学出版社,1997年,第156页。
② 杨伯峻编著:《春秋左传注》(修订本),北京:中华书局,1990年,第1274页。
③ 王先谦撰,沈啸寰、王星贤点校:《荀子集解》卷第五,北京:中华书局,1988年,第151页。《荀子》认为"礼"是兼括"法"与"类"的上位概念(《劝学》:礼者,法之大分,类之纲纪也),又认为"类"具有"以类行杂,以一行万"的功能。
④ 房玄龄等:《晋书》卷三十,北京:中华书局,1974年,第935页。
⑤ 西方法律文明传入中国后,回采何种制度资源以应对其刺激,这是法律史学兴起的肇因。清末梁启超曾著《论中国成文法编制之沿革得失》(1906),回采中国成文律令的传统,以应对西方成文法典的刺激(梁启超著,汤志钧、汤仁泽编:《梁启超全集》第1集,北京:中国人民大学出版社,2018年,第125-126页);也曾著《古议院考》(1896),回采中国议事制度的传统,以应对西方民主政体的刺激(梁启超著,汤志钧、汤仁泽编:《梁启超全集》第5集,北京:中国人民大学出版社,2018年,第476-523页)。但后一方面的学术重构,因种种复杂的原因,终于湮灭不彰。

亚世界的"律令制",这是中华法系标志性的卓越成就。而两大制度传统的另一支——议事制度则晦暗不彰,只能以"奏谳""春秋决狱""八议""上请"之类零星专题的形式,在律令制的夹缝中偶露鳞爪。

汉代人如何召开会议?议事的情状如何?从乡里、郡县,到公府、御前,是否每一行政级别都有议事制度?中央召开的会议,一般在何处举行?什么人有幸参与会议?如何简明地把握中央会议的类型?会议引据何种法律渊源作为说理的依据?会议具有何种立法、司法功能?会议制度是否具有"民主"的色彩,能否约束君主?①

如果将目光聚焦于汉代的会议制度,以上种种问题或可得到不同程度的解明。②

---

① 本编是对秦涛《律令时代的"议事以制":汉代集议制研究》(北京:中国法制出版社,2018年)的后续研究。其中许多基础数据来自旧作,但也依据《岳麓书院藏秦简》《张家山汉墓竹简〔三三六号墓〕》等作了更新。

② 《律令时代的"议事以制":汉代集议制研究》将汉代议事制度称为"集议制"。实际上"会议"亦是汉人常用语,如《汉书·霍光传》云"会议未央宫"。在汉人语境中,"会议"与"集议"同义。《尔雅》:"集,会也。"又"会议"为今之通用语,用以涵括汉代种种形式的议事制度,较"集议"更合适些。故本篇采纳"会议制度"一词。

# 第六章
# 汉代会议制度的起源与原理

汉代会议制度有非常古老的来源。《文心雕龙》追寻"议"作为一种文体的来源时,对汉以前的会议作了一个综述:

> 周爰咨谋,是谓为议;议之言宜,审事宜也。易之节卦,君子以制度数议德行。周书曰,议事以制,政乃弗迷。议贵节制,经典之体也。昔管仲称轩辕有明台之议,则其来远矣。洪水之难,尧咨四岳;宅揆之举,舜畴五人:三代所兴,询及刍荛。春秋释宋,鲁桓务议。及赵灵胡服,而季父争论;商鞅变法,而甘龙交辨:虽宪章无算,而同异足观。①

这段文字清晰提示,汉代会议制度有两个重要来源:一是经典的思想来源,上引黄帝、尧、舜时代的"议",也许有史迹所本,但更多应当看作先秦学家美化后的理想寄托;二是制度的历史来源,上引春秋、战国时代会议实例,均应作如是观。至于夏、商、周三代的情况,则宜根据具体情况分入以上二源之中。以下即从经典、制度史两个层面分别讨论汉代会议制度的起源。

---

① 刘勰著,范文澜注:《文心雕龙注》卷五,北京:人民文学出版社,1958年,第437页。

## 第一节 会议制度的经典依据及起源

先秦经典之中，蕴含着许多古老的近似"民主"的制度，其中不乏大量论述"会议"的文字。对此，吕思勉有一个极具启发的看法。他认为："元始的制度，总是民主的。到后来，各方面的利害冲突既深；政治的性质，亦益复杂；才变而由少数人专断。这是普遍的现象，无足怀疑的。"他列举了先秦种种"民主政治的遗迹"，最后说："民主的制度，可以废坠，民主的原理，则终无灭绝之理。"① 先秦经典中保存的类似文献，均应理解为上古原始民主制的历史记忆。

"天下为公"是会议制度的理论基础。儒家思想虽然维护"君君臣臣"的等级秩序，在其观念底层却有一种向往"大同世"的"天下为公"之理念。② 最著名的论述是《礼记·礼运》的"大道之行也，天下为公"云云。此种观念，在经义中有很多体现。如《尚书大传》载舜云："明哉！非一人之天下也。"又载商汤语："夫天下，非一家之有也，唯有道者之有也，唯有道者宜处之。"③ 此观念对汉代人影响很深。西汉谷永上疏云"天下乃天下之天下，非一人之天下也"④，鲍宣上疏云"天下乃皇天之天下也"⑤，皆是其证。"天下为公"的观念，从根本上决定了最合法的政治继承制度为禅让制。汉宣帝时，盖宽饶上疏称引《韩氏易传》云"五帝官天下，三王家天下，家以传子，官以传贤，若四时之运，功成者去，不得其人则不居其位"⑥，正是由《易》之"官天下"（即"公天下"）经义生发的禅让观念。但君主时代言禅让风险太大，所以"天下为公"的理念更

---

① 吕思勉：《吕思勉全集》第二册，上海：上海古籍出版社，2016年，第40-50页。
② 参见梁治平：《为政：古代中国的致治理念》，北京：生活·读书·新知三联书店，2020年，第86-137页。
③ 皮锡瑞：《尚书大传疏证》卷三，吴仰湘编：《皮锡瑞全集》（一），北京：中华书局，2015年，第127页。
④ 班固：《汉书》卷八十五，北京：中华书局，1962年，第3467页。
⑤ 班固：《汉书》卷七十二，北京：中华书局，1962年，第3089页。
⑥ 班固：《汉书》卷七十七，北京：中华书局，1962年，第3247页。

多直接作用于选举、会议两项制度。《尚书大传》云：因为天下乃天下人之天下，所以君主应该"通贤共治，示不独专，重民之至"。以此为法理，衍生出"大国举三人，次国举二人，小国举一人"，以及"三适""三绌"的选举制度。① 但选举出贤者，还只是"通贤共治"的第一步，下一步便是与贤者共同议政。因为擅长"论议"本是贤者的标志之一。《大戴礼记》云："其少不讽诵，其壮不论议，其老不教诲，亦可谓无业之人矣。"② 壮而仕于朝，自当参与"论议"。

"会议"是重大国事最具合法性的决策方式。汉代匡衡引经据典提出："广谋从众，则合于天心。"东汉章帝亦有诏云："事以议从，策由众定。"即广泛征询各方意见。这种事例常见于先秦经典中。例如，《尧典》记录了尧召开御前会议，商讨治水及继承人选等问题。尧廷大臣放勋、骧兜、四岳均发表了意见，并按照多数人的意见，任命鲧为治水人选。《皋陶谟》亦是一篇关于舜、禹、皋陶君臣的会议记录。经义所见征询意见的范围相当广泛。《诗·板》云："先民有言：询于刍荛。"即便是采薪者亦在询问之列。此言虽然不无夸张，但屡被汉人称引，并作为进言的依据。不仅如此，《易·系辞下》云："人谋鬼谋，百姓与能。"曹魏王弼注："人谋，况议于众以定失得也；鬼谋，况寄卜筮以考吉凶也。"③ 征询意见至于鬼神，是先秦经典中常见的情况。如《书·洪范》"稽疑"条云："汝则有大疑，谋及乃心，谋及卿士，谋及庶人，谋及卜筮。"如果"汝则从，龟从，筮从，卿士从，庶民从，是之谓大同"④，五方意见全部为赞同，就能获得最高的合法性。《洪范》还确立了一条"少数服从多数"的原则，

---

① 皮锡瑞：《尚书大传疏证》卷二，吴仰湘编：《皮锡瑞全集》（一），北京：中华书局，2015年，第77-78页。
② 王聘珍撰，王文锦点校：《大戴礼记解诂》卷四，北京：中华书局，1983年，第75页。
③ 王弼注，孔颖达疏：《周易正义》，李学勤主编：《十三经注疏》，北京：北京大学出版社，2000年，第377页。
④ 孔安国传，孔颖达疏：《尚书正义》，李学勤主编：《十三经注疏》，北京：北京大学出版社，2000年，第372页。

云:"三人占,则从二人之言。"① 西汉匡衡引云:"《洪范》曰'三人占,则从二人言',言少从多之义也。"② 《公羊传·桓公二年》东汉何休注:"自三国以上言会者,重其少从多也,能决事,定是非,立善恶。《尚书》曰'三人议,则从二人之言',盖取诸此。"③ 此注将"三人占"引作"三人议",可见已经直接将"少从多"确定为会议规则。更值得注意的是,何注前云"二人议各是其所是,非其所非,所道不同,不能决事,定是非,立善恶,不足采取,故谓之离会"④,可见《公羊》经义有"会"与"离会"之例。两方会议有时无法形成有效决策,三方会议可通过少数服从多数形成有效决策。何休的这一说法源自经典,但应该也加上了汉代人对会议的实践经验。

战国时代,会议之例已经很常见。如楚怀王犹豫于齐、秦之间,遂"下其议群臣",而"群臣或言和秦,或曰听齐"。最终昭雎力排众议,其意见为楚王所采纳。⑤ 就文献记载来看,这次会议已经与秦汉以下无异了。赵国亦有"大朝信宫。召肥义与议天下,五日而毕"⑥ 的记录。

秦早在战国时代就有议政的传统。如商鞅入秦,孝公欲委任其变法,遂召开御前会议,令其与甘龙、杜挚激辩,最终采纳商鞅的建议。⑦ 至秦朝统一前后,会议制度已经臻于健全。有学者指出,秦廷集议制度为两汉所继承。朝廷每逢大事便举行君臣集议,犹与春秋列国贵族世卿之世略似。就此种政制风格言之,亦非一君权专制独伸之象。从传世文献来看,秦朝每逢大事必有会议,但是会议的言论空间越来越窄。史载:秦朝初

---

① 孔安国传,孔颖达疏:《尚书正义》,李学勤主编:《十三经注疏》,北京:北京大学出版社,2000年,第372页。
② 班固:《汉书》卷二十五下,北京:中华书局,第1254-1255页。
③ 公羊寿传,何休解诂,徐彦疏:《春秋公羊传注疏》,李学勤主编:《十三经注疏》,北京:北京大学出版社,2000年,第88页。
④ 公羊寿传,何休解诂,徐彦疏:《春秋公羊传注疏》,李学勤主编:《十三经注疏》,北京:北京大学出版社,2000年,第88页。
⑤ 司马迁:《史记》卷四十,北京:中华书局,1982年,第1726页。
⑥ 司马迁:《史记》卷四十三,北京:中华书局,1982年,第1805页。
⑦ 蒋礼鸿:《商君书锥指》卷一,北京:中华书局,1986年,第1-6页。

建，秦王政便令丞相、御史"其议帝号"。丞相绾、御史大夫劫、廷尉斯等与博士召开会议之后，提议以"泰皇"为号，同时改"命"曰"制"，改"令"曰"诏"，自称曰"朕"。结果秦王政以"皇帝"为号，"他如议"，并制曰："可。"① 按：这是一场以礼仪为主题的会议，故与会者以丞相、御史、博士为主，廷尉李斯大概是以高层核心、亲信身份参与。其会议程序与汉代几乎无异，唯君主本人修正群臣提议后再自说自话制曰"可"，似乎不见于汉制。此次会议，君主表现得相当主动。同年，丞相提议在边疆设立诸侯国，封建子弟。秦始皇"下其议于群臣，群臣皆以为便"②，唯独廷尉李斯持异议，得到采纳。此次会议讨论的是国体问题。君主采纳了绝对少数派的意见，根本无视多数派意见，表现出相当独断的意志。

出土文献多反映行政、司法的日常风貌。从出土文献来看，秦、汉会议制度并无显著区别，称"汉承秦制"并不为过。不过有些史料也可以为我们提供一些新知识。出土的秦系法律文献有睡虎地秦简、岳麓秦简两大宗，前者几乎没有与"会议"相关的资料，下文便以岳麓秦简为例，略作分析。

首先，岳麓秦简提供了与会议制度直接相关的律令条文。

在汉律令简中，未见与会议制度直接相关的条文。但岳麓秦简倒是提供了两条相关条文，其中一条简文如下：

制诏丞相斯：
所召博士得与议者，即有逮告劾，吏治者辄请之，尽如宦显大夫逮。
斯言：罢博士者，请辄除其令。③

---

① 司马迁：《史记》卷六，北京：中华书局，1982年，第236页。
② 司马迁：《史记》卷六，北京：中华书局，1982年，第238-239页。
③ 陈松长主编：《岳麓书院藏秦简》（伍），上海：上海辞书出版社，2017年，第68页。

简文"斯言"后的内容，意思还不太明朗。但制诏所云很清楚：有资格参与会议的博士，享受法律特权。所谓"宦显大夫"，睡虎地秦简《法律答问》云："何谓'宦者显大夫'？宦及知于王，及六百石吏以上，皆为'显大夫'。"① 按汉博士秩比六百石②，此处"所召得与议"博士的待遇参照六百石以上的"显大夫"，享有"有罪上请"的特权。

另一条简文为：

> 令曰：制书下及受制有问议者，皆为簿，署初到初受所及上年日月、官别留日数、傅留状，与对偕上。不从令，赀一甲。卒令乙五。③

此处讲了下制问议的一些细节：但凡有征询意见的制书下达，需要回复对策的，皆须制作簿册，写明接收制书的时间、地点，回复的时间，相关官署留置制书的时间，并将留置记录（留状）作为附录，与对策一起上交。如果不遵守此项规定，则赀罚一甲。这项规定收于《卒令》，编号为乙五。

由以上两条令文可知，"议"作为一种制度已明确出现于秦代律令中，参与会议是一件相当郑重的事情。

岳麓秦简提供的更多的信息，是关于秦代会议立法的模式。岳麓秦简中有一类令文，其格式一般分为两部分：某某上言提出问题、以"议"字起首提出方案。如：

> A. 泰上皇时内史言：西工室司寇、隐官、践更多贫不能自给粮。
> B. 议：令县遣司寇入禾……其入禾者及吏移西工室。

---

① 睡虎地秦墓竹简整理小组编：《睡虎地秦墓竹简·释文注释》，北京：文物出版社，1990年，第139页。
② 汉博士官秩素有六百石、比六百石之争，当从《汉书·百官公卿表》为比六百石，博士祭酒才是六百石。参见熊铁基：《汉代学术史论》，《熊铁基文集》第四卷，武汉：华中师范大学出版社，2021年，第112—113页。
③ 陈松长主编：《岳麓书院藏秦简》（伍），上海：上海辞书出版社，2017年，第101页。按"傅"原释文作"传"，《岳麓书院藏秦简》（陆）作"傅"，据改。

C. 二年曰：复用。①

此为秦庄襄王时的一条令文。A 是内史上言内容，提出西工室的劳作者因贫困无法自备粮食的问题；B 是针对上言问题，以"议"字起首，提出的应对方案；C 是一条注记，表明恢复了此条令文的法律效力。对照汉代会议制度的情况可知，B 省略了一次会议过程，直接呈现会议的结论。理论上说，在 B、C 之间还应有"制曰可"字样，为这次会议的结论赋予法律效力。从这类令文可知，秦令大多也是会议立法的成果。需要格外探讨的是，此处的"议"是哪个机关做出。

我们不妨先看张家山汉简《津关令》第十二条的内容：

A. 相国议，关外郡买计献马者……它如律令。
B. 御史以闻，请许，及诸乘私马出，马当复入而死亡，自言在县官，县官诊及狱讯审死亡，皆告津关。
C. 制曰：可。②

此条汉令与前述秦令格式基本一致，汉令仅多了"制曰可"而已。提议者与君主之间，全凭御史上传下达。在其他令文中，多仅为"御史以闻"。但御史常常会对上奏文书做出初步的拟批意见，供君主参考。如本条汉令中，御史不仅"请许"，而且补充了一些细节规定，只待君主批一个"可"字即可。由此来看，秦令中的"议"以下内容，应该也是御史所为。例如：

A. 请：自今以来，诸县官上对、请书者，牍厚毋下十分寸一……不从令者，赀一甲。

---

① 陈松长主编：《岳麓书院藏秦简》（肆），上海：上海辞书出版社，2015 年，第 204 页。
② 彭浩、陈伟、工藤元男主编：《二年律令与奏谳书：张家山二四七号汉墓出土法律文献释读》，上海：上海古籍出版社，2007 年，第 318–319 页。

B. 御史上议：御牒尺二寸，官券牒尺六寸。
C. 制曰：更尺一寸牒牒。
D. 卒令丙四。①

A 是不知何人的提议，B 明确写出"御史上议"并附上补充意见，C 为君主批示，D 为令名及编号。这条"卒令丙四"与《津关令》第十二条的结构是一模一样的。岳麓秦简中又载：

A. 泰山守言：新黔首不更昌等夫妻盗……恐行死。
B. 议：令寄长其父母及亲所，勿庸别输。
C. 丞相议：年未盈八岁者令寄长其父母、亲所，盈八岁辄输之如令。琅邪郡比。②

此处 A 是泰山郡守提出的问题，B 是御史给出的初步意见。估计此下省略了君主制下丞相会议的制书。C 是丞相会议的结论。最后应该还省略了"制曰可"。又如：

A. 令曰：
B. 河间守言，河间以苇及蔡薪夜。
C. 议：令县官卖苇及蔡薪……
D. 丞相议许，它比御史请，诸它所以夜为烛物……③

此条令文结构与上条同，都有两次"议"，前一次机构不明，后一次

---

① 陈松长主编：《岳麓书院藏秦简》（伍），上海：上海辞书出版社，2017 年，第 107-108 页。
② 陈松长主编：《岳麓书院藏秦简》（伍），上海：上海辞书出版社，2017 年，第 63 页。
③ 陈松长主编：《岳麓书院藏秦简》（伍），上海：上海辞书出版社，2017 年，第 198-199 页。

是"丞相议"。但从本条"它比御史请"推测可知,夹在"河间守言"与"丞相议许"之间的"议",正来自御史。岳麓秦简中大多数未署明会议单位的"议",恐怕均来自御史府。秦代御史具有上传下达、预作拟批的职责,一直延续到汉代,后来这一职责又逐渐转移至尚书台。

总之,秦代会议的制度架构与汉代没有明显区别。从传世文献来看,秦代几次会议的言论空间日趋缩小,严酷的政治氛围使得会议制度无法发挥作用。从出土文献来看,秦代会议是立法的重要途径,许多令文内容直接来自会议结论。另外,睡虎地秦简《为吏之道》云:"申之义,以击畸,欲令之具下勿议。彼邦之倾,下恒行巧而威故移。"[1] 这条顺口溜承载着秦人的一个重要观念:政府以大义凛然自居,一切反对此种"大义"的异议,都是有待打击之"畸"。如果想要法令完备,那么下吏、下民必须噤声"勿议"。在秦人看来,六国之所以倾覆,正是因为吏民清谈误国,导致政府权威下降。此种声口,与李斯在《焚书令》中所云如出一辙。徒有会议之制,却严禁吏民发声,这恐怕就是秦朝覆亡的教训了。

## 第二节　汉代会议制度的构造与层级

汉代的会议制度不见载于历代正史《职官志》等文献,但具体会议的事例在史书之中俯拾即是。搜集考察这些事例后不难发现:汉代会议并非随心所欲,而是自有其一定之规,即成为一项"制度"。本章尝试剥离政治、文化、社会等外缘因素的影响,提炼汉代会议制度的"技术原理"[2]。首先,单次的会议有其简单的典型构造,以及在简单构造基础上的种种变型;其次,将行政层级纳入考虑,则若干不同层级的会议可以联络成一个制度体系;再次,将会议发生的空间、与会的人员纳入考虑,可以发现这两项因素之间具有一定的关联,并且此种关联指向会议本身的类型;最

---

[1] 睡虎地秦墓竹简整理小组编:《睡虎地秦墓竹简·释文注释》,北京:文物出版社,1990年,第173页。

[2] 参见阎步克:《古代政治制度研究的一个可选项:揭示"技术原理"》,《河北学刊》,2019年第1期。

后，综合各项因素提炼出汉代会议的三种类型。本节考察的会议制度的基本原理，是后续研究的逻辑起点。

## 一、汉代会议制度的构造

汉代会议制度有两种基本构造，分别适用于与会者有权/能、无权/能裁决的情况。

基本构造一：启动、议、奏、决、报、执行。

如《汉书·魏相传》引"施行诏书"八号汉令①，记录了汉高祖时代一次标准的会议，时称"高皇帝所述书天子所服第八"。以下引用并稍加编号与分析：

A.【目录】高皇帝所述书天子所服第八曰：

B.【启动】大谒者臣章受诏长乐宫，曰："令群臣议天子所服，以安治天下。"

C.【议】相国臣何、御史大夫臣昌谨与将军臣陵、太子太傅臣通等议："春夏秋冬天子所服……四人各职一时。"

D.【奏】大谒者襄章奏。

E.【决】制曰："可。"②

A 是目录，B 至 E 是会议的全过程。B 是启动程序，汉高祖以诏书令群臣议天子所服，会议启动。C 是群臣接到诏书，开始会议。此处省略了会议过程，引号内"春夏秋冬天子所服……四人各职一时"云云，已是会议的书面结论。D 是将会议书面结论上奏，E 是裁决通过。此外，还有否

---

① 如淳注："第八，天子衣服之制也，于施行诏书第八。"居延新简出土有甲 2551 号札，长 67.5 厘米，是目前为止出土汉简中最长的一支，与传世文献所载"三尺律令"之制吻合。陈梦家考订为"西汉施行诏书目录"中的第二支，并据以复原若干条目。其中第八号诏书，便是这里引用的"天子所服第八"。参见陈梦家：《西汉施行诏书目录》，《汉简缀述》，北京：中华书局，1980 年，第 275-284 页。

② 班固：《汉书》卷七十四，北京：中华书局，1962 年，第 3139-3140 页。

决、搁置（即"寝"）、复议三种结果。"制曰可"之后，就是反馈和执行：将会议成果制成文书，经大谒者（后多为御史或尚书）反馈给相国，由相国下发至有关部门。

构造一适用于君主不出席的中央会议，以及与会者无裁决权或裁决能力的地方、有司会议。如张家山汉简《奏谳书》案例四：

A. 胡丞憙敢谳之。十二月壬申，大夫䜣诣女子符，告亡。

B. 符曰：……

C1. 吏议：符有数明所，明嫁为解妻，解不知其亡，不当论。

C2. 或曰：符虽已诈书名数，实亡人也。解虽不知其情，当以娶亡人为妻论，斩左趾为城旦。

D. 廷报曰：娶亡人为妻论之，律白，不当谳。①

A 是胡县丞请谳，说明案情。B 是倒叙县审讯过程。C 是"吏议"，即县司法人员的处理意见，有 C1、C2 两种相左的意见，可见存在"议"的过程。胡县逐级上奏廷尉，廷尉组织专家会议（本案例未显示，可参《奏谳书》案例二一），得出结论，"廷报"反馈给胡县。胡县接到廷报后，遵照执行。本案启动、议、奏（奏报上级）、决（上级裁决）、报（反馈下级）、执行的过程也很清晰。

基本构造二：启动、议、决、执行。

如果胡县审理该案并无疑问，则无需上奏、反馈等步骤，县内即可裁决。构造二适用于与会者有权裁决会议事项的情况，例如：

A.【背景】（后汉）钟离意为会稽郡北部督邮。有乌程男子孙常，与弟并分居，各得田十顷。并死，岁饥，常稍稍以米粟给并妻子，辄追计直作券，没取其田。

---

① 彭浩、陈伟、工藤元男主编：《二年律令与奏谳书：张家山二四七号汉墓出土法律文献释读》，上海：上海古籍出版社，2007 年，第 341 页。为避文繁，通假字径改。

B. 【启动】并儿长大，讼常。

C. 【议】掾史议，皆曰：……意独曰：……

D. 【决】众议为允。①

这是会稽郡的一起关于财产之"讼"，郡里有审决权。孙并之子"讼常"，诉讼开始，会议程序启动。然后是"掾史议"，最后结论是督邮钟离意的意见得到公认。

如果是朝廷会议，这种构造适用于君主亲临现场裁决的情况。如《汉书·王商传》所载事例：

A. 【背景】建始三年秋，京师民无故相惊，言大水至，百姓奔走相蹂躏，老弱号呼，长安中大乱。

B. 【启动】天子亲御前殿，召公卿议。

C. 【议】大将军凤以为太后与上及后宫可御船，令吏民上长安城以避水。群臣皆从凤议。左将军商独曰："……此必讹言也，不宜令上城，重惊百姓。"

D. 【决】上乃止。②

因为君主在会议现场，所以"奏""报"程序可以免去。

综上，汉代会议制度有两种基本构造，如下图所示：

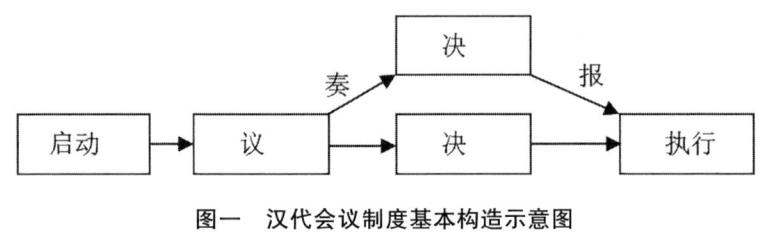

图一　汉代会议制度基本构造示意图

---

① 杜佑撰，王文锦等点校：《通典》卷第一百六十八，北京：中华书局，1988年，第4347页。

② 班固：《汉书》卷八十二，北京：中华书局，1962年，第3370页。

在两种基本构造的基础上，会产生种种变型。变型主要是因"决"的结果不同。如果君主不满会议结果，要求"更议"，则"议—决"过程可重复一次至多次。如《史记·淮南衡山列传》载文帝时议淮南王长罪一事：

  A1. "丞相臣张仓、典客臣冯敬、行御史大夫事宗正臣逸、廷尉臣贺、备盗贼中尉臣福昧死言：……长当弃市，臣请论如法。"

  B1. 制曰："朕不忍致法于王，其与列侯二千石议。"

  A2. "臣仓、臣敬、臣逸、臣福、臣贺昧死言：臣谨与列侯吏二千石臣婴等四十三人议……臣等议论如法。"

  B2. 制曰："朕不忍致法于王，其赦长死罪，废勿王。"

  A3. "臣仓等昧死言：……臣请处蜀郡严道邛邮，遣其子母从居，县为筑盖家室，皆廪食给薪菜盐豉炊食器席蓐。臣等昧死请，请布告天下。"

  B3. 制曰："计食长给肉日五斤，酒二斗。令故美人才人得幸者十人从居。他可。"①

A1 至 A3，是群臣三次会议、奏请；B1 至 B3，是君主三次以制书形式所作之"决"：B1 要求复议，B2 赦长死罪、废勿王，可能还要求群臣讨论废后待遇，B3 才是最终裁决。

另一变型是"寝而不决"，即会议无疾而终。如《三国志·陈群传》载汉末曹操主持会议恢复肉刑一事：

  A. 时太祖议复肉刑，令曰："……昔陈鸿胪以为死刑有可加于仁恩者，正谓此也。御史中丞能申其父之论乎？"

  B. 群对曰：……时钟繇与群议同，王朗及议者多以为未可行。

---

① 司马迁：《史记》卷一百一十八，北京：中华书局，1982 年，第 3077–3079 页。

C. 太祖深善繇、群言，以军事未罢，顾众议，故且寝。①

A 是启动，B 是议，C 是结果。也有否决的情况，如《晋书·地理志》载："顺帝永和九年，交趾太守周敞求立为州，朝议不许。"寝、否决之后，就谈不上执行了。复议、寝、否决，这是会议制度的三种变型构造，示意如下：

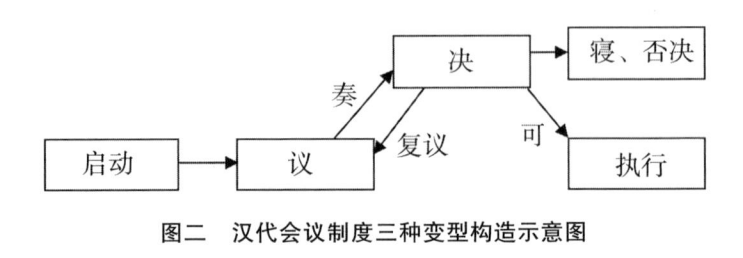

图二　汉代会议制度三种变型构造示意图

## 二、汉代会议制度的层级体系

如果把不同层级的会议纳入考虑，问题就复杂起来了。在会议的第一种基本构造"启动—议—奏—决—报—执行"中，"决"这一环很可能由另一次会议构成。也就是说，下级"上奏"启动上级会议，上级同样经历"议—决"过程，再反馈给下级。如果上级也无权或无力裁决，则继续上报，启动更高级会议。图示如下：

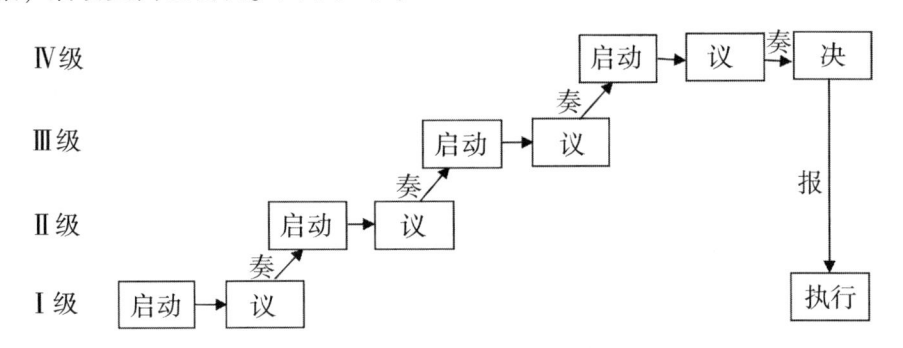

图三　汉代多层级会议示意图

---

① 陈寿撰，陈乃乾校点：《三国志》卷二十二，北京：中华书局，1982年，第634页。

假如是一个刑事案件，不妨将Ⅰ级理解为县道级，Ⅱ级为郡国级，Ⅲ级为中央官署级，Ⅳ级为君主主持召开的最高级会议。汉代奏谳制度，就是通过这种多层级会议实现的。《汉书·刑法志》云：

> 高皇帝七年，制诏御史："狱之疑者，吏或不敢决，有罪者久而不论，无罪者久系不决。自今以来，县道官狱疑者，各谳所属二千石官，二千石官以其罪名当报之。所不能决者，皆移廷尉，廷尉亦当报之。廷尉所不能决，谨具为奏，傅所当比律令以闻。"①

县道官员会议不能解决的疑案，上报至郡国；郡国会议不能决的，上报至廷尉；廷尉会议仍不能解决，则附上本案相关法条，制成详细的报告书，上奏给君主。之所以认为县、郡、廷尉每一级都要会议，证据有三：其一，《说文》载"谳，议罪也"，"谳"本有"议"义；其二，《奏谳书》中常有"吏议"字样，即郡、县级会议的遗痕，如前举钟离意之议讼；其三，《奏谳书》案例二一、《汉书·兒宽传》均载有奏谳制度中廷尉府会议的情形。

"廷尉以闻"后，君主并无精力、能力独裁，往往召开最高层级的会议。《汉武故事》载："廷尉上囚防年，继母陈杀父，因杀陈。依律，年杀母大逆论，而帝疑之。诏问太子，太子对曰：'……宜与杀人者同，不宜大逆论。'帝从之。年弃市刑。议者称善。"② 廷尉拟议"杀母大逆论"，景帝以诏书启动会议，与议者包括太子刘彻在内，经过讨论，最终做出新的判决。

会议每次提升层级，既会获得更高水平治理经验的支援，也会提升会议结果的效力级别。籾山明先生指出，奏谳制的意义是"司法经验的再分配"，"由司法实务所产生的种种疑问、疑案，其裁决的过程与结果都会被

---

① 班固：《汉书》卷二十三，北京：中华书局，1962年，第1106页。
② 李昉等：《太平御览》卷第八十八，北京：中华书局，1960年，第420页。按：此案例亦见于《通典》。故事未必为真，为故事搭建的制度背景却具有真实性。

积累在中央的廷尉之下",廷尉再将汇总的司法经验"整理为编纂物,为了提供给狱吏的实务参考而向全国颁布"。① 这一敏锐的洞见适用于包括奏谳在内的整个会议制。需要补充的是,廷尉既已代表中央级别的司法官署,"廷尉以闻"之后的皇帝裁决又意味着什么?

《荀子·王制》中指出,良好的治理应当"法而议,职而通"。廷尉是专"职"司"法"的中央官署,并无"通议"的职权与能力。超出文法吏能力范围的问题,需要打破职守壁垒的通盘考量,组织超出律令范围的更高规格会议。皇帝召开的最高层级会议,可以邀请无所不统的三公、各司其职的九卿、职在议论的议官,甚至学有专长的专家、顾问参与。如《汉书·董仲舒传》载:"仲舒在家,朝廷如有大议,使使者及廷尉张汤就其家而问之,其对皆有明法。"② 廷尉会议无权亦不必请教董仲舒,唯有君主启动的朝廷大议才有可能征集到这位致仕大儒的高见。这才是汉代会议制度的精义所在。以下讨论聚焦于中央会议,尤其是君主召开的最高层级会议。③

## 第三节 汉代中央会议的内外朝与人员结构

汉代会议,上至皇帝,下至吏民,皆可参与。如此广泛的政治参与机制,在后世并不多见。参会人员虽然庞杂,析其成分,无外乎四种:君主,官僚系统,诸侯宗室系统,特邀的专家、顾问、吏民。汉代会议制的成熟期,参与者以官僚系统为主。此处讨论四种成分的组合情况,这与会议类型息息相关。

---

① 靳山明著,李力译:《中国古代诉讼制度研究》,上海:上海古籍出版社,2009年,第239-246页。
② 班固:《汉书》卷五十六,北京:中华书局,1962年,第2525页。
③ 秦汉地方会议,参见高村武幸著,朱腾译:《秦汉地方行政中的决策过程》,周东平、朱腾主编:《法律史译评》第四卷,上海:中西书局,2017年,第70-85页。秦涛《律令时代的"议事以制":汉代集议制研究》(北京:中国法制出版社,2018年)中也有一些讨论,分见第82-83、127-130、252-265页。

## 一、外朝、治朝、燕朝会议

汉代中央会议的空间以君主的居所为中心，形成层层延展的圈层结构。距离君主越近，会议的私密性越强，效力越低；拓展的范围越大，会议的公信度越强，效力越高。具体可分为外朝、治朝、燕朝会议三种类型。

第一，外朝会议"公"属性强，君主干预较少。

丞相府是处理日常事务的地方。君主接到上奏，常指示丞相召开会议，提供参考方案。如《汉书·酷吏传》载："焦、贾两家告其事，下丞相府。丞相议奏延年'主守盗三千万，不道'。"① 多方会同处理的大案，也由丞相牵头主持，在相府召开会议。如《史记·淮南衡山列传》载："有司请逮捕衡山王。天子曰：'诸侯各以其国为本，不当相坐。与诸侯王列侯会肄丞相诸侯议。'"②

丞相府曾经是会议重地，帝国政治运转的中心。郑玄说"今司徒府中有百官朝会之殿云，天子与丞相旧决大事焉"，应劭说"国每有大议，天子车驾亲幸其殿"，说的都是西汉前期丞相权重时的情况，这在东汉是不可想象的。时过境迁，随着尚书台发展成宰相机构，百官商议政事也从旧百官朝会殿（汉代原在司徒府）移至尚书都坐或朝堂进行。③

西汉未央宫北阙是吏民上书、奏事、谒见的场所。北阙的公车司马，是沟通宫城内外的窗口。④ 门阙作为民众集会的场所，史不绝书，史载"诣阙""守阙"语皆是。⑤ 例如《汉书·赵广汉传》载："吏民守阙号泣

---

① 班固：《汉书》卷九十，北京：中华书局，1962年，第3666页。
② 司马迁：《史记》卷一百一十八，北京：中华书局，1982年，第3094页。
③ 参见祝总斌：《两汉魏晋南北朝宰相制度研究》，北京：北京大学出版社，2017年，第193页。
④ 司马彪撰，刘昭注补：《续汉书·百官二》："公车司马令一人……"本注曰：掌宫南阙门，凡吏民上章，四方贡献，及征诣公车者。（《后汉书》志第二十五，北京：中华书局，1965年，第3579页。）
⑤ 王子今梳理两《汉书》所记"诣阙"事件，计《汉书》15起，《后汉书》88起。见王子今：《西汉长安的公共空间》，《中国历史地理论丛》，2012年第1辑。

者数万人。"① 此次吏民集会请愿，人数达数万人之多，比之《周礼》的"致万民而询焉"有过之而无不及。又《王莽传》载："庶民、诸生、郎吏以上守阙上书者日千余人，公卿大夫或诣廷中，或伏省户下，咸言：……"② 这则材料反映不同层级的官、吏、民所能抵达的宫城位置：庶民、诸生、郎吏以上千余人，只能"守阙上书"，这是"外朝"；公卿大夫，有的可以抵达"廷中"（即前殿），这是"治朝"；有的可以深入"省户"，这是"燕朝"。

由于门阙带有公共政治空间的意味，以下这则会议就很好理解了：

> 少府徐仁即丞相车千秋女婿也，故千秋数为侯史吴言。恐光不听，千秋即召中二千石、博士会公车门，议问吴法。议者知大将军指，皆执吴为不道。明日，千秋封上众议，光于是以千秋擅召中二千石以下，外内异言，遂下廷尉平、少府仁狱。③

丞相车千秋的女婿因侯史吴案受牵连，内朝会议又为大司马霍光所掌控，车千秋不得已，为保女婿而自行召集中二千石、博士会聚于公车门，召开会议，试图以此作为公意的体现。霍光指责车千秋"外内异言"，颜注："外内，谓外朝及内朝也。"④ 公车门作为外朝会议的性质，至为明显。

第二，治朝会议介于公私之间，随君主参与与否而切换属性。

君主在前殿定期朝见群臣，议事理政。偶有突发事件，君主也会在前殿临时召开会议。《汉书·王商传》载："建始三年秋，京师民无故相惊，言大水至，百姓奔走相蹂躏，老弱号呼，长安中大乱。天子亲御前殿，召公卿议。"⑤ 东汉君主多年幼，罕有前殿临朝的情形。君权长期缺席于治朝会议，朝堂逐渐成为外廷士大夫议政的场所。《后汉书·袁安传》载："诏

---

① 班固：《汉书》卷七十六，北京：中华书局，1962年，第3205页。
② 班固：《汉书》卷九十九上，北京：中华书局，1962年，第4051-4052页。
③ 班固：《汉书》卷六十，北京：中华书局，1962年，第2662-2663页。
④ 班固：《汉书》卷六十，北京：中华书局，1962年，第2663页。
⑤ 班固：《汉书》卷八十二，北京：中华书局，1962年，第3370页。

百官议朝堂。"①《鲜卑传》载："大臣多有不同，乃召百官议朝堂。"② 治朝的性质，介于内外、公私之间，随着君主亲临、退出而实现属性之切换。君主亲御，则前殿是"正朝大殿"；皇帝退朝回寝，则前殿是群臣会议的"朝堂"。东汉的尚书台统揽庶政，兼具治朝的性质。如："与四府掾属并诣台，集议边事。"③

第三，燕朝会议"私"属性强，常处理君主想施加影响力的事务。

汉代皇帝常在省中以召问、会议的方式，接见重要官员或特殊人物。如《后汉书·杨赐传》载："中平元年，黄巾贼起，赐被召会议诣省阁。"④ 武帝以后，"中朝议"也多在省中。

宣室是省中最重要的宫殿。汉时人说"宣室，布政教之室也"⑤，"夫宣室者，先帝之正处也，非法度之政不得入焉"⑥。《汉书·刑法志》载宣帝常在宣室裁断刑狱："时上常幸宣室，斋居而决事，狱刑号为平矣。"⑦《汉书·陈汤传》载："丞相王商、大将军王凤及百僚议数日不决。凤言：'汤多筹策，习外国事，可问。'上召汤见宣室。"⑧

温室比宣室更加私密，会议例见《汉书·京房传》："诏使房作其事，房奏考功课吏法。上令公卿朝臣与房会议温室，皆以房言烦碎，令上下相司，不可许。上意乡之。"⑨ 元帝内心赞同京房之法，故将会议地点选在温室这样的私密场合，带有暗示意味。

长乐宫又名东朝，是太后居所。天子处理家事的会议，有时会选择在此处进行。如《汉书·窦婴传》载窦婴、田蚡之争，武帝令"东朝廷辩

---

① 范晔撰，李贤等注：《后汉书》卷四十五，北京：中华书局，1965年，第1518页。
② 范晔撰，李贤等注：《后汉书》卷九十，北京：中华书局，1965年，第2990页。
③ 虞世南：《北堂书钞》卷六十八，天津：天津古籍出版社，1988年，第281页。
④ 范晔撰，李贤等注：《后汉书》卷五十四，北京：中华书局，1965年，第1784页。
⑤ 班固：《汉书》卷二十三，北京：中华书局，1962年，第1102页。
⑥ 班固：《汉书》卷六十五，北京：中华书局，1962年，第2856页。
⑦ 班固：《汉书》卷二十三，北京：中华书局，1962年，第1102页。
⑧ 班固：《汉书》卷七十，北京：中华书局，1962年，第3022页。
⑨ 班固：《汉书》卷七十五，北京：中华书局，1962年，第3160-3161页。

之",在窦、田发言之后,询问朝臣:"两人孰是?"① 群臣会议后,武帝罢议退朝。见太后抱怨,武帝解释道:"俱外家,故廷辨之。不然,此一狱吏所决耳。"② 可见因涉案双方均为外戚,故精心选择长乐宫为会议地点,表明与会者虽多为公卿朝臣,但此事仍属皇帝家事范围,决断的权力也由皇帝完全掌握,与走公共司法程序的"下吏""下廷尉"有本质的区别。

## 二、汉代中央会议的人员组合

理论上讲,君主可以指定任意人员参与会议。但在日常政治运行中,常见三种会议组合:中朝议为君主提供咨询,公府议处理日常政务,公卿议及其扩大会议处理重大事务。此外,还有诸侯议、有司议、专家议,处理特定主题的事项。

第一,中朝议为君主提供咨询。

武帝以后,君主常在内朝召见官员,有时为征询意见,有时为即将召开的大规模会议吹风、摸底。此外,外朝领袖丞相犯罪,也常由中朝讨论罪刑,详后文。西汉后期,中朝议逐渐建制化、日常化为尚书台议。臣下章奏先至尚书台,由台内议定初步意见,再呈交君主作为决策参考。《续汉书·礼仪志》注引了一份由尚书集体署名的公文书,内容为议"立宋皇后仪":

> 尚书令臣嚻、仆射臣鼎、尚书臣旭、臣乘、臣滂、臣谟、臣诣稽首言:
> 
> "……今吉日以定,臣请太傅、太尉、司徒、司空、太常条列礼仪正处上,群臣妾无得上寿,如故事。臣嚻、臣鼎、臣旭、臣乘、臣滂、臣谟、臣诣愚暗不达大义,诚惶诚恐,顿首死罪,稽首再拜以闻。"③

---

① 班固:《汉书》卷五十二,北京:中华书局,1962年,第2389页。
② 班固:《汉书》卷五十二,北京:中华书局,1962年,第2390页。
③ 司马彪撰,刘昭注补:《续汉书·礼仪中》,《后汉书》志第五,北京:中华书局,1965年,第3121页。

想必君主会依照尚书台的意见，命四府及太常议礼。

第二，公府议处理日常政务。

公府即宰相机构。西汉为丞相、御史二府。成帝改制，三公制度正式确立，至东汉形成太尉、司徒、司空三府。除了三公，东汉大将军、太傅也可开府。大将军、太傅中任意一个加上三府，就是"四府"。因此，公府议分为丞相议、二府议、三府议、四府议。丞相议已见前述，其余各举实例。

二府议即将事项同时交由丞相、御史二府会议。这是西汉行政的常态。例如《汉书·萧望之传》载："于是天子复下其议两府，丞相、御史以难问张敞。"① 法律史上著名的文帝废除肉刑例，也由二府议定草案。

三府议多见于东汉。如《后汉书·马援传》载："初，援在陇西上书……事下三府，三府奏以为未可许，事遂寝。"② 在实际会议中，积极出谋划策的是三府掾吏，三公更多地起召集、主持、定议、上奏的作用。《后汉书·何颙传》载：何颙为司空掾，"每三府会议，莫不推颙之长"③，可见当时会议的开明风气。

四府议也常见于史料记载。如《后汉书·虞诩传》载：

> 诩曰："……诚宜令四府九卿（章怀注：四府谓太傅、太尉、司徒、司空之府也），各辟彼州数人，其牧守令长子弟皆除为冗官……"脩善其言，更集四府，皆从诩议。④

第三，公卿议及其扩大会议处理重大事务。

汉代最常见的会议组合是"公卿议"。卿，即中二千石。公府议的诸公加上中二千石，即公卿。如《汉书·韩延寿传》载：萧望之劾奏韩延

---

① 班固：《汉书》卷七十八，北京：中华书局，1962年，第3277页。
② 范晔撰，李贤等注：《后汉书》卷二十四，北京：中华书局，1965年，第837页。
③ 范晔撰，李贤等注：《后汉书》卷六十七，北京：中华书局，1965年，第2218页。
④ 范晔撰，李贤等注：《后汉书》卷五十八，北京：中华书局，1965年，第1866-1867页。

寿，请求"下丞相、中二千石、博士议其罪"，结果"事下公卿"。① 此正是以"丞相、中二千石"代指"公卿"。又如《后汉书·袁安传》载：

> 事下公卿议，太尉宋由、太常丁鸿、光禄勋耿秉等十人议可许。安与任隗奏，以为……宗正刘方、大司农尹睦同安议。事奏，未以时定。②

此次与议公卿共计十四人，几乎等于三公加诸卿的人数。这是"公卿议"的标准形态。

但对史籍所载的"公卿议"，我们不能理解得太实，因为其中很多未必指标准形态的公卿会议，而是扩大会议。例如《续汉书·祭祀志》注引《李氏家书》：

> 司空李郃侍祠南郊，不见六宗祠，奏曰：……制曰："下公卿议。"五官将行弘等三十一人议可祭，大鸿胪庞雄等二十四人议不当祭。上从郃议，由是遂祭六宗。③

此次"公卿议"有五十五人之多，不可能仅由三公九卿参与，大概是由公、卿、二千石、比二千石组成的扩大会议。又如《汉书·匈奴传》载：

> 河平元年，单于……使者以闻，下公卿议。议者或言宜如故事，受其降。光禄大夫谷永、议郎杜钦以为……对奏，天子从之。④

---

① 班固：《汉书》卷七十六，北京：中华书局，1962 年，第 3215 页。
② 范晔撰，李贤等注：《后汉书》卷四十五，北京：中华书局，1965 年，第 1520 页。
③ 司马彪撰，刘昭注补：《续汉书·祭祀中》，《后汉书》志第八，北京：中华书局，1965 年，第 3184 页。
④ 班固：《汉书》卷九十四下，北京：中华书局，1962 年，第 3808 页。

此"公卿议"有比六百石的议郎参与,这是公卿会议的进一步扩大。扩大至此,议官系统(大夫、议郎、博士)都可以参与。析其成分,应是"公、卿、大夫、博士、议郎议",省称"公卿议"。其总人数可参考《续汉书·律历志》所载:

> 安帝延光二年,中谒者宣诵言当用甲寅元,河南梁丰言当复用《太初》。……诏书下公卿详议。太尉恺等上侍中施延等议:……博士黄广、大行令任金议,如《九道》。河南尹祉、太子舍人李泓等四十人议:……恺等八十四人议,宜从《太初》。①

此次会议直接参与者总计一百三十人左右。其中,二百石的太子舍人大约是以专家的身份与议。以上是在外朝官内部的扩大,还可以加上中朝官。例如:

> 天子亲御前殿,召公卿议。大将军凤以为太后与上及后宫可御船,令吏民上长安城以避水。群臣皆从凤议。左将军商独曰……上乃止。②

此"公卿议"参与者有大将军、左将军,属于中朝官的将军系统,可见此议已经扩大到中外朝合议。此外还可加上诸侯、宗室系统。如晁错削藩,"上令公卿、列侯、宗室会议"。又如《汉书·霍光传》载霍光废立皇帝的会议:

> 光乃引延年给事中,阴与车骑将军张安世图计,遂召丞相、御史、将军、列侯、中二千石、大夫、博士会议未央宫。③

---

① 司马彪撰,刘昭注补:《续汉书·律历中》,《后汉书》志第二,北京:中华书局,1965 年,第 3034 页。
② 班固:《汉书》卷八十二,北京:中华书局,1962 年,第 3370 页。
③ 班固:《汉书》卷六十八,北京:中华书局,1962 年,第 2937 页。

丞相、御史是公，中二千石是卿，大夫、博士是议官，将军是中朝官，列侯属诸侯宗室系统。各方代表都到齐，才能议论废立皇帝。这应该算是最大规模的"群臣大议"。此外还可以扩大至专家、顾问、吏民。

最后，总结汉代会议组合的两条基本规律：

第一，中朝议、公卿议、有司议、诸侯议、专家议，皆可单独举行；公卿议可与任意一种或多种会议搭配，构成扩大会议。这是横向的规律。

第二，公可以单独或组合会议，这是"公府议"；加上卿，是公卿议的基本形态"公+卿（中二千石）"，以下可以依次叠加二千石、比二千石、千石至比六百石等。这是纵向的规律。

如果再把时间维度纳入考虑，那么两汉历史上会议组合的情况基本如下表所示：

表一　汉代会议组合示意表

| 会议类型 | | 中朝议 | 公府议 | 公卿议 | 诸侯议 |
|---|---|---|---|---|---|
| 西汉 | 武帝以前 | | 丞相议、二府议 | 公卿议及其扩大会议 | 诸侯王议 |
| | 武帝以后 | 中朝官议 | | | 列侯议 |
| 东汉 | | 尚书台议 | 三府议、四府议 | | |

## 第四节　汉代中央会议的三种类型

综合考虑空间结构、人员组合、启动方式及与君主的关系，可将汉代中央会议分为三种类型：朝议、召议、下议。见下表。

表二　汉代中央会议类型比较表

| 会议类型 | 启动 | 君主参与 | 场所 | 人员 |
| --- | --- | --- | --- | --- |
| 朝议 | 定期召开 | 是 | 治朝 | 朝臣 |
| 召议 | 临时召集 | 是 | 治朝以内 | 中朝官为主 |
| 下议 | 临时召集 | 否 | 治朝以外 | 外朝官为主 |

## 一、朝议

朝议，指朝臣定期朝见君主时发生的会议。朝会可分为大朝和常朝，前者是一种政治性的礼仪，与朝议无关；后者才是君臣处理政务的朝会。

汉代有常朝制度。谢承《后汉书》的一段佚文可以确证：

> 陈禁字子雅，拜尚书。公卿朝，日晏无诏。禁问台上："故事何时可罢？"对言："已食辄有诏罢，今已晏。"禁曰："宁可白耶！"尚书郎以上方宴乐，不敢白，禁使罢。①

汉代常朝的具体情况，史阙有间。《三国志·王肃传》追述：

> 及汉之初，依拟前代，公卿皆亲以事升朝。故高祖躬追反走之周昌，武帝遥可奉奏之汲黯，宣帝使公卿五日一朝，成帝始置尚书五人。自是陵迟，朝礼遂阙。②

由此可见，汉初就有常朝制度，惯例为五日一朝。与《汉书·高帝纪》《东方朔传》所见朝太上皇、朝太后礼同。《旧唐书·哀帝纪》亦载："汉宣帝中兴，五日一听朝，历代通规，永为常式。"③

常朝地点是前殿（朝堂），即《周礼》所谓"治朝"。参与者是君主、

---

① 李昉等：《太平御览》卷第二百一十二，北京：中华书局，1960 年，第 1014 页。
② 陈寿撰，陈乃乾校点：《三国志》卷十三，北京：中华书局，1982 年，第 415 页。
③ 刘昫等：《旧唐书》卷二十下，北京：中华书局，1975 年，第 803 页。

朝臣。非朝臣必须得到召见才能参与，如郭躬"以明法律，特预朝议"①。常朝的主要内容是臣下奏事。从地方层层上奏到公府、有司的问题，这时都可以提交君主裁决。朝臣有相关建议，也可事先写出，朝会时上奏。如《汉书·申屠嘉传》载：

> 嘉闻错穿宗庙垣，为奏请诛错。客有语错，错恐，夜入宫上谒，自归上。至朝，嘉请诛内史错。上曰："……错无罪。"罢朝，嘉谓长史曰："吾悔不先斩错乃请之，为错所卖。"②

朝议时，君主南面而立，面向群臣。如《汉书·王莽传》载："南面朝群臣，听政事。……平决朝事。"③

雄才大略的君主如汉武帝，朝议时往往会发表见解。守成的君主，则往往"临朝渊嘿，尊严若神"④，这应是君主临朝的常态。朝臣奏事，一般采用书面形式。君主对朝臣的上奏可以当场裁决，如申屠嘉弹劾晁错，景帝答"错无罪"。

君主可以借常朝主动询问群臣，这也往往引发会议。如《史记·吕太后本纪》载：

> 太后称制，议欲立诸吕为王，问右丞相王陵。王陵曰：……太后不说。问左丞相陈平、绛侯周勃。勃等对曰：……太后喜，罢朝。⑤

有些经尚书台提交的上奏，君主难以决策，也可以在朝会上提出，召开会议。如桓帝时北军中候史弼奏劾勃海王悝，就说：

---

① 李昉等：《太平御览》卷第六百四十，北京：中华书局，1960年，第2865页。
② 班固：《汉书》卷四十二，北京：中华书局，1962年，第2102页。
③ 班固：《汉书》卷九十九上，北京：中华书局，1962年，第4080-4081页。
④ 班固：《汉书》卷十，北京：中华书局，1962年，第330页。
⑤ 司马迁：《史记》卷九，北京：中华书局，1982年，第400页。

乞露臣奏，宣示百僚，使议于朝，明言其失，然后诏公卿平处其法。法决罪定，乃下不忍之诏。臣下固执，然后少有所许。①

总之，朝议的特点是定期召开、君臣共议，有利于君臣零距离沟通。但朝议也有弊端，其最大的问题是君主在场，朝臣不敢畅所欲言。正如《后汉书·寒朗传》所载：

又公卿朝会，陛下问以得失，皆长跪言，旧制大罪祸及九族，陛下大恩，裁止于身，天下幸甚。及其归舍，口虽不言，而仰屋窃叹，莫不知其多冤，无敢忤陛下者。②

这应该是汉代朝议的通病，毕竟像汲黯这样敢在朝会上讽刺君主"内多欲而外施仁义"的戆臣，还是少之又少的。

## 二、召议

召议，指君主因事临时召集群臣召开的会议。君权缺失时，此项大权也可以由太后或辅政大臣行使。与朝议相比，召议的特点是不定期；与下议相比，召议的特点是君主亲自参与。

召议的场所一般在内朝，即"省中"或"禁中"。除了前举宣室、温室、东朝之例，又如《汉书·孔光传》载：

上于是召丞相翟方进、御史大夫光、右将军廉褒、后将军朱博，皆引入禁中，议中山、定陶王谁宜为嗣者。③

有时用"入""入议"字样，也表示召入省中会议，如《汉书·冯奉

---

① 袁宏：《后汉纪》卷第二十二，张烈点校：《两汉纪》下册，北京：中华书局，2002年，第424-425页。
② 范晔撰，李贤等注：《后汉书》卷四十一，北京：中华书局，1965年，第1417页。
③ 班固：《汉书》卷八十一，北京：中华书局，1962年，第3355页。

世传》载:"永光二年秋,陇西羌彡姐旁种反,诏召丞相韦玄成、御史大夫郑弘、大司马车骑将军王接、左将军许嘉、右将军奉世入议。"① 召议地点有时向外扩及前殿(朝堂),与朝议的地点重合。如前举"天子亲御前殿,召公卿议"。

召议参与者以中朝官为主,即以有资格出入省中的官员为主,但并不拘此。召议的规模一般都不大,少至一二人,多至十余人,带有私密性。但召议地点如果选在朝堂,那么一般是公卿百官与会,规模及公开程度均与朝议相当。

由于召议是临时举行,官员无法事先起草奏章,又有君主亲自参与,不必如下议般事后递交会议的书面结论,所以召议的形式多为口头议。如《汉书·韩安国传》中保存了一段"马邑之谋"前口头会议的现场记录:武帝召问公卿,大行王恢回答,御史大夫韩安国反驳。王、韩二人互相驳论七番,武帝才叫停,表明支持王恢的意见。② 赵翼说:"《汉书·韩安国传》,下半篇全载王恢与安国辩论击匈奴事,一难一答,至十余番,不下断语,亦一奇格。"③ 从会议的角度看,这一段记载忠实反映了召议的特点:召议由君主下诏召开,诏书中指定参与人员和会议地点。参与者到齐后,君主提出问题,参与者给出各自的意见。参与者意见相左时,当场辩论,由君主定夺。

最后概括一下召议的性质。如果说下议是群臣的主场,朝议体现君臣共议的性质,那么召议就是君主的主场。君主采取召议形式召开会议,要么是为控制会议走向,要么是为更大规模会议进行吹风,要么是此议题具有一定私密性。此外,召议比起朝议、下议效率要高得多。朝议不能随时召开;下议则来回往复,往往需要好几天时间。召议将相关各方汇聚一堂,君主现场决策,效率高得多。但是召议的效力位阶较低,更多是为君主提供参谋。召议之后,往往还会进一步通过朝议或下议来决策。

---

① 班固:《汉书》卷七十九,北京:中华书局,1962年,第3296页。
② 班固:《汉书》卷五十二,北京:中华书局,1962年,第2398—2403页。
③ 赵翼著,王树民校证:《廿二史札记校证》,北京:中华书局,1984年,第11页。

## 三、下议

下议，指君主临时召开并委托群臣进行的会议。与朝议、召议相比，下议的最大特点是君主不亲临现场，只扮演事先启动、事后决策的角色。

下议的地点，一般在省中以外的区域，即外朝和治朝。外朝包括有司官署和公府。如《汉书》《续汉书》的《律历志》载两次律历会议，分别在前后汉的天文观测机构——上林清台和永安台进行。如果下议涉及多部门，一般由宰相牵头，会议地点在丞相府（司徒府）百官朝会殿。

治朝如前殿（朝堂），这一地点与朝议、召议重合。《后汉书·陈球传》载："诏公卿大会朝堂，令中常侍赵忠监议。"① 可见下公卿议朝堂时，君主并不在场。下议的参与者，是以外朝官为主的任何人，相比朝议、召议，变化更多，组合更丰富。

下议一般为现场口头会议，会议结果书面奏上。有时下议并不要求各参与者到某处会合，而是分头写奏议，直接交到君主手中，如《后汉书·刘陶传》所载"事下四府群僚及太学能言之士"，太学生刘陶上议的例子。

君主不亲临现场，所以下议的气氛往往非常激烈，与会者甚至互相进行人身攻击。例如：

> 诏百官议朝堂。……弘因大言激励虞曰："诸言当还生口者，皆为不忠。"虞廷叱之，伦及大鸿胪韦彪各作色变容，司隶校尉举奏，安等皆上印绶谢。②

> 司徒崔烈以为宜弃凉州。诏会公卿百官，烈坚执先议。燮厉言曰："斩司徒，天下乃安。"尚书郎杨赞奏燮廷辱大臣。③

第一例的"大言激励""廷叱""作色变容"，第二例的"厉言""廷

---

① 范晔撰，李贤等注：《后汉书》卷五十六，北京：中华书局，1965 年，第 1832 页。
② 范晔撰，李贤等注：《后汉书》卷四十五，北京：中华书局，1965 年，第 1518-1519 页。
③ 范晔撰，李贤等注：《后汉书》卷五十八，北京：中华书局，1965 年，第 1875 页。

辱大臣"，生动描绘出火药味十足的会议场面。下议容易引发语言和肢体冲突，所以需要维持秩序者。前引中常侍"监议"即其例。又如东汉御史中丞、司隶校尉、尚书令朝会时与其他人绝席而坐，号称"三独坐"①。这一称号，不能简单理解为这三个官员职权高于其他官员，而应从将他们纳入朝会以履行监察义务这个视角来理解。②

总之，由于君主不在现场，下议有相当大的独立性。东汉以来，太后临朝较多，反映君主意志的"召议"越来越少，"朝臣国议，无由参断帷幄，称制下令，不出房闱之间"，一方面造成了外戚、宦官专权的恶果，另一方面也促进了士大夫作为一个独立群体的生成与发展。渡边信一郎说"东汉朝堂是以公卿为中心的官僚会议场所"，这一论断十分敏锐，也促成了两晋以后"正殿—朝堂"会议空间结构的诞生③；在更加宏观的历史视野之下，所谓"士大夫政治"在东汉之定型④，所谓"清流浊流"之区分，都可以从中窥其消息。

## 四、三种会议的效力层级

前文笼统地将君主召开的会议称为"最高层级的会议"。实际上，中央会议的三种类型之间还有高下之分。君主召开一种较低级别的会议之后，如果感到不满意或不能服众，还可召开更高级别的会议。

---

① 《后汉书·宣秉传》："光武特诏御史中丞与司隶校尉、尚书令会同并专席而坐，故京师号曰'三独坐'。"范晔撰，李贤等注：《后汉书》卷二十七，北京：中华书局，1965年，第927页。

② 参见黎虎：《汉代的"三独坐"与朝会监察》，《贵州社会科学》，2010年第11期。这里还可以补充一条材料，《续汉书·百官志》"司隶校尉"条注："司隶诣台廷议，处九卿上，朝贺处公卿下陪卿上。"（司马彪撰，刘昭注补：《续汉书·百官四》，《后汉书》志第二十七，北京：中华书局，1965年，第3614页。）朝贺处公卿下陪卿上，是司隶校尉的实际地位；诣台廷议处九卿上，是司隶校尉在会议中履行监察职责的特殊地位。

③ 转引自王德权：《东京与京都之外——渡边信一郎的中国古代史研究》，渡边信一郎著，徐冲译：《中国古代的王权与天下秩序：从日中比较史的视角出发·附录》，北京：中华书局，2008年，第185页。

④ 参见阎步克：《士大夫政治演生史稿》，北京：北京大学出版社，1998年，第412-463页。

第一，下议的效力高于召议、朝议。

君主接到上奏，往往采取最灵活的召议，命亲信重臣与会形成初步论断，在自己心中大体有个判断后，再召开更高规格的下议。如《汉书·师丹传》载：哀帝接到币制改革的提案，首先召大司空师丹商议，然后才下（包括师丹在内的）公卿会议。①

朝议之后，也可以下议。如前引《后汉纪》北军中候史弼上疏："乞露臣奏，宣示百僚，使议于朝，明言其失，然后诏公卿平处其法。"② 先"宣示百僚，使议于朝"，这是朝议；再"诏公卿平处其法"，这是下公卿会议。

第二，公卿议及其扩大会议的效力高于中朝官议、公府议、有司议。

下议的层级，离君主最近、效力也较低的，无过于中朝官议。《汉书·王嘉传》载：汉哀帝"下将军中朝者"讨论丞相王嘉的罪过。中朝官弹劾王嘉"迷国罔上不道"，"请谒者召嘉诣廷尉诏狱"。哀帝下制："票骑将军、御史大夫、中二千石、二千石、诸大夫、博士、议郎议。"③《汉书·朱博传》载：哀帝"诏左将军彭宣与中朝者杂问"丞相、御史大夫的罪过，中朝官"请诏谒者召博、玄、晏诣廷尉诏狱"，哀帝又下制："将军、中二千石、二千石、诸大夫、博士、议郎议。"④ 这两次都是先下中朝官议，再下公卿扩大会议。由于议论的都是外朝领袖丞相的死罪，所以与会者包括中朝官"将军"及外朝六百石以上全体官员在内。这是汉代最高级别的会议。

下公府议、有司议之后，也可以再下公卿议。如《后汉书·应劭传》载：有军官建议募鲜卑人为士兵，以平定边地叛乱，于是"事下四府"，大将军与三公与会。四府会议时，大将军掾与太尉属各执己见，遂"诏百官

---

① 班固：《汉书》卷八十六，北京：中华书局，1962 年，第 3506 页。
② 袁宏：《后汉纪》卷第二十二，张烈点校：《两汉纪》下册，北京：中华书局，2002 年，第 424 页。
③ 班固：《汉书》卷八十六，北京：中华书局，1962 年，第 3501 页。
④ 班固：《汉书》卷八十三，北京：中华书局，1962 年，第 3407-3408 页。

大会朝堂"①,这才得出确定结论。

  总之,汉代公卿议及其扩大会议的效力不仅高于君主的私旨,而且高于召议、朝议,以及中朝官议、公府议、有司议,体现出廓然大公的议政精神。

---

① 范晔撰,李贤等注:《后汉书》卷四十八,北京:中华书局,1965年,第1610页。

# 第七章
# 汉代会议引据的法律渊源

自战国后期产生律令制度以来，秦汉时代全面进入国家制定成文法时代。春秋战国以来累积形成的杂多的制度资源（包括习俗），在新的统一大帝国之中处于何种位置？对此，秦汉两朝有着不同的回答。秦朝对律令之外的制度资源，采取理论、实践双重否定的态度。《商君书·靳令》将《诗》《书》之类经典，礼乐之类制度，诚信、贞廉、仁义之类品德，均列为"六虱"，认为其于国有害。[①] 睡虎地秦简《语书》则明确宣布："古者，民各有乡俗，其所利及好恶不同，或不便于民，害于邦。是以圣王作为法度，以矫端民心，去其邪僻，除其恶俗。"也就是说，"习俗"在秦的法律体系之中不具有合法性，是"邪僻"的"恶俗"，在去除之列。但法律不是万能的，如果国家制定的法律有局限，应当怎么办呢？答案是："法律未足，民多诈巧，故后有间令下者。"[②] 即用层出不穷的新令，弥补既有法律的不足。所以秦朝的法律就是国家制定的"法律令"。汉朝时，情况发生了巨大变化。一方面，"汉承秦制"，汉朝全面接管了秦朝"国家制定法"的体系，在损益秦律的基础上制定了《九章律》。从出土文献来

---

[①] 蒋礼鸿：《商君书锥指》卷三，北京：中华书局，1986年，第80页。
[②] 睡虎地秦墓竹简整理小组编：《睡虎地秦墓竹简·释文注释》，北京：文物出版社，1990年，第13页。

看，秦、汉律之间的差异并不显著，有着明显的继承关系。另一方面，"汉反秦政"，汉朝以一系列政治举措缓解了秦法的高压与严酷。其中一项重要的制度就是会议制度。秦朝当然也有会议制度，但在"焚书坑儒"事件之后，议事的理据只能是法律令或君主的制诏，即国家现行制度。汉朝的情况就不一样了。汉人召开会议时，除了参照国家制定法，还往往到经传、礼法、古典、先例之中寻觅法律、发现法律。换言之，汉朝的法律渊源远比秦法深广，而会议制度就是在法律渊源中发现法律的机制。

# 第一节 汉代的法律渊源

### 一、"法律渊源"概念适用于汉朝

"法"是什么？这是研究中国古代法律史的元问题。具体而言，应当用何种概念工具来认知秦汉时代的"法"？所用的概念工具不同，看到的史料、得出的结论，都会有显著差别。在相当长一段时期内，法律史学界热衷于用"法律部门"作为认知、表述中国古代法的概念工具。简言之，就是将一个朝代的法律分门别类地填入刑法、民法、行政法、经济法、诉讼法等框架中。[①]

近年来，学界对此有较多的反思。如法律史学者曾宪义先生认为："可以说中国古代不存在'民法''刑法'这种法律类型的划分……只是中国古代社会法律的类型划分另有标准，比如从宏观上说礼与法、从法的体系上说汉代的律令科比，唐代的律令格式等等。而这种划分的标准应该是更符合当时中国社会的实际状况。"[②] 杨一凡先生也说："中国古代法律

---

[①] 例如1999年编成的《中国法制通史》十卷本，是20世纪法制史的集大成之作。全书均以部门法容纳中国古代法律。即便有分卷编者意识到凿枘不合，但为了与全书的体系保持一致，仍然采用以部门法归纳三代法律内容的写法。参见蒲坚主编：《中国法制通史·绪言》（夏商周卷），北京：法律出版社，1999年。

[②] 曾宪义、马小红：《中国传统法研究中的几个问题》，《法学研究》，2003年第3期。

没有现代意义上的部门法分类，不能生搬硬套现代法律体系的概念去描述古代法律体系。本书所说的中国古代法律体系，是指古代中国各个朝代的全部法律规范按不同法律形式及其表述的立法成果组合形成的体系化的、有机联系的统一整体。"① 在反思的基础上，很多学者倾向于用"法律形式"及其复数"法律体系"的概念工具，认知、表述中国古代法。② 较之部门法的分类，法律形式的确更能够反映中国古代法的原貌。

但是，法律形式作为一个基本的法学概念，自有其特点和局限。法律形式是关于立法取向的概念，例如现代国家的宪法、法律、行政法规、地方性法规、部门规章、地方政府规章……侧重于以立法机构为分类依据，并由此产生的法律的形式外观。以秦汉时代为例，律、令当然是法律形式。但故事、律章句是否算法律形式呢？故事中较为特殊的一类，叫作"决事比"。按照汉代人自己的定义，"已行故事曰比"③，即已经获取司法效力、被国家权力许可施行的故事名为"决事比"。据此，决事比应当算是一种法律形式。至于其余的"故事"，在被行政、司法裁判适用时才是法律，未被引用时则效力待定。律章句的情形也一样。律章句最初不过是法律工作者或学者个人行为的成果，后来逐渐成为"断罪所当由用者"。到了曹魏时代，君主明确下诏只允许引用"郑氏章句"，那么郑氏律章句就成了法律形式，其他律章句不再是法律。但在此之前呢？数百万言的诸儒章句都处于效力待定状态之时，律章句是否算是法律形式？由此可见，以具有立法倾向的"法律形式"概念理解秦代法律或许比较合适（因为秦法的适用正采取"国家制定法"立场），但以之理解汉代法律则仍未达一间。

---

① 杨一凡：《重新认识中国法律史》，北京：社会科学文献出版社，2013年，第19页。
② 需要注意的是，日本学者使用的"律令制"的概念常被借以表述中国魏晋至隋唐或秦汉至明清的法律。"律令制"表面是法律形式，实际是"刑法典（律）行政法典（令）"结构的混合概念。具体辨析见俞荣根、秦涛：《律令体制抑或礼法体制？——重新认识中国古代法》，《法律科学》（西北政法大学学报），2018年第2期。
③ 郑玄注，孔颖达疏：《礼记正义》，李学勤主编：《十三经注疏》，北京：北京大学出版社，2000年，第481页。

"法律渊源"概念源自古罗马，是指司法适用中作为法官裁判规范来源的规则集合体。"法律渊源"用以济国家制定法之穷。当国家制定法在具体案例中失灵时，司法者会在所持法律文化的驱使下，去特定的规范群中寻找、发现、援引本案适用的权威理据。这个规范群就是"法律渊源"，找到的适用之物就是"法律"。① 法律渊源可以分为效力渊源与认知渊源，前者与"法律形式"基本重合，后者需要经过国家权力的许可生效才能正式成为"法律"。② "法律渊源"概念非常适用于汉代法律的实况。

汉代法律兼有法律的效力渊源、认知渊源，这是其异于秦法、优于秦法之处。一方面，汉代已经进入成文法时代，其国家制定法——律、令之类，即法律的效力渊源，也是日常司法、行政频繁引用的理据，不需要经过额外的论证或赋予效力。这一点与秦法相同。另一方面，汉代采取了与秦代不同的政策，汉初国家权力收缩，在一定程度上承认习俗在地方治理中的法律渊源地位③；汉武帝以后尊崇儒术，儒生与法吏合流，在儒家法律文化驱使下，自觉引用经传、礼法、古典之类非正式制度渊源（即法律的认知渊源），并得到国家权力的许可甚至鼓励。因此，在秦代，法律渊源与法律形式高度重合，国家颁布的法律形式之外的渊源不具有合法性。但在汉代，法律渊源的领域远远大于法律形式，国家制定法只不过是全体"法律"的冰山一角。

在此意义上，汉代的会议制度也可以获得法学层面的理解。汉代的法吏在司法过程中，一般只能以正式的律令为准。这一点可以得到出土法律文献（多为当时的基层档案资料）的印证。但在国家制定法失灵时，汉代法吏或直接通过会议寻找、援引更为广泛的法律渊源，或提交更高的审级，由上位审级通过会议寻找、援引广泛的法律渊源。换言之，就法学层面而言，汉代会议是在国家制定法之外，开启更广泛的法律渊源世界，从中发现法律、援引法律的机制。即便在法律形式更为固化的后世，刑律仍

---

① 参见彭中礼：《法律渊源论》，北京：方志出版社，2014年，第21-44页。
② 参见雷磊：《重构"法的渊源"范畴》，《中国社会科学》，2021年第6期。
③ 参见陈苏镇：《〈春秋〉与汉道：两汉政治与政治文化研究》，北京：中华书局，2011年，第95-102页。

为"议"留下了另觅法源的空间。例如《唐律》中的"八议",即"犯法则在八议轻重,不在刑书"①,也就是不以国家制定法为刑事处罚的理据,而通过会议另外寻觅合理裁判的权威理据。

## 二、"经典"与"汉制"

汉代的法律渊源(行政、司法活动的理据)是什么?渡边信一郎和邢义田对此都已作了有益的探讨。邢义田从具体的史实考证出发,认为汉代日常行政的依据主要是律令、故事、经义。②渡边信一郎则从宏观的层面,认为汉代的"国制"可分两大块:一为"故事"——汉初的律令、军法、章程、礼仪"与其后积累的各种法制、礼仪一起,构成了'行事'(故事、法制),成为国制运营的主干";另一则为"古制"——"从汉初开始,儒学'古礼''古典'的发掘与编纂不断进行","再加上纬书,就完成了与国制相关的'古典'思考框架"。③

两位学者的探讨,都足以启思发想。但是诚如邢义田所说,"故事包括律令、仪制、百官的章奏、历朝的注记、行政中不成文的惯例、君臣理事而成的典故、君臣之间誓约或与外族的约束等等"④。实际上,汉代人所称的"故事"还包括邢氏认为性质差异较大、"可以单独讨论"的称述先汉事例的"经典故事"。也就是说,"故事"实际上可以将律令、经义包括进去,这样难免造成分类上的互相包含而发生混淆。所以以下将更多以渡边氏的分类为参考。但是对渡边氏所谓"古制"与"故事"的名称与内涵,还要作一点修正和讨论。

汉代人处理政事、进行法制活动,常引"经典"与"汉制"为据。这从以下史料中可以看得很清楚:

---

① 郑玄注,孔颖达疏:《礼记正义》,李学勤主编:《十三经注疏》,北京:北京大学出版社,2000年,第91-92页。
② 参见邢义田:《治国安邦:法制、行政与军事》,北京:中华书局,2011年,第380-382页。
③ 参见渡边信一郎著,徐冲译:《中国古代的王权与天下秩序:从日中比较史的视角出发》,北京:中华书局,2008年,第82-84页。
④ 邢义田:《治国安邦:法制、行政与军事》,北京:中华书局,2011年,第383页。

时中常侍侯览弟参为益州刺史，累有臧罪，暴虐一州。明年，秉劾奏参，槛车征诣廷尉。参惶恐，道自杀。秉因奏览及中常侍具瑗曰："……若斯之人，非恩所宥，请免官送归本郡。"书奏，尚书召对秉掾属曰："公府外职，而奏劾近官，经典汉制有故事乎？"秉使对曰："《春秋》赵鞅以晋阳之甲，逐君侧之恶。传曰：'除君之恶，唯力是视。'邓通懈慢，申屠嘉召通诘责，文帝从而请之。汉世故事，三公之职无所不统。"尚书不能诘。帝不得已，竟免览官，而削瑗国。①

杨秉以三公的身份弹劾宦官，君主使尚书责问：你以外职而劾奏近官，"经典汉制有故事乎"？杨秉引《春秋》赵鞅事，得出"除君之恶，唯力是视"的结论，这是"经典"之故事；引西汉申屠嘉诘责邓通事，得出"三公之职无所不统"的结论，这是"汉制"之故事。君主不得已，只好受理劾奏。本例所谓"经典"，大体相当于渡边氏所谓"古制"；"汉制"，大体相当于渡边氏所谓"故事"。由此可见，汉代人裁决疑难，处理行政、法制事务时，常常到经典、汉制之中寻找依据，而这种依据就是当时人观念中的法律渊源。我们再引一个典型的证据：

顺帝欲立皇后，而贵人有宠者四人，莫知所建，议欲探筹，以神定选。广与尚书郭虔、史敞上疏谏曰："窃见诏书以立后事大，谦不自专，欲假之筹策，决疑灵神。篇籍所记，祖宗典故，未尝有也。……"帝从之，以梁贵人良家子，定立为皇后。②

汉顺帝想在四个贵人中抽签决定皇后人选。胡广等人进谏，说这种选皇后的方式"篇籍所记，祖宗典故，未尝有也"。"篇籍所记"，即经典；

---

① 范晔撰，李贤等注：《后汉书》卷五十四，北京：中华书局，1965年，第1773-1774页。

② 范晔撰，李贤等注：《后汉书》卷四十四，北京：中华书局，1965年，第1505页。

"祖宗典故",即汉制。东汉王充《论衡》中也记录了当时人的观念:

> 五经题篇,皆以事义别之,至礼与律独(犹)经也,题之,礼言昏(经)礼,律言盗律何?①
>
> 或曰:"固然。法令,汉家之经,吏议决焉。事定于法,诚为明矣。"曰:夫五经亦汉家之所立,儒生善政,大义皆出其中。董仲舒表《春秋》之义,稽合于律,无乖异者。然则《春秋》,汉之经,孔子制作,垂遗于汉。……《春秋》五经,义相关穿,既是《春秋》,不大五经,是不通也。②

汉代人认为,可以称为"汉家之经"的,有"法令"(律)和以《春秋》为代表的"五经"或"礼"。其中"法令"即属于"汉制","五经"和"礼"即属于"经典"。又,在汉代,经、律都书以三尺之简,正是这一观念的外化。③

下面谈一谈"经典""汉制"的具体外延。

经典,包括经传、谶纬、礼法,以及古事、古制。这是汉代法律的认知渊源。

"六经"自不必说。在汉代,除了经,还有大量的传、说、记,也应当属于经典。事实上,史籍中汉代人引用《春秋》《易》《礼》时,往往指的不是经,而是《公羊传》《易传》《礼记》等传记。此外,在西汉后期兴起而极盛于两汉之际、延续至汉末的图谶纬书,也应当作为"经"的附属而厕身其列。④ 汉代人与会时引用先秦的古事、古制较多,这类事迹

---

① 黄晖:《论衡校释》卷第十二,北京:中华书局,1990年,第567页。
② 黄晖:《论衡校释》卷第十二,北京:中华书局,1990年,第542-543页。
③ 参见富谷至著,刘恒武、孔李波译:《文书行政的汉帝国》,南京:江苏人民出版社,2013年,第32-42页。
④ 汉人引纬书多称本经,如光武帝时博士范升上疏云:"《易》曰:'天下之动,贞夫一者也。'又曰:'正其本,万事理。'"后一句引文章怀注:"今《易》无此文。"按:此句出自《易纬》,参见王利器:《谶纬五论》,张岱年等:《国学今论》,沈阳:辽宁教育出版社,1991年,第108-124页。

多载于《诗》《书》《春秋》等，间或杂出于诸子史书，现一并附在经典之下。又会议时引据的"礼"多属古礼，载于今本《礼记》者较多，也有见于《仪礼》者。今本《礼记》撰定于西汉中后期，而取材多来自"七十子后学者所记也"①，也应当归于经传说记之属。剩下一些称引"古礼"而找不到来源者，可以归在"经典"之下。

汉制，主要指汉代创设的成文法和不成文的先例、惯例。其主体，当然主要是律、令等制度。另外，汉代人在行政、法制活动中的一些做法，被后代引以为比，则成为所谓"故事"，相当于先例、惯例。这些主要是汉代法律的效力渊源。

总而言之，"经典"相当于汉代人眼中的"传统法"，即汉代人用他们的理论"对已经静止了的、随着时代已成为'过去'的古代法的一种诠释"②。而"汉制"则是汉代的现行法，包括成文法与不成文的先例、惯例。最早的汉制继承自秦制，富含务实的精神和经验的智慧，特点是稳定与守旧。而经典的奉行者，在汉代史上多是以对现实的批判与革新者的形象出现的。引经据典，绝非守旧的表现——恰恰相反，称引愈古，往往愈暗含着一种激进的倾向。例如王莽的托古改制，就是对经典最极端的贯彻，对汉制最彻底的改造。而所谓"法律儒家化"，则是经典对汉制的潜移默化，这才是两汉四百年制度演进的大方向——以近乎照搬秦制的汉制为起点，以经过汉代不同流派诠释的经典为蓝图，逐渐形成"霸王道杂之"的"汉家制度"。

## 三、汉代会议引据的"经典"与"汉制"总览

在汉代会议实例中，有 347 例所引理据可考。下面将此 347 例所引理据，按照上文已经介绍过的分类框架列表如下：

---

① 班固：《汉书》卷三十，北京：中华书局，1962 年，第 1709 页。
② 曾宪义、马小红：《试论古代法与传统法的关系——兼析中西法传统在近现代演变中的差异》，《中国法学》，2005 年第 4 期。

## 表三　汉代会议所引理据一览表

| 时期 | 经典 | | | | 汉制 | | 其他 | |
|---|---|---|---|---|---|---|---|---|
| | 经传 | 谶纬 | 礼法 | 古制古事 | 律令制度 | 故事成例 | 灾异祥瑞 | 诸子史书 |
| 高帝 | | | 1 | | | | | |
| 惠帝 | | | | | | | | |
| 高后 | | | | | | 1 | | |
| 文帝 | 2 | | 1 | 1 | 1 | | 2 | |
| 景帝 | | | | | 2 | 2 | | |
| 武帝 | 10 | 2 | 8 | 9 | 2 | | 2 | 1 |
| 昭帝 | 1 | | | 1 | | | | |
| 宣帝 | 11 | 3 | 2 | 9 | 2 | 1 | 2 | |
| 元帝 | 12 | 2 | 1 | 6 | 2 | | | 2 |
| 成帝 | 15 | 1 | | 10 | 1 | 4 | 1 | |
| 哀帝 | 7 | 1 | 1 | 5 | 2 | 2 | | |
| 平帝 | 11 | 2 | 4 | 1 | 4 | 1 | 1 | |
| 新莽 | | | 2 | | | 1 | | |
| 光武帝 | 13 | 7 | 2 | 2 | 4 | 8 | 1 | |
| 明帝 | 5 | 1 | 1 | | 5 | 2 | | |
| 章帝 | 8 | 2 | 1 | | 1 | 5 | 2 | |
| 和帝 | 8 | 1 | 4 | | 2 | 4 | 1 | 1 |
| 殇帝 | | | | | | | | |
| 安帝 | 10 | 2 | | | 7 | 7 | | |
| 顺帝 | 5 | 2 | | 1 | 1 | 2 | 1 | |
| 冲帝 | 1 | | | | | | | |
| 质帝 | | | | | | | | |
| 桓帝 | 1 | | 1 | | 2 | 1 | | |
| 灵帝 | 4 | 2 | | | 4 | 4 | | |
| 献帝 | 9 | 1 | 3 | 1 | 1 | 1 | | |
| 总计 | 133 | 18 | 24 | 25 | 71 | 50 | 18 | 8 |

注：某次会议引某种理据无论多少次，都只记作一次。

从表中可以看出汉代会议所引理据的大体情况。其中称引最多的，是经传、律令、故事，可证邢义田所言不虚。另外，本表所引资料都来自传世文献，以中央会议占绝大多数，所以称引"经典"的数量要明显多于"汉制"。至于郡县，则会议理据当以汉制（尤其是成文的律令）为主。此外，还可以观察出这样几个大的趋势：

第一，武帝以后，引经传为理据的数量明显增加。

虽然汉初会议史料比较少，数据上有一定缺陷，但是武帝以后征引经传数量的增加还是非常明显的。武帝朝的会议共有10次引经传为理据，其中1次在建元元年新政，9次在元光元年董仲舒对"天人三策"以后，比较清楚地反映出时代的大势。自武帝以后，引经传为理据成为风尚，经传在汉代法律渊源中的位置也稳固下来。

第二，光武帝以后，谶纬成为新的理据。

谶纬之起，或早在先秦，但其在西汉未能得势。东汉光武帝自认因谶纬而兴，所以每决事都喜欢引经、谶为据，谶纬渐渐取得了与经传分庭抗礼的地位。

第三，东汉引故事为理据，远多于西汉。

除了谶纬，两汉所引其他理据大体相当，或西汉略多于东汉（此因西汉国祚较东汉为长）。但东汉会议引故事34次，远多于西汉的16次。由此也可以看出东汉王朝"因循故事"的保守性格。

下面分节对各类理据在汉代会议中的称引情况进行考析。

## 第二节　汉代会议引据的"经典"法源

### 一、汉代会议引据的"经传"法源

经传，主要指《诗》《书》《礼》《易》《春秋》五种经典及其"副产品"（传、说、记之属），也包括哀平以降兴起的谶纬。汉高祖虽然蔑视儒生，但以宽大立国。叔孙通、陆贾之辈虽非纯儒，仍能厕身汉廷，称引《诗》《书》、创立汉仪。汉惠帝即位之初，废《挟书律》，这意味着秦法禁扼经传、使之不得成为法律渊源的时代正式成为历史。文帝时，经传已经成为国家创制律法的依据。《汉书·郊祀志》载：文帝时"谋议巡狩封禅事"，已"使博士诸生刺《六经》中作《王制》"。① 至武帝表章"六经"、推崇儒术以后，经传正式成为国家的法律渊源。汉代会议中援引经传作为理据的情况，史不绝书。过去学界对"经义决狱"的研究，也生动地说明了这一点。下文拟从另外的维度，再次说明"经传"作为汉代会议引据的法律渊源的情况。

首先，各经被引次数最多者为《春秋》《礼》。

如果将某经的传记归为该经之属的话，那么各经被引次数由高到低依次为：《春秋》57次，《礼》47次，《诗》37次，《书》33次，《论语》28次，《易》15次，《孝经》10次，《孟子》2次。另外，东汉谶纬被引27次。② 这是总的数量。从时代的流变来看，除了谶纬在东汉以后被引率显著提升，其余各经并没有体现出明显的规律。唯一值得注意的是《礼》，在平帝时代被称引10次之多。当时政权掌握在王莽手中，史称王莽"受《礼经》，师事沛郡陈参，勤身博学，被服如儒生。事母及寡嫂，养孤兄子，行甚敕备。又外交英俊，内事诸父，曲有礼意"③，且当时正在致力于所谓"制礼作乐"，所以引《礼》较多。

其次，今古文经的引用情况与学官地位消长息息相关。

汉代诸经内部还有今文、古文之别。其中《春秋》分三传，《礼》分三礼，情况较为突出，此处以之为例。先说《春秋》三传。除了难以明确归属于某传的经义及《春秋经》本书，三传共计被称引39次，其中《公羊传》26次，《穀梁传》4次，《左传》9次。值得注意的是，《穀梁传》首次被称引是在元帝时期。这是因为元帝即位前三年，也就是宣帝晚年，曾召开石渠阁会议，讲论"五经"异同。《左传》首次被称引则是在哀帝时，这与另一学术事件相联系。哀帝时，刘歆请立《左传》于学官，得到

---

① 班固：《汉书》卷二十五上，北京：中华书局，1962年，第1214页。
② 本节数据来源均参见秦涛：《律令时代的"议事以制"：汉代集议制研究》，北京：中国法制出版社，2018年，第312—381页。
③ 班固：《汉书》卷九十九上，北京：中华书局，1962年，第4039页。

哀帝的支持，但因学术保守势力过于强大，未果。但从此以后，《左传》亦成为显学。自哀帝而后，《公羊传》被引11次，《左传》被引9次，两派几乎持平。再说三《礼》。从称引次数上看，《礼记》占绝对多数，共计35次；《周礼》次之，共计7次；《仪礼》仅1次。《礼记》中主要是《王制》《祭法》《月令》三篇被称引较多。另外值得注意的是，《周礼》被大量引用始于平帝时代。而《周礼》正是"在汉平帝年间开始受到王莽的重视"，成为其改制的依据之一。但是王莽本身并没有太鲜明的古文家立场，改制时"或用今文经传，或用古文经传，或杂用今古文"①，所以《礼记》并没有因此被《周礼》压下风头。

再次，各经与所议议题具有一定的对应关系。

比较明显的对应关系，可以举出四类。其一，议刑狱，各经中引《春秋》最多，计15次；《礼》次之，计7次。可见"春秋决狱"之称是比较准确的。其二，议律令，各经援引情况相对平均，其中以《书》《论语》为最多，各7次；其次为《礼》《诗》，各5次。引《论语》时，一般都作"孔子曰"而不直引《论语》，可见"孔子为汉制法"的观念影响之深。《书》则具有政典的性质，其中《吕刑》一篇屡屡被作为删定律令、修改刑制时会议所引的基本理据。其三，议礼法，各经中引《礼》最多，达23次；其次是《春秋》，计18次。《礼》自不必说，《春秋》被征引频率如此之高，可见太史公所云"故春秋者，礼义之大宗也"② 洵非虚言。其四，议律历，共引经传谶纬13次，其中引谶纬达11次之多。谶纬的内容比较庞杂，有释经的，有讲天文的，有讲历法的，有讲神灵的，有讲地理的，有讲史事的，有讲文字的，有讲典章制度的，但其中"比重最大的内容是天文资料"，"谶纬天文资料可与古代任何一部天文学著作相媲美"。③ 这就可以理解为何议律历较多称引谶纬了。

---

① 参见杜明德：《〈周礼〉与王莽的托古改制》，王志民主编：《齐鲁文化研究》总第10辑，济南：泰山出版社，2011年。
② 司马迁：《史记》卷一百三十，北京：中华书局，1982年，第3298页。
③ 刘宁：《"究天人之际"——谶纬天文资料与〈史记·天官书〉关于恒星之比较研究》，山东大学硕士学位论文，2011年。

最后，从微观上分析数则援引经传为法律渊源的会议实例。

经传的基本功能，是对现行制度的矫正。换言之，相比于"汉制"的因循性格，"经传"有着更加激烈的变革倾向。元朔元年（前128），汉武帝为了打破高层的阶级固化，吸纳新鲜血液进入统治的核心圈层，将"察举孝廉"制度化、常态化，遂下诏"中二千石、礼官、博士议不举者罪"。在武帝之前，察举孝廉时而有之，但州郡察看之后发现无人可举，或虚应故事，做表面文章。这已成为常态。而"议不举者罪"，不啻为一个惊天动地的改革，也违背了文景以来无为而治的国策。因此武帝在诏书前的说理部分，连续援引"五帝三王所由昌"的古事，"十室之邑，必有忠信；三人并行，厥有我师"的《论语》，"进贤受上赏，蔽贤蒙显戮"的"古之道"，进行"议不举者罪"的合理性论证。应诏会议的与会者们也都心领神会，引用更加具体的经义作为法律渊源。他们说："古者，诸侯贡士，壹适谓之好德，再适谓之贤贤，三适谓之有功，乃加九锡；不贡士，壹则黜爵，再则黜地，三而黜爵地毕矣。"① 此所谓"古者"的"三适""三黜"之制，见于《礼记·射义》孔疏引《书传》，大概就是《尚书大传》，或许后来也被《大戴礼记》袭用。② 与会者又说："夫附下罔上者死，附上罔下者刑；与闻国政而无益于民者斥；在上位而不能进贤者退。"《汉书补注》引沈钦韩曰："《说苑·臣术篇》引《太誓》与此四语同，此今文《太誓》也。"③ 可见与会群臣用来作为法律渊源的经传，都是今文《尚书》的经义。这份会议记录经君主认可后，便作为法律向全国发送。在作为汉代边陲的额济纳地区出土的汉简中，就有这份诏书的残简。④ 由此可见，汉代会议从法律渊源之海中钩沉出的经义，一经权力的认可，便能成为变革现实、通行全国、无远弗届的法律。

---

① 班固：《汉书》卷六，北京：中华书局，1962年，第167页。
② 《初学记》卷二十《政理部·荐举》引《大戴礼记》有"三适""三黜"之制。徐坚等：《初学记》，北京：中华书局，2004年，第476—477页。
③ 班固撰，王先谦补注：《汉书补注》，上海：上海古籍出版社，2008年，第242页。
④ 参见劳榦：《劳榦先生著作集》（上），福州：福建教育出版社，2022年，第197—200页。

由于经典本身不是毫无矛盾的统一体，与会者引用经义互相驳斥的情况也很常见。而争论的结果，往往取决于最后裁决者的旨意。例如武帝元鼎年间，博士徐偃巡行风俗时，矫诏允许齐鲁当地铸用盐铁。张汤以汉律弹劾徐偃"矫制大害，法至死"。徐偃立刻引用更高级的法律渊源，自我辩护道："《春秋》之义，大夫出疆，有可以安社稷，存万民，颛之可也。"① 君主下诏，令终军与徐偃互相辩论。终军引用《春秋》"王者无外"、《孟子》"枉尺直寻"两条经义，不仅驳斥了徐偃援引"大夫出疆"经义之不当，且证成其罪。由此可见，经义作为法律渊源，在特定历史时期的位阶高于成文律令；在效力位阶上，唯有经义可以驳斥经义。

不过，在以上两例中，经义均为君主所利用。为了避免不必要的误会，必须说明：在与会群臣欲抗衡君权时，更必须引用经义作为较现行权威更高级的法律渊源。例如霍光罢黜皇帝刘贺的会议，连续引用《公羊传》《诗经》《孝经》的五条以上经义，才终于做成此事。这个问题很好理解，不再赘述。

## 二、汉代会议引据的"礼法""古制""古事"法源

### （一）汉代会议引据的"礼法"法源

汉代会议引礼法为据者，至少有72例。排除与经传法源中的《礼》重合的部分，也有25例以上。引礼法裁决的，绝大多数是关于礼法本身的问题。此外还有封建1例、刑狱2例。例如奏免太尉张酺案：

> 会复共谢阙下，酺因责让于称。称辞语不顺，酺怒，遂廷叱之，称乃劾奏酺有怨言。天子以酺先帝师，有诏公卿、博士、朝臣会议。司徒吕盖奏酺位居三司，知公门有仪，不屏气鞠躬以须诏命，反作色大言，怨让使臣，不可以示四远。于是策免。②

---

① 班固：《汉书》卷六十四下，北京：中华书局，1962年，第2817—2818页。
② 范晔撰，李贤等注：《后汉书》卷四十五，北京：中华书局，1965年，第1533页。

张酺即因违反公门礼仪被劾奏策免。

礼法类会议,有些相当于今天意义上的立法会议。如高祖时议天子所服,看似礼法问题,实则最后形成的诏书载入"高皇帝所述书天子所服第八",可能是汉令的一种。又如颍川太守韩延寿"议定嫁娶丧祭仪品,略依古礼,不得过法"①,其实即"条教",有地方立法的性质。

会议所引礼法多属所谓"古礼",是先秦时期产生、经过汉代儒生整理诠释过的礼仪。这类礼仪因为先汉代而存在,属于古之大经大法,所以较汉代才产生的律令,理论上更具有对皇权的约束作用。② 例如,律令中罕见天子应如何行事的规范,但是这类规范在礼中比比皆是,如"春夏秋冬天子所服,当法天地之数,中得人和"③、"古者天子夏亲郊祀上帝于郊,故曰郊"④。这是对天子穿着、郊祀的规定。又如"礼'祖有功而宗有德'"⑤,这是对天子驾崩后庙号的规定:有功才能称"祖",有德才能称"宗"。更典型的是载于《公羊传》中,在汉代乃至帝制中国史上屡屡被称引的一条古礼:"为人后者为之子。"先把引用这条古礼的案例具引如下:

> 孝昭皇帝早弃天下,亡嗣,臣敞等议,礼曰"为人后者为之子也",昌邑王宜嗣后,遣宗正、大鸿胪、光禄大夫奉节使征昌邑王典丧。⑥

> 帝初即位,下诏曰:"故皇太子在湖,未有号谥,岁时祠,其议谥,置园邑。"有司奏请:"礼'为人后者,为之子也',故降其父母不得祭,尊祖之义也。陛下为孝昭帝后,承祖宗之祀,制礼不逾

---

① 班固:《汉书》卷七十六,北京:中华书局,1962年,第3210页。
② 参见朱腾:《为礼所缚的汉代皇权——有关礼之规范功能的一个考察》,《现代法学》,2013年第3期。
③ 班固:《汉书》卷七十四,北京:中华书局,1962年,第3140页。
④ 班固:《汉书》卷二十五上,北京:中华书局,1962年,第1213页。
⑤ 范晔撰,李贤等注:《后汉书》卷一上,北京:中华书局,1965年,第1页。
⑥ 班固:《汉书》卷六十八,北京:中华书局,1962年,第2940页。

闲。……"①

月余，天子立楚孝王孙景为定陶王，奉恭王后。太子议欲谢，少傅阎崇以为"《春秋》不以父命废王父命，为人后之礼不得顾私亲，不当谢"。太傅赵玄以为当谢，太子从之。诏问所以谢状，尚书劾奏玄，左迁少府，以光禄勋师丹为太傅。②

傅太后大怒，要上欲必称尊号，上于是追尊定陶共王为共皇，尊傅太后为共皇太后，丁后为共皇后。……丹议独曰："……定陶共皇号谥已前定，义不得复改。……为人后者为之子，故为所后服斩衰三年，而降其父母期，明尊本祖而重正统也。……"③

纯以宗庙未定，昭穆失序，十九年，乃与太仆朱浮共奏言："……礼，为人后者则为之子，既事大宗，则降其私亲。今禘祫高庙，陈序昭穆，而舂陵四世，君臣并列，以卑厕尊，不合礼意。……臣愚谓宜除今亲庙，以则二帝旧典，愿下有司博采其议。"诏下公卿，大司徒戴涉、大司空窦融议："宜以宣、元、成、哀、平五帝四世代今亲庙……"帝从之。④

以上，涉及立昌邑王为帝、为戾太子立庙、尊王太后为皇太后、贬光武私亲庙等问题。所谓"为人后者为之子"，就是当某宗无后，可以收养一名嗣子来继承本宗，这个嗣子即"为人后者"。自过继之后，嗣子应当以养父为父亲，而生父则亲等下降。这一点，《后汉书·张纯传》"既事大宗，则降其私亲"说得很清楚。细绎其意，这条古礼应用在君主身上，其实带有一种"公天下"的精神。因此，哀帝想立祖母为皇太后而屡遭阻挠，光武帝也不得不顺遂臣下之意降低父祖的宗庙品级。中国历史上因为引用这条古礼而闹得更凶的事件，分别是北宋的"濮议"和明朝的"大礼

---

① 班固：《汉书》卷六十三，北京：中华书局，1962年，第2748页。
② 班固：《汉书》卷九十七下，北京：中华书局，1962年，第4000页。
③ 班固：《汉书》卷八十六，北京：中华书局，1962年，第3505—3506页。
④ 范晔撰，李贤等注：《后汉书》卷三十五，北京：中华书局，1965年，第1194页。

议"。这条古礼本身合理与否姑且不论，礼法对于皇权的制约确是不言而喻的。

(二) 汉代会议引据的"古制""古事"法源

古制、古事，即上古时代（五帝、三王时代）存在过的优良制度、发生过的典范事例。在汉代会议所引理据中，古事、古制应该是位阶最低的。如果律令、经传、故事成例有依据可引，则一般不会直接援引古事、古制。所以，汉代会议引古事、古制，一般是下面两种情况：

第一，为新创设制度寻找历史渊源。

例如，汉武帝时议设博士弟子员、置武功赏官、设白金三品，成帝时备三公官，新莽时复污池刑等。这些做法不但在两汉史上无故事可循，即便经典之中也没有相关论述，所以只好上引古事、古制，以之作为新创设制度的历史渊源，表示古已有之、托古改制。

第二，为破例寻找依据。

这一类情况，是利用汉代人的崇古心理，为打破现行之制寻找依据。需要引古事、古制的破例，往往不是普通的破例，而是破天荒的破例。例如两汉引用最多的先秦故事，是"周公故事"系列，包括与之相类似的"伊尹故事"。这种古事为霍光及董卓废立天子、王莽居摄、梁冀享受无上礼遇提供了借口。所以，在这种情况下的援引古事往往是对汉代法制和秩序的严重破坏。

以上分析了汉代会议引"经典"法源的几种情况。汉代人在参加会议时援引经传、谶纬、礼法、古事、古制，一般来讲都是为了弥补汉制之不足、打破汉制之束缚，甚至是为了制约皇权与强权。经典在汉代历史上的作用是复杂的。一方面，经典中的许多思想被吸纳为汉代的官方哲学、被创设为汉制，为皇权的稳固起到了巨大的作用；另一方面，当经典为汉制提供了合法性来源之后，独立于汉制之外的经典反而成为汉制的"太上皇""帝王师"，可以对汉制构成有效的制约，对君主形成有力的掣肘。所以汉代君主，尤其是独裁之主，对于经典的情感也是复杂的。总的来讲，经典不仅为汉制提供了思想资源，其本身也是带有强制效力的一种规范。并且相较于汉制而言，经典代表了汉王朝以复古之名革新的一面。

## 第三节　汉代会议引据的"汉制"法源

### 一、汉代会议引据的律令、制度法源

汉代的律令、制度，是指当时国家制定的成文法。这是汉代法律体系中最具刚性、最具强制性的部分。如果将有汉一代的法比喻成巨大的冰山，那么律令、制度就是浮出海平面、在阳光下熠熠生辉的那一部分，我们绝不可视之为全部。

汉代引成文法较多的会议主题，依次是议刑狱（37例）、议礼法（12例）、议律令（6例）、议封建（6例）、议律历（3例）。前引经传运用于刑狱之中的会议共25例，其中还包括了相当数量的以经义解决法律适用问题，最后仍以律令为据的例子。由此可见，即便在中央层面的司法，仍然以律令为主要裁决依据。而郡县司法更是普遍以律令为据，引经决狱的情况即便在传世文献中也极少出现，在出土文献中则尚未见到。

由礼法类会议引律令制度的例子，可以看到汉制对经典的作用划定了界限。以下引两个例子。第一例是"略依古礼，不得过法"：

> 延寿欲更改之，教以礼让，恐百姓不从，乃历召郡中长老为乡里所信向者数十人，设酒具食，亲与相对，接以礼意，人人问以谣俗，民所疾苦，为陈和睦亲爱销除怨咎之路。长老皆以为便，可施行，因与议定嫁娶丧祭仪品，略依古礼，不得过法。①

韩延寿依"古礼"为颍川百姓议定嫁娶、丧祭仪品，但前提是"不得过法"。汉代儒者型官员，往往在地方以"条教"治民，这是经典影响下的做法。但是条教会对法律之治构成挑战，所以汉代君主会以律令或制诏的形式对条教进行约束，如：

---

① 班固：《汉书》卷七十六，北京：中华书局，1962年，第3210页。

> 臣敞非敢毁丞相也，诚恐群臣莫白，而长吏守丞畏丞相指，归舍法令，各为私教，务相增加，浇淳散朴，并行伪貌，有名亡实，倾摇解怠，甚者为妖。……汉家承敝通变，造起律令，所以劝善禁奸，条贯详备，不可复加。宜令贵臣明饬长吏守丞……郡事皆以义法令捡式，毋得擅为条教；敢挟诈伪以奸名誉者，必先受戮，以正明好恶。①

第二例是著令禁止擅议宗庙：

> 及汉宗庙之礼，不得擅议，皆祖宗之君与贤臣所共定。②
> 高后时患臣下妄非议先帝宗庙寝园官，故定著令，敢有擅议者弃市。③

汉代的宗庙问题常是会议的焦点。如前所引，会议的参与者往往会引经传、礼法作为解决宗庙问题的依据，但有时会引起不必要的混乱。所以吕后时期定著令，严禁臣下擅议宗庙，这也是对经典作用的一种限制。不过也必须看到，以上两种限制，一为以高位阶法律限制低位阶法规（以律令限制条教），一为触及统治者的禁脔（宗庙问题属于君主的家事），都有其特殊性。

总之，刚性的律令、制度是刑狱类会议最主要的理据，也在一定程度上限制了经传、礼法类法律渊源的作用范围，但这种限制作用也不能高估。

## 二、汉代会议引据的故事、成例法源

所谓"故事"，前引邢义田文提到其在史籍中具体所指很丰富。但就狭义而言，故事相当于惯例或先例，具体到司法上则相当于判例，在汉代曰"比"。

---

① 班固：《汉书》卷八十九，北京：中华书局，1962年，第3633页。
② 班固：《汉书》卷二十五下，北京：中华书局，1962年，第1258页。
③ 班固：《汉书》卷七十三，北京：中华书局，1962年，第3125页。

汉代引故事较多的会议类型，依次是礼法（20例）、封建（9例）、边事（8例）、律令（4例）、刑狱（3例）。礼法在汉代有成文法，但不像律令般结构严密、定期清理，而往往是制度、事例、学说、古礼混杂的集合体。所以，以零散的档案或口耳相传的掌故形式存在的礼法，与故事的关系就格外密切。① 这可以解释为什么故事被引来议礼法的例子最多。

寻找故事作为会议的理据，其实是对行政、法制经验的一种跨时空的分享。较早的且在当时历史上成功了的先例，对后代的统治者有着很大的吸引力，被尊为"祖宗故事""祖宗典故"。联系到前所谓"祖有功而宗有德"，则这种赞誉是溢于言表的。祖宗故事对现世的君主可以构成一种制约，这也是律令难以做到的。汉律虽然也往往是"祖宗"所制，但多已脱离制诏的形态而以律条呈现，不具有历史感。

故事对后世君主的制约，可以从所谓"高帝约束"中一览究竟。高帝约束，即刑白马之盟，具体内容是"非刘氏不得王，非有功不得侯。不如约，天下共击之"。据学者考证，这是一项"以言辞定约束"的口头誓约②，属于故事的范畴。这一故事曾被引来反对吕氏封王、封王氏外戚侯、封匈奴降者侯等，其中一次反对成功，两次失败。另外，在两汉四百年的实践中，逐渐形成了另一个故事——外戚恩泽侯的惯例，以作为高帝约束的例外。因此，故事作为不成文法，其约束力是有限的。

以上分析了汉代会议引"汉制"的两种情况，即作为成文法的律令、制度，作为不成文法的故事、成例。汉制一方面从经典之中汲取养分，另一方面也利用具有强制力的特点，对经典作用的范围予以制约。从治术来讲，经典象征着汉家制度"王道"的一面，汉制则象征着"霸道"的一面；从政风来看，经典的推崇者锐意革新，而汉制的奉行者务实因循。两种理据相辅相成，通过"会议"这种议事机制，寻找着最完美的黄金分割点。

---

① 参见吕丽：《礼仪法与故事关系探析》，《当代法学》，2008年第3期。
② 参见李开元：《汉帝国的建立与刘邦集团：军功受益阶层研究》，北京：生活・读书・新知三联书店2000年，第180-195页。

# 第八章
# 汉代会议的立法、司法功能

汉代的会议是一种权力中枢的决策机制，具有立法、司法的功能。立法功能是指汉代会议的结果常常直接呈现为一种立法成果，例如对律令的修正。君主对这一点有清晰的认知，所以常常诏令群臣论证立法的必要性，或者研讨立法的具体方案。不过，汉代立法程序是怎样的？会议在立法程序中是否属于必要？不经会议的立法成果，效力如何？这些都需要细致讨论。司法功能从广义而言，在汉代常称"决事"，即裁决事务。如果处理的是带有普遍性的事务，则"决事"形成的制诏经过编纂就成为"令"。《晋书·刑法志》云"汉时决事，集为《令甲》以下三百余篇"[1]，说的就是这个意思。从狭义而言，无论"司法"抑或"决事"均可指裁决狱讼，这也是本章第三节讨论的重点。

## 第一节 汉代立法程序新探

汉代法律形式复杂，仅传世文献所见，《历代刑法考》所陈列，就有律、令、施行诏书、章程、决事比、律说、律章句、尚书旧事、廷尉决事、故事……其中，汉令的形态又最为复杂，包含干支令（令甲、令乙、

---

[1] 房玄龄等：《晋书》卷三十，北京：中华书局，1974年，第922页。

令丙）、挈令、事项令等。这些法律形式互相之间是什么关系？学界对此众说纷纭。再加上近年来出土法律文献大量涌现，其究竟属于汉代法律本身，还是墓主人的职务抄本，抑或随葬明器？对其性质判断的歧异，使得原本复杂的问题治丝益棼。不过，如果转换思路，也许可以发现一个新的途径：汉代是否存在一套适用于一切法律形式的、一以贯之的立法程序？汉代林林总总、名目各异的法律形式，是在这套立法程序行进到哪个阶段的时候被制造出来的？为了研究的方便起见，下文将汉代的立法程序区分为两个大的步骤：创制、编纂。前者表示一个法律文件内容和形式两方面的从无到有；后者意味着以其他法律文件为质料，进行形式上的加工，从而产生新的法律文件。至于在不同环节制定出来的立法成果，依照产生的先后，下文将分别称之为第一形态、第二形态……这样一来，就能清楚地看到：汉代各种法律形式的来源是什么，造成不同形式的原因是什么，以及产生的次第与程序之间的关系；更重要的是，汉代立法的基本原理何在。以下的研究，将循着这个思路展开。

## 一、创制：汉代法律的第一形态

### （一）律令与制诏的关系

先说结论：汉代的律令大多由制诏编纂而来。换言之，制诏是汉代法律的第一形态，是创制立法的成果；律令大多属于汉代法律的第二形态，是编纂立法的成果。以下展开论证。

第一，汉令由制诏经过技术性加工而成。

汉代律、令的区别何在？传世文献似乎难以提供明确的答案，出土文献却一目了然。以《二年律令》为例，二十七种律的结构与今天的刑法法条没有显著差别，都是"行为模式+法律后果"结构。但其中，《津关令》的外观非常不同。举第十三条为例：

十三、相国上内史书言，诸以传出入津关而行产子，驹未盈一岁，与其母偕者，津关谨案实籍书出入。<u>御史以闻，制曰：可</u>。①

引文中加下划线的部分，都不可能见于秦汉的律条。而这些部分都是法律文本制作过程，即立法程序的直接反映。今天大多数出土汉令都带有这些并不构成规则内容却反映立法程序的成分。而不带这些成分的汉令，应当被认为是在原始形态的基础上，进行了某些消除诏书格式的技术性加工而成的。例如新公布的张家山 336 号汉简《功令》，大多呈现出与律条无异的格式。可是细察其文，仍然可以看到大量未经消除的制诏格式：

  九、吏廉絜、平端者，吾甚欲得而异迁及有以赏禄之。……它如前诏，亟下。②
  十八、临光侯相言，相、丞、尉皆故汉吏，御史以诏迁。请得上功劳与汉吏通课。相国、御史以闻，请诏所令御史为侯邑置相、丞、癸尉者，皆令上功劳与汉吏通课。③

第九条以君主第一人称表述，最后有"它如前诏，亟下"这样的诏尾行下之语，可见是摘自制诏无疑。第十八条前有"临光侯相言"，后有"相国、御史以闻，请诏"云云，都是典型的诏书格式，只是省略了最后的"制曰可"而已。整篇《功令》恐怕都应被看作抄写者摘录原文的规则部分而成，并不能直接反映汉令的原始形态。④

---

 ① 彭浩、陈伟、工藤元男主编：《二年律令与奏谳书：张家山二四七号汉墓出土法律文献释读》，上海：上海古籍出版社，2007 年，第 319 页。
 ② 彭浩主编：《张家山汉墓竹简〔三三六号墓〕》，北京：文物出版社，2022 年，第 105 页。
 ③ 彭浩主编：《张家山汉墓竹简〔三三六号墓〕》，北京：文物出版社，2022 年，第 108 页。
 ④ 第十八条之所以保留较多原格式，是因为相国、御史以闻的部分，附上了后来被"制曰可"的有效规则部分，因此不得不比较完整地抄录。即便如此，完全不增加规则的"制曰可"三字仍被抄写者省略。第九条则是因为全文是比较罕见的君主在立法过程中主动表述大量规则的情况，所以不得不保留第一人称。

第二，损益律的制诏、具有普遍效力的制诏，会被编纂入律。

君主可以用制诏对律进行损益，这种情况下，制诏可以入律。例如汉文帝除肉刑：

> 书奏天子，天子怜悲其意，遂下令曰："制诏御史……其除肉刑，有以易之；及令罪人各以轻重，不亡逃，有年而免。具为令。"丞相张仓、御史大夫冯敬奏言："……臣谨议请定律曰：诸当完者，完为城旦舂……臣昧死请。"制曰："可。"①

从丞相、御史的上奏文"臣谨议请定律"可知，此句以下至"臣昧死请"以上的内容，都将被制作成律条，增补进当时的律中。律中原有的相应内容则将因为这道制诏的出台而失效，并从律中移除。《论衡·谢短》载"今《九章》象形，非肉刑也"，可证后来的《九章律》中已没有肉刑内容。这正是上引制诏入律的明证。《汉书·宣帝纪》颜注引文颖曰："天子诏所增损，不在律上者为令。"这是对"令"的界定，说明汉令具有相对于汉律的补充法性质。但是反过来理解，"天子诏所增损，在律上者"呢？当然应该入律。再举《汉书·刑法志》中所见的数例：

> 景帝元年，下诏曰："加笞与重罪无异，幸而不死，不可为人。其定律：笞五百曰三百，笞三百曰二百。"
> 
> 至元帝初立，乃下诏曰："……其议律令可蠲除轻减者，条奏，唯在便安万姓而已。"
> 
> 至成帝河平中，复下诏曰："……其与中二千石、二千石、博士及明习律令者议减死刑及可蠲除约省者，令较然易知，条奏。……"②

---

① 班固：《汉书》卷二十三，北京：中华书局，1962年，第1098-1099页。
② 班固：《汉书》卷二十三，北京：中华书局，1962年，第1100、1103页。

不难想见，景帝要求"定律"的制诏，元帝、成帝要求"议律令可蠲除轻减""议减死刑"的对策，都会被编入律文之中。

此外，君主的某些带有普遍效力的制诏也会被编纂入律。例如《二年律令·具律》简82、83载：

> 上造、上造妻以上，及内公孙、外公孙、内公耳玄孙有罪，其当刑及当为城旦舂者，耐以为鬼薪白粲。（简82）
> 
> 公士、公士妻及□□行年七十以上，若年不盈十七岁，有罪当刑者，皆完之。（简83）①

这两条律文与汉惠帝即位之初所下制诏在文字和内容上高度相似。以下节引《汉书·惠帝纪》所载的这份诏书，并以着重号标出相似部分：

> 十二年四月，高祖崩。五月丙寅，太子即皇帝位，尊皇后曰皇太后。赐民爵一级。……上造以上及内外公孙耳孙有罪当刑及当为城旦舂者，皆耐为鬼薪白粲。民年七十以上若不满十岁有罪当刑者，皆完之。又曰："吏所以治民也……"②

虽然《惠帝纪》所载内容已经过史家的节略，但是从行文可以推知，这是以诏书而非律的形式颁布的。这道诏书中也没有看到"定律"之类的字样。根据杨振红的考证，与之情况类似的还有《贼律》简1、2。③

---

① 彭浩、陈伟、工藤元男主编：《二年律令与奏谳书：张家山二四七号汉墓出土法律文献释读》，上海：上海古籍出版社，2007年，第123—124页。
② 班固：《汉书》卷二，北京：中华书局，1962年，第85页。
③ 杨振红：《从〈二年律令〉的性质看汉代法典的编纂修订与律令关系》，《中国史研究》，2005年第4期。

第三，律的创制往往通过制诏逐条批准颁布。①

以上所举都是以制诏的形式对律进行的补充、修订，这里要进一步探讨律的创制过程。汉代的第一部律据说是《九章律》，也就是萧何所制的一批律。萧何制律的详情如何？是制定出一部首尾完具的律典供刘邦过目后颁布，还是分批次制定，随成随颁呢？关于这个问题，可征的史料很少。其中比较可靠的，属《史记·萧相国世家》中的这样一条记载：

> 汉二年，汉王与诸侯击楚，何守关中，侍太子，治栎阳。为法令约束，立宗庙社稷宫室县邑，辄奏上，可，许以从事；即不及奏上，辄以便宜施行，上来以闻。②

所谓"为法令约束"，应该就是《太史公自序》中所谓"萧何次律令"的立法活动。这条记载说明，萧何制律是随时奏请刘邦批准的。也就是说，最早的一批汉律并非整体制定、整体颁布，而是逐条（或若干条）制定、逐条颁布的。由此来看，滋贺秀三在20世纪50年代做出的论断就显得格外有预见性——他认为《九章律》的诞生并未联系到什么显著的事件，而是一个渐成的产物。③

除了萧何所作律，张家山汉简《二年律令》当亦是如此。以《具律》为例，其律条的制定时间并不一致。前引《具律》简82、83，不晚于高帝十二年。而《具律》简85有"吕宣王"字样。高后元年追封其父为吕宣王，故这条律文大概即制定于此时。简82、83与简85相去七年以上。由此可见，《具律》亦是"一个渐成的产物"。

对汉律有了以上理解之后，不难得出结论：汉律、汉令的来源是一样

---

① 此观点及后文的论证，主要参考广濑薰雄：《秦汉时代律令辨》，中国政法大学法律古籍研究所编：《中国古代法律文献研究》第七辑，北京：社会科学文献出版社，2013年，第111-126页。
② 司马迁：《史记》卷五十三，北京：中华书局，1982年，第2014-2015页。
③ 滋贺秀三：《关于曹魏〈新律〉十八篇篇目》，杨一凡总主编：《中国法制史考证》丙编第二卷，北京：中国社会科学出版社，2003年，第266页。

的，都来自汉代君主的制诏。① 汉律较之汉令，在编纂时要多一道消除诏书体的手续。其实，汉律之消除诏书体，也是法制发展的结果。睡虎地秦简《为吏之道》中保留了两条战国晚期的魏律，其中的《魏户律》载：

> 廿五年闰再十二月丙午朔辛亥，告相邦：民或弃邑居壄（野），入人孤寡，徼人妇女，非邦之故也。自今以来，叚（假）门逆吕（旅），赘婿后父，勿令为户，勿鼠（予）田宇。三枼（世）之后，欲士（仕）士（仕）之，乃（仍）署其籍曰：故某虑赘婿某叟之乃（仍）孙。魏户律。②

这条《魏户律》仍然保留了诏书体，另一条《魏奔命律》亦是如此。这从历史渊源角度证明了律与制诏的血脉相通。至汉代，律虽然已经从形式上脱离了制诏，但是其来源仍然是制诏。令的发展其实也将循着同样的道路，只不过比律慢一拍，到魏晋时代才摆脱了诏书体。

尽管也许会存在例外，但以上得出的结论大体还是成立的：制诏是汉令的直接来源，也应当是汉律的主要来源。所以，制诏是汉代法律的第一形态，国家层面制定的法律主要是以制诏为质料加工而成的。以下，笔者将集中笔墨探讨作为法律第一形态的制诏，是经由何种程序制作而成的。而对律、令等其他法律形态的立法程序之探讨，将是第二步的工作。

(二) 制诏立法的一般程序

目前对制诏制作程序和模式的研究，以大庭脩在《汉代制诏的形态》中提出的"制诏三形式"说最为经典。③ 任何后续的研究都无法对之回避。因此，这里先对大庭氏的研究作一简单的评介。大庭脩认为，汉代的制诏

---

① 《汉书·杜周传》"前主所是著为律，后主所是疏为令"，简明扼要概括了律令的来源就是"前主所是""后主所是"的制诏。
② 睡虎地秦墓竹简整理小组编：《睡虎地秦墓竹简·释文注释》，北京：文物出版社，1990年，第174页。
③ 大庭脩著，林剑鸣等译：《秦汉法制史研究》，上海：上海人民出版社，1991年，第165-192页。

可以分为三种形式，各有其特点和识别标志。为方便讨论，根据文意结表如下：

表四　大庭脩"汉代制诏三形式"说一览表

| 序号 | 内涵 | 标志性用语 |
| --- | --- | --- |
| 第一形式 | 皇帝凭自己的意志下达命令 | 制诏、布告天下使明知朕意、以称朕意、著为令 |
| 第二形式 | 官僚提议，皇帝加以认可，作为皇帝的命令发布 | |
| 第三形式 | 皇帝针对特定官僚下达立法指示，官僚提交方案，皇帝认可后作为皇帝的命令发布 | 议为令、具为令 |

至于汉代制诏的制作步骤，汪桂海已经从古文书学的角度作了比较细致的研究①，此处不拟重复这一工作。本文想讨论的是，从法制史的角度来看，制诏立法有哪些不可或缺的程序。其主要有四个环节：

第一，提案。即提出问题与解决方案。

第二，审议。审议的工作主要有二：一是审核提案是否大体可行；二是将之细化，使之可操作。审议须由君主启动。

第三，制作细案。将提案或审议结果制作成书面的可操作的命令。

第四，赋予效力。君主对草案进行最后的审核，如果没有问题，则予以批准，将其以制诏的形式颁布。

值得特别说明的是，这是从功能的角度对立法程序进行的细分。如果其中某一环节直接具备了其他环节的功能，则其他环节可以省略。以下试分情况略作说明，并在这个分析框架之下重新审视大庭脩的"制诏三形式"。

第一种情形：君主的制诏直接成为立法成果。

---

① 汪桂海：《汉代官文书制度》，南宁：广西教育出版社，1999年，第112-144页。

如果君主以制诏的形式提案，提案内容具有可执行性且无须细化，同时君主不启动审议程序，那么这就是第一形式的制诏。例如：

> 景帝元年，下诏曰："加笞与重罪无异，幸而不死，不可为人。其定律：笞五百曰三百，笞三百曰二百。"①

诏文"其定律"之后的内容切实可行，无须再制作细案。同时，由于是君主的制诏，所以"赋予效力"环节也可以省略，直接颁布执行。

第二种情形：臣下的奏文已提出具体方案，君主可以直接批准赋权。

如果臣下上奏文中已经提出了具体的实施方案且无须细化，同时君主不启动审议程序，直接"制曰可"，那么这就是第二形式的制诏。例如元康五年诏书册，太史丞的提案是：

> 元康五年五月二日壬子夏至，宜寝兵，太官抒井，更水火进，鸣鸡谒移以闻，布当用者。②

御史大夫在转呈这份提案之前，已经先行审议并提出了更细化的方案如下：

> 臣谨案比原宗御者，水衡抒大官御井，中二千石令官各抒，别火官先夏至一日，以除隧取火，授中二千石官在长安云阳者，其民皆受以日至易故火，庚戌寝兵，不听事尽甲寅五日。③

君主"制曰可"，是"赋予效力"，然后此方案就可以直接颁布执行，

---

① 班固：《汉书》卷二十三，北京：中华书局，1962年，第1100页。
② 参见大庭脩：《元康五年（前61年）诏书册的复原和御史大夫的业务》，《齐鲁学刊》，1988年第2期。
③ 参见大庭脩：《元康五年（前61年）诏书册的复原和御史大夫的业务》，《齐鲁学刊》，1988年第2期。

无须重新制作细案,也不用启动进一步的审议。《津关令》中的多数条文也都是采取的这种模式,例如第一条:

> 一、御史言,越塞阑关,论未有令。
> 请阑出入塞之津关,黥为城旦舂……缮治塞,邮、门亭行书者得以符出入。
> 制曰:可。①

"越塞阑关,论未有令",是提出问题;后面是提出具体解决方案。这样一来,提案、制作细案就合一了。君主没有选择启动审议程序,而是直接"制曰可",赋予效力,令其颁布执行。

第三种情形:臣下的奏文已提出具体方案,君主仍启动审议程序。

如果臣下上奏文中已经提出了具体的实施方案且无须细化,但君主仍然启动审议程序,那就是大庭脩所谓第二形式制诏的变型。例如:

> 京兆尹张敞上书言:"……愿令诸有罪,非盗受财杀人及犯法不得赦者,皆得以差入谷此八郡赎罪。务益致谷以豫备百姓之急。"事下有司,望之与少府李强议,以为:"……今议开利路以伤既成之化,臣窃痛之。"
> 于是天子复下其议两府,丞相、御史以难问张敞。敞曰:"……敞幸得备列卿,以辅两府为职,不敢不尽愚。"
> 望之、强复对曰:"……愚以为此使死罪赎之败也,故曰不便。"时丞相魏相、御史大夫丙吉亦以为羌虏且破,转输略足相给,遂不施敞议。②

---

① 彭浩、陈伟、工藤元男主编:《二年律令与奏谳书:张家山二四七号汉墓出土法律文献释读》,上海:上海古籍出版社,2007年,第305页。

② 班固:《汉书》卷七十八,北京:中华书局,1962年,第3275—3278页。

文中加着重号的部分是张敞在上奏中提出的具体方案，基本可以直接执行。君主不知如何决策，所以先下有司议，后下二府议，最终对张敞的提案予以否决。这种情形比第二种情形多了"审议"环节。

第四种情形：臣下的提案无具体方案，则审议须制作细案后由君主批准赋权。

如果臣下的提案没有给出具体方案，君主启动审议程序，则审议中既要审核该提案的大方向有没有问题，还要制作细案，最后提交君主批准并赋予效力。这是制诏第二形式与第三形式的复合。例如《汉书·食货志》载：

> 哀帝即位，师丹辅政，建言："古之圣王莫不设井田，然后治乃可平。……宜略为限。"天子下其议。
> 
> 丞相孔光、大司空何武奏请："诸侯王、列侯皆得名田国中。列侯在长安，公主名田县道，及关内侯、吏民名田皆毋过三十顷。诸侯王奴婢二百人，列侯、公主百人，关内侯、吏民三十人。期尽三年，犯者没入官。"……
> 
> 诏书且须后，遂寝不行。①

师丹针对当时贫富悬殊的问题，提出对富人的田宅奴婢"宜略为限"的提案，但没有给出具体实施办法。于是君主启动审议程序，丞相、大司空等赞同师丹的提案，并给出了实施细则，提交君主决策，遭到否决。从"师丹上奏+诏书且须后"来看，属于第二形式；从"（制）下其议+丞相、大司空奏请+诏书且须后"来看，属于第三形式。

第五种情形：君主提案，指示群臣审议并制作细案。

如果君主提案，指示群臣审议并制作细案，然后赋予效力，属于典型的第三形式的制诏。群臣的审议既可以对君主的提案提出异议，也可以在同意的情况下制作细案。例如《汉书·刑法志》载：

---

① 班固：《汉书》卷二十四上，北京：中华书局，1962年，第1142—1143页。

> 孝文二年，又诏丞相、太尉、御史："……今犯法者已论，而使无罪之父母妻子同产坐之及收，朕甚弗取。其议。"
> 左右丞相周勃、陈平奏言："……臣之愚计，以为如其故便。"
> 文帝复曰："……朕未见其便，宜孰计之。"
> 平、勃乃曰："……臣等谨奉诏，尽除收律、相坐法。"①

这是废除收律、相坐法的会议。文帝提案废除连坐制度，并启动审议程序；群臣审议后，反对文帝的提案；文帝进行说理后再次提交审议，群臣这才审议通过。这段叙事的最后，省略了文帝的"制曰可"即赋予效力的环节。至于审议通过并制作细案的情况，君主在提案的制诏中往往会使用"具为令""议为令"的字样，大庭脩对此已经有很好的讨论②，兹不赘述。

以上只是列举一些比较典型的情况。事实上，提案、审议、制作细案、赋予效力这四个环节的互相组合，在汉代的实际行政中完全可以有更丰富的变化。从时间上讲，细案的制作与效力的赋予，一般是前后紧密相续的过程，但偶尔也会出现较大的时间差。例如《续汉书·律历志》载：

> 案官所施漏法《令甲》第六《常符漏品》，孝宣皇帝三年十二月乙酉下，建武十年二月壬午诏书施行。③

《常符漏品》的制作和首次颁布时间应该是在西汉宣帝时代，后来可能因为王莽之乱而失效，到东汉光武帝时代重新被赋予效力。这种情况也不过是上述四环节组合的一个变格。

---

① 班固：《汉书》卷二十三，北京：中华书局，1962年，第1104-1105页。
② 参见大庭脩著，林剑鸣等译：《秦汉法制史研究》，上海：上海人民出版社，1991年，第185-189页。
③ 司马彪撰，刘昭注补：《续汉书·律历中》，《后汉书》志第二，北京：中华书局，1965年，第3032页。

通过以上研究可以得知，制诏是汉代法律的第一形态。所谓第一形态，是指在"赋予效力"环节结束后，即时成立的法律形态。汉代的律、令还要在制诏的基础上经过"著律""著令"的著录环节，详下文。汉律是否可以不从制诏中逐条提取，而整体作为制诏的附件发布？如果可以，则律的草案被赋予效力之际，也就成为独立的法律形式，可以目之为第一形态的法律了。但是这方面的材料还没有见到，姑且存疑。第一形态的法律即制诏立法的程序如下图所示：

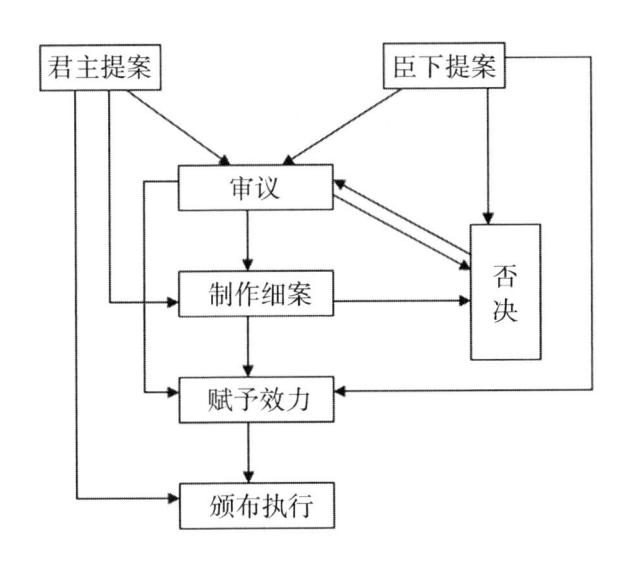

图四 汉代制诏立法程序示意图

## 二、编纂：汉代法律的其他形态

（一）著录产生律令

著录，即从君主颁布的制诏中选择符合相应标准的部分，加入具有更高法律效力的法令集中去。汉律与汉令尽管也许是以制诏的形式逐条颁布的，但应该存在着全国统一使用的版本。从逐条颁布到统一使用，正是通过"著录"这一手续实现的。下面先讨论两个问题。

1. 哪些制诏会被著录为律、令？

这涉及是否"预设立法"。"预设立法"，指某制诏本身包含有将被著录为律令的指令，主要指"著令用语"。中田薰指出："在将来应长期遵行的具有永久性效力的重要诏令中，不能忽略在文中或结尾特别附加的'定令''著令''具为令''著于令''定著令''定著于令''著以为令'等著令用语（暂称）。"① 带有"定律""著令"字样的制诏，一定会被著录为律、令。

没有"预设立法"的制诏，即君主颁布某制诏时并没有明确发出著录为律令的指令，这类制诏是否会被著录为律令呢？根据目前掌握的材料来看，这类制诏中有一部分仍会被著录为律令。如前文提到的惠帝初即位时所下恩泽诏书，由于包含了若干可反复适用的刑罚减免原则，而被著录入《具律》；又如张家山汉简《津关令》中的绝大多数令文，都没有"著令用语"，而被著录入《津关令》。紧随而来的一个问题是：没有"预设立法"的制诏，哪些被著录为律令，哪些不被著录为律令？取舍的标准何在？

答案尚不明确。学界的一种普遍看法是：皇帝死后，其后任将对先帝时代的制诏做统一整理，择要著录为律令。② 所谓"皇帝死后"的说法，并不能得到史料的支持，也许是对杜周"前主""后主"的误解。更可能的一种情况是，汉代常常可见"更定律令"的法律整理编纂举措，这才是将制诏批量著录为律令的活动。例如景帝初晁错更定法令三十章，武帝时张汤、赵禹更定律令，宣帝时廷尉于定国"集诸法律"③，"删定律令科条"④。东汉整理律令的活动更多，不赘。⑤ 汉代更定律令的细节已无从得

---

① 中田薰：《汉律令》，中国政法大学法律古籍整理研究所编：《中国古代法律文献研究》第三辑，北京：中国政法大学出版社，2007年，第107页。

② 如前引中田薰《汉律令》。

③ 魏收：《魏书》卷一百一十一，北京：中华书局，1974年，第2872页。

④ 李林甫等撰，陈仲夫点校：《唐六典》卷第六，北京：中华书局，1992年，第181页。

⑤ 参见徐世虹主编：《中国法制通史》（战国秦汉卷），北京：中国法制出版社，2021年，第273-277页。

知，可引曹魏的情况作参考。《魏律序》曰：

> 汉氏施行有小愆之反不如令，辄劾以不承用诏书乏军要斩，又减以《丁酉诏书》，《丁酉诏书》，汉文所下，不宜复以为法，故别为之《留律》。①

曹魏制定《新律》，对过去的各种法律形式进行了总清算，取其可用者入律。这一段提到了汉文所下《丁酉诏书》及对汉氏施行情况的整理。汉代"更定律令"，想来也应当对诏书进行总的清理，即制诏的著录工作。富谷至提出："律令删定、更定活动，意味着将零散的而且具有一次性特征的'令'整理、分类为恒常的、系统的'律'。"富谷氏所谓"令"就是本文所谓"制诏"，他的这段话很适合引来作为以上探讨的初步结论。

2. 制诏被著录为律、令，要经历何种手续？

著录的手续可以细分为五个步骤：拔萃、缮写、补注、加入、目录。以下依次解释。

（1）拔萃

汉代律、令的格式不同，令带有诏书体，律则无此特征。拔萃，指消除汉律诏书体的步骤，即将制诏中的规范性内容提取出来，书写成法条的形式。汉令是否经过拔萃，还需要更多的材料。

（2）缮写

缮写，即将制诏中可以成为律令的内容，抄写到新的简牍上去。缮写可能会对制诏原文有所润色、修改。如宣帝诏书曾提到"令甲：'死者不可生，刑者不可息'"，应该就是来自缇萦上书的"妾伤夫死者不可复生，刑者不可复属"。这也许说明了从制诏到律令，文字内容有所变更是不足

---

① 房玄龄等：《晋书》卷三十，北京：中华书局，1974年，第924页。

为奇的。汉代的制诏书写在一尺一寸的简牍上①，律、令则书写在三尺（或汉尺的二尺四寸）的简牍上②。简牍形制不同，一定程度上规定着制诏与律令性质的不同。所以缮写环节不仅是为了留副本、修改原文，更是为了进行形式上的区分。

（3）补注

补注，即在缮写完毕后，补充注明一些格式性的内容。在汉律令的著录过程中，主要补注的内容有所属律令的名称、令的编号、颁布日期、字数等。出土的秦汉律的律文之后往往附有所属律名，这应该是在缮写工作完成之后附加上去的。令的情况则要复杂得多，举个例子：

令丙第九

丞相言：请令西成、成固、南郑献枇杷各十……御史课县留穧（迟）者。

御史奏，请许。

制曰：可。<u>孝文皇帝十年六月甲申下。</u>③

这是一则罕见的"令丙第九"全文，加下划线部分属于补注的内容。"令丙"是令名，"第九"是令文编号。"孝文皇帝十年六月甲申下"是颁布日期。有学者判断这条令文"编入《令丙》的时间应在墓葬年代下限前，即不会晚于汉武帝元光二年（公元前133年），准确年代则不能确定"④，很有可能是在文帝死后某次更定律令时被著录进《令丙》的。居延汉简亦有一支断简的尾部写道：

---

① 关于汉代制诏书写在一尺一寸简牍上的相关研究，参见富谷至著，刘恒武、孔李波译：《文书行政的汉帝国》，南京：江苏人民出版社，2013年，第25–32页。

② 如《史记·酷吏列传》"不循三尺法"条下《集解》引《汉书音义》："以三尺竹简书法律也。"司马迁：《史记》卷一百二十二，北京：中华书局，1982年，第3153页。

③ 释文录自胡平生：《松柏汉简"令丙九"释解》，复旦大学出土文献与古文字研究中心网2009年4月5日首发（http://www.fdgw2.org.cn/Web/Show/743）。

④ 彭浩：《读松柏出土的西汉木牍（一）》，武汉大学简帛网2009年3月31日首发（http://www.bsm.org.cn/?hanjian/5211.html）。

☑符令。制曰可。孝文皇帝三年七月庚辰下，凡六十六字。(332.9，179.5)①

这是一道诏书的结尾，"符令"之上的文字可以补为"请著符令"之类，所以这道诏书属于预设立法，颁布不久就被编入《符令》。这里还附注了令文的字数。要附注字数，恐怕是为了防止在传抄过程中出现错误。至此，一份新的律令简就算是制作完毕了，下一步是把它们加入已有的律令中去。

(4) 加入

如何将新的律令简加入已有律令？如果新加律令简数量较多，可以单独成册，则直接收卷，挨着已有律令摆放在"几阁""栈阁"之类的地方即可。② 如果新加律令简数量较少，而且是新增内容，则应该是在已有律令简册的基础上继续编联，直到一册编完，就可以单独收卷保存了。如果新增律令简是对原有部分的替换，则应该是将已经失效的部分从简册上拆除，换上新增部分，而不是采取像今天修正案的形式，对原有简册原封不动，也不会像魏晋或隋唐一样将原有简册整体废除，重新缮写。这一点需要稍作证明。前引《论衡》对《九章律》的论述，说明东汉中期所见《九章律》已非萧何之旧，而呈现出文帝修改过的形态，律文中完全找不到汉初关于肉刑的规定了。以此可证新增律令简将替换原有部分。《晋书·刑法志》载：成、哀之际，"丞相王嘉等猥以数年之间，亏除先帝旧约，穿令断律，凡百余事"。所谓"穿令断律"，形象地反映了从简册上拆除失效简文的过程。③

---

① 谢桂华、李均明、朱国炤：《居延汉简释文合校》，北京：文物出版社，1987年，第521页。标点为笔者所加。

② 《盐铁论·刑德》："律令尘蠹于栈阁，吏不能遍睹，而况于愚民乎！"《汉书·刑法志》："文书盈于几阁，典者不能遍睹。"邢义田推测，"几阁""栈阁"可能是类似于书架或矮桌之类的设施。

③ 参见杨振红：《从〈二年律令〉的性质看汉代法典的编纂修订与律令关系》，《中国史研究》，2005年第4期。

### （5）目录

最后一道工序是给已有的律令编写目录，包括篇章的目录和条文的目录，这在传统汉律辑佚工作中被称为"律目"①。编制目录是为了方便查找。"律目"的存在，得到了出土材料的印证。如张家界古人堤出土的29、33、34号木牍正面，都分栏书写有汉代《贼律》《盗律》的目录，如"盗出故（？）物""揄封""贼杀人"等②，这是汉律目录存在的明证。汉令也有目录，如居延新简中的甲2551号札，长67.5厘米，与传世文献"三尺律令"之说吻合。陈梦家考订其为"西汉施行诏书目录"中的第二支，并推测其为令甲目录。③ 这一说法得到了大庭脩的赞同。④

经过以上步骤，律、令的著录就完成了。在这一环节形成的法律形式可称为汉代法律的第二形态，即直接从单行制诏（第一形态）中挑选出具有规范内容的部分，纳入已有律令编纂物，从而成为新的律令。这一活动的实施主体是朝廷而非某官署，这是区分第二、第三形态法律的关键。因此，汉令中的挈令必须归入下一法律形态。另外，需要特别强调的一点是，只有第一形态的法（制诏）是创制出来的，后续的法律形态都是以第一形态或其他位序较高的法为质料编纂而成的。

---

① 张伯元指出，"律目，指法律律文的篇目或条目名称"，其中后者即"律目下属的律条名称则称律小目"。（见张伯元：《法律文献学》，杭州：浙江人民出版社，1999年，第48-51页。）徐世虹则认为，"律目"是清末以来汉律辑佚的工具性概念，最早将此概念用于旧律复原的为沈家本。沈氏考证了历代法律的篇目及其沿革，此"律目"可视为"篇目"。于律篇下系连相关条目，称为某律之"目"。实际是律条略称，而非篇的下一级目录，以此为目下系律文，未必妥当。（见徐世虹：《秦汉法律研究百年》一，中国政法大学法律古籍整理研究所编：《中国古代法律文献研究》第五辑，北京：社会科学文献出版社，2012年，第7-8页）律目（尤其是所谓律小目）究竟是官方编制的律条目录，是汉代律学的成果，是约定俗成的叫法，还是后世辑佚的工具，还有待考证。本书倾向于第一种可能，但未必作为"篇的下一级目录"编制到律中去。

② 湖南省文物考古研究所、中国文物研究所：《湖南张家界古人堤简牍释文与简注》，《中国历史文物》，2003年第2期。

③ 陈梦家：《汉简缀述》，北京：中华书局，2020年，第275-284页。

④ 大庭脩著，徐世虹等译：《汉简研究》，桂林：广西师范大学出版社，2001年，第150-157页。

## （二）一次选编产生官署法令集

制诏、律、令（干支令、事项令）形成以后，层层下发。中央各官署（也许还包括郡政府）在这些法令的基础上各取所需，编选本单位的法令集，这就形成了汉代法律的第三形态——官署法令集。这一形态的典型例证是所谓"挈令"。

关于"挈令"的讨论有很多①，目前比较令人信服的结论是："挈令之实质当为中央有关机构根据需要从国家法令中提起与自己有关的部分，以地域命名的挈令则是根据地域需要提起。国家法令是以皇帝的名义制诏签发的，各部门仅是编录而已，故云'挈令'。"②大庭脩进一步指出：挈令是"为适应需要而二次以上被编录"，并不是"最初立法"的产物。③下面继续解决两个问题：

第一，除了挈令，还有哪些第三形态的法律？

从史料来看，也许还有丞相常用、辞讼比、决事都目、决事比可以归入此类。

丞相常用。武威旱滩坡汉简载："坐臧为盗，在公令第十九，丞相常

---

① 参见徐世虹：《百年回顾：出土法律文献与秦汉令研究》，《上海师范大学学报》（哲学社会科学版），2011年第5期。

② 李均明、刘军：《武威旱滩坡出土汉简考述——兼论"挈令"》，《文物》，1993年第10期。与李、刘观点相左的主要有籾山明和凡国栋的观点。籾山明的观点留待后文讨论。凡国栋根据岳麓秦简所见"共令"的名称提出："挈令"是与"共令"相对而言的，如果挈令是仅适用于一个官署、一个地区的特令，则"共令"是适用于多个官署共同遵循的令。所以"挈"的含义不是李、刘所谓的"提起""摘起"，而应该是"特也"。（见凡国栋：《"挈令"新探》，武汉大学简帛研究中心主办：《简帛》第五辑，上海：上海古籍出版社，2010年，第464页。）这一观点得到了广濑薫雄的赞同。按：岳麓秦简所见"共令"有"内史郡二千石官共令""内史官共令""食官共令""给共令"等。仅从名称（尤其是后两种的名称）来看，"共"有可能是"供"字之假，不必急于得出"挈""共"相对的结论。又，从现有挈令名称的例子来看，"内史令"如果被称为"内史挈令"，从逻辑上是完全讲得通的。所以这里的"内史官共令"到底是什么意思，还值得推敲。笔者在《秦律中的"官"释义》中指出，"官"在秦代法律文献中往往表示"职能部门"的意思，所以"内史官共令"也许表示内史下辖各"官"所共之令也未可知。

③ 大庭脩著，徐世虹、郁仲平译：《武威旱滩坡出土的王杖简》，中国社会科学院简帛研究中心编：《简帛研究译丛》第一辑，长沙：湖南出版社，1996年，第303页。

用第三☐。"① "坐臧为盗"被"公令""丞相常用"同时收录，编号分别为第十九和第三（?）。"公令"属于事项令，是国家立法的产物。"丞相常用"，应该是丞相府常用法令集。大庭脩判断："其作为公令而被立法，随之被编入丞相常用之中，因此恐怕不能认为最初是作为丞相常用而立法的。"② 因此"丞相常用"也可以归入第三形态，也许就是一种挈令。

辞讼比、决事都目。《后汉书·陈宠传》载："宠为昱撰《辞讼比》七卷，决事科条，皆以事类相从。昱奏上之，其后公府奉以为法。"《后汉书·鲍昱传》注引《东观汉记》载："昱奏定《辞讼》七卷，《决事都目》八卷，以齐同法令，息遏人讼也。"《辞讼比》《决事都目》都不是鲍昱、陈宠原创的，而是将以前的"决事科条"都"以事类相从"，编纂而成。"决事"，指君主判案的制诏，所谓"汉时决事，集为《令甲》以下三百余篇"；"科条"，指律令。由此可证，《辞讼比》《决事都目》均从第一、第二形态的法律中选编而成。

决事比。《后汉书·陈忠传》载："忠略依宠意，奏上二十三条，为《决事比》，以省请谳之敝。"③ 陈忠奏上的二十三条决事比，应该也是从之前判例、律令中选编而成的，属于第三形态。另外，张家山汉简《奏谳书》有"判例集"的性质，即司法当局从已经生效的判决中找出一些典型的具有示范意义的案例，予以公布，并作为日后处理案件的依据。④ 奏谳书的判例，多来自廷尉府的审判，有些明确记载"廷以闻"，即经过了君主的批准。故对这些判例的编选集，也应该属于第三形态的法律。

---

① 李均明、刘军：《武威旱滩坡出土汉简考述——兼论"挈令"》，《文物》，1993年第10期。

② 大庭脩著，徐世虹、郁仲平译：《武威旱滩坡出土的王杖简》，中国社会科学院简帛研究中心编：《简帛研究译丛》第一辑，长沙：湖南出版社，1996年，第303页。

③ 范晔撰，李贤等注：《后汉书》卷四十六，北京：中华书局，1965年，第1555-1556页。

④ 参见李均明：《简牍法制论稿》，桂林：广西师范大学出版社，2011年，第251页。

第二，第三形态的法律是否必须经过君主批准？

第三形态的法律是以第一、第二形态的法律为质料选编而成的，后者当初成立时已经过君主批准。所以第三形态的法律应该无须经过君主二次批准。例如《史记·酷吏列传》载：

> 奏谳疑事，必豫先为上分别其原，上所是，受而著谳决法廷尉絜令，扬主之明。①

廷尉张汤上奏疑难案件，提交君主判决后，再将君主的判决著录到"谳决法廷尉絜令"中去。这一著录过程无须再得到君主批准。又如前引陈宠撰《辞讼比》，也并非君主的授意，而是出于实用的目的。至于鲍昱"奏上之"，是为了让"其后公府奉以为法"，使之成为一种更具强制性的规范。

总之，第三形态的法律是以第一、第二形态为质料选编而成的，带有编纂立法的性质，适用范围局限于本单位、本地域或本系统内部。汉代官方的立法活动到此为止。下面所说的选编属于私人行为，墓葬出土的法律文献多属此类。

（三）二次选编产生法律的公私抄本

汉代还有一类法律文本，是官吏、学者或百姓出于个人需要，从官方统一发布的法令中选择自己需要的部分加以抄录而成。其中，出于公务行政需要的，称为公务抄本；供研习或其他需要的，称为私抄本。

公务抄本见于传世文献与出土文献。《后汉书·陈宠传》中提到陈咸遭王莽之乱，"于是乃收敛其家律令书文，皆壁藏之"。汉代律令皆藏于官府，此处所谓"其家律令书文"，当是陈咸抄录的公务抄本。这类公务抄本藏于家中，"是律令能为家学的重要条件"②。更直接的物证是20世纪以来各地墓葬出土的律令文书类简牍。例如睡虎地秦律，并非政府统一颁布

---

① 司马迁：《史记》卷一百二十二，北京：中华书局，1982年，第3139页。
② 邢义田：《治国安邦：法制、行政与军事》，北京：中华书局，2011年，第45页。

的版本，而是墓主人的公务抄本。张家山汉简《二年律令》的性质，同样应该这样理解。①

公务抄本并非对原本的简单照抄。以睡虎地和王家台出土的三份《效律》为例。王家台《效律》"自始至终接连书写"，每条目之间以钩校符隔开。② 睡虎地的两份《效律》，则都通过换行的方式清楚体现律条之间的分隔。其中，《秦律十八种》中简168—176，与单篇《效律》简27—37内容、文字基本相同。但《秦律十八种》中这部分内容被分成三个法条，单篇《效律》中的相应内容则被分为两个法条。有学者认为，这种律条之间的分合书写，形成不同的意义单位，反映了抄录者的不同理解，这正是"律章句"的起源。③ 另外，睡虎地秦律中有较多的"分隔符"，日本学者佐佐木研太认为，这些分隔符"以下的内容是对律文所作的补充，或作为职务手册以备忘的形式附加到了'秦律十八种'上"④。分章断句的不同、注释的出现，是"律章句学"诞生的标志。

秦汉律学的特点是"以吏为师"。公务抄本中不同的分章、断句、注释，应该是汉代官吏最初研习律令时的不同教本。其中一些经典的、为较多研习者师法的教本，造就了不同的律学流派。例如"大杜律""小杜律"，最早可能分别是廷尉杜周及其子杜延年的公务抄本。⑤

律学进一步繁盛，逐渐成为儒家学者竞相研习的学术，用于律令研习之用的私抄本遂出现。到了汉末，已经形成"后人生意，各为章句。叔孙宣、郭令卿、马融、郑玄诸儒章句十有余家，家数十万言"⑥ 的局面。

---

① 张忠炜：《秦汉律令法系研究初编》，北京：社会科学文献出版社，2012年，第21-23页。

② 王明钦：《王家台秦墓竹简概述》，艾兰、邢文编：《新出简帛研究》，北京：文物出版社，2004年，第39页。

③ 张忠炜：《秦汉律令法系研究初编》，北京：社会科学文献出版社，2012年，第154-161页。

④ 佐佐木研太：《出土秦律书写形态之异同》，《清华大学学报》（哲学社会科学版），2004年第4期。

⑤ 参见邢义田：《治国安邦：法制、行政与军事》，北京：中华书局，2011年，第43-44页。

⑥ 房玄龄等：《晋书》卷三十，北京：中华书局，1974年，第923页。

除了供律学研习之用的律令私抄本，还有一种类似于今天"学者拟制稿"的私抄本。《晋书·刑法志》云：

> 应劭又删定律令，以为《汉议》，表奏之曰："……撰具《律本章句》《尚书旧事》《廷尉板令》《决事比例》《司徒都目》《五曹诏书》及《春秋折狱》，凡二百五十篇，蠲去复重，为之节文。又集《议驳》三十篇，以类相从，凡八十二事。……其二十七，臣所创造。……"①

应劭所撰的《汉仪》，主要是对《律本章句》等七种现有法律文献的选编整理，只有"《议驳》三十篇"中的二十七事是原创的。《律本章句》等七种法律文献近似第三形态的法律，或为公务抄本经君主赋予效力后的产物。

民间存在用于其他目的的私抄本。例如20世纪出土的三种《王杖诏书》简，应该是"在民间被重复抄写的、作为'护身符'的法律文书"②。再如墓葬出土律令简，有学者认为是"镇墓辟邪"之用的随葬品③，也可备一说。这些抄本就是汉代法律的第四形态。如果将之认为是秦汉法律的原貌，恐怕会将研究导入误区。

第三、第四形态的法律文本，如果得到君主认可，被赋予效力，则将转化为第一、第二形态的法律。前者如鲍昱奏定的《辞讼比》《决事都目》，后者如郑氏章句在曹魏时被明令遵用。

---

① 房玄龄等：《晋书》卷三十，北京：中华书局，1974年，第920-921页。
② 参见徐世虹：《百年回顾：出土法律文献与秦汉令研究》，《上海师范大学学报》（哲学社会科学版），2011年第5期。关于王杖简性质的分析，详下文。
③ 参见徐世虹：《百年回顾：出土法律文献与秦汉令研究》，《上海师范大学学报》（哲学社会科学版），2011年第5期。

## 第二节　汉代会议立法的成果

由前文讨论可知，汉代立法程序包括创制、编纂两大步骤。会议主要存在于立法环节的审议、制作细案阶段。除了极少数君主、臣民提案被直接赋予效力的例子，多数创制立法均有会议环节。汉代君臣可以通过会议创制律令、礼仪、律历、章程、科品、故事、决事比之类种种法律形式，也可以对之修改、废除、恢复。

### 一、汉代会议立法的成果形式

汉代的律令、礼仪、律历、章程、科品、故事、决事比之类，均有通过会议创制的记载。以下分类论之。

（一）律令

汉代通过会议创制、修改、废除律令的记录很多。通过会议创制律条的例子，如东汉安帝时的议牧守为亲行三年丧律。《后汉书·刘恺传》载：有人提案要求确立刺史、郡守不为亲服丧三年则不能典选举之制。当时听政的邓太后"诏下公卿"，启动审议程序。结果大多数"议者以为不便"，唯独刘恺认为应当通过。最终"太后从之"①。《汉书·扬雄传》注引应劭曰："汉律以不为亲行三年服不得选举。"② 东汉末应劭所见的汉律中，已经有此条文。由此可见这是一次创制律文的立法会议。创制汉令的立法会议有很多，如前引"高皇帝所述书天子所服第八"就是一个典型的例子。又如《汉书·文帝纪》载：

> 诏曰："方春和时，草木群生之物皆有以自乐……为民父母将何如？其议所以振贷之。"
> 
> 又曰："老者非帛不暖，非肉不饱。……岂称养老之意哉！具

---

① 范晔撰，李贤等注：《后汉书》卷三十九，北京：中华书局，1965年，第1307页。
② 班固：《汉书》卷八十七下，北京：中华书局，1962年，第3569页。

为令。"

有司请令县道,年八十已上,赐米人月一石,肉二十斤,酒五斗。……二千石遣都吏循行,不称者督之。刑者及有罪耐以上,不用此令。①

这段史料记录了"养老令"的立法过程:首先由君主提案,以"其议所以振贷之""具为令"下达立法要求,启动制作细案的立法会议。有司(即与议群臣)以"请令"的形式拟定了具体的令文。可想而知,此令文接下来将得到君主的许可,被赋予法律效力,最终被著录进相关法令集。

(二)礼仪

礼仪也是汉代会议立法的主要成果。汉代礼、律在形式上高度混同。西晋以后礼、律分典的情况,在汉代应该是不存在的。如《晋书·刑法志》载:"叔孙通益律所不及,傍章十八篇。"②《汉书·礼乐志》载:"今叔孙通所撰礼仪,与律令同录,臧于理官。"③《后汉书·应劭传》载:"又删定律令为《汉仪》。"④ 皆为其证。又曹褒制《汉礼》写以二尺四寸简,与律令同制,亦是一证。张家山336号汉墓出土有《朝律》一种,从公布的内容来看,与后世所谓礼仪无异。⑤ 所以会议立法制定礼仪,与制定律令一般没有显著区别。例如《汉书·高后纪》载:吕后二年,诏议列侯功位,"其与列侯议定奏之"。丞相陈平"谨与绛侯臣勃、曲周侯臣商、颍阴侯臣婴、安国侯臣陵等议",将会议结果领衔上奏,获得许可。⑥

不过,东汉有一次制礼的立法活动,值得单独考察。汉章帝"欲制定礼乐",遂在元和二年(85)下诏表明心意。博士曹褒上疏请求"著成汉礼"。章帝遂将此疏下发太常,启动审议程序。太常经审议后认为"一世

---

① 班固:《汉书》卷四,北京:中华书局,1962年,第113页。
② 房玄龄等:《晋书》卷三十,北京:中华书局,1974年,第922页。
③ 班固:《汉书》卷二十二,北京:中华书局,1962年,第1035页。
④ 范晔撰,李贤等注:《后汉书》卷四十八,北京:中华书局,1965年,第1612页。
⑤ 彭浩主编:《张家山汉墓竹简〔三三六号墓〕》,北京:文物出版社,2022年,第210-213页。
⑥ 班固:《汉书》卷三,北京:中华书局,1962年,第96页。

大典，非褒所定，不可许"，给出了否决的建议。章帝不置可否，暂时搁置了此事。次年（86），章帝再次下诏表明制礼的心意。曹褒上疏"具陈礼乐之本，制改之意"。章帝遂召玄武司马班固，询问此事，作为内部测评。班固建议"京师诸儒，多能说礼，宜广招集，共议得失"，即召开更广范围的审议会议。章帝引谚语"作舍道边，三年不成"，否决了这一提案。次年（87），章帝直接召见曹褒，"令小黄门持班固所上叔孙通《汉仪》十二篇"，命他"依礼条正，使可施行"。曹褒受命之后，就在南宫东观"撰次天子至于庶人冠婚吉凶终始制度"，形成了一部一百五十篇规模的礼典，并且"写以二尺四寸简"，即按照律令的规格拟定立法草案，奏上。这时章帝"以众论难一，故但纳之，不复令有司平奏"。换言之，章帝收到这份草案之后，预测不能得到审议会议的通过（"众论难一"），因此既没有召开审议会议（"不复令有司平奏"），也没有赋予其效力，只是收取了这份草案（"但纳之"）而已。到了和帝永元四年（92），太尉张酺、尚书张敏等"奏褒擅制《汉礼》，破乱圣术，宜加刑诛"。和帝没有同意，但"《汉礼》遂不行"①，终究只是停留在立法草案的状态，始终没有获得施行的效力。

曹褒制礼的案例虽然只是一次以失败告终的立法活动，却很有意思。在这次立法活动中，君主的意志、专家的方案都已到位，只差一次大规模的审议会议，便能赋予该草案以法律效力。章帝为此多次下发亮明心意的诏书，可是群臣并不领情；章帝为此多次召开小规模的摸底会议（下太常议）、吹风会议（召班固议），可是与议者要么直接否决，要么建议召开更高层级的会议。在此情况下，章帝明知"众论难一"，只能多次知难而退。由此既能窥见汉代礼典制定的程序，也能看出会议制度对皇权的约束。没有经过最高层级的会议审议的《汉礼》，最终也无法获得施行的效力。

（三）故事、决事比

故事的意义比较复杂，这里主要指行政、礼仪方面的惯例，是一种不

---

① 范晔撰，李贤等注：《后汉书》卷三十五，北京：中华书局，1965年，第1202-1203页。

成文法，具有一定的法律约束力。决事比则是具有法律效力的故事。故事、决事比不太会通过预设立法的方式产生（即某次立法的目的就是创设具有法律效力的故事），所以与会议立法关系较为薄弱。史书中通过会议立法创设故事的例子很少见，但也不是绝对没有。例如《后汉书·郑弘传》载："帝从其议。弘前后所陈有补益王政者，皆著之南宫，以为故事。"① 郑弘在会议上的有效对策多次被君主采纳，通过"著录"的手续载入南宫的相关档案，成为具有法律效力的故事。

更多的情况，则是某次会议的决策结果被后世沿用，从而演变成为"故事"。《汉书·景武昭宣元成功臣表》载："至孝景始欲侯降者，丞相周亚夫守约而争。帝黜其议，初开封赏之科。"② 所谓"封赏之科"，即封赏匈奴降人的惯例。汉景帝提案破例封匈奴降人为侯，令群臣审议。会议中，丞相周亚夫坚执高帝约束以为不可。汉景帝没有采纳他的提议，仍然通过。这虽然是一次性的做法，但由于会议成果在汉代具有较高的效力，所以被后世沿用，成为"封赏之科"。

还有一种情况，某次会议成果成为一个先例，后世遇到相同情况时援引为决策的依据。例如《后汉纪·孝安皇帝纪上》载：汉明帝曾经"使公卿博士议"光烈皇后是否与光武帝同庙祭祀的问题，最终审议通过。③ 安帝时，又遇到太后是否入庙合祀的问题。谒者刘珍认为"宜入宗庙，如光烈皇后故事，率礼复古，垂示万代"。君主启动审议程序，"事下公卿"，结果通过刘珍的提案。④ 这样一来，"光烈皇后故事"就不再是一个孤零零的先例，而具有了"垂示万代"的法律效力。

（四）律历、章程、科品

律历、章程、科品也是汉代重要的法律形式。《史记·太史公自

---

① 范晔撰，李贤等注：《后汉书》卷三十三，北京：中华书局，1965年，第1155页。
② 班固：《汉书》卷十七，北京：中华书局，1962年，第635页。
③ 袁宏：《后汉纪》卷第十六，张烈点校：《两汉纪》下册，北京：中华书局，2002年，第315页。
④ 袁宏：《后汉纪》卷第十六，张烈点校：《两汉纪》下册，北京：中华书局，2002年，第315页。

序》记录汉初的四大立法活动，云："萧何次律令，韩信申军法，张苍为章程，叔孙通定礼仪。"①按《汉书·任敖传》载："吹律调乐，入之音声，及以比定律令。若百工，天下作程品。"师古曰："言吹律调音以定法令，及百工程品，皆取则也。"②由此可以看出律历与律令关系密切。《汉书·高帝纪》"张苍定章程"条下引如淳曰："章，历数之章术也。程者，权衡丈尺斗斛之平法也。"师古曰："程，法式也。"③中田薰据此认为"章程"是历法及度量衡法，是准确的。④闫晓君对传世与出土文献中的"程"进行研究后认为，秦汉时期的所谓章程是律令中的一种定量性法规，并不像沈家本先生所认为的"章程非律令书"，这一结论是可靠的。⑤

值得一提的是，许多法律史教材和著作都列有"科""品"一类名目。其实，科、品并非独立的法律形式，而应当属于汉令之一种。例如前举《常符漏品》，属于《令甲》第六。《后汉书·安帝纪》也说："旧令制度，各有科品。"⑥从出土的《购偿科别》《大司农罪人得入钱赎品》等实例来看，科品可能更多是律令的细则，是一种附属法规，与"章程"有相通之处。⑦

汉代通过会议制定、修改律历，是十分常见的现象。因为制定与修改律历是专业性非常强的事务，所以必须广召专家，通过会议决定。例如汉武帝元封七年（即太初元年，前104），公孙卿、壶遂、司马迁

---

① 司马迁：《史记》卷一百三十，北京：中华书局，1982年，第3319页。
② 班固：《汉书》卷四十二，北京：中华书局，1962年，第2098-2099页。
③ 班固：《汉书》卷一下，北京：中华书局，1962年，第81页。
④ 中田薰：《汉律令》，中国政法大学法律古籍整理研究所编：《中国古代法律文献研究》第三辑，北京：中国政法大学出版社，2007年，第123页。
⑤ 闫晓君：《秦汉法律研究》，北京：法律出版社，2012年，第34-47页。
⑥ 范晔撰，李贤等注：《后汉书》卷五，北京：中华书局，1965年，第228页。
⑦ 参见徐世虹：《汉代法律载体考述》，杨一凡总主编：《中国法制史考证》甲编第三卷，北京：中国社会科学出版社，2003年，第167-175页。按：徐世虹认为科"在形式上是独立的，不依附律令"，证据尚嫌不足。在汉代，科应与品性质类似，是律令的"附属法规，不具有独立品格"，其由附庸而蔚为大国，应该是汉末以来的事情。参见秦涛：《汉末三国名法之治源流考论》，西南政法大学硕士学位论文，2011年。

等提案"历纪坏废，宜改正朔"，武帝便诏御史大夫儿宽"与博士共议，今宜何以为正朔？服色何上"。博士们会议的结果是，提议武帝"定大明之制，为万世则"。武帝遂启动立法会议，"诏卿、遂、迁与侍郎尊、大典星射姓等议造《汉历》"①。汉代会议制定、修改律历，可以达到相当大的规模；而且由于一般不存在君主意志，属于纯专业技术性讨论，所以往往体现出相当的学术精神。例如东汉安帝时，爆发了一场关于律历立法的大争论。中谒者亶诵主张甲寅元，河南梁丰主张太初历，尚书郎张衡、周兴主张九道法。君主启动审议程序，"诏书下公卿详议"②。会议的结果仍然高度分化。太尉提交了侍中等人的观点，支持甲寅元；博士、大行令支持九道法；河南尹、太子舍人等四十人认为应该继续沿用现行的四分历；太尉等八十四人主张恢复太初历。尚书令陈忠上奏群臣意见时，给出沿用四分历的提议，被君主采纳。这次会议的与会人数多达一百三十人以上，基本上都是律历专家。其中，太尉刘恺本人明明支持太初历，却仍提交了持有异议的侍中的观点，可见当时会议的民主精神。

汉代会议产生科品的例子，如《后汉书·丁鸿传》载：汉和帝认为郡不分大小而推举孝廉人数一样，显失公平，遂启动审议程序，"下公卿会议"。司空等人上奏，"凡口率之科，宜有阶品"，并给出了细致的比率方案。③ 所谓"口率之科，宜有阶品"，即一种计量性质的"科品"。

除了律令、礼仪、故事、律历、章程、科品，汉代还有一些难以归类的法律成果，也由会议产生。例如东汉时，"朝议以州郡相党，人情比周，乃制婚姻之家及两州人士不得对相监临"④。这次朝议产生了

---

① 班固：《汉书》卷二十一上，北京：中华书局，1962年，第975页。
② 司马彪撰，刘昭注补：《续汉书·律历中》，《后汉书》志第二，北京：中华书局，1965年，第3034页。
③ 范晔撰，李贤等注：《后汉书》卷三十七，北京：中华书局，1965年，第1268页。
④ 范晔撰，李贤等注：《后汉书》卷六十下，北京：中华书局，1965年，第1990页。

可以称为"两互法"的籍贯回避任职制度。这一制度也许会被载入汉令之中。

## 二、汉代会议对法律的修改、废除、恢复

广义上的立法应当包括对法律文件的创制、修改、废除,以及恢复已失效法律文件的效力等。汉代会议具有这四方面的立法功能。创制之例,前文已谈了很多。以下各举数例以说明修改法律、废除法律、恢复法律三种情况。

(一) 修改

会议修改律令的情况,可举东汉时议冬月报死囚事为例。西汉整个冬季都允许核准死刑,立春之前停止。汉章帝时,认为冬季核准死刑过于残酷,遂规定:死刑核准至冬至停止。元和二年(85)天下大旱,长水校尉认为是狱事减少,导致阴气不足以对抗阳气,遂请求恢复旧制。章帝启动审议程序,"以其言下公卿议"。陈宠认为不应当修改现行制度,得到章帝认可。① 这次旨在审议是否修改法律的会议,以提案被否决而告终。至汉安帝之初(约107—109),相关讨论再次兴起,邓太后"诏公卿以下会议"。此次会议采纳了鲁恭的意见,"大辟之科,尽冬月乃断",也就是恢复了章帝之前的旧制。②

(二) 废除

会议废除法律、惯例的情况,可举东汉时的议废轻侮法为例。东汉章帝建初年间,有子杀死侮辱其父者。章帝下诏宽赦其死刑。这份"建初诏书"被后来的司法实践不断沿用,"自后因以为比"。至和帝时,有人提议将这一司法惯例载入律令,制定成"轻侮法"。和帝启动审议程序,议者大多赞同。尚书张敏提出驳议:"建初诏书,有改于古者,可下三公、廷尉蠲除其敝。"和帝未予采纳。张敏再次驳议,请求召开更高规格的审议

---

① 范晔撰,李贤等注:《后汉书》卷四十六,北京:中华书局,1965年,第1550-1551页。

② 范晔撰,李贤等注:《后汉书》卷二十五,北京:中华书局,1965年,第882页。

会,"广令平议"。和帝终于同意,驳回了制定轻侮法的成议,彻底废除了这一司法惯例。① 更著名的例子则是西汉昭帝时的盐铁会议。昭帝始元六年(前81),"贤良茂陵唐生、文学鲁国万生之徒六十有余人咸聚阙庭",与御史大夫桑弘羊、丞相田千秋等共同审议"议罢盐铁榷酤"之事,最终废除了武帝末年著名的弊政。②

(三) 恢复

会议恢复旧制的情况,可举东汉安帝时的议复六宗祭礼为例。《续汉书·祭祀志》注引《李氏家书》载:司空李郃提议"今宜复旧制度",即恢复新莽之前的六宗祭礼。君主遂启动审议程序,制曰:"下公卿议。"当时与会者分为两派,"五官将行弘等三十一人"支持李郃的提案,"大鸿胪庞雄等二十四人"持反对意见。③ 君主最终采纳多数人的意见,恢复了旧制。又如东汉初年,马援在陇西上书,请求恢复五铢钱的币制。光武帝启动审议程序,"事下三府",三府会议后表示反对,并提出十三条反对意见,提案遂被否决。马援回到都城,从公府调取会议记录("从公府求得前奏"),逐一批注反驳意见,五铢钱币制遂得以恢复。④

总之,汉代会议具有立法功能。举凡律令、礼仪、故事、律历、章程、科品,均可通过会议立法程序创制、修改、废除、恢复。经会议立法通过的法律,效力较高,实施阻力较小,能得到较为普遍的遵行。未经会议立法审议的法律,君主即便有心支持,也不敢遽然施行。

---

① 范晔撰,李贤等注:《后汉书》卷四十四,北京:中华书局,1965年,第1503页。
② 参见班固:《汉书》卷七,北京:中华书局,1962年,第223页;班固:《汉书》卷二十四下,北京:中华书局,1962年,第1176页;班固:《汉书》卷六十六,北京:中华书局,1962年,第2886页。
③ 司马彪撰,刘昭注补:《续汉书·祭祀志》,《后汉书》志第八,北京:中华书局,1965年,第3184页。
④ 《后汉书·马援列传》"难十余条"条下注引《东观汉记》:"凡十三难,援一一解之,条奏其状。"参见范晔撰,李贤等注:《后汉书》卷二十四,北京:中华书局,1965年,第837页。

## 第三节　汉代司法过程中的"议"

在汉代的诉讼程序中，会议处于何种环节？这需要分两种情况讨论。第一，郡县司法。郡县司法具有基层、日常的面貌，其中的会议较为常规。出土法律文献为我们提供了这方面的珍贵材料。第二，中央司法。传世文献所见案例，多为提交至皇帝面前才能解决的大案要案，具有较大的特殊性，但也格外反映了汉代司法制度的本色。会议在这两类案件中，均扮演着不可或缺的角色，但其作用又有很大的不同。以下便分次论之。

### 一、秦汉郡县司法中的"议"

（一）"议"在郡县司法程序中的位置及其相近术语辨析

从出土文献来看，秦汉郡县一级的司法程序并无显著区别，因此将之合并考察。秦汉时代的司法程序，大致可以分为诉讼发生、侦查审讯、事实认定、法律适用、审批执行五个环节。

诉讼发生环节，常见觉、得、自出、自告、逮捕、诣、告、劾等法律术语，一般由受害人或有权告劾的机关提起。侦查审讯环节，常见讯、听、诘、问、诊、验、覆讯、考掠等法律术语，一般由狱吏或监察者进行。事实认定环节，即所谓"鞫"，是在判决之前对侦讯所获犯罪事实的最后确认。① 法律适用环节，常见议、当、论等法律术语。事实认定、法律适用，一般均由有权裁判者进行（在郡县则多为郡守、县令），当然也有其他相关人员参与。审批执行，常见报、奏、谳、决、具狱等法律术语，常需要提交上级机关。

由上可知，"议"一般发生在事实认定之后、审批执行之前，用

---

① "鞫"有广狭多义，此处采最狭义。参见徐世虹：《秦汉"鞫"文书谫识》，武汉大学简帛研究中心主办：《简帛》第十七辑，上海：上海古籍出版社，2018年，第267-280页。

于解决法律适用问题。如果在报批过程中存在法律适用的疑义，上级机关也会启动"议"的程序。郡县司法中的"议"之实例，如前引《通典》所载钟离意议讼案。该案是一起与财产纠纷有关的民事诉讼。参与合议的官员为包括北部督邮钟离意在内的"掾史"。众"掾史议"，提出一种主张，而唯独钟离意对此提出异议，最终"众议为允"，采纳钟离意的意见为判决意见。又如《汉书·于定国传》载：

> 其父于公为县狱史，郡决曹，决狱平……具狱上府，于公以为此妇养姑十余年，以孝闻，必不杀也。太守不听，于公争之，弗能得，乃抱其具狱，哭于府上，因辞疾去。太守竟论杀孝妇。①

本案发生在县级机关审判完毕、提交郡府审批的过程中。于公以郡决曹的身份否决县级政府的判决，应当也发生在合议过程中。太守未采纳他的驳议，酿成了冤案。张家山汉简《奏谳书》案例二一提供了一个廷尉府内部会议的精彩实例。某案件奏谳至廷尉，包括廷尉、廷尉正、廷尉监、廷尉史在内的三十人合议后，得出了一致的结论。某廷尉史出差归来，独持异议，并且与廷尉诸人展开有来有回的辩论。最终廷尉诸人心悦诚服，采纳该廷尉史的意见为批复意见。②

在秦汉郡县司法程序中，还有一些与"议"意思相近的法律术语，如论、当、治、决、谳等，值得稍事辨析。应当说，这些术语尤其是论、当、治、决，浑言之则同，析言之则异。

其中含义最狭的是"议"。"议"通"仪"，有"度量"义，引申为"适宜"；加"言"旁，表示以言语度量适宜的程度。《尚书·周

---

① 班固：《汉书》卷七十一，北京：中华书局，1962年，第3041—3042页。
② 彭浩、陈伟、工藤元男主编：《二年律令与奏谳书：张家山二四七号汉墓出土法律文献释读》，上海：上海古籍出版社，2007年，第374页。

官》有"议事以制,政乃不迷"。孔安国传云:"凡制事必以古义议度终始"①,以"议度"为解。"议事以制"源出《左传·昭公六年》:"先王议事以制,不为刑辟。"② 清人王引之《经义述闻》载:"'议'读为'仪'。仪,度也。制,断也。谓度事之轻重,以断其罪。"③ 这应是"议"的本义。由"度量"义而引申出"适宜"义。《周易·系辞上》载:"议之而后动。"焦循章句:"议,仪也,谓谋而择其宜也。"④ "议"从"言"旁,有言语议论义。《说文》载:"议,语也。"段玉裁注:"按许说未尽。议者,谊也。谊者,人所宜也。言得其宜之谓议。"⑤ 这是对"度量""适宜""言语"三个义项综合后的结论。"议"的三个义项,仍以"度量"为本。《汉书·刑法志》引"议事以制",颜注引汉末李奇注:"先议其犯事,议定然后乃断其罪。"⑥ 这是对"议事以制"最平实的解释:先议度其犯事,得出适宜的结论,再据以制断其罪刑。这意味着"议"的特点是提供参考方案(度量),而无决策之权(制断)。

"议"与"当"义最相近。"当"也有适宜、适当的意思。秦汉奏谳文书往往对议而不决的案件,给出两个以上"吏议"或"吏当"。此处的"议""当"没有区别。不过二者仍有微小差异:"议"更强调合议过程,而"当"强调合议结果,即已认定的罪行与法条之间的"对应"关系。换言之,一次"议"可以得出一个"当",那么案件无须奏谳;一次"议"得出两个以上"当"或没有得出"当",则须作为疑难案件提交上级机关裁决。直截了当地说,法律审判需要的不是"议",而是"当"。所以律令之中常见关于"当"的规定,但几乎见不到"议"。

---

① 孔安国传,孔颖达疏:《尚书正义》,李学勤主编:《十三经注疏》,北京:北京大学出版社,2000年,第573页。

② 杨伯峻编著:《春秋左传注》(修订本),北京:中华书局,1990年,第1274页。

③ 王引之:《经义述闻》,南京:江苏古籍出版社,2000年,第452页。

④ 焦循著,陈居渊校点:《易章句》,陈居渊主编:《雕菰楼易学五种》,南京:凤凰出版社,2012年,第166页。

⑤ 许慎撰,段玉裁注:《说文解字注》,上海:上海古籍出版社,1981年,第92页。

⑥ 班固:《汉书》卷二十三,北京:中华书局,1962年,第1094页。

"议"作为行政、司法过程,只会出现在文书档案中。

"当"与"论""决"义较近。但前者是效力待定的判决;后者是已生效的判决,且可以囊括执行环节。如《岳麓书院藏秦简》(伍)简78、79载:

> 罪人久系留不决,大费也。诸执法、县官所治而当上奏当者:其罪当耐以下,皆令先决论之,而上其奏决。①

面对罪人"久系留不决"的情况,秦代要求罪当耐以下的案件,一律不必上"奏当",而直接"决论之",再上"奏决"。显然,"奏当"是未生效的判决,"奏决"是已生效且执行的判决。此处还可以看到,"治"的含义与论、决相近。不过在文献中,"治"还可以囊括侦查、审讯环节,文献泛称"治狱"。"论""决"则只能囊括法律适用之后的环节。

至于"谳",含义与"议"相近。《说文》云:"谳,议罪也。"《礼记·文王世子》云:"狱成,有司谳于公。"郑注:"谳之言白也。"② 即汇报的意思。《说文》段注:"其字从水、献,其议如水之平而献于上也。"③ "献于上"的意思,是超出"议"的范畴的。所以"谳"常用于下级司法机关向上级的汇报、请示。

(二)奏谳文书中的"吏议"

以上明了了"议"在秦汉诉讼程序中的位置,下面我们结合《为狱等状四种》和《奏谳书》中的"吏议"进行一些具体的分析。为了便于后续的讨论,先将两份奏谳文书中的"吏议""吏当"结表如下:

---

① 陈松长主编:《岳麓书院藏秦简》(伍),上海:上海辞书出版社,2017年,第65页。

② 郑玄注,孔颖达疏:《礼记正义》,李学勤主编:《十三经注疏》,北京:北京大学出版社,2000年,第753页。

③ 许慎撰,段玉裁注:《说文解字注》,上海:上海古籍出版社,1981年,第566页。

表五　秦汉奏谳文书中的"吏议""吏当"一览表

| 文书 | 编号 | 说理 | 定罪 | 量刑 | 位置 | 请示 |
|---|---|---|---|---|---|---|
| 为狱等状四种 | 一 | | 吏议曰：癸、琐等论当也；沛、绾等不当论 | | "敢谳之"后，郡报前 | 疑癸、琐、绾等罪 |
| | | | | 或曰：癸、琐等当耐为候，令琐等还癸等钱；绾等【……】 | | |
| | 二 | | 吏议：以捕群盗律购尸等 | | "敢谳之"后，郡报前 | 疑尸等购 |
| | | | 或曰：以捕它邦人【……】 | | | |
| | 五 | | | 吏议曰：除多 | "敢谳之"后，无报 | 疑多罪 |
| | | | | 或曰：黥为城旦 | | |
| | 六 | | | 吏议：赀暨一甲，毋累 | "敢谳之"后，无报 | 疑暨不当累论 |
| | 七 | | | 吏议：婉为大夫□妻；赀识二甲 | "敢谳之"后，无报 | 疑婉为大夫妻、为庶人及识罪 |
| | | | | 或曰：婉为庶人；完识为城旦，絜足输蜀 | | |
| | 一四 | | | 吏议：耐学隶臣 | "敢谳之"后，郡报前 | |
| | | | | 或【曰】：令赎耐 | | |

（续表）

| 文书 | 编号 | 说理 | 定罪 | 量刑 | 位置 | 请示 |
|---|---|---|---|---|---|---|
| 奏谳书 | 一 | | | 吏当：毋忧当腰斩 | "敢谳之谒报署狱曹史发"后，廷报前 | 疑毋忧罪 |
| | | | | 或曰：不当论 | | |
| | 二 | | | 吏当：黥媚颜頯，畀徭 | "敢谳之谒报署中廥发"后，廷报前 | 疑媚罪 |
| | | | | 或曰：当为庶人 | | |
| | 三 | | 吏议：阑与清同类，当以从诸侯来诱论 | | "敢谳之"、人婢清之比后，廷报前 | 疑阑罪 |
| | | | 或曰：当以奸及匿黥春罪论 | | | |
| | 四 | 吏议：符有名数明所，明嫁为解妻，解不知其亡，不当论 | | | "敢谳之"后，廷报前 | 疑解罪 |
| | | 或曰：符虽已诈书名数，实亡人也。解虽不知其情，当以娶亡人为妻论，斩左趾为城旦 | | | | |
| | 五 | | | 吏当：黥武为城旦舂，除视 | "敢谳之谒报署狱西廥发"后，廷报前 | 疑武、视罪 |

由上表所列诸例可知，"吏议"或"吏当"都位于"敢谳之"后，廷报或郡报之前，且一般都有两条。《为狱等状四种》案例六和《奏谳书》案例五例外，仅一条。其中《为狱等状四种》案例六的吏议在最后一简，其后是否有脱简未可知；《奏谳书》案例五的吏议后尚有君主批示，判决与吏议一致。关于"吏议"和"吏当"，有两点疑问：

第一，"吏议"和"吏当"中的"吏"是谁？

"吏议"位置尴尬，既不在请谳书内，又不在廷报、郡报内。"吏议"到底来自请谳机关，还是来自谳决机关？应该说，来自请谳机关更为合理。不可否认，谳决机关内部也存在合议的过程，也会形成多种判决意见。但是这些判决意见要么最后归于一统、达成共识，要么议而不决，需进一步向上级请谳。例如前引廷尉张汤遇到"奏谳疑事"，就将廷尉府内形成的不同判决意见"豫先为上分别其原"，供君主决策之参考。唯请谳机关才有必要将本机关内部形成的不同意见作为奏谳书的附录提交上去，而谳决机关只要下达最后的指导意见即可，没必要将已淘汰的错误意见一并下发混淆视听。

另有一种意见认为，如果请谳机关是县，须先经过郡，再提交廷尉府谳决。所以"吏议"可能来自郡，是郡府司法官员的意见。① 这一观点最起码不可能适用于以上全部"吏议"的例子。例如《为狱等状四种》案例一、二、一四，谳决机关都是郡。作为谳决机关的郡，如上所述，没有必要将内部的错误意见下发到县。所以，虽然目前还无法弄清"吏议""吏当"之"吏"究竟何所指，但一定是指请谳机关的吏，而不可能是谳决机关的吏。如果郡是请谳机关或移谳机关，那么该"吏当"也有可能来自郡。甚至于如果廷尉遇到难以决策的疑难案件需要上报君主，那么廷尉府的"吏议"应该也会写在奏文的最后。

《汉书·刑法志》载高祖七年诏曰："……县道官狱疑者，各谳所属二千石官，二千石官以其罪名当报之。所不能决者，皆移廷尉，廷尉亦当报

---

① 如周海锋：《〈为狱等状四种〉中的"吏议"与"邦亡"》，《湖南大学学报》（社会科学版），2014年第4期。该文进一步将"吏"坐实为郡都吏。

之。廷尉所不能决，谨具为奏，傅所当比律令以闻。"① 廷尉提交君主的奏谳书，正文是"谨具为奏"的"奏"，附录是"傅所当比律令以闻"的律、令。从《奏谳书》案例三来看，还可以附具有参考价值的"比"。而前引张汤奏谳事表明，请谳机关的不同判决意见应该也可以附于奏文之后。这应该就是"吏议"处于请谳书后的原因吧。

第二，"吏议"和"吏当"有没有区别？

从语义分析，"议""当"无本质区别。但是，陶安根据"吏当"位于"谒报，署某某发"之后，提出"吏当"是郡作为移谳机关作的批示，"吏议"则来自请谳机关——县。② 这个说法很有想象力，目前也没有反对的史料，可备一说。陶安还引用《晋书·刑法志》"又律法断罪，皆当以法律令正文。……所执不同，得为异议"和唐《断狱》律"法官执见不同者，得为异议"的记载，认为汉代奏谳文书中的"吏议"开了晋唐"异议"制度的先河，这里可以再作一点补充。

晋代所谓"异议"，又称"驳议"，如《晋书·刑法志》载："凡为驳议者，若违律令节度，当合经传及前比故事。"③ "驳议"是《独断》所载汉代四种上行公文书体裁之一：

> 有疑事，公卿百官会议。若台阁有正处而独执异意者，曰驳议，曰某官某甲议以为如是。下言臣愚戆议异。④

《通典》亦称"大事八座连名，而有不合，得建异议"。汉代会议将之应用于政事及刑狱，其理相通。所以"驳议"逐渐成为汉代刑法、决狱的一项重要制度。《隋书·经籍志》的"刑法篇"就收录了汉代的一些驳议，并称"汉律久亡，故事驳议，又多零失。今录其见存可观者，编为刑

---

① 班固：《汉书》卷二十三，北京：中华书局，1962年，第1106页。
② 陶安：《张家山汉简〈奏谳书〉吏议札记》，第二届"出土文献与法律史研究"学术研讨会会议论文，2012年。
③ 房玄龄等：《晋书》卷三十，北京：中华书局，1974年，第939页。
④ 李昉等：《太平御览》卷第五百九十五，北京：中华书局，1960年，第2680页。

法篇"。《后汉书·应劭传》中保存了一则应劭针对陈忠判案的驳议,虽已非应用文体,但仍可窥见大概。由此可见,汉代本有此一项"驳议"制度。从实例来看,如果最后决策失败,当初持异议者可以免除责任。

## 二、汉代中央司法中的"议"

中央司法之所以要单独讨论,是因为常常有君主的直接介入。汉代中央司法较之郡县,有两点特征。第一,诉讼程序更具灵活性。郡县司法必须严格按部就班,不能随意增加或减少某个环节。中央司法则由于最高审判者——君主的参与,从法理而言,可以随时因为君主的意志而终结。君主既可以随时依据已有判决意见一锤定音,也可以随时无条件表示不予追究或从轻发落。第二,在整个司法过程中,可以随时启动"议"。中央司法多为大案要案,君主出于慎重,往往会在诉讼的任一环节随时命令臣下召开会议,讨论诉讼程序如何进行。明确了这两个基本特征,我们先来考察汉代中央司法的完整诉讼程序,重点考察君主在其中的作用。

(一) 汉代中央司法的程序

1. 诉讼的发生:觉—案验—劾奏

"觉"即犯罪事实的发现,包括犯人自告、吏民举报、官员劾奏、君主明察等途径。犯罪事实发觉后,相应情况递交御前,由君主决定是否立案调查。君主如果决定立案调查,史书常用"下……治"表示。如《汉书·赵广汉传》载:"广汉即上书告丞相罪。制曰:'下京兆尹治。'"[①]君主也可以决定不予立案。如《后汉纪》载有人弹劾渤海王,"上以至亲,不问其事"[②]。

"案验"即正式劾奏之前的调查,也作"案治"。如《汉书·韦贤传》载:"大鸿胪奏状,章下丞相御史案验。"[③] 有时会委托有关部门进行全面的调查,包括调取人证、物证,如江都王建谋反案中,"事发觉"之后,

---

① 班固:《汉书》卷七十六,北京:中华书局,1962年,第3205页。
② 袁宏:《后汉纪》卷第二十二,张烈点校:《两汉纪》下册,北京:中华书局,2002年,第425页。
③ 班固:《汉书》卷七十三,北京:中华书局,1962年,第3108-3109页。

君主决定立案调查,"遣丞相长史与江都相杂案",结果调查发现"兵器玺绶节反具。"① 此时刘建尚未被逮捕下吏,这只是正式审理之前的调查而已。"案验"的目的在于决定是否"劾奏"。

"劾奏"即起诉,依据职权提出控告。控告内容包括经调查掌握的罪状及与之相适应的法律制裁。劾奏须交由君主决定是否受理。君主或不予受理,或虽承认劾奏属实,但不予追究或减轻处罚。如司隶校尉、少府行廷尉事劾奏丞相匡衡"不道","上可其奏,勿治,丞相免为庶人"②。有时也直接准奏,劾奏遂成为判决,产生法律效力。这种情况较罕见,往往是政治斗争的产物。如著名的晁错之死,连"下吏"都省略了,完全是一场缺席审判:

> 后十余日,丞相青翟、中尉嘉、廷尉欧劾奏错曰:"……亡臣子礼,大逆无道。错当要斩,父母妻子同产无少长皆弃市。臣请论如法。"制曰:"可。"错殊不知。乃使中尉召错,绐载行市。错衣朝衣斩东市。③

当然,更多的情况则是君主决定下吏,诉讼程序便继续推进。

2. 逮捕审讯:下吏—讯狱

"下吏"即交由狱吏审讯。下吏的第一步是逮捕,第二步是关押在监。下吏之后,由狱吏审讯。由于允许刑讯,因此狱吏往往无所不用其极。很多人选择在"下吏"决定发布之后自杀。文帝以后更有三公不受狱吏之辱的故事。皇帝召三公入狱,实即赐死。因为在汉代人的观念中,"下吏"等于有罪宣告,狱吏的工作就是坐实其罪,故路温舒说狱吏"非憎人也,自安之道在人之死"。丞相王嘉入狱之后,狱吏说"不空入狱矣",即入狱者多少都有罪。又如弘恭、石显陷害萧望之入狱,元帝醒悟想将萧望之放

---

① 班固:《汉书》卷五十三,北京:中华书局,1962年,第2417页。
② 班固:《汉书》卷八十一,北京:中华书局,1962年,第3346页。
③ 班固:《汉书》卷四十九,北京:中华书局,1962年,第2302页。

出，二人说："既下九卿大夫狱，宜因决免。"亦表示不能空入狱，入狱即有罪。周勃入狱后经多方营救被放出，仍是"使使持节赦绛侯"，即采用赦免的形式将之放出。因为君主接受劾奏，即认可其有罪；如果无罪释放，则是君主有错。所以狱吏宁可误判，再由君主赦免，也不会轻易宣布无罪。

"讯狱"在史书中往往也称"案治""案验"，容易与告劾之前的调查程序搞混，须联系前后步骤予以准确认定，不可执着于特定字眼。例如《汉书·淮南王传》载：

> 上下公卿治，所连引与淮南王谋反列侯、二千石、豪桀数千人，皆以罪轻重受诛。……赵王彭祖、列侯让等四十三人皆曰："淮南王安大逆无道，谋反明白，当伏诛。"……丞相弘、廷尉汤等以闻，上使宗正以符节治王。未至，安自刑杀。①

此案"上下公卿治"，是劾奏之前的案治；"上使宗正以符节治王"，是劾奏之后的下吏案治。所以淮南王安在下吏的命令发出之后自杀了。讯狱的过程，君主一般并不参与，但是可以在此阶段以赦免的形式终结诉讼。

3. 判决：议当—奏当—论决

"议当"即通过合议给出判决意见。"议当"有时由主审法官完成，有时由君主下令合议。如果是合议，君主只要在众多意见中径取其一作为最终的判决即可。如果是主审法官依职权议当，则因其没有审结权，还需奏当。

"奏当"即上奏判决意见，请求君主批准。奏当的内容一般包括罪状（即鞠辞）、罪名、适用刑罚等。奏当上报之后，君主行使最终审判权，可能批准，可能发回再议，也可能另下判决。至此，诉讼终结。

从以上过程来看，似乎与郡县司法一样，"议"只在"议当"环节起作用。其实不然，以上但凡有君主参与的环节，均可以启动会议作为决策之参考。而需要臣下决策的环节，臣下也可以通过会议来拿主意。下面，

---

① 班固：《汉书》卷四十四，北京：中华书局，1962年，第2152—2153页。

将通过实例全面考察会议在汉代中央司法程序中所处的环节与功能。

(二) 汉代中央司法中"议"的位置

如果将上述诉讼程序省称案治、劾奏、下吏、讯狱、议当、奏当，再加上为之平反的"讼理"，那么"议"大致存在于如下六个环节：

第一，案治之前的"议"。犯罪事实被知觉，君主为决定是否立案侦查，会启动会议商讨。如《汉书·师丹传》载：

> 又丹使吏书奏，吏私写其草，丁、傅子弟闻之，使人上书告丹上封事行道人遍持其书。上以问将军中朝臣，皆对曰："忠臣不显谏，大臣奏事不宜漏泄，令吏民传写流闻四方。'臣不密则失身'，宜下廷尉治。"事下廷尉，廷尉劾丹大不敬。①

告发罪状的告书来到御前，哀帝先启动审议程序，讨论上封事不秘是否构成犯罪，是否需要立案。议者认为存在犯罪事实，建议交由廷尉处理。"事下廷尉"之后才是案治、劾奏的开始。

第二，案治中、劾奏前的"议"。案治也往往以"议"的方式进行，例如所谓"杂治"，即选派不同部门会同案治案件。这些官员提出劾奏之前，当然要合议。如《汉书·韦贤传》载：

> 大鸿胪奏状，章下丞相御史案验。玄成素有名声，士大夫多疑其欲让爵辟兄者。……而丞相御史遂以玄成实不病，劾奏之。②

负责韦玄成逃爵案"案验"的丞相、御史提出"实不病"的劾奏，理当是合议之结果。劾奏之前的会议，除了决定劾奏与否、讨论劾奏的内容（罪状、罪名、制裁）等，有时也讨论管辖问题。例如东汉中后期有这样一个例子：

---

① 班固：《汉书》卷八十六，北京：中华书局，1962年，第3506-3507页。
② 班固：《汉书》卷七十三，北京：中华书局，1962年，第3108-3109页。

正月旦，百官朝贺，光禄勋刘嘉、廷尉赵世各辞不能朝，高赐举奏："……不谨不敬！请廷尉治嘉罪，河南尹治世罪。"议以世掌廷尉，故转属他官。①

高赐在提出劾奏之前，已经"议"过管辖问题：出于回避的考虑，"议以世掌廷尉，故转属他官"，提出"河南尹治世罪"。

第三，劾奏之后的"议"。劾奏提出之后，君主出于慎重，往往下群臣审议。由于劾奏之后，大案要案的犯人要下吏，一般案件可以直接判决，所以"议"在此环节出现很多，且往往规模较大。例如前引江都王建谋反案，"有司请捕诛建"后，制曰："与列侯、吏二千石、博士议。"又如朱博案，负责案验的左将军彭宣与中朝者提出劾奏："臣请诏谒者召博、玄、晏诣廷尉诏狱。"制曰："将军、中二千石、二千石、诸大夫、博士、议郎议。"② 前后计五十八人发表意见。此时的会议结果可能有三种。其一，批准劾奏，下吏。如丞相王嘉案，哀帝在会议的三派意见中选择了多数派，"有诏假谒者节，召丞相诣廷尉诏狱"。其二，接受驳议，寝而不治。如梁王立禽兽行案，有司"请诛"。但太中大夫谷永上疏后，天子"寝而不治"。其三，直接论处。如乐成王刘苌"骄淫不法"被举奏，君主可能下尚书台议，尚书令黄香③、尚书侍郎岑宏引《周官》"议亲"之义，建议宽大处理。君主直接采纳执行。④ 三种处理结果之中，后两种都使得诉讼程序终结，只有第一种将开启下一步——下吏。

第四，讯狱、议当中的"议"。有时君主会将"议当"环节直接通过

---

① 司马彪撰，刘昭注补：《续汉书·百官二》注引蔡质《汉仪》，《后汉书》志第二十五，北京：中华书局，1965年，第3582-3583页。本案具体发生时间，史书记载不详。按《后汉书·刘虞传》："祖父嘉，光禄勋。"可知是此处"光禄勋刘嘉"。刘虞是东汉末人，则刘嘉当是东汉中后期人。

② 班固：《汉书》卷八十三，北京：中华书局，1962年，第3408页。

③ 范晔撰，李贤等注：《后汉书》卷五十刘昭注："案《黄香集》，香与宏共奏，此香之辞也。"（北京：中华书局，1965年，第1674页。）时黄香官居尚书令。

④ 袁宏：《后汉纪》卷第十六，张烈点校：《两汉纪》下册，北京：中华书局，2002年，第319-320页。

合议的方式来实现,如《后汉书·郭躬传》载:"固奏彭专擅,请诛之。显宗乃引公卿朝臣平其罪科。躬以明法律,召入议。"

第五,奏当之后的"议"。有司提交奏当之后,君主往往还会启动会议,进行最后的商讨。奏当之后的议,一般讨论法律适用问题,决定如何判决。以《汉书·景十三王传》载广川王去案为例:

【告劾】本始三年,相内史奏状,具言赦前所犯。

【案治】天子遣大鸿胪、丞相长史、御史丞、廷尉正杂治巨鹿诏狱。

【劾奏】奏请逮捕去及后昭信。

【下吏】制曰:"王后昭信、诸姬奴婢证者皆下狱。"

【讯狱】辞服。

【奏当】有司复请诛王。

【下议】制曰:"与列侯、中二千石、二千石、博士议。"

【合议】议者皆以为去悖虐,听后昭信谗言,燔烧亨煮,生割剥人,距师之谏,杀其父子。凡杀无辜十六人,至一家母子三人,逆节绝理。其十五人在赦前,大恶仍重,当伏显戮以示众。

【复议】制曰:"朕不忍致王于法,议其罚。"

【复请】有司请废勿王,与妻子徙上庸。

【论】奏可。①

这是一个典型的中央司法刑案,各环节的分析如上所示。有司奏当请诛之后,君主制下议,要求列侯、中二千石、二千石、博士审议奏当,作为最后论决的参考。以上步骤完成后,一次审判就算终结了。但是,议还没有结束。

第六,讼理中的"议"。"讼"相当于今所谓申诉。对判决已经生效的案件,可以通过"讼"的方式请求复议。例如王尊免官后,吏民为之叫

---

① 班固:《汉书》卷五十三,北京:中华书局,1962年,第2432页。

屈，并"上书讼"云："愿下公卿大夫博士议郎，定尊素行。……唯明主参详，使白黑分别。"① 讼者请求下公卿复议。可见在讼理之后重审的案件中，可以启动会议。

（三）汉代中央司法中"议"的特点与作用

与郡县司法相比，汉代中央司法中的"议"有两大特点：

第一，几乎任何环节都可以启动"议"。在汉代郡县司法中，"议"仅存在于"合议"环节，其他环节都有严格的法定程序，不允许擅自议论、更改。而汉代中央司法，因为有君主的参与，所以从行政的机制来讲，几乎任何环节都可以启动"议"。尤其是在那些事关重大的环节，如劾奏之后、奏当之后，君主往往不轻易决断，而是启动会议，群策群力解决问题。

第二，"议"的理据呈现出多元化的态势。从出土的秦汉奏谳文书和其他案例来看，郡县司法的裁判理据主要是律令、诏书等，偶尔有决事比。但在汉代中央司法合议的六十二个案例中，除去理据不明的十二例，引用儒家经典者达到二十五例，占一半之多，这在郡县司法中是不可想象的。② 其中还有相当一部分用经破律，得出了更好的判决，如《后汉书·王望传》所载青州刺史王望擅赈灾案：

> 时公卿皆以为望之专命，法有常条。钟离意独曰："昔华元、子反，楚、宋之良臣，不禀君命，擅平二国，《春秋》之义，以为美谈。今望怀义忘罪，当仁不让，若绳之以法，忽其本情，将乖圣朝爱育之旨。"帝嘉意议，赦而不罪。③

公卿议者都执着于"法有常条"，希望治王望专命之罪。钟离意则引《春秋》之义，认为不应该"绳之以法"。又如前引博士徐偃矫制案，终军以《春秋》"王者无外"之义破徐偃的《春秋》"大夫出疆，苟利社稷，

---

① 班固：《汉书》卷七十六，北京：中华书局，1962年，第3235-3236页。
② 参见秦涛：《律令时代的"议事以制"：汉代集议制研究》，北京：中国法治出版社，2018年，第274-281页。
③ 范晔撰，李贤等注：《后汉书》卷三十九，北京：中华书局，1965年，第1297页。

专之可也"之义，最终将其绳之以法。这一案例中，《春秋》之义并非裁判的最后理据，而是适用哪条法律（找法）的判断依据。找法，在郡县司法中往往是通过逻辑推理来实现的；在中央司法中，逻辑推理之上还要加之对经义的理解和辩难。律令、经义之外，诏书、故事、决事比、礼仪、军法等也往往成为裁判的理据，已见前章。

由此来看，汉代中央司法中"议"的作用有以下三点：

首先，司法合议有利于监督司法过程，实现司法公正。会议不是一个人的暗箱操作，而是众人的合议。即便主审官员想要阿法挟私，也难以在众目睽睽之下明目张胆。君主想要在审判中实现自己的意志，也会受到相当大的制约。经过合议的案件，尤其是在"议当"环节经过合议的案件，在汉代人心目中的公正性很高。前引丞相王嘉案中，议者说："明主躬圣德，重大臣刑辟，广延有司议，欲使海内咸服。"[1] 正是这一观念的体现。

其次，司法合议能集思广益，保障判决的准确性。例如前引法律专家郭躬参与的会议，都纠正了原先错误的判决意见，做出了更为准确的判决。

最后，司法合议有利于慎刑。例如在奏当之后进行合议，尤其是死刑的奏当之后进行合议，正是为了防止滥杀无辜。这类合议被制度化后，就开了后世死刑奏报制度的先河。另外，如前所述，汉代中央司法引经义为据的现象较多，而引经义为据往往是为了出罪而非入罪。[2] 从实例来看，经过合议的判决，往往是"当"或从轻。总而言之，"议"在汉代中央司法中起到了较为积极的作用。

---

[1] 班固：《汉书》卷八十六，北京：中华书局，1962年，第3501页。
[2] 参见吕志兴：《"春秋决狱"新探》，《西南师范大学学报》（人文社会科学版），2000年第5期。

# 第九章
## 综论：经律和合与汉代社会

众所周知，两汉时期是中国帝制时代正统法律思想形成与法律制度奠基的时代，也是传统社会经学昌明的时代，二者的兴盛绝非偶然，它们之间必然存在着密切的联系。探究经学与法律之间的内在关系，不仅对理解中国传统社会的法律思想、法律制度及法律伦理化有很大帮助，而且对理解儒家经学礼法观对中国传统社会法律文化的渗透，以及二者之间互塑互动的关系也大有裨益。从汉代开始，"引经入法""引礼入法"对中国传统法律的伦理化起到重大的推动作用。儒家经学礼法思想成为我国帝制时代法律的理论指引，传统法律经过魏晋南北朝时期的发展和完善，到隋唐时期，礼法结合的局面已经形成。儒家经学与法律的和合，表现为儒家经学礼法思想对我国传统政治与法律思想的渗透、交融。"德礼为政教之本，刑罚为政教之用"成为中国传统官僚政治社会控制与社会整合的基本的运行机制与治理模式，自此以后，历朝历代均沿袭不变，它为我国传统社会的和谐与稳定做出了重要贡献。事实上，从秦汉至明清，无论朝代如何更替，中国传统社会的基本性质、政治结构、法律体系都处于一种密切联系的稳定状态。它使儒家礼法思想深深地植根于中国传统社会的政治、经济与文化的土壤之中，并在历史的发展中，逐渐积淀成为中华民族的深层性格和心理内核。因此，追根溯源，汉代经学对中国传统社会政治与法律文化影响深远。在研究汉代政治与法律史时，这是一个值得特别关注的重要课题。

客观上，儒家经学刑德观推动了汉代经学与法律的和合，它使汉代社会逐渐形成"九州同风，万里为一"的社会风尚。皇权政治也深受儒家经学礼法观的影响。在礼治方面，皇帝通过教化推引等一系列手段大大强化了官吏和百姓的忠君思想，巩固了皇帝的地位；在法治方面，通过制定一系列维护中央皇权的法律条文，为皇权提供了有力的现实保障，维护了皇帝的权威。尤其是汉代会议制度，其价值取舍与对法律的影响更是不可小看。它以一种貌似"廓然大公"的法律取向，使汉代的"春秋决狱""引经入狱"等得到认可，由此加快了汉代法律伦理化的步伐。[①] 正因如此，汉代统治者把儒家典籍尊奉为"经"，把依据这些"经"文加以发挥的学说视为"经学"，又让掌握了"经"和"经学"的儒学者流登堂入室，为其开辟仕途，促进经学的传播。同时，它使汉代的经学礼法观有力地促进了尊卑有序的君臣规则的确立，使帝制时代的礼仪、法律规范和等级秩序更加明确，这对维护君主集权的官僚政治体制具有重要意义。

## 第一节　经律和合与汉代法律的伦理化

在中华文明史上，经学作为中国传统社会政教、学术的核心，如六艺之于汉唐、四书之于宋明，皆能在朝廷上规范政制，在社会上教化百姓。随着经学的发展，在以经治国思想的影响下，汉代王侯将相和地方官吏通过习经，不断经学化。儒家经学刑德观也已经渗透到法律中，在汉代的社

---

[①] 汉代会议制度以其廓然大公的精神，为历代所称美。洪迈《容斋随笔》卷二"汉采众议"云：汉代会议制度"盖犹有公道存焉。每事皆能如是，天下其有不治乎"。（洪迈撰，孔凡礼点校：《容斋随笔》，北京：中华书局，2005年，第28页。）朱礼《汉唐事笺》卷三"集议"条，以两汉所议事之广、卑之能抗尊，说明"汉之集议公而且严"。（朱礼：《汉唐事笺》卷三，道光二年山阴李铁桥复刻本。）王鏊《震泽长语》卷上"官制"条大体抄自《汉唐事笺》，唯结尾发牢骚道："今制亦议，统于一二尊官而已。"（王鏊、王禹声撰，王永熙汇辑，楼志伟、韩锡铎点校：《震泽先生别集》，北京：中华书局，2014年，第20页。）此类阳褒阴美，无不是在对本朝政体、法制深致不满。

会治理中产生了重大而深远的影响。

中国古代的小农经济由于受到自然环境的制约,在发展过程中存在着封闭性与分散性,造就了以宗法血缘关系为基础的社会关系,其结果使古代政治与法律体制具有强烈的宗法家族的伦理属性。俞荣根先生认为:"在这个体系中,宗法家族伦理被视为法的渊源、法的最高价值,伦理凌驾于法律之上,伦理价值代替法律价值,伦理评价统率法律评价,立法、司法悉以伦理为转移,由伦理决定其弃取。"① 这种独特的政治、法律形态在造就中国独特的宗族伦理,强调"孝悌""仁爱""忠信"等道德精神的同时,也造就了以"士"阶层为主体的知识阶层。尤其在汉武帝尊崇儒术后,儒学一跃成为官方尊崇的经学,经术之士很受重用。由于当时法律附属于经学,士人阶层政治出路狭窄,文化活动受限制,他们大都通过研习经术进入官僚集团,刑官、经学、政治的一体化也成为一种必然的趋势。

两汉君主尊儒崇经,稽古礼文,在制诏诰令中征引儒经之风渐盛。据粗略统计,《汉书》诸帝纪中保存西汉诏书约180篇,这些诏书共征引经文35次;《后汉书》诸帝纪中保存东汉诏书约120篇,其中征引经文约50次。经学成为官学、帝王之学以后,帝王与经师的关系空前亲密,经师除以太子太傅或少傅为常职,还常常因侍讲经学而得到重用。君主尊师刺激着经学的昌盛,而经学的昌盛则扭转着世风,士大夫朝议无不引经据典,无不以王道的理想社会激励君主;而君主将皇权的至高无上与经学的最终裁决权集于一身,则把社会群体的思维取向定于经学一端。皮锡瑞先生指出:"汉经学所以盛,正以圣经为汉制作,故得人主尊崇。"② 众所周知,儒家的"德治"思想与教化观念常常是联系在一起的。

在儒家礼法之风的吹拂下,汉代儒学思想对法律制度有着深远影响。在皇帝的敕、令和朝廷颁行的各种法律特别是礼仪类立法中,渗透着儒家的道德、礼义规范,儒家伦理道德观成为国家立法的指导原则,实现了法

---

① 俞荣根:《儒家法思想通论》(修订本),北京:商务印书馆,2018年,第150页。
② 皮锡瑞著,周予同注释:《经学历史》,北京:中华书局,1959年,第122页。

律的伦理化。由于"法自君出",皇帝掌握着最高司法权,一切死刑案件,包括疑案、重案、要案,都要由皇帝裁决、批准。皇帝可以法外施恩,赦免罪犯,也可法外用刑,严惩罪犯。此外,在汉代的律典和其他刑事法律中,依照"失礼则入刑"的制律原则,违礼的行为也被纳入刑罚惩处之列。这些举措进一步加快了汉代法律伦理化的进程。通过法律加强礼法之治,由此达到对刑事立法"一准乎礼"的目的。汉代礼法观与法律伦理化的相互影响,可以表现在以下诸方面。

## 一、儒家礼法观与汉代立法的伦理化

汉代礼法影响立法,而法律的伦理化又反过来加强其礼法之治。汉代儒家礼法观对刑事立法"一准乎礼"发展的影响,主要体现在以下几方面。

### (一) 儒家礼法观加快了法律儒家化进程

为了巩固封建统治、维护纲常名教,在礼法结合控制机制框架下,统治者把"礼法并用,德主刑辅"确定为立法的指导原则,大大推动了法律儒家化的发展。西汉初期,在儒家伦理思想的影响下,以礼入律已开其端。如赵禹所定《朝律》,便是以礼仪入律。程树德说:"朝觐宗庙之仪,吉凶丧祭之典,后世以之入礼者,而汉时则多属律也。"[①]汉代时制定的所谓诋毁朝廷的"腹诽""非所宜言"罪,有关维护家族内不平等关系和尊者特权的法律规定,都是在"定男女之别,明尊卑之序,严君臣之份,正父子之伦"这种伦理原则的支配下制定的。[②]西汉中叶,董仲舒的"德主刑辅"主张被朝廷推崇,成为封建刑事立法指导思想。由于各种条件限制,当时尚未将体现"三纲五常"的有关封建宗法等级原则具体化为法律规范,但它对当时刑事立法仍产生了一定影响。如汉武帝时"春秋决狱",实际上是一场封建立法司法的儒家化运动。"春秋决狱"的基本精神是依据儒家经典,特别是"春秋各代大义"来审理案件,并将"春秋决狱"

---

① 程树德:《九朝律考》卷一,北京:中华书局,2006年,第11页。
② 廖宗麟:《新编中国法制史》,北京:中国检察出版社,2007年,第32页。

的司法成果制成"决事比",作为判例法加以引用。同时,按照"原心论罪"原则定罪量刑。这一做法得到最高统治集团认可,标志着当时的统治者已开始自觉地推进法律儒家化的进程。

(二) 儒家礼法文化加快了法律道德化、道德法律化的进程

为了使律制"一准乎礼",在"失礼则入刑"的思想指导下,汉代在立法上将许多违犯道德规范和封建礼教的行为也列为刑罚的制裁对象。为了以法律推行儒家的道德教化,汉代国家政治运作和民众社会生活中的道德规范几乎都被上升为法律规范。凡是严重违礼的行为均被视为违法,成了刑罚制裁的对象。如上属对长官、妻妾对丈夫的不顺不从,臣下对君主的不敬不忠,朋友间的不信不义,子女对父母的不孝,家族内的不睦等,几乎无一遗漏地被写进法律。在违礼行为作为罪名被写进律典的情况下,不但那些对他人或社会构成妨害的"悖德"行为,如严重虐待父母、诬陷、盗窃犯奸、斗殴伤人、官吏贪赃受贿、诈骗及其他侵犯人身的行为要论罪惩处,就是许多并没有对他人或社会构成妨害,只是因为违背或不符合伦理信条的行为,都成为刑罚惩处的对象。有关这方面的法律,大体可分为以下四种情况。一是行为本身并没有妨害社会或他人,但因为与儒家礼教相悖而被视为犯罪。譬如依照"孝子之养老也。乐其心,不违其志,乐其耳目,安其寝处,以其饮食忠养之"①的封建道德要求,各代都对祖父母、父母在而别籍异财,父母供养有缺,子孙违反教令,居父母丧而身自嫁娶、作乐、释服从吉等行为,科以刑罚。又如车舆、服饰、房舍是封建社会中"辨等列明贵贱"的一个重要标志,人们因品级不同,良贱身份不同,故使用这些生活资料、装饰、用品的规格、颜色均有定制,违者被说成"上下僭越",败坏人伦,要被问罪。二是因行为对象按伦理关系属于在服制之内,即便对平常人来说本不构成"犯罪"之行为,也会令其蒙受刑罚。如对一般人来说,向官府告发人犯罪是正常的事情,然而,若卑幼告大功以上尊亲属,子孙告父母、祖父母,除非被告人属于谋叛大罪、

---

① 郑玄注,孔颖达疏:《礼记正义》,李学勤主编:《十三经注疏》,北京:北京大学出版社,2000年,第995页。

谋反、谋大逆，否则要以"干名犯义"论罪，不管此告是否属实，告发人均要被判刑。三是行动本身既不"悖德"也不"违法"，但依宗法伦理关系被处刑。如族诛、连坐。族诛，指一人犯罪而夷灭其族，其中包括夷灭十族、夷灭九族、夷灭三族，属于死罪的一种；连坐，指一人犯罪株连其他人，其中包括株连上下级、同居、邻里、亲友、同族等。受株连的在族诛之外，还包括其他赎刑及笞杖刑、肉刑、徒刑等刑罚，因此连坐的含义比族诛更加广泛。连坐制在中国历史上很早就出现了，据史籍记载，夏启讨伐有扈氏时宣布："弗用命，戮于社，予则孥戮汝。"[①] 所谓孥戮，即除了惩罚犯罪者本人，还要罪及他的妻和子。连坐、族诛这两种刑罚制度在历代法律中一直被沿袭使用。族诛这种酷刑之所以未被封建统治者放弃，也是因为统治者受儒家思想的影响，企图用断子绝孙的手段迫使臣民不敢轻易反抗朝廷。四是直接以惩罚非礼行为为目标，不针对任何特定的犯罪行为。这条法律的意思是，凡是不符合封建伦理道德的行为均被视为违法，即使律令上没有明文规定，也要处以刑罚。因此，尽管这条规定文字不多，作用却非同小可，它把一切违礼的行为都置于刑罚制裁的范围之内。法律对于损害人伦关系和严重危害国家政权的行为处以重刑、酷刑，对此统治者运用儒家学说予以解释。如诛族之法残忍至极，灭门灭族连累无辜，立法者却鼓吹其是严绝恶迹之道。各种名目繁多的死刑被称为"义杀""义刑"。执法者总是利用伦理道德说教，把自己的所作所为说成是"仁至义尽"，极力丑化其法律打击对象的道德面貌。

## 二、儒家礼法观与汉代司法的伦理化

西汉中期以后，儒家礼法原则作为司法的指导原则，要求狱讼等必须符合宗法伦理要求，这就使汉代儒学礼法观念对司法活动产生了重要影响。汉代以来的诉讼制度，都是在汉代新儒学礼法结合理论与原则的指导下完善的。这些制度包括回避制度、复奏会审制度、审级制度、告诉制

---

① 孔安国传，孔颖达疏：《尚书正义》，李学勤主编：《十三经注疏》，北京：北京大学出版社，2000年，第207页。

度、三纵制度、秋决制度、拷讯制度、录囚制度、八议制度、赦宥制度等。下面，我们就以下几项主要制度来说明汉代引礼入法和三纲入律的诉讼原则和诉讼制度。

首先是"春秋决狱"制度。如前所述，在中国帝制国家的伦理法体系尚未全面形成之前，"春秋决狱"曾经是汉王朝运用伦理道德原则改造和指导司法活动的重要手段。西汉武帝时期，董仲舒曾对"春秋决狱"作了阐释："春秋之听狱也，必本其事而原其志。志邪者不待成，首恶者罪特重，本直者其论轻。"① 由此可见，"春秋决狱"的要旨是：追究行为人的动机必须根据案情事实，首恶者从重惩治，动机邪恶者即使犯罪未遂也不免刑责，主观上无恶念者从轻处理。"春秋决狱"除了依据法令断狱，还可以直接引用儒家的五部经典（《春秋》《礼》《易》《诗》《书》，尤其是《公羊春秋》这部书）的内容作为审判案件的依据。《春秋》之义基本精神是："以功覆过"、"妇人无专制擅恣之行"、"亲亲得相首匿"、绝对的忠君、"原心定罪"（即断狱必先根据犯罪事实，用儒家伦理判断犯罪者的心理状态或动机、目的，心术不正者即使犯罪未遂也要惩罚。对首恶特重者要从重惩处，目的、动机纯正者可赦而不诛或减轻刑罚）。所以，"春秋决狱"的实质，就是用道德原则和儒家伦理思想指导司法活动。对于"春秋决狱"，董仲舒本人身体力行。他曾汇编成长达十卷的《春秋决事比》，在两汉时期审判实践中被广泛引用。董氏的"春秋决狱"案例，现大多失传。但从《通典》、《太平御览》、清人黄奭所辑《董仲舒公羊决狱》和清人马国翰所辑《玉函山房辑佚书》等书中记载的少数案例看，都是借"经义""圣人"之名，力图用儒家伦理道德原则去代替、修改当时的某些与经义相抵触的具体法律规定，以确立封建礼教思想在司法中的指导地位。比如，某人的父亲因与别人争辩而斗殴，其父被别人用佩刀刺伤，子持杖援救，不料误伤了父亲。汉官吏认为他犯了"殴父"之罪，应处"枭首"刑。董仲舒根据"春秋大义"中的"君子原心，赦而不诛"，指出父子乃

---

① 苏舆撰，钟哲点校：《春秋繁露义证》卷第三，北京：中华书局，1992年，第92页。

至亲之情，子执杖救之，动机本非"殴父"，故应免罪。其他案件也大体是这类情况。"春秋决狱"是以附会儒家经典的方式进行的，它倡导的"原心定罪"与严明法制相矛盾，实际上是置既定法律于不顾。但是，这种做法在当时"轻罪重刑""繁法严诛"的特定历史条件下，对于限制严苛的汉法发挥了一定积极作用。

"春秋决狱"在两汉时期风行全国，得到了最高统治者的大力提倡，对汉以后各朝审判活动也产生了很大的影响。"春秋决狱"本质上是引礼入律，它的产生在中国法制史上有很大影响：一方面通过对审案原则的修正，推动了律学发展；另一方面促进了法律儒家化进程。以儒学为核心的礼法观念，通过"春秋决狱"等途径不断影响着法律实践，由此进一步确立了儒家思想在法制中的地位。

其次是"秋冬行刑"制度。"秋冬行刑"是汉代与死刑的执行相关的制度。根据董仲舒"天人感应"学说，规定除了谋反大逆等"决不待时"者，春、夏不得执行死刑。一般死刑犯须在霜降后、冬至前执行。因为这时杀气已至，"天地始肃"，便可"申严百刑"，以示"顺天行诛"。关于刑杀与时令的论述，最早见于《礼记·月令》仲春之月"毋肆掠，止狱讼"。而有关"秋冬行刑"的记载，最早见于《左传·襄公二十六年》。由于古代科学文化的落后，人们不能正确解释人类社会和自然界的某些现象，认为在自然界万事万物和人类之外存在着一个能支配万物的造世主。丰年、瘟疫、灾害、祥瑞都是上天赐予的，因而人们的一切行为都必须符合天意，刑杀、赦免不能与天意相违背，设官、立制也要与天意相和谐。秋冬是肃杀蛰藏的季节，春夏是万物滋育生长的季节，古人认为，这是宇宙的秩序法则，人间的司法也应当顺乎四时，适应天意。而先秦阴阳家"赏以春夏，刑以秋冬"的理论，则是这种思想最完整的体现。汉代的桓宽明确提出："春夏生长，利以行仁。秋冬杀藏，利以施刑。"[①]

西汉中期，儒学公羊派大师董仲舒继承了传统的"天人合一"思想，进一步创造出了"天人感应"学说。他认为："庆赏罚刑与春夏秋冬，以

---

① 王利器校注：《盐铁论校注》卷第九，北京：中华书局，1992年，第557页。

类相应也……天有四时，王有四政。"① 天意是"先德而后刑""任德不任刑"的，所以应当秋冬行刑，春夏行赏。如果违背天意，就会受到上天的惩罚，招致灾异。从此，"秋冬行刑"遂被载入律令而制度化。汉代法律规定，立春之后不得刑杀，刑杀只能在秋冬进行。中国是以农立国的国家，古代法律家和统治者也考虑到春夏乃农事季节，审判处决重大刑案往往牵涉多人，"上逆时气，下伤农桑"。这一制度对统治者恣意妄杀起到一定缓冲作用，但封建统治者更多地是借天意之名行杀罚之实，表示用刑是顺应天命，让老百姓俯首帖耳地任其宰割，巩固其统治。这是中国历史上秋冬行刑制度历久不变的重要原因。

再次是保障皇权和贵族权利的上请制度、八议制度。"上请"是指司法官员无权审判有罪的贵族官僚，必须奏请皇帝裁断。皇帝可以根据罪犯的具体情况，如现任官职的大小、和皇室的亲疏关系、功劳大小等，来决定是否减免刑罚。上请制度的设立是为了调节统治集团内部的关系。一般而言，贵族、官僚具有法律上的特权，而上请制度使皇帝保留了制裁的权力。西汉时期，享有上请的对象为郎中或六百石以上的官吏和公、侯及其子孙。后来，享有此项特权的人越来越普遍，由宫内到宫外，由京师到地方，由高层官员到低级官吏。例如东汉初期，光武帝下诏："吏不满六百石，下至墨绶长、相，有罪先请。"② 由于贵族、官僚的许多罪都可通过上请得到减免，由此法律的阶级属性更加突出。再如"八议"之制，也与"上请"一样，是贯彻"贵贵""尊尊"伦理原则，指达官显贵皇亲国戚等在法定诉讼中享有特权地位的八种人。这八种人犯死罪先奏请皇帝裁决，曹司不得专断。"八议"者的有关法定亲属，也享有"犯死罪者上请，流罪以下减一等"的特权。除了"八议"，贵族和官吏还享有"赎""请""减""官当"等诉讼特权。统治者在设立"八议"之制时主张："其应议之人，或分液天潢，或宿侍旒扆，或多才多艺，或立事立功，简在帝心，

---

① 苏舆撰，钟哲点校：《春秋繁露义证》卷第十三，北京：中华书局，1992 年，第 353 页。

② 范晔撰，李贤等注：《后汉书》卷一上，北京：中华书局，1965 年，第 35 页。

勋书王府。"①《礼》云："刑不上大夫。……犯法则在八议轻重，不在刑书。"② 故"若犯死罪，议定奏裁"。"原情议罪"的意思指，"八议"者均是"贵贵""尊尊"之人，不能同百姓庶民相提并论，这样做是符合"礼"的要求的。鉴于"八议"之制完全符合统治者的根本利益和伦理原则，经过东汉律学家引经注律，援礼入法，至曹魏时正式将"八议"入律。③

又次是在汉代司法制度中体现儒家"恕道""仁道"的礼教原则。汉代统治者为了在司法实践中贯彻"恕道""仁道"精神，减少冤狱，达到"推恩足以保四海""教化迁善"的目的，逐渐形成了一套恤囚、慎刑制度。其中主要有：（1）录囚。这是一种由上级长官或君主平反冤狱、讯察决狱情况，或督办久系未决案的制度。录囚的起因多是天灾、彗星等奇异现象的出现。统治者认为这是冤狱太滥而招天怒所致，故希望通过"恤囚""修刑"，以"恩德"施囚，求得福报，取悦于神明。这一制度始于汉武帝时，汉武帝曾诏令郡太守及州刺史到郡、县录囚。（2）"三宥""三纵"。"三宥"是指针对过失、不识、遗忘犯罪，因其属非故意犯罪，故减轻其刑。譬如，基于"仁"的考虑，法律上对孕妇、老人、儿童、笃疾这几种人犯罪，予以免刑或减轻刑罚。"三纵"是指针对愚蠢、老耄、幼弱犯罪，考虑其承担法律责任的能力，或减或免其罪。按东汉制度，八十以上、十岁以下及笃疾者，犯大逆、杀人等死罪可以上请减免；年十五以下、七十以上及笃疾者，不加拷讯，流罪以下可以赎罪；年九十以上、七岁以下者，虽有死罪不加刑，一般的盗或伤人也可以赎罪。通过"矜老""怜幼"等举措，朝廷借以树立其仁政形象，扩大儒家礼教的影响。（3）复奏、会审。这是封建统治者为"施行仁政""恤刑慎罚"而采取的

---

① 窦仪等撰，吴翊如点校：《宋刑统》卷第二，北京：中华书局，1984 年，第 15 页。
② 郑玄注，孔颖达疏：《礼记正义》，李学勤主编：《十三经注疏》，北京：北京大学出版社，2000 年，第 91—92 页。
③ 由于各时代历史条件不同，统治者在司法实践中对"八议"的执行是不一样的。例如唐代重视优待勋贵，明代则诛杀功臣，清代皇族曾骨肉相残。皇帝出于巩固权力的需要，其行为是不受"八议"束缚的。

一项重要措施。汉以后各代，一般对犯徒以上罪者，实行初审后由上一级审判机关复审的制度。死刑会审和复奏重囚疑狱的制度，在实践中存在着文牍主义和形式主义的弊端，那些被判处"绞立决""斩立决"的冤狱很难得到昭雪，因为不在会审之列。但是，这两种制度毕竟有利于加强朝廷对地方及中央司法机关的监督检查和减少冤狱，故仍不失为一种开明的制度。

最后是实行慎刑恤囚制度。为体现儒家的仁义道德，防止滥刑，汉代对刑讯制度，如刑讯方法和程度、刑具、刑讯的年龄，作了具体规定。如汉律中规定：贵族官吏不予拷讯，拷囚不得超过三度；总数不得超过二百；法官若不依法拷讯，视情况分别受到笞三十至徒二年的处罚。在科刑方面，儒家从立刑"恕道""诛心"出发，认为已知悔过者不再用刑教，故对公事失错自觉举者、犯罪自首者予以免罪。在治狱方面，一些朝代规定，草蓐要厚实，牢房要坚固，有病要给予医治，家人送来饭食要为之传递，病重者要脱去枷锁，衣服不够的要发给衣服。在行刑制度方面，对妇女犯罪且为非斩罪者，皆绞于隐处，不公开行刑示众。此外，君主为了宣扬"矜恤之道""宽仁厚德"，济刑罚之穷，也为给犯罪者以自新的机会，实行了大赦制度。自汉到南北朝，大赦极为频繁，因这一制度屡屡导致犯罪者产生侥幸心理而再度犯罪，故唐、明、清诸朝对实行大赦采取了慎重态度。

从以上例证可以看出，汉代已将经学刑德观融入法律之中，这有利于维护社会稳定，对中国传统社会中的扶贫济困、敬老助残、恤民爱民的风尚与道德规范的养成有一定积极意义。但是，儒家经学刑德观与法律的融合，则导致汉代法律的逐步伦理化。

总而言之，儒家经学礼法观在对汉代法律制度中的立法、司法、引经入诏等方面的影响中，逐渐使儒家伦理道德观成为国家立法的指导原则，实现汉代法律制度伦理化。

## 第二节　经律和合与汉代地方社会

汉代是中国封建正统法律思想形成的重要时期。经学作为汉代封建意识形态的核心内容，不仅对汉代法律制度产生重要影响，而且通过礼与法对汉代民间社会生活产生深刻影响。事实上，在礼法合一的汉代社会，政治、经济、法律、道德、风俗等都以君主集权的官僚政治为中心，通过宗法制度而对汉代社会产生重大影响。孟德斯鸠曾针对古代中国统治者将法律与礼仪、风俗等相互混淆的情形，说道："中国的立法者们所做的尚不止此。他们把宗教、法律、风俗、礼仪都混在一起。所有这些东西都是道德。所有这些东西都是品德。这四者的箴规，就是所谓礼教。中国统治者就是因为严格遵守这种礼教而获得了成功。"① 事实上，在古代中国的法律思想与法律制度中，"所谓中国法律的儒家化亦就是其宗法伦理化，就是儒家伦理法思想全面指导立法和法律注释，并积淀、演化为律疏的原则和规则"②。我们常常能够看到，"以纲常礼教为核心的伦理观念，犹如经线之贯南北，纬线之通东西，将大部分条款都织入了一幅以血缘关系为基础的多层次的'宗法人伦'结构之网。《律疏》在作为基本原则部分的《名例》篇首中，疏文开宗明义宣称：'德礼为政教之本，刑罚为政教之用，犹昏晓阳秋相须而成者也。'"③这种情形无疑加速了古代社会法律的伦理化进程。

从汉代法律与社会的关系看，一方面，统治者通过教化等一系列手段大大强化了官吏和百姓的忠君思想，巩固了君主集权的管理体制；另一方面，则通过制定一系列维护中央皇权的法律条文，为君主集权的专制政治提供了有力保障，稳定了汉代社会。事实上，从武帝以后直到西汉末期，法律的伦理化程度不断加深。东汉政权的官方意识形态，是以今文经学为

---

① 孟德斯鸠著，张深雁译：《论法的精神》上册，北京：商务印书馆，2020年，第313页。
② 俞荣根：《儒家法思想通论》（修订本），北京：商务印书馆，2018年，第664页。
③ 俞荣根：《儒家法思想通论》（修订本），北京：商务印书馆，2018年，第665页。

基础，容纳了古文经学和谶纬学说的内容，重塑了汉代国家统治思想，也使西汉宣帝、东汉光武帝崇尚儒学作为国家法典和国教的努力更现实化。特别是汉章帝建初四年（79）的白虎观会议，使东汉光武帝的法典和国教更加系统化。章帝将大夫、博士、议郎、郎官、诸生及诸儒集会于白虎观，讲议五经异同。这次会议把儒家经典与谶纬学说结合，使儒学进一步神学化。这次历史性会议结果的集中体现，便是典籍《白虎通义》。《白虎通义》宣扬纲常和礼制，对整个社会各个层面都做出了系统安排，这种安排集中反映在对三纲六纪和礼制的规定上。所谓"纲"，是指社会关系中最重要的方面，即"大者为纲"；所谓"纪"，是指相对次要的社会关系，即"小者为纪"。三纲六纪是指社会关系中三个主要方面和六个次要方面。《白虎通义》对三纲的神圣性作了说明："一阴一阳谓之道，阳得阴而成，阴得阳而序，刚柔相配，故六人为三纲。"[①] 三纲取数"三"，还在于它效法"天、地、人"。君臣关系仿照天上的日月，日伸月屈。父子关系仿照地上的五行，木生火，火生土，土生金，金生水，水生木。夫妻关系仿照阴阳，阴阳交合而生万物。《白虎通义》对三纲是一种哲学化的论证，是一种宗教化、神秘化的论证。三纲的地位被确立之后，六纪也就有了基础："六纪法六合。……六纪者，为三纲之纪者也。师长，君臣之纪也，以其皆成己也。诸父、兄弟，父子之纪也，以其有亲恩连也。诸舅、朋友，夫妇之纪也，以其皆有同志为己助也。"[②]《白虎通义》通过对"天人合一"的论证，将三纲六纪放到国家大法的位置。如《后汉书·曹褒传》曰："孝章永言前王，明发兴作，专命礼臣，撰定国宪，洋洋乎盛德之事焉。"[③] 从"国宪"二字就可以看出《白虎通义》的政治思想的权威意义。此后，《四库全书总目》把《白虎通义》列为杂家类，主要是因为《白虎通义》围绕着君臣、父子、夫妻这个封建伦常核心，博采众家，将各家各派加以发挥的汉代宗法伦理思想提炼成一部简明扼要的经学法典，在一定

---

① 陈立撰，吴则虞点校：《白虎通疏证》卷八，北京：中华书局，1994年，第374页。
② 陈立撰，吴则虞点校：《白虎通疏证》卷八，北京：中华书局，1994年，第375页。
③ 范晔撰，李贤等注：《后汉书》卷三十五，北京：中华书局，1965年，第1205页。

程度上实现了"共正经义"。它使统治者更好地通过礼与法来进行政治思想整合与社会控制，由此适应了大一统君主专制王朝的需要。

因此，汉代礼法对地方社会的影响是非常大的。它通过从中央的辟雍直到乡里的庠序这样一套严密的道德教育网络，对各等级施行普遍教育，使"有贤才美质，知学者足以开其心，顽钝之民，亦足以别于禽兽而知人伦"①。这样的网络一旦正常运行起来，其对汉代法律的影响是不言而喻的。"礼如此地包罗万象，以致我们在论证现实中每一种法律的历史时几乎都可以追寻到礼的踪影。说到宪法时如此，说到民法时如此，说到行政法时也是如此。我们还是用古人的话来概括'包罗万象'——这一'礼'的特征。"②它所提出的汉代国家建构的制礼作乐、各守尊卑本分的社会理想，对社会的影响巨大。"礼乐者，何谓也？礼之为言履也。可履践而行。乐者，乐也。君子乐得其道，小人乐得其欲。王者所以盛礼乐何？节文之喜怒（句有讹）。乐以象天，礼以法地。人无不含天地之气，有五常之性者。故乐所以荡涤，反其邪恶也。礼所以防淫佚，节其侈靡也。故《孝经》曰：'安上治民，莫善于礼。''移风易俗，莫善于乐。'子曰：'乐在宗庙之中，君臣上下同听之，则莫不和敬。在族长乡里之中，长幼同听之，则莫不和顺。在闺门之内，父子兄弟同听之，则莫不和亲。故乐者，所以崇和顺，比物饰节，节奏合以成文，所以和合父子君臣，附亲万民也。是先王立乐之方也。'……夫礼者，阴阳之际也，百事之会也，所以尊天地，傧鬼神，序上下，正人道也。"③礼乐制度是外在的行为规范，伦理观念则是内在的制约机制，礼乐通过行为规范强化等级制度，伦理观念则要把这套规范化为人们的自觉行动，作为天经地义的遵奉原则。儒家的伦理观以血缘关系为根本出发点，而封建大一统政权以宗族为构建基础，通过礼法文化对宗法家族的控制，形成汉代基层社会的礼治秩序。

---

① 陈立撰，吴则虞点校：《白虎通疏证》卷六，北京：中华书局，1994年，第263页。
② 马小红：《礼与法：法的历史连接》，北京：北京大学出版社，2004年，第81-82页。
③ 陈立撰，吴则虞点校：《白虎通疏证》卷三，北京：中华书局，1994年，第93-95页。

## 一、将宗法血缘规则纳入律法

与秦代相比，汉代统治者转变统治政策，重整社会伦理秩序，将宗法伦理纳入律法中，以国家意志的形式表现出来并使之规范化。东汉宗法伦理与法律的整合，一方面表现为宗法血缘规则被纳入律法；另一方面表现为在司法中以经决狱、原心定罪，维护"亲亲"之道。东汉逐渐建立起一种适合社会需要的宗法伦理化的法律制度。它使宗法伦理关系对东汉律法的作用最突出。一般而言，两汉人的宗族以九族为限，超出九族，即不再视为同一宗族。东汉法律中产生权利义务关系的亲属，基本限定在五世之内。它使宗法血缘规则入律成为一个普遍的事实。这种情况主要体现在以下几个方面。

### （一）规定家系继承关系

汉代关于继承关系的法律，传世古籍中未有具体记载。《二年律令》中所载有关汉代继承关系的法律却约有二十款，主要存于《傅律》《户律》《置后律》中，涉及继承人的范围和顺序、身份继承、财产继承等问题，揭示了汉代继承关系的原则与特色。依据张家山汉简，学界对汉代法定继承的认识是一致的，即包括财产继承、身份继承，其中财产继承处于附属地位，身份继承居于主导地位。身份继承又可分为一般意义上的户主继承和爵位继承。从家系继承角度来看，汉代十分重视立"后"，尤其东汉立嗣以嫡的观念已经比较突出。据张家山汉简可知，汉初律文中的家系继承法也能够认可嫡长子继承制的合法性。关于爵位的身份继承顺序，按律文，亲子都是第一顺序，即继承人按血缘亲等关系确定，以嫡长子为第一继承人。当无嫡子时，亦可以立庶子，嫡庶之别尚未如后世那么壁垒森严。汉初法律虽然规定嫡长子为身份继承的第一人选，但综观汉代文献资料，嫡长子继承制度在实践中并没有得到较好的执行。东汉时类似的事例也不断发生。东汉末，董卓议欲废立，袁绍曰："若公违礼任情，废嫡立庶，恐众议未安。"① 再如《后汉书·公沙穆传》载公沙穆"迁缯相。时

---

① 范晔撰，李贤等注：《后汉书》卷七十四上，北京：中华书局，1965年，第2734页。

缯侯刘敞……所为多不法……乃上没敞所侵官民田地，废其庶子，还立嫡嗣"①，可见立嫡已经成为时人的共识。但是这与个人好恶有直接关系，从东汉皇位继承和一般家系继承看，皆存在废嫡立庶的现象。东汉法律似乎很少严厉追究违背立嗣规定者的法律责任。这与汉代社会强调家长权威、重视孝伦理有关。

值得注意的是，汉代法律中所规定的家庭继承顺序是发展变化的。汉初，《二年律令》之《置后律》的继承顺序为"毋子男以女，毋女以父，毋父以母，毋母以男同产，毋男同产以女同产，毋女同产以妻"②。而《奏谳书》中有一条涉及当时继承问题的法律规定，应当属于秦末或汉初的法律："故律曰：死□以男为后。毋男以父母，毋父母以妻，毋妻以子女为后。"③ 此"后"包括死者最亲近的直系亲属，不等于"后子"，只是继承人而已。通过比较，我们可见二者之差别，那就是妻子的继承顺序由第七位提到第三位，女儿的继承顺序由第二位退到第四位，从中反映出汉代对家庭直系血缘亲属关系的逐渐重视。

户主继承权涉及每个家庭。户主通常由嫡长子继承，嫡长子作为"为父后者"，是未来的家长，他将继承父爵，继承对祖先的祭。这在当时而言乃天经地义，为大家所认可。张家山汉简律文中有"代户"和"为户"的区别。"为户"就是因为分家等原因建立新独立户。"代户"就是代替前任户主成为新户主，继承前任户主的权利和义务。我们可以将一般意义上的户主继承称为"代户"。代户虽然也是按血缘亲等确定，但继承人的范围要大得多。按律文，户主的继承人范围甚广，按顺序依次是子男—父母—寡妻—女儿—孙—耳孙（曾孙）—祖父母—同产子（侄）—后妻子—弃妻子。西汉前期的法律对户主继承虽然规定以嫡长子为先，但继承范围相当广泛，主要依据血缘、婚姻、抚养及其他一些特定关系，其中血

---

① 范晔撰，李贤等注：《后汉书》卷八十二下，北京：中华书局，1965年，第2730页。
② 张家山二四七号汉墓竹简整理小组编：《张家山汉墓竹简〔二四七号墓〕》，北京：文物出版社，2001年，第183页。
③ 彭浩、陈伟、工藤元男主编：《二年律令与奏谳书：张家山二四七号汉墓出土法律文献释读》，上海：上海古籍出版社，2007年，第374页。

缘关系最重要。汉初的法定继承次序是以男性为主的。汉律规定，父亲死后，女方不允许转让家庭财产。汉代法律以立法的形式强调家庭伦理，肯定和强化了家庭内部的不平等关系。这种继承关系与汉代孝伦理实践有很大关系。

（二）维护父家长权力

汉代统治者非常重视对"孝亲"道德规范的实施，历来认为"国之本在家"，孝是忠的缩小，忠是孝的扩大，把家与国、忠与孝联系在一起。为了使臣民尽忠，必须讲孝。正因如此，历代刑事立法对违背"孝亲"行为的处罚作了严格的规定，从刑名、科刑等方面都注重体现"亲亲之义"。

在刑名方面，法律对亲属间相犯事作了许多特殊的规定，区分亲与非亲的界限。汉律中设有"不孝"罪，提倡同居共财。汉律"不孝罪"是对父权的充分肯定。《太平御览》卷六百四十引《春秋决狱》载："甲父乙与丙争言相斗，丙以佩刀刺乙，甲即以杖击丙，误伤乙，甲当何论？或曰：殴父也，当枭首。"①

《孝经》载："五刑之属三千，而罪莫大于不孝。要君者无上，非圣人者无法，非孝者无亲，此大乱之道也。"②

《后汉书·仇览传》载："人有陈元者，独与母居，而母诣览告元不孝。览惊曰：'吾近日过舍，庐落整顿，耕耘以时。此非恶人，当是教化未及至耳。母守寡养孤，苦身投老，奈何肆忿于一朝，欲致子以不义乎？'"③

这说明不孝不需要具体内容，只要父母"肆忿于一朝"即可。这表明汉律对父权的充分肯定。统治阶级这样做自然是为了维护统治秩序，因此不孝往往也不在大赦之列。袁宏《后汉纪》载，东汉光武帝建武二十九

---

① 苏舆撰，钟哲点校：《春秋繁露义证》卷第三，北京：中华书局，1992 年，第 93 页。
② 李隆基注，邢昺疏：《孝经注疏》，李学勤主编：《十三经注疏》，北京：北京大学出版社，2000 年，第 47-48 页。
③ 范晔撰，李贤等注：《后汉书》卷七十六，北京：中华书局，1965 年，第 2480 页。

年，汉廷"诏天下系囚自殊死已下减本罪各一等，不孝不道不在此书"①。

孝亲的对象不仅包括在世的长辈，也包括故去的长辈。《汉书·金日䃅传》载，金钦为其父立庙却未入祠其祖夷侯常庙，为此甄邯劾奏"诬祖不孝，罪莫大焉"。群臣要求治钦罪，"谒者召钦诣诏狱，钦自杀"②。同是斗殴罪，但若所殴者为祖父母、父母，则要科以"恶逆"重罪。同是谋杀或掠卖罪，但如果所谋杀或掠卖的对象为"缌麻以上亲"，则要科以"不睦"重罪。律典除了在法律条文中设立了各种违背"孝亲"行为的"刑名"，并作了具体的刑罚规定，还把严重败坏人伦的亲属相犯行为列入"十恶"。如对父母丧及尊长丧期间的"不孝"刑名。在量刑方面，因血缘关系的亲疏和承担的法律义务的不同而有轻重之别，具体表现在以下四方面。其一，某些特定罪名的科刑，因亲属伦理关系远近而实行缘坐株连。罪名愈重，所株连的亲属范围愈广；血缘关系愈近，株连时所受的刑罚愈重。其二，官吏和贵族的亲属因受庇荫，可以分享部分法律特权。这需要根据贵族和官吏本人的品级高低，以及与所庇荫亲属的关系远近，确定其分享的程度。亲属关系愈近，便愈有资格分享更多的法律特权；官品越高，所庇荫的亲属范围越广。其三，从注重伦常孝悌角度出发，又有易刑、缓刑之制。所谓易刑，即对处以徒流刑而符合留养条件的，易之以杖刑，只杖一百，余罪收赎，不必真徒、真流。所谓缓刑，就是指犯死罪或徒流罪者，若其直系尊亲属老疾需要侍奉且家无成丁，可以宽缓服刑。缓刑、易刑之设，主旨不是宽恕罪犯，而是怜恤犯罪者的老疾双亲，其重伦理的特色是显而易见的。其四，凡属亲属间相侵的犯罪，因犯罪者承担的法律义务和尊长卑幼身份不同，同罪异罚。历代法律对尊长与卑幼相殴、相谋杀、相盗、相骂、相奸等都有详尽规定，其基本精神是从法律上保障尊长的地位优于卑幼。卑幼侵犯尊长，则要以较常人重的刑罚治罪，而尊长侵犯卑幼，可以不治罪或以较常人轻的刑罚处置。除了侵犯财产的"盗窃"罪视亲疏关系程度

---

① 袁宏：《后汉纪》卷第八，张烈点校：《两汉纪》下册，北京：中华书局，2002年，第152页。

② 班固：《汉书》卷六十八，北京：中华书局，1962年，第2965页。

由疏至亲逐级递减，亲属间其余的人身相犯，均由疏到亲逐级加刑，卑幼侵犯尊长，血缘关系愈近，治罪愈重。

（三）维护"男尊女卑"的伦理规则

"男尊女卑"是儒家倡导的重要道德信条。法律对违犯这一道德信条的行为予以惩处，以维护家族内部"男尊女卑"的伦理关系。"三从四德"被规定为妇女必须绝对遵守的行动准则。所谓"三从"，是指女子"在家从父""出嫁从夫""夫死从子"。所谓"四德"，是指"妇德、妇言、妇容、妇功"。丈夫的遗产必须由儿子或嗣子继承，只有儿子未成年时，母亲可以代行管理权，但无所有权。法律否认妻子有继承丈夫财产的权利。从夫妻的人格关系看，妻子在法律上的地位属于卑幼，丈夫在法律上的地位属于尊长。法律规定，夫妻间若发生相殴杀的行为，也按照尊卑相犯的原则加以处理。妻告夫乃犯上，与卑幼告尊长同样治罪。在东汉家庭中，不仅夫妻的法律地位极不平等，妻子在丈夫的尊长亲属面前也处于从属地位。媳妇对公婆有任何侵侮不逊，便属有罪。男尊女卑的伦理原则，还被贯彻于有关婚姻关系立法的各个方面。婚姻关系的成立被看作与男女结婚者本人无关系的家族的事，故法律上不但明确确认"父母之命，媒妁之言"是婚姻结合的合法形式，而且对不符合祖宗嗣续和家族统治要求的婚姻，便会予以解除。至于妾在家庭中的地位，比妻更为低下。夫主殴妾，比殴妻罪轻二等。

直系尊长对子女既承担法律义务，又享受特定法律权利。尊长对子女有财产权、教令权、主婚权。法律规定，祖父母、父母在或祖父母、父母丧但服丧未满，子孙不得别籍异财；父母的教令，子女必须绝对服从；子女的婚姻由父母决定，子女不得违抗。子孙违犯教令，被认为是"不孝不敬"，家长因此而笞责子孙是合法的，即使致死，法律上也只给以很轻的处罚。若子女因有殴骂等不孝行为而被父母杀死，则父母免罪。在东汉家庭中，父权高于一切，对子女的权利主要由男性家长行使。家长在具有上述权利的同时，对家庭的有关社会义务承担法律责任。如本户发生欺隐田粮、脱漏户口、逃避差役等方面的问题，法律会追究家长的责任。

## (四) 无子听妻入狱

东汉重视对父母血脉延续之孝,"于礼有不孝者三事,谓阿意曲从,陷亲不义,一不孝也。家贫亲老,不为禄仕,二不孝也。不娶无子,绝先祖祀,三不孝也。三者之中,无后为大"。

汉代往往将"无子"而休妻视为理所当然,足见汉代人也将无后视为最大的不孝。在司法实践中,在孝伦理的影响下,汉代产生了"无子听妻入狱"之制。例如,东汉时的鲍昱"为沘阳长,县人赵坚杀人系狱,其父母诣昱,自言年七十余唯有一子,适新娶,今系狱当死,长无种类,涕泣求哀。昱怜其言,令将妻入狱,解械止宿,遂任身有子"①。

无子听妻入狱,即让无后的囚犯传宗接代,这无疑体现出法律对孝伦理的关注。汉代无子听妻入狱对后世影响较大,是中国传统法律之存留养亲制度的根源。正如瞿同祖所说,犯死罪或徒流而存留养亲之意原在体贴老疾无侍之犯亲,本是以孝为出发点的,并非姑息犯人本身。② 根源于汉代无子听妻入狱的存留养亲制度能够源远流长的根本原因,就在于它对朝廷伦常的维护。统治者为了教化民众、维护伦常,极力倡导孝道,以亲情维系家国同构的社会稳定。为了维护孝之伦理,统治者不惜暂时放弃或永久放弃对犯人的惩罚,以刑罚的让步来帮助犯人完成在家庭中应尽的孝亲责任,以巩固亲伦关系,强化人与家庭之间的依赖与从属关系。

此外,家庭伦理观念还作用于汉代程序法。一是允许在押囚犯遇父母丧回家奔丧。在重视丧葬的汉代,允许在押囚犯回家奔丧体现了孝伦理。二是允许犯人亲属相代。三是犯人徙边,许父母兄弟同往。以上体现伦理特色的诉讼程序法多为东汉时期所实行,足见随着儒学的普及,儒家血缘宗法伦理对法律的影响是不断深入和演进的。

## (五) 宽宥亲属复仇

东汉章帝以法律的形式明确规定从宽处理为父报仇之人。"建初中,

---

① 刘珍等撰,吴树平校注:《东观汉记校注》卷十四,北京:中华书局,2008年,第572页。

② 瞿同祖:《瞿同祖法学论著集》,北京:中国政法大学出版社,1998年,第72页。

有人侮辱人父者，而其子杀之，肃宗贳其死刑而降宥之，自后因以为比。是时遂定其议，以为《轻侮法》。"此律令一直延续到和帝时，尚书张敏建议废除《轻侮法》，加强对复仇行为的制约。一番周折后，得到和帝认可。可见，就主流汉律来看，是禁止复仇的。但从程序法角度观之，则又不尽然。东汉官吏最注重教化，大多以慎刑息讼为务，以维护儒家伦理道德为己任，庇护复仇者、维护孝伦理已成为其司法实践的准则。对于为亲复仇者，即使已被依法拘捕，也要通过各种途径宽宥之。宽宥复仇才是汉代法律的内在精神。见于史料记载的汉代复仇案例中，大多数当事人被减免处罚。汉末荀悦曾解释为"有纵有禁，有生有杀。制之以义，断之以法，是谓义法并立"①。

东汉地方官对复仇者的庇护十分明显。《后汉书·张禹传》注引《东观记》曰："歆守皋长，有报父仇贼自出，歆召囚诣合，曰：'欲自受其辞。'既入，解械饮食，便发遣，遂弃官亡命，逢赦出，由是乡里服其高义。"这无疑是"以孝枉法"，对为父报仇的孝子网开一面的典范。由于东汉对孝道的过分褒扬，复仇之风盛行，甚至造成了对法律的巨大冲击。如汉灵帝时，赵娥历尽千辛万苦终于手刃杀父仇人，然后赴官府自首。禄福长尹嘉感其义行，"即解印绶去官，弛法纵之"②。守尉竟然"阴语使去，以便宜自匿"。赵娥坚辞不肯，"尉知其难夺，强载还家。凉州刺史周洪、酒泉太守刘班等并共表上，称其烈义，刊石立碑，显其门闾"③。赵娥被赦免后，不仅有故黄门侍郎梁宽追述赵娥之孝，还有太常张负束帛二十端与她为礼，为其作传，社会各界对其也是交口称赞。又如《后汉书·苏不韦传》载，苏不韦为父报仇，"变名姓，尽以家财募剑客"，杀人无辜妻儿，掘人家墓。这种行

---

① 荀悦撰，黄省曾注，孙启治校补：《申鉴注校补》，北京：中华书局，2012年，第72页。
② 刘珍等撰，吴树平校注：《东观汉记校注》卷十八，北京：中华书局，2008年，第871页。
③ 刘珍等撰，吴树平校注：《东观汉记校注》卷十八，北京：中华书局，2008年，第872页。

"不合古义"之事的人，竟然被太傅陈蕃辟之为官，还被东汉名士郭林宗称赞为"力唯匹夫，功隆千乘"①。

可见，赞赏、同情、纵容报仇杀人之孝者，已经成为东汉各阶层人士的共识。社会舆论和执法人员对孝子复仇问题的赞赏，明显地超出了合理的范畴。在孝伦理意识支配下，执法者尽管清楚法律并不鼓励复仇，在对此类诉讼案件审判时，还是对其表现出积极的态度，他们并不是为化解纠纷或实施惩罚，而是以维护伦常、弘扬道德为己任，把追求符合孝伦理的行为标准引入司法断案。由此造成的"以孝枉法"现象，可以说是东汉乃至中国古代社会的一大特色。这就使法律失去了其独立的地位和价值，在某种程度上成为推行伦理道德的一种手段。

## 二、法律维护"亲亲"之道

汉宣帝时期，汉廷确立了"亲亲得相首匿"制度。"亲亲得相首匿"，是指一定范围的亲属之间隐庇犯罪，可以不追究刑事责任。有学者认为，华夏刑律有一种被特别强调的政制，即"容隐制"，源于儒家的"亲亲相隐"思想，起于汉宣帝诏令，定型于《唐律》，而流行于汉以后之传统社会。盖人之生而能群，先有家，聚家成国，于是不得不以礼义规则作为人群共同生活的秩序安排。但在社会生活中，面临的一个普遍性问题是：当家人所行，悖于群体规则，同家之人应该如何？在中国传统思想与社会中，面对亲人的犯罪，儒家思想、传统刑律都允许"亲亲相隐"。这种思想由来已久，早在周礼中就有"为亲者讳"的说法。在儒家经典《春秋》中，涉及"亲亲相隐"思想的记载有四条，其中最主要的一条是在闵公元年。《春秋公羊传》记载，《春秋》经：闵公"元年，春，王正月"。公羊传："公何以不言即位？继弑君不言即位。孰继？继子般也。孰弑子般？庆父也。杀公子牙，今将尔，季子不免。庆父弑君，何以不诛？将而不免，遏恶也。既而不可及，因狱有所归，不探其情而诛焉，亲亲之道也。"

---

① 范晔撰，李贤等注：《后汉书》卷三十一，北京：中华书局，1965年，第1108-1109页。

何休注："论季子当从议亲之辟，犹律亲亲得相首匿，当与叔孙得臣有差。"①《论语·子路》记载："叶公语孔子曰：'吾党有直躬者，其父攘羊，而子证之。'孔子曰：'吾党之直者异于是。父为子隐，子为父隐，直在其中矣。'"② 主张父子之间由于血缘关系应互相隐瞒犯罪行为。《孟子》中也有舜负父逃于海滨的案例。当桃应问孟子"舜为天子，皋陶为士，瞽瞍杀人，如之何？"孟子的回答首先是"执之而已矣"。因为皋陶作为士，是执法者，不能见犯罪者而不捉拿，即便是天子之父犯罪，也照样逮捕。桃应问："然则舜不禁与？"孟子以"夫有所受之也"回答。也就是说，面对自己父亲杀人被抓，任何人，不管是平民还是天子，都只有"受之"。但是，天子和平民的权力不同，责任也不同。对平民而言，爱亲之心胜，可以为亲隐，所以平民是可以为了保护亲人而逃亡海滨的。而舜是天子，孟子既不认为舜作为天子看到父亲被执被杀而能够安其天子之位，又不认为舜作为天子而能够以其权力纵父杀人，于是，只能安排舜"视弃天下犹弃敝蹝也。窃负而逃，遵海滨而处，终身欣然，乐而忘天下"③。也就是说，舜放弃"天子"的角色而成全其"子"的身份，放弃治人的权力而尽其"事父"的责任。由于中国传统社会是以礼制秩序中的身份角色为基本关系而构成的，所以当人伦关系的冲突发生时，常常是根据具体情景而做出相应处置。

总体上看，汉代统治者接受了儒家的立场，从制度上确立了"亲亲相隐"的合法性。《汉书·宣帝纪》记载，宣帝地节四年下诏："……自今子首匿父母，妻匿夫，孙匿大父母，皆勿坐。其父母匿子，夫匿妻，大父母匿孙，罪殊死，皆上请廷尉以闻。"④ 这就是通常所说汉代的"亲亲得相

---

① 公羊寿传，何休解诂，徐彦疏：《春秋公羊传注疏》，李学勤主编：《十三经注疏》，北京：北京大学出版社，2000年，第221页。
② 何晏注，邢昺疏：《论语注疏》，李学勤主编：《十三经注疏》，北京：北京大学出版社，2000年，第201页。
③ 赵岐注，孙奭疏：《孟子注疏》，李学勤主编：《十三经注疏》，北京：北京大学出版社，2000年，第436页。
④ 班固：《汉书》卷八，北京：中华书局，1962年，第251页。

首匿"原则，其大意是说子女帮助父母、妻子帮助丈夫、孙子帮助祖父母掩盖犯罪事实的，一概不追究其刑事责任。"亲亲得相首匿"便成为汉律中定罪量刑的一项基本原则，被正式确立下来。《春秋公羊传·闵公元年》"亲亲之道"何休注曰："论季子当从议亲之辟，犹律亲亲得相首匿。"①此处所说之"律"乃汉律。这实际上肯定了卑幼匿尊长罪的"亲亲得相首匿"原则。汉代的"亲亲得相首匿"规定在一定范围内可亲属相隐，主要强调卑为尊隐。反之，尊为卑隐则需上报皇上，请求"圣裁"。汉代的"亲亲得相首匿"还规定了卑为尊隐的范围，即"孙为祖隐""子为父隐""妻为夫隐"。而对尊为卑隐，也较以前宽容。这就基本确立了后世的亲属容隐制度。汉代首次以诏令的形式明确将"亲亲得相首匿"作为一项法律原则，顺应了人的亲缘本性，有利于国家的长治久安，此规定对中国传统社会的礼法文化影响至深。

与"亲亲得相首匿"异曲同工的是"恶恶止其身""善善及子孙"。汉代社会也积极宣扬善不可失、恶不可长的儒家礼法思想。《后汉书·刘恺传》记载："《春秋》之义，'善善及子孙，恶恶止其身'，所以进人于善也。"②东汉皇帝下诏时，常以"善善及子孙"为据褒奖贤臣之后。如《后汉书·冯异传》载永初六年安帝诏曰："夫仁不遗亲，义不忘劳，兴灭继绝，善善及子孙，古之典也。"③

汉代统治者积极推行儒家礼法文化，将儒家"善善及子孙""恶恶止其身"发展为一项很有指导意义的刑罚原则，这对维系社会稳定、缓和阶级矛盾具有积极意义。

汉代法律还实行家属连坐法。连坐又称"从坐""缘坐"，汉律中又称"收孥"，指因一人犯罪而使与犯罪者有一定关系的人受牵连而入罪。西周及春秋战国时期都有连坐制度，但多为同一家族、同一家庭单位被连坐，即"族缘坐"。秦国时商鞅积极推行连坐法。《史记·商君列传》记

---

① 公羊寿传，何休解诂，徐彦疏：《春秋公羊传注疏》，李学勤主编：《十三经注疏》，北京：北京大学出版社，2000年，第221页。
② 范晔撰，李贤等注：《后汉书》卷三十九，北京：中华书局，1965年，第1309页。
③ 范晔撰，李贤等注：《后汉书》卷十七，北京：中华书局，1965年，第652页。

载:"令民为什伍,而相牧司连坐。"① 一家有罪而九家举发,若不举发,则十家连坐。这是氏族社会的血亲关系与姻亲关系在封建社会中的反映。在秦以后的各封建王朝法律中,连坐法一直被沿袭,但连坐的范围、惩罚的轻重均因时因地有所变化。汉承秦制,文帝前元三年(前177)废收孥相坐律令。王莽"发父方进及先祖冢在汝南者,烧其棺柩,夷灭三族,诛及种嗣,至皆同坑,以棘五毒并葬之"②。可见,统治者对危害国家政权的犯罪的惩罚是十分严酷的。直到东汉末年,"夷三族"之连坐法仍然实行。如耿纪为少府,"以操将篡汉……与大医令吉平、丞相司直韦晃谋起兵诛操,不克,夷三族"③。汉代犯大逆不道罪也要家族连坐。大逆,指夺取皇位或更换皇帝之行为,如"谋图不轨,窥觊神器,怀大逆心""废帝,为大逆"。"大逆当族",如公孙贺、咸宣等。汉代对大逆和谋反罪犯实行家族亲属连坐是对尊尊之道的强力维护。除了大逆、谋反罪,汉初法律还规定某些犯不孝罪和抢劫罪之罪犯的妻儿也要遭受连坐惩罚。《二年律令》之《贼律》:"贼杀伤父母,牧杀父母,欧(殴)詈父母,父母告子不孝,其妻子为收者,皆锢……"④

子杀伤父母属于大逆不道,故汉律对此着力打击,并使妻子连坐。而劫人属于暴力性犯罪,社会危害性极大,因此汉律的打击力度也很大。被判徒刑的一些罪犯,其妻及子女没入官府劳作,称"收孥",属于"连坐"之一种。汉文帝曾下诏"尽除收孥相坐律令",但此后收孥连坐法一直在一定范围内施行。如《后汉书·殇帝纪》载,延平元年诏"自建武之初以至于今,八十余年,宫人岁增,房御弥广。又宗室坐事没入者,犹托名公族,甚可愍焉。今悉免遣"。

自光武帝时即有"宗室坐事没入"之事。诸侯反叛朝廷,本属"大逆不道"重罪,按律应"父母妻子同产皆弃市",但由于反叛的诸侯系宗室

---

① 司马迁:《史记》卷六十八,北京:中华书局,1982年,第2230页。
② 班固:《汉书》卷八十四,北京:中华书局,1962年,第3439页。
③ 范晔撰,李贤等注:《后汉书》卷十九,北京:中华书局,1965年,第718页。
④ 彭浩、陈伟、工藤元男主编:《二年律令与奏谳书:张家山二四七号汉墓出土法律文献释读》,上海:上海古籍出版社,2007年,第105页。

成员，与汉代标榜的"以孝治天下"原则相悖，所以没官为奴应当是对犯"大逆不道"罪之宗室成员的一种优待。汉律将儒家五服关系引进律法中，以血缘亲疏为定罪量刑的原则。五服制度已对东汉的立法产生影响。如"熹平五年，永昌太守曹鸾上书大讼党人，言甚方切。帝省奏大怒，即诏司隶、益州槛车收鸾，送槐里狱掠杀之。于是又诏州郡更考党人门生故吏父子兄弟，其在位者，免官禁锢，爰及五属"①。

"五属""五族"通用，这不仅把门生故吏也比拟亲属关系，而且根据五服亲属关系将禁锢的亲属范围扩大，客观上反映出汉代家族连坐范围扩大化之趋势。党锢之祸已超出了东汉法定的范围，即元和元年诏书所谓"一人犯罪，禁至三属"②。后来，"上禄长和海上言：'礼，从祖兄弟别居异财，恩义已轻，服属疏末。而今党人锢及五族，既乖典训之文，有谬经常之法。'帝览而悟之，党锢自从祖以下，皆得解释"③。这就排除了与正犯虽同曾祖而不同祖父以下支亲之连坐。值得注意的是，汉代连坐法对于离异之妻是否受连坐问题也有规定。汉律规定，女性离异后要受婚姻存续期间男方犯罪行为的牵连，但在司法实践上则对离异女性不连坐。法律不能违背人伦，应当根据其调整对象特点做出合理规定，这样才能既有助于维护法律的权威，又有助于法律的贯彻执行。可见汉代司法实践在维护人伦问题上，也根据实际情况，不断对汉律进行调整。汉代司法实践中，在伦理与法律的关系问题上，比较突出的特点是法律屈从于伦理，伦理压倒法律。汉初连坐的范围很广泛，文帝时，废收帑相坐律令，但实际上只是缩小连坐范围，使免坐者增多。如楚王英谋反事发后，牵连陆续，其母"远至京师……无缘与续相闻，母但作馈食，付门卒以进之"。陆续"对食悲泣，不能自胜"④。这表明其识母之馈食而反悔，孝心大发。使者也被其感动，上疏皇帝，释放了所有人。

---

① 范晔撰，李贤等注：《后汉书》卷六十七，北京：中华书局，1965年，第2189页。
② 范晔撰，李贤等注：《后汉书》卷三，北京：中华书局，1965年，第147页。
③ 范晔撰，李贤等注：《后汉书》卷六十七，北京：中华书局，1965年，第2189页。
④ 范晔撰，李贤等注：《后汉书》卷八十一，北京：中华书局，1965年，第2682-2683页。

由上可见，亲属连坐制在汉初已经被确立为一种法律制度，几经反复，其连坐亲属的处罚基本为"夷三族"，但也视犯罪的轻重而出现多种情况。如谋叛、大逆为"父母妻子同产皆弃市"，其他还有家属徒刑等。其连坐罪名也以谋反、大逆等重大犯罪为主。汉代的亲属连坐制，是从家族宗法观念出发，以犯罪人为中心，以家族为本位，正犯本人和相关亲属连带受刑的一项特殊责任追究制度。其目的正如桑弘羊所谓"知为非，罪之必加，而戮及父兄，必惧而为善"。

### 三、礼法观影响着复仇观念

汉代社会复仇观念盛行，这与儒家经义宣传的亲亲、尊尊观念是分不开的。同时，社会舆论对复仇者给予赞扬、同情，赞扬、同情者包括一般的读书人和老百姓，还有司法官吏。皇帝本人也往往因赞赏、同情复仇者而将之赦免。复仇是得到儒家经义支持的。《春秋公羊传》曰："父不受诛，子复仇可也。"甚至认为，对于杀父之仇，不但"九世犹可以复"，"虽百世可也"。①《白虎通义·诛伐》载："子得为父报仇者，臣子之于君父，其义一也。忠臣孝子所以不能已，以恩义不可夺也。故曰：'父之仇不与共天下，兄弟之仇不与共国，朋友之仇不与同朝，族人之仇不共邻。'故《春秋》传曰：'子不复仇，非子。'"《礼记·曲礼上》云："父之仇弗与共戴天，兄弟之仇不反兵，交游之仇不同国。"② 《孟子·尽心下》载："杀人之父，人亦杀其父。杀人之兄，人亦杀其兄。"③复仇者中有为父报仇、为母报仇、为子报仇、为弟报仇、为季父报仇、为友报仇、为师报仇及为其主复仇的。在两汉社会中，几乎每个阶层都有复仇者，既有平民，如赵娥、防广、赵熹等人，也有俸禄二千石的官吏，如杜诗、阳球。

---

① 公羊寿传，何休解诂，徐彦疏：《春秋公羊传注疏》，李学勤主编：《十三经注疏》，北京：北京大学出版社，2000年，第143页。

② 郑玄注，孔颖达疏：《礼记正义》，李学勤主编：《十三经注疏》，北京：北京大学出版社，2000年，第98页。

③ 赵岐注，孙奭疏：《孟子注疏》，李学勤主编：《十三经注疏》，北京：北京大学出版社，2000年，第453页。

他们所复仇的对象包括众多阶层，既有官吏和诸侯王，又有一般百姓，还有豪强地主。这些复仇者都知道他们的行为是法律明令禁止的，但是他们仍然坚持复仇。因为他们的"忠孝节义"观念使他们与仇人不能相容。同时，儒家经义的支持让他们有正义感，即使违法也在所不惜。如东汉明帝时，曹觉本来没想过报仇，"初，乡佐尝众中辱党，党久怀之。后读《春秋》，闻复仇之义，便辍讲而还，与乡佐相闻，期克斗日"①。

《后汉书·列女传》记载："酒泉庞淯母者，赵氏之女也，字娥。父为同县人所杀，而娥兄弟三人，时俱病物故，仇乃喜而自贺，以为莫己报也。娥阴怀感愤，乃潜备刀兵，常帷车以候仇家。十余年不能得。后遇于都亭，刺杀之。因诣县自首。曰：'父仇已报，请就刑戮。'禄福长尹嘉义之，解印绶欲与俱亡。娥不肯去。曰：'怨塞身死，妾之明分；结罪理狱，君之常理。何敢苟生，以枉公法！'后遇赦得免。州郡表其闾。太常张奂嘉叹，以束帛礼之。"②

在《后汉书》等史籍中，有关复仇事件的记录颇多。如《后汉书·申屠蟠传》记载："同郡缑氏女玉为父报仇，杀夫氏之党，吏执玉以告外黄令梁配，配欲论杀玉。蟠时年十五，为诸生，进谏曰：'玉之节义，足以感无耻之孙，激忍辱之子。不遭明时，尚当表旌庐墓，况在清听，而不加哀矜！'配善其言，乃为谳得减死论。乡人称美之。"③

除了正史，在左延年收集的乐府诗中，有一首名为《秦女休行》的乐府诗也讲述了发生于汉代的复仇故事："始出上西门，遥望秦氏庐。秦氏有好女，自名为女休。休年十四五，为宗行报仇。作执白杨刃，右据宛鲁矛。仇家便东南，仆僵秦女休。女休西上山，上山四五里。关吏呵问女休，女休前置辞：'平生为燕王妇，于今为诏狱囚。平生衣参差，当今无领襦。明知杀人当死，兄言快快，弟言无道忧。女休坚辞为宗报仇，死不疑。'杀人都市中，徼我都巷西。丞卿罗东向坐，女休凄凄曳梏前。两徒

---

① 范晔撰，李贤等注：《后汉书》卷八十三，北京：中华书局，1965年，第2761页。
② 范晔撰，李贤等注：《后汉书》卷八十四，北京：中华书局，1965年，第2796-2797页。
③ 范晔撰，李贤等注：《后汉书》卷五十三，北京：中华书局，1965年，第1751页。

夹我，持刀刀五尺余。刀未下，朣胧击鼓赦书下。"① 这些乐府诗中存有的复仇诗篇，也为汉代时期复仇的多发性提供了旁证。不过，复仇的多发性并不意味着律令对因复仇而杀人的行为听之任之。事实上，在汉代，法律对复仇行为是禁止的，也有官员上奏请求对复仇行为予以抑制。但是由于儒家经学备受推崇，而经典本身又强调"父之仇弗与共戴天，兄弟之仇不反兵，交游之仇不同国"，所以受到儒学不同程度影响的地方官，往往会释放复仇者，以示自己对儒家道德观及社会舆论的顺从。《后汉书·钟离意传》记载："县人防广为父报仇，系狱，其母病死，广哭泣不食。意怜伤之，乃听广归家，使得殡敛。丞掾皆争，意曰：'罪自我归，义不累下。'遂遣之。广敛母讫，果还入狱。意密以状闻，广竟得以减死论。"② 上述记载表明，地方官在决定释放复仇者时，有些官员以自杀来强令复仇者离开，有些官员自愿承担释放杀人者的责任，另有些官员则自动辞官，借以摆脱"吏"这一身份所产生的束缚。

所以，在汉代礼法观影响下，个体复仇常常成为正当的行为。从礼义角度说，这些复仇者常常得到社会的认可，得到执法官的情感认同与具体帮助。如郅恽杀人以后，去县廷自首，"令应之迟……趋出就狱。令跣而追恽，不及，遂自至狱，令拔刃自向以要恽曰：'子不从我出敢以死明心。'"③ 赵娥为父报仇之后，去县廷自首，"禄福长尹嘉义之，解印绶欲与俱亡"④。他们即使入狱，也往往能获得赦免或者减刑。如"意密以状闻，广竟得以减死论"。因此复仇之风得不到遏制。面对这种情况，桓谭在给明帝的上疏中谈道："今人相杀伤，虽已伏法，而私结怨仇，子孙相报，后忿深前，至于灭户殄业，而俗称豪健，故虽有怯弱，犹勉而行之，此为听人自理而无复法禁者也。今宜申明旧令，若已伏官诛而私相伤杀者，虽一身逃亡，皆徙家属于边，其相伤者，加常二等，不得雇山赎罪。如此，

---

① 郭茂倩：《乐府诗集》卷第六十一，北京：中华书局，1979年，第886-887页。
② 范晔撰，李贤等注：《后汉书》卷四十一，北京：中华书局，1965年，第1407页。
③ 范晔撰，李贤等注：《后汉书》卷二十九，北京：中华书局，1965年，第1027页。
④ 范晔撰，李贤等注：《后汉书》卷八十四，北京：中华书局，1965年，第2797页。

则仇怨自解,盗贼息矣。"① 但是,他的建议并没有被采纳。东汉章帝建初年间,有人因其父被人侮辱,而将侮辱者杀死,章帝免其死罪,从轻发落,以之作为典型判例。汉和帝时又制定《轻侮法》,对类似的复仇者加以宽纵。尚书张敏指出:"《春秋》之义,子不报仇,非子也。而法令不为之减者,以相杀之路不可开故也。"②《轻侮法》不但不能禁人相轻伤,反而开相杀之路,并使奸吏得以作弊。后来,汉和帝听从张敏的建议,废除了《轻侮法》。曹操曾于汉献帝建安十年下令"民不得复私仇"。魏文帝曹丕更是严禁复仇,在黄初四年的诏书中说:"丧乱以来,兵革未戢,天下之人,互相残杀。今海内初定,敢有私复仇者皆族之。"③礼法冲突表现为复仇行为的广泛存在,礼提倡亲亲、尊尊,虽然在很大程度上符合统治者的需要,本应由法律处理的刑事案件,却在亲亲、尊尊的名义下放任不管。由此衍生的社会问题久久不能解决。

以上诸点,仅仅是汉代礼法观对社会文化的部分影响。但是这些影响,已经使我们看到当时的立法者们"把宗教、法律、风俗、礼仪都混在一起……因为严格遵守这种礼教而获得了成功"④ 的案例。东汉统治者正是通过法律的伦理化、道德化,将宗法血缘规则入律,规定家系继承关系,宽宥亲属复仇行为,维护尊长权利,使礼与法律整合。自此,法律具有鲜明的宗族伦理化特色。同时,无论是复仇还是亲亲相隐,强调的都是血缘亲属尤其是子女基于孝道精神而对父母应尽的人伦义务。将宗法血缘规则入律,实际上就是将儒家法律思想进行改铸,使之成为占主流地位的伦理法思想,并成为中国古代国家法文化的基本理论。

经过国家机器运用儒家伦理教化的努力,以及长期的伦理制度引导,汉代伦理向社会的转化、渗透取得了巨大成功。在地方官吏对儒家礼法的

---

① 范晔撰,李贤等注:《后汉书》卷二十八上,北京:中华书局,1965年,第958页。
② 范晔撰,李贤等注:《后汉书》卷四十四,北京:中华书局,1965年,第1503页。
③ 陈寿撰,陈乃乾校点:《三国志》卷二,北京:中华书局,1982年,第82页。
④ 孟德斯鸠著,张深雁译:《论法的精神》上册,北京:商务印书馆,2020年,第313页。

积极宣传与推引下，汉代民众十分重视礼法教化。史料记载，汉代地方社会"儒化大行""民受其礼""人感德兴行"等，表明人们逐渐接受了儒家礼法的行为准则和伦理道德观念，人们的价值取向随之发生了根本变化，追求孝悌、讲究礼仪成为社会风尚。实际上，在中国古代，"德"与"刑"可谓殊途同归。德养善，刑惩恶，在治道上德、刑二者缺一不可。德是通过伦理教化方式确立"明尊卑，别贵贱"等级制度的合法性，刑的本质是用强制手段维护君臣间的尊卑等级秩序。虽然二者采取的方式不同——一个讲仁义，重道德教化；一个尚刑威，任刑施法，但最终目的是一样的，即维护封建统治的和谐与稳定。所以，"德治"与"法治"最终成为中国传统社会治理国家的主要手段。它通过威慑于人心的法律的巨大影响力，来维系儒家礼法建构的"中和"之治。

# 参考文献

## 一、古籍和出土文献

司马迁：《史记》，北京：中华书局，1982年。
班固：《汉书》，北京：中华书局，1962年。
范晔撰，李贤等注：《后汉书》，北京：中华书局，1965年。
陈寿撰，陈乃乾校点：《三国志》，北京：中华书局，1982年。
房玄龄等：《晋书》，北京：中华书局，1974年。
魏收：《魏书》，北京：中华书局，1974年。
刘昫等：《旧唐书》，北京：中华书局，1975年。
欧阳修、宋祁：《新唐书》，北京：中华书局，1975年。
司马光编著，胡三省音注：《资治通鉴》，北京：中华书局，1956年。
张烈点校：《两汉纪》，北京：中华书局，2002年。
王弼注，孔颖达疏：《周易正义》，李学勤主编：《十三经注疏》，北京：北京大学出版社，2000年。
孔安国传，孔颖达疏：《尚书正义》，李学勤主编：《十三经注疏》，北京：北京大学出版社，2000年。
郑玄注，贾公彦疏：《周礼注疏》，李学勤主编：《十三经注疏》，北京：北京大学出版社，2000年。
郑玄注，孔颖达疏：《礼记正义》，李学勤主编：《十三经注疏》，北京：北京大学出版社，2000 年。

公羊寿传，何休解诂，徐彦疏：《春秋公羊传注疏》，李学勤主编：《十三经注疏》，北京：北京大学出版社，2000 年。

范宁集解，杨士勋疏：《春秋穀梁传注疏》，李学勤主编：《十三经注疏》，北京：北京大学出版社，2000 年。

何晏注，邢昺疏：《论语注疏》，李学勤主编：《十三经注疏》，北京：北京大学出版社，2000 年。

郭璞注，邢昺疏：《尔雅注疏》，李学勤主编：《十三经注疏》，北京：北京大学出版社，2000 年。

赵岐注，孙奭疏：《孟子注疏》，李学勤主编：《十三经注疏》，北京：北京大学出版社，2000 年。

许慎撰，段玉裁注：《说文解字注》，上海：上海古籍出版社，1981 年。

王念孙著，张其昀点校：《广雅疏证》（点校本），北京：中华书局，2019 年。

杨伯峻编著：《春秋左传注》（修订本），北京：中华书局，1990 年。

何宁：《淮南子集释》，北京：中华书局，1998 年。

蒋礼鸿：《商君书锥指》，北京：中华书局，1986 年。

王先谦撰，沈啸寰、王星贤点校：《荀子集解》，北京：中华书局，1988 年。

许维遹撰，梁运华整理：《吕氏春秋集释》，北京：中华书局，2009 年。

黎翔凤撰，梁运华整理：《管子校注》，北京：中华书局，2004 年。

许富宏：《慎子集校集注》，北京：中华书局，2013 年。

贾谊撰，阎振益、钟夏校注：《新书校注》，北京：中华书局，2000 年。

苏舆撰，钟哲点校：《春秋繁露义证》，北京：中华书局，1992 年。

韩婴撰，许维遹校释：《韩诗外传集释》，北京：中华书局，1980 年。

王利器校注：《盐铁论校注》，北京：中华书局，1992 年。

刘向撰，向宗鲁校证：《说苑校证》，北京：中华书局，1987年。

刘向编著，赵仲邑注：《新序详注》，北京：中华书局，2017年。

王照圆撰，虞思徵点校：《列女传补注》，上海：华东师范大学出版社，2012年。

何清谷校注：《三辅黄图校注》，西安：三秦出版社，2006年。

应劭撰，王利器校注：《风俗通义校注》，北京：中华书局，1981年。

黄晖：《论衡校释》，北京：中华书局，1990年。

王聘珍撰，王文锦点校：《大戴礼记解诂》，北京：中华书局，1983年。

荀悦撰，黄省曾注，孙启治校补：《申鉴注校补》，北京：中华书局，2012年。

刘俊文：《唐律疏议笺解》，北京：中华书局，1996年。

虞世南：《北堂书钞》，天津：天津古籍出版社，1988年。

杜佑撰，王文锦等点校：《通典》，北京：中华书局，1988年。

李林甫等撰，陈仲夫点校：《唐六典》，北京：中华书局，1992年。

徐坚等：《初学记》，北京：中华书局，1962年。

马端临著，上海师范大学古籍研究所、华东师范大学古籍研究所点校：《文献通考》，北京：中华书局，2011年。

王引之：《经义述闻》，南京：江苏古籍出版社，2000年。

焦循撰，沈文倬点校：《孟子正义》，北京：中华书局，1987年。

焦循著，陈居渊校点：《雕菰楼易学五种》，南京：凤凰出版社，2012年。

陈立撰，刘尚慈点校：《公羊义疏》，北京：中华书局，2017年。

孙星衍等辑，周天游点校：《汉官六种》，北京：中华书局，1990年。

严可均校辑：《全上古三代秦汉三国六朝文》，北京：中华书局，1958年。

俞正燮撰，于石等校点：《俞正燮全集》，合肥：黄山书社，2005年。

赵翼著，王树民校证：《廿二史札记校证》，北京：中华书局，1984年。

皮锡瑞：《尚书大传疏证》，吴仰湘编：《皮锡瑞全集》（一），北京：中华书局，2022年。

班固撰，王先谦补注：《汉书补注》，上海：上海古籍出版社，2008年。

中国科学院考古研究所编辑：《居延汉简甲编》，北京：科学出版社，1959年。

中国社会科学院考古研究所编：《居延汉简甲乙编》，北京：中华书局，1980年。

国家文物局古文献研究室编：《马王堆汉墓帛书》（壹），北京：文物出版社，1980年。

睡虎地秦墓竹简整理小组编：《睡虎地秦墓竹简》，北京：文物出版社，1990年。

李均明、何双全编：《秦汉魏晋出土文献散见简牍合辑》，北京：文物出版社，1990年。

朱汉民、陈松长主编：《岳麓书院藏秦简》（壹），上海：上海辞书出版社，2010年。

朱汉民、陈松长主编：《岳麓书院藏秦简》（贰），上海：上海辞书出版社，2011年。

朱汉民、陈松长主编：《岳麓书院藏秦简》（叁），上海：上海辞书出版社，2013年。

陈松长主编：《岳麓书院藏秦简》（肆），上海：上海辞书出版社，2015年。

陈松长主编：《岳麓书院藏秦简》（伍），上海：上海辞书出版社，2017年。

张家山二四七号汉墓竹简整理小组编：《张家山汉墓竹简〔二四七号墓〕》，北京：文物出版社，2001年。

彭浩、陈伟、工藤元男主编：《二年律令与奏谳书：张家山二四七号汉墓出土法律文献释读》，上海：上海古籍出版社，2007年。

彭浩主编：《张家山汉墓竹简〔三三六号墓〕》，北京：文物出版社，

2022 年。

## 二、著作

安作璋：《秦汉官吏法研究》，济南：齐鲁书社，1993 年。

卜宪群：《秦汉官僚制度》，北京：社会科学文献出版社，2002 年。

边家珍：《汉代经学发展史论》，北京：中国文史出版社，2003 年。

程树德：《九朝律考》，北京：中华书局，2006 年。

陈苏镇：《汉代政治与〈春秋〉学》，北京：中国广播电视出版社，2001 年。

陈苏镇：《〈春秋〉与汉道：两汉政治与政治文化研究》，北京：中华书局，2011 年。

陈金全主编：《中国法律思想史》，北京：法律出版社，2001 年。

崔永东：《金文简帛中的刑法思想》，北京：清华大学出版社，2000 年。

甘怀真：《皇权、礼仪与经典诠释：中国古代政治史研究》，上海：华东师范大学出版社，2008 年。

高恒：《秦汉法制论考》，厦门：厦门大学出版社，1994 年。

高恒：《秦汉简牍中法制文书辑考》，北京：社会科学文献出版社，2008 年。

管东贵：《从宗法封建制到皇帝郡县制的演变：以血缘解纽为脉络》，北京：中华书局，2010 年。

甘肃省文物工作队、甘肃省博物馆编：《汉简研究文集》，兰州：甘肃人民出版社，1984 年。

高道蕴、高鸿钧、贺卫方编：《美国学者论中国法律传统》，北京：中国政法大学出版社，1994 年。

黄朴民：《何休评传》，南京：南京大学出版社，1998 年。

韩树峰：《汉魏法律与社会——以简牍、文书为中心的考察》，北京：社会科学文献出版社，2011 年。

韩星：《儒法整合：秦汉政治文化论》，北京：中国社会科学出版社，

2005年。

蒋庆:《公羊学引论》,沈阳:辽宁教育出版社,1995年。

金春峰:《汉代思想史》,北京:中国社会科学出版社,1987年。

贾丽英:《秦汉家族犯罪研究》,北京:人民出版社,2010年。

贾丽英:《秦汉家庭法研究:以出土简牍为中心》,北京:中国社会科学出版社,2015年。

晋文:《以经治国与汉代社会》,广州:广州出版社,2001年。

蒙文通:《儒学五论》,桂林:广西师范大学出版社,2007年。

梁启超:《饮冰室合集》,北京:中华书局,2015年。

梁启超著,汤志钧、汤仁泽编:《梁启超全集》,北京:中国人民大学出版社,2018年。

梁治平:《为政:古代中国的致治理念》,北京:生活·读书·新知三联书店,2020年。

劳榦:《古代中国的历史与文化》,北京:中华书局,2006年。

雷戈:《道术为天子合:后战国思想史论》,保定:河北大学出版社,2008年。

雷戈:《秦汉之际的政治思想与皇权主义》,上海:上海古籍出版社,2011年。

黎明钊:《辐辏与秩序:汉帝国地方社会研究》,香港:香港中文大学出版社,2013年。

李泽厚:《中国古代思想史论》,北京:生活·读书·新知三联书店,2009年。

李开元:《汉帝国的建立与刘邦集团:军功受益阶层研究》,北京:生活·读书·新知三联书店,2000年。

李均明:《秦汉简牍文书分类辑解》,北京:文物出版社,2009年。

李均明:《简牍法制论稿》,桂林:广西师范大学出版社,2011年。

李禹阶、廖小波编著:《道德理性与社会控制》,北京:中国文联出版社,2004年。

李禹阶:《政统与道统——中国传统文化与政治伦理思想研究》,北京：中国文联出版社，2004年。

李禹阶主编：《秦汉社会控制思想史》，北京：中国社会科学出版社，2017年。

李明晓、赵久湘：《散见战国秦汉简帛法律文献整理与研究》，重庆：西南师范大学出版社，2011年。

李浩：《天子文书·政令·信息沟通：以两汉魏晋南北朝为中心》，上海：复旦大学出版社，2014年。

李光灿、张国华总主编：《中国法律思想通史》，太原：山西人民出版社，2001年。

李力：《"隶臣妾"身份再研究》，北京：中国法制出版社，2007年。

李鸣：《碉楼与议话坪：羌族习惯法的田野调查》，北京：中国法制出版社，2008年。

刘家和：《古代中国与世界——一个古史研究者的思考》，武汉：武汉出版社，1995年。

刘泽华主编：《中国传统政治哲学与社会整合》，北京：中国社会科学出版社，2000年。

刘泽华：《中国政治思想史》，杭州：浙江人民出版社，2020年。

刘厚琴：《儒学与汉代社会》，济南：齐鲁书社，2002年。

吕利编：《律简身份法考论：秦汉初期国家秩序中的身份》，北京：法律出版社，2011年。

吕思勉：《吕思勉全集》，上海：上海古籍出版社，2016年。

林存光主编：《中国政治思想通史·秦汉卷》，北京：中国人民大学出版社，2014年。

马小红：《礼与法：法的历史连接》，北京：北京大学出版社，2004年。

马小红主编：《中国法律思想史研究》，北京：中国人民大学出版社，2007年。

孟彦弘：《出土文献与汉唐典制研究》，北京：北京大学出版社，2015年。

皮锡瑞著，周予同注释：《经学历史》，北京：中华书局，1959年。
皮锡瑞：《经学通论》，北京：中华书局，1954年。
彭卫、杨振红：《中国风俗通史·秦汉卷》，上海：上海文艺出版社，2002年。
彭卫：《汉代婚姻形态》，北京：中国人民大学出版社，2010年。
彭中礼：《法律渊源论》，北京：方志出版社，2014年。
钱穆：《国学概论》，北京：商务印书馆，1997年。
钱穆：《钱宾四先生全集》，台北：联经出版事业公司，1998年。
瞿同祖：《中国法律与中国社会》，北京：中华书局，2003年。
瞿同祖：《汉代社会结构》，上海：上海人民出版社，2007年。
秦涛：《律令时代的"议事以制"：汉代集议制研究》，北京：中国法制出版社，2018年。
任蜜林：《汉代内学——纬书思想通论》，成都：巴蜀书社，2011年。
宋杰：《汉代监狱制度研究》，北京：中华书局，2013年。
宋艳萍：《公羊学与汉代社会》，北京：学苑出版社，2010年。
孙筱：《两汉经学与社会》，北京：中国社会科学出版社，2002年。
宋四辈：《中国传统刑法理论与实践》，郑州：郑州大学出版社，2004年。
唐君毅：《中国哲学原论》，台北：台湾学生书局，1984年。
汤志钧等：《西汉经学与政治》，上海：上海古籍出版社，1994年。
王子今：《秦汉社会意识研究》，北京：商务印书馆，2012年。
王彦辉：《张家山汉简〈二年律令〉与汉代社会研究》，北京：中华书局，2010年。
王铁：《汉代学术史》，上海：华东师范大学出版社，1995年。
吴全兰：《刘向哲学思想研究》，北京：中国社会科学出版社，2007年。
吴雁南、秦学顾、李禹阶主编：《中国经学史》，福州：福建人民出版社，2001年。
魏道明：《始于兵而终于礼——中国古代族刑研究》，北京：中华书局，2006 年。

许素菲：《说苑探微》，台北：太白书屋，1989 年。

徐复观：《两汉思想史》，北京：九州出版社，2014 年。

徐世虹主编：《中国法制通史》（战国秦汉卷），北京：中国法制出版社，2021 年。

萧公权：《中国政治思想史》，北京：新星出版社，2005 年。

邢义田：《治国安邦：法制、行政与军事》，北京：中华书局，2011 年。

许道勋、徐洪兴：《中国经学史》，上海：上海人民出版社，2006 年。

阎步克：《士大夫政治演生史稿》，北京：北京大学出版社，1998 年。

杨鸿烈著，范忠信、何鹏勘校：《中国法律思想史》，北京：中国政法大学出版社，2004 年。

杨向奎：《绎史斋学术文集》，上海：上海人民出版社，1983 年。

杨志刚：《中国礼仪制度研究》，上海：华东师范大学出版社，2001 年。

杨振红：《出土简牍与秦汉社会》，桂林：广西师范大学出版社，2009 年。

杨振红：《出土简牍与秦汉社会（续编）》，桂林：广西师范大学出版社，2015 年。

杨一凡总主编：《中国法制史考证》，北京：中国社会科学出版社，2003 年。

杨一凡、寺田浩明主编：《日本学者中国法制史论著选·先秦秦汉卷》，北京：中华书局，2016 年。

杨宽：《古史新探》，上海：上海人民出版社，2016 年。

于振波：《秦汉法律与社会》，长沙：湖南人民出版社，2000 年。

余治平：《唯天为大：建基于信念本体的董仲舒哲学研究》，北京：商务印书馆，2003 年。

余明光：《黄帝四经与黄老思想》，哈尔滨：黑龙江人民出版社，1989 年。

俞荣根：《儒家法思想通论》（修订本），北京：商务印书馆，2018年。

俞荣根：《道统与法统》，北京：法律出版社，1999年。

袁宝龙：《秦汉时期政治文化体系的整合与建构》，北京：社会科学文献出版社，2021年。

周予同：《周予同经学史论著选集》（增订版），上海：上海人民出版社，1983年。

祝总斌：《两汉魏晋南北朝宰相制度研究》，北京：北京大学出版社，2017年。

朱勇主编：《中国法制史》（第二版），北京：法律出版社，2006年。

朱潇：《岳麓书院藏秦简〈为狱等状四种〉与秦代法制研究》，北京：中国政法大学出版社，2016年。

曾代伟：《中国法制史》，北京：法律出版社，2006年。

臧知非：《秦汉赋役与社会控制》，西安：三秦出版社，2012年。

瞿同祖：《瞿同祖法学论著集》，北京：中国政法大学出版社，1998年。

张伯元：《法律文献学》，杭州：浙江人民出版社，1999年。

张弘：《战国秦汉时期商人和商业资本研究》，济南：齐鲁书社，2003年。

张金光：《秦制研究》，上海：上海古籍出版社，2004年。

张忠炜：《秦汉律令法系研究初编》，北京：社会科学文献出版社，2012年。

张仁玺：《秦汉家庭研究》，北京：中国社会出版社，2002年。

张涛：《经学与汉代社会》，石家庄：河北人民出版社，2001年。

中国社会科学院简帛研究中心编：《张家山汉简〈二年律令〉研究文集》，桂林：广西师范大学出版社，2007年。

中国政法大学法律古籍整理研究所编：《中国古代法律文献研究》第二辑，北京：中国政法大学出版社，2004年。

中国政法大学法律古籍整理研究所编：《中国古代法律文献研究》第

六辑，北京：社会科学文献出版社，2012年。

熊铁基：《熊铁基文集》，武汉：华中师范大学出版社，2021年。

崔瑞德、鲁惟一编：《剑桥中国秦汉史：公元前221年至公元220年》，北京：中国社会科学出版社，1992年。

E. 霍贝尔著，严存生等译：《原始人的法》，北京：法律出版社，2006年。

D. 布迪、C. 莫里斯著，朱勇译：《中华帝国的法律》，南京：江苏人民出版社，2004年。

堀毅著，萧红燕等译：《秦汉法制史论考》，北京：法律出版社，1988年。

西田太一郎著，段秋关译：《中国刑法史研究》，北京：北京大学出版社，1985年。

本田成之著，孙俍工译：《中国经学史》，上海：上海书店出版社，2001年。

富谷至著，柴生芳、朱恒晔译：《秦汉刑罚制度研究》，桂林：广西师范大学出版社，2006年。

富谷至著，刘恒武、孔李波译：《文书行政的汉帝国》，南京：江苏人民出版社，2013年。

渡边信一郎著，徐冲译：《中国古代的王权与天下秩序：从日中比较史的视角出发》，北京：中华书局，2008年。

籾山明著，李力译：《中国古代诉讼制度研究》，上海：上海古籍出版社，2009年。

工藤元男著，广濑薰雄、曹峰译：《睡虎地秦简所见秦代国家与社会》，上海：上海古籍出版社，2010年。

穗积陈重著，曾玉婷、魏磊杰译：《复仇与法律》，北京：中国法制出版社，2013年。

大庭脩著，林剑鸣等译：《秦汉法制史研究》，上海：上海人民出版社，1991年。

## 三、论文

陈顾远：《汉之决事比及其源流》，《复旦学报》，1947 年第 3 期。

陈梦家：《西汉施行诏书目录》，《汉简缀述》，北京：中华书局，1980 年。

陈其泰：《〈春秋〉与西汉社会生活》，《北京师范大学学报》，1992 年第 2 期。

陈其泰：《今文公羊学说的独具风格和历史命运》，《北京大学学报》（哲学社会科学版），1997 年第 6 期。

陈苏镇：《未央宫四殿考》，《历史研究》，2016 年第 5 期。

湖南文物考古研究所、中国文物研究所：《湖南张家界古人堤简牍释文与简注》，《中国历史文物》，2003 年第 2 期。

崔永东：《张家山汉简中的法律思想》，《法学研究》，2003 年第 5 期。

曹旅宁：《秦汉法律简牍中的"庶人"身份及法律地位问题》，《咸阳师范学院学报》，2007 年第 3 期。

曹旅宁：《张家山 336 号汉墓〈功令〉的几个问题》，《史学集刊》，2012 年第 1 期。

曹胜高：《阴阳刑德与秦汉秩序认知的形成》，《古代文明》，2017 年第 2 期。

但焘：《中夏代议制度论》，《华国》，1925 年第 7 期。

杜明德：《〈周礼〉与王莽的托古改制》，王志民主编：《齐鲁文化研究》总第 10 辑，济南：泰山出版社，2011 年。

范忠信：《中西法律传统中的"亲亲相隐"》，《中国社会科学》，1997 年第 3 期。

方波、王莉：《阴阳五行学说对古代中国刑法的影响浅谈》，《合肥学院学报》（社会科学版），2005 年第 4 期。

方光华：《思想与皇权的协调——论孝观念从孔孟到〈白虎通义〉的转变》，《学术研究》，2008 年第 5 期。

甘怀真：《秦汉的"天下"政体：以郊祀礼改革为中心》，《新史学》，

2005 年第 4 期。

郭齐勇:《"亲亲相隐""容隐制"及其对当今法治的启迪——在北京大学的演讲》,《社会科学论坛》,2007 年第 8 期。

黄今言:《秦代租赋徭役制度初探》,中国秦汉史研究会编:《秦汉史论丛》第一辑,西安:陕西人民出版社,1981 年。

黄今言:《汉代自耕农经济的初步探析》,《江西师范学院学报》(哲学社会科学版),1983 年第 3 期。

黄留珠:《秦汉祭祀综义》,《西北大学学报》(哲学社会科学版),1984 年第 4 期。

何勤华:《秦汉时期的判例法研究及其特点》,《法商研究》(中南政法学院学报),1998 年第 5 期。

何勤华:《秦汉律学考》,《法学研究》,1999 年第 5 期。

胡晓明:《论儒家阴阳思想下的汉代赦宥》,《南京农业大学学报》(社会科学版),2006 年第 1 期。

胡文辉:《中国上古多数决原则的痕迹》,《洛城论学集》,杭州:浙江大学出版社,2012 年。

胡文辉:《再论中国上古多数决原则的痕迹》,《洛城论学二集》,杭州:浙江大学出版社,2017 年。

黄玉顺:《大汉帝国的正义观念及其现代启示——〈白虎通义〉之"义"的诠释》,《齐鲁学刊》,2008 年第 6 期。

韩星:《论秦汉政治文化整合过程中法家思想的变异》,《陕西师范大学学报》(哲学社会科学版),2010 年第 2 期。

韩星:《由古今之道而天人之际——董仲舒天人之学的历史根源与王道政治构建》,《江苏社会科学》,2015 年第 2 期。

韩星、单长城:《礼法合治、德主刑辅、王霸结合——汉代国家治理模式的确立及其现实意义》,《孔子研究》,2019 年第 6 期。

韩树峰:《汉魏无"亲亲相隐"之制论》,中国政法大学法律古籍整理研究所编:《中国古代法律文献研究》第六辑,北京:社会科学文献出版社,2012 年。

胡平生：《松柏汉简"令丙九"释解》，复旦大学出土文献与古文字研究中心网 2009 年 4 月 5 日首发（http://www.fdgw2.org.cn/Web/Show/743）。

晋文：《以经治国与汉代法律》，《江海学刊》，1991 年第 3 期。

晋文：《汉代以经治国的历史考察》，《扬州师院学报》（社会科学版），1991 年第 2 期。

晋文：《论〈春秋〉〈诗〉〈孝经〉〈礼〉在汉代政治地位的转移》，《山东师大学报》（社会科学版），1992 年第 3 期。

晋文：《论"以经治国"对我国汉代社会生活的整合功能》，《社会学研究》，1992 年第 6 期。

寇养厚：《汉武帝为何重视〈公羊传〉》，《文史哲》，1999 年第 4 期。

柳诒徵：《汉官议史》，《学衡》，1922 年第 1 期。

劳榦：《从汉简所见之边郡制度》，《国立中央研究院历史语言研究所集刊》第 8 本第 2 分，1939 年。

罗季常、胡涂：《秦汉民族政治法律制度探讨》，《西南民族学院学报》（哲学社会科学版），1991 年第 3 期。

李振宏：《西汉官吏立法研究》，《中国史研究》，1992 年第 4 期。

刘恒焕：《中国法律之儒家化"三部曲"说》，《中外法律史新探》，西安：陕西人民出版社，1994 年。

刘敏：《秦汉时期的社会等级结构》，冯尔康主编：《中国社会结构的演变》，郑州：河南人民出版社，1994 年。

刘家和：《论汉代春秋公羊学的大一统思想》，《史学理论研究》，1995 年第 2 期。

刘晓满、卜宪群：《秦汉行政中的效率规定与问责》，《安徽史学》，2012 年第 2 期。

刘太祥：《简牍所见秦汉律令行政》，《南都学坛》，2013 年第 4 期。

刘飓娇：《以文致太平——略论秦汉之际的政治走向和文化选择》，《学术探索》，2015 年第 11 期。

吕志兴：《"春秋决狱"新探》，《西南师范大学学报》（人文社会科学版),2000 年第 5 期。

李均明、刘军:《武威旱滩坡出土汉简考述——兼论"挈令"》,《文物》,1993 年第 10 期。

李均明:《张家山汉简所见制约行政权的法律》,中国秦汉史研究会编:《秦汉史论丛》(第九辑),西安:三秦出版社,2004 年。

李均明:《张家山汉简〈收律〉与家族连坐》,《文物》,2002 年第 9 期。

李俊芳:《〈春秋决狱〉与引经注律》,《长春师范学院学报》,2004 年第 6 期。

李禹阶:《论陆贾的"礼""法"思想》,《重庆师院学报》(哲学社会科学版),2003 年第 3 期。

李禹阶、汪荣:《汉初儒士的群体认同与价值取向探析》,《重庆师院学报》(哲学社会科学版),2003 年第 1 期。

李禹阶、袁佳红:《论汉武帝统治政策的缺陷与"春秋公羊学"理论的内在矛盾》,《中华文化论坛》,2006 年第 2 期。

李禹阶、刘力:《陆贾与汉代经学》,《四川师范大学学报》(社会科学版),2009 年第 1 期。

李禹阶:《论商鞅、韩非的国家思想及"法"理念——兼论商、韩法家理论的结构性缺陷》,《暨南学报》(哲学社会科学版),2015 年第 1 期。

李若晖:《郡县制时代——由权力建构与社会控制论秦至清的社会性质》,《文史哲》,2011 年第 1 期。

李若晖:《以"尊卑"代"尊尊"——汉代儒学政制平议》,《清华大学学报》(哲学社会科学版),2017 年第 3 期。

李恒全:《从出土简牍看秦汉家庭继承制度》,《中国农史》,2013 年第 6 期。

李恒全:《从张家山汉简看汉初家产等级继承制》,《贵州社会科学》,2014 年第 7 期。

雷戈:《〈公〉〈谷〉是史家——先秦史家研究之四》,《山西师大学报》(社会科学版),2000 年第 2 期。

雷戈：《〈为吏之道〉——后战国时代官僚意识的思想史分析》，《首都师范大学学报》（社会科学版），2005年第1期。

雷戈：《两汉郡守的教化职能——秦汉意识形态建制研究之一》，《史学月刊》，2009年第2期。

雷磊：《重构"法的渊源"范畴》，《中国社会科学》，2021年第6期。

吕利：《连坐、收及家父长制家庭的遗迹——〈二年律令·收律〉研究》，《枣庄学院学报》，2014年第4期。

吕丽：《礼仪法与故事关系探析》，《当代法学》，2008年第3期。

马珺：《浅析新儒学的法律观及对儒学的影响》，《河南省政法管理干部学院学报》，2005年第3期。

牟发松：《汉代三老："非吏而得与吏比"的地方社会领袖》，《文史哲》，2006年第6期。

彭卫：《论汉代的血族复仇》，《河南大学学报》（哲学社会科学版），1986年第4期。

彭浩：《读松柏出土的西汉木牍（一）》，武汉大学简帛网2009年3月31日首发（http：//www.bsm.org.cn/?hanjian/5211.html）。

邱立波：《汉代复仇所见之经、律关系问题》，《史林》，2005年第3期。

任爽：《中国传统文化的政治化与古代知识阶层的官僚化》，《北方论丛》，1991年第5期。

饶尚宽：《〈春秋谷梁传〉的内容、价值及其影响》，《新疆师范大学学报》（哲学社会科学版），2001年第1期。

宋艳萍：《阴阳五行与秦汉政治史观》，《史学史研究》，2001年第3期。

沈刚：《〈张家山汉简·二年律令〉所见汉初国家对基层社会的控制》，《学术月刊》，2004年第10期。

孙景坛：《董仲舒的"〈春秋〉公羊学"与西汉政权的覆亡》，《中共南京市委党校南京市行政学院学报》，2006年第3期。

武树臣：《贵族精神与判例法传统》，《中外法学》，1998年第5期。

武树臣:《寻找最初的德——对先秦德观念形成过程的法文化考察》,《法学研究》,2001年第2期。

万安中:《关于监狱史研究的若干问题》,《政法论坛》,2004年第2期。

文廷海:《学术与政治的内在互动:两汉春秋谷梁学的命运演替》,《求索》,2004年第11期。

汪荣:《汉代司法中的经义决狱新论》,《求索》,2009年第6期。

汪荣、荣霞:《汉代公羊学经权观中的法律思想探析》,《宁夏大学学报》(人文社会科学版),2010年第2期。

汪荣:《儒家经学礼法观对东汉社会的控制与整合窥探》,《贵州社会科学》,2014年第4期。

王利器:《谶纬五论》,张岱年等:《国学今论》,沈阳:辽宁教育出版社,1991年。

王如鹏、武建敏:《汉代礼法结合对社会的多元建构》,《学术交流》,2005年第11期。

王凯石:《论中国古代的司法时令制度》,《云南社会科学》,2005年第1期。

王娟:《汉朝法律的儒家化》,《河北理工大学学报》(社会科学版),2009年第4期。

许殿才:《〈白虎通义〉中的国家学说》,《中国史研究》,1997年第2期。

刑培顺、王琳:《试论刘向著述的思想倾向》,《山东师范大学学报》(人文社会科学版),2003年第3期。

徐世虹:《百年回顾:出土法律文献与秦汉令研究》,《上海师范大学学报》(哲学社会科学版),2011年第5期。

辛德勇:《薛季宣〈未央宫记〉与汉长安城未央宫》,《社会科学战线》,2011年第11期。

于振波:《从悬泉置壁书看〈月令〉对汉代法律的影响》,《湖南大学学报》(社会科学版),2002年第5期。

俞荣根：《罪刑法定与非法定的和合——中华法系的一个特点》，陈景良、郑祝君主编：《中西法律传统》第三卷，北京：中国政法大学出版社，2003 年。

俞荣根、秦涛：《律令体制抑或礼法体制？——重新认识中国古代法》，《法律科学》（西北政法大学学报），2018 年第 2 期。

杨权：《论章句与章句之学》，《中山大学学报》（社会科学版），2002 年第 4 期。

杨振红：《月令与秦汉政治再探讨——兼论月令源流》，《历史研究》，2004 年第 3 期。

杨振红：《从〈二年律令〉的性质看汉代法典的编纂修订与律令关系》，《中国史研究》，2005 年第 4 期。

阎步克：《古代政治制度研究的一个可选项：揭示"技术原理"》，《河北学刊》，2019 年第 1 期。

周予同：《经今古文学》，朱维铮编：《周予同经学史论著选集》，上海：上海人民出版社，1983 年。

周天游：《两汉复仇盛行的原因》，《历史研究》，1991 年第 1 期。

周天游、孙福喜：《二十世纪的中国秦汉史研究》，《历史研究》，2003 年第 2 期。

周海锋：《〈为狱等状四种〉中的"吏议"与"邦亡"》，《湖南大学学报》（社会科学版），2014 年第 4 期。

曾宪礼：《"民有二男以上不分异者倍其赋"意义辨》，《中山大学学报》（哲学社会科学版），1990 年第 4 期。

曾宪义、马小红：《中国传统法研究中的几个问题》，《法学研究》，2003 年第 3 期。

张强：《帝王思维与阴阳五行思维模式——兼及秦汉神学政治》，《晋阳学刊》，2001 年第 2 期。

朱宏才：《"春秋决狱"研究述评》，《青海社会科学》，2005 年第 6 期。

朱腾：《为礼所缚的汉代皇权——有关礼之规范功能的一个考察》，

《现代法学》，2013 年第 3 期。

赵元信：《浅论陆贾的政治法律思想》，《安徽史学》，2006 年第 2 期。

郑明璋：《论董仲舒与阴阳五行学说的政治化》，《管子学刊》，2006 年第 4 期。

王刚：《学与政：汉代知识与政治互动关系之考察》，华东师范大学博士学位论文，2004 年。

文廷海：《清代春秋谷梁学研究》，华中师范大学博士学位论文，2005 年。

龙大轩：《汉代律章句学考论》，西南政法大学博士学位论文，2006 年。

范志军：《汉代丧礼研究》，郑州大学博士学位论文，2006 年。

程政举：《汉代诉讼制度研究》，郑州大学博士学位论文，2006 年。

刘厚琴：《汉代伦理与制度关系研究》，山东大学博士学位论文，2006 年。

吴凡明：《孝道与汉代法制研究》，东南大学博士学位论文，2006 年。

许健：《汉代礼法结合综治模式的确立及其影响》，中国政法大学博士学位论文，2006 年。

文霞：《秦汉奴婢法律地位及其比较研究》，首都师范大学博士学位论文，2007 年。

王爱清：《秦汉乡里控制研究》，山东大学博士学位论文，2008 年。

汪荣：《经学刑德观与汉代法律研究》，西南政法大学博士学位论文，2008 年。

王辉：《汉代家庭法研究》，中国政法大学博士学位论文，2009 年。

宇培峰：《"家长权"研究——中西法文化视野中的"家长权"》，中国政法大学博士学位论文，2011 年。

薛洪波：《秦汉家族法研究》，东北师范大学博士学位论文，2012 年。

欧扬：《〈奏谳书〉司法文书考论》，华东政法大学博士学位论文，2013 年。

袁佳红：《〈谷梁〉学在西汉的兴起及意义》，重庆师范大学硕士学位论文，2003年。

孟红：《汉代社会生活与礼法结合》，东北师范大学硕士学位论文，2005年。

金烨：《〈秦简〉所见之"非公室告"与"家罪"》，《中国史研究》，1994年第1期。

金秉骏：《汉代乡里统治之变迁》，《中华文化论坛》，2004年第1期。

尹在硕：《张家山汉简所见的家庭犯罪及刑罚资料》，中国政法大学法律古籍整理研究所编：《中国古代法律文献研究》第二辑，北京：中国政法大学出版社，2004年。

任仲爀：《秦汉律中的庶人》，卜宪群、杨振红主编：《简帛研究二〇〇九》，桂林：广西师范大学出版社，2011年。

陶安：《秦汉律"庶人"概念辩正》，武汉大学简帛研究中心主办：《简帛》第七辑，上海：上海古籍出版社，2012年。

大庭脩：《元康五年（前61年）诏书册的复原和御史大夫的业务》，《齐鲁学刊》，1988年第2期。

增渊龙夫：《汉代民间秩序的构成和任侠习俗》，刘俊文主编，黄金山、孔繁敏等译：《日本学者研究中国史论著选译》第三卷，北京：中华书局，1993年。

角谷常子著，陈青、胡平生译：《秦汉时代的赎刑》，李学勤、谢桂华主编：《简帛研究二〇〇一》，桂林：广西师范大学出版社，2001年。

佐佐木研太：《出土秦律书写形态之异同》，《清华大学学报》（哲学社会科学版），2004年第4期。

中田薰：《汉律令》，中国政法大学法律古籍整理研究所编：《中国古代法律文献研究》第三辑，北京：中国政法大学出版社，2007年。

广濑薰雄：《秦汉时代律令辨》，中国政法大学法律古籍整理研究所编：《中国古代法律文献研究》第七辑，北京：社会科学文献出版社，2013年。

小仓芳彦:《围绕族刑的几个问题》,杨一凡、寺田浩明主编:《日本学者中国法制史论著选》(先秦秦汉卷),北京:中华书局,2016年。

高村武幸著,朱腾译:《秦汉地方行政中的决策过程》,周东平、朱腾主编:《法律史译评》第四卷,上海:中西书局,2017年。